梅兰芳艺术年谱

谢思进 孙利华 编著

文化艺術出版社
Culture and Art Publishing House

序

中国现代文化的历史长河中群星璀璨，诞生了不少大师级的人物，梅兰芳先生就是相当杰出的一位。作为现代中国首屈一指的京剧表演艺术家，梅兰芳以其非同凡响的表演成就、研究成果和文化传播贡献，而成为享有国际盛誉的表演艺术大师。

梅兰芳祖籍江苏泰州，出生在北京的一个梨园世家，八岁学戏，九岁拜师学青衣，十一岁登台。在近六十年的艺术生涯中，梅兰芳兼善京剧和昆曲，尤工京剧青衣，创作了大量脍炙人口的优秀剧目，塑造了众多深入人心的艺术形象。代表剧目有《贵妃醉酒》、《霸王别姬》、《宇宙锋》、《穆桂英挂帅》等，都是经久不衰的经典剧目。

梅兰芳在长期的舞台艺术实践中，认真继承传统，同时对其存在的弊端加以剔除和改革。他对舞台、服饰、化妆、剧目均进行了符合京剧艺术规律的改革和创新，使京剧表演艺术在不断的更新中日臻成熟和完善。梅兰芳一生著有《梅兰芳文集》、《梅兰芳演出剧本选集》、《舞台生活四十年》等大量的著作，将自己丰富的京剧表演艺术经验留给后世。从艺术形象塑造到艺术流派开创的辉煌成就，使梅兰芳名扬中外、享誉世界。以梅兰芳为代表的中国戏曲表演艺术体系，与俄罗斯斯坦尼斯拉夫斯基演剧体系、德国布莱希特创立的演剧体系，并称“世界三大表演体系”。印度的伟大诗人泰戈尔就曾专门赠诗，高度赞扬他绝妙的舞台艺术：“如同一脉缥缈的云霞、被水雾笼罩着的峰峦。”

梅兰芳在对外文化传播方面的贡献，一向为世人所重。他是将中国京剧艺术有组织、有规模地介绍到国外去演出的第一人。他曾在1919年、1924年、1956年三访日本，1930年访问美国，1935年和1952年抵苏联演出。作为现代中国向海外传播京剧艺术的先驱者，梅兰芳既与许多国际著名的艺术家建立了深厚的友谊，也使中国的京剧艺术成功地步入了世界戏剧之林，有力地增进了世界各国对中国文化的了解，因此被誉为“20世纪20至50年代中国京剧艺术的文化使者”。

梅兰芳还是一位杰出的爱国艺术家，传奇的事迹和崇高的品格也广为传颂。在日寇入侵、民族危难的时刻，他留居香港、上海，闭门谢客，当侵略者邀请他演出时，他断然蓄须明志，拒绝演出。家庭生活举步维艰，陷入了典当度日的困境，他仍然不为所动。梅兰芳的壮举，充分表现了一代艺豪不屈不挠的刚强性格和大义凛然的民族气节。著名画家丰子恺赞曰：“茫茫青史，为了爱国而摔破饭碗的‘优伶’，有几人欤？”

研究梅兰芳这样一位杰出的艺术家和爱国者，弘扬他宝贵的精神遗产，无疑是一件非常有意义的事情。尤其是在当前这物质利益至上、民族艺术不够振气的时代环境中，这种努力更属难能可贵。《梅兰芳艺术年谱》的两位编者却满怀热忱，秉持“内容力求有据，以存其真”的治学原则，积多年之力，终于集腋成裘，完成了本书的编撰工作。她们博访周咨、黾觅求研，所据史料既采自各大馆藏的历史档案文献和报刊文章，又详读了本馆数万件史料，充分汲取了学界近年的研究成果。以二十余万字的篇幅，最大程度忠实地纪录了梅兰芳的生活和艺术历程。这种治学精神和研究方法，均可为后来的研究者提供宝贵的参考与借鉴。

一代京剧大师梅兰芳将精美的艺术留在了人间，也以崇高的人品、艺品和改良创新的精神辉耀着后人。2009年适值梅兰芳诞辰115周年，这本《年谱》的出版问世，既是对梅兰芳艺术研究的重要的贡献，也是对梅兰芳先生最好的缅怀。

梅兰芳纪念馆馆长 刘占文

凡例

《梅兰芳艺术年谱》是记述近代中国杰出的京昆旦行表演艺术家梅兰芳的经历、活动、思想、业绩的编年体著作。本年谱所据史料，大部分为梅兰芳纪念馆藏历史档案和文献、报刊上发表的文章。

本年谱以历史唯物主义为指导，以资料性、学术性、思想性、传记性相统一为方针，以翔实可靠的历史文献和档案资料为主要依据，结合认真的调查访问和反复的考证研究，客观真实地记述了梅兰芳的生平、经历、思想和实践活动。写作上采取客观陈述的方法，一般不作评论。

关于编撰体例作如下几点说明：

一、梅兰芳是本年谱谱主，书中叙述谱主的活动，一般省略主语。

二、本年谱记述了梅兰芳的生平、经历、思想和实践活动，采取逐日记载的方法，按年月日或季度先后顺序逐条纪事，少数条目根据需要采用纪事本末方式撰写。一条中包括不同月日多次活动的，开头用第一次的时间，其余各次的时间在行文中出现。

三、凡日期确实的，注明月日，日考订不清的一般写旬，旬考订不清的写月，月考订不清的写季，季考订不清的写年，年考订不清的不记或根据特别情况加以注明。用旬、月、季表述的条目，一般放在该旬、月、季的末尾，有的则视情况酌定。只能判定时间为某年的条目。一律放在年末。

四、纪事或详或略，根据资料价值而定。

目录

1岁

1894年

清光绪二十年

甲午

10月22日 出生于北京正阳门外李铁拐斜街的一座梨园世家旧居中。

祖父梅巧玲（1842—1882），名芳，字雪芬，号慧仙，别号蕉园居士，自号梅道人，又称景和堂主人。因家境贫困，八岁时过继江姓，十一岁入苏州福盛班，从班主杨三喜学昆旦兼皮黄青衣。后从四喜班名旦罗巧福学花旦。他天资聪敏，刻苦学艺，终成京昆俱佳、扮相雍容端丽、台风清新、念白文雅脱俗的第一代京剧旦角演员，有“活萧太后”之称。常被选入清内廷承差，为“同光十三绝”（即清同治、光绪时期13名昆曲和京剧著名演员）之一。曾掌管北京四大徽班之一的“四喜班”，为人正直，办事公道，一反苛待艺徒和梨园同业恶习，厚待四喜班贫苦同业，重信义，讲情谊，深为人们所重。

梅兰芳曾自述：“我的祖父梅巧玲是满清同治、光绪年间的名演员。在那个时期，戏曲演员是被人看不起的。我祖父一生为人有行侠仗义的作风，他对同业和朋友们的帮忙，常常是牺牲本身的利益去替别人解决困难，这类事情很为人们所称道。我的父母去世很早，我祖母和姑母把我祖父的为人行事讲给我听，我受了感动，立志要学我祖父和一切好人的样子，要长进向上，不敢胡来。”[1]

[1]《梅兰芳艺术评论集》，中国戏剧出版社1990年10月版，第81页。

祖母陈氏（1840—1924），是著名小生陈金雀的女儿。陈氏是位心地善良、善于治家的女性。她是梅家年龄最长的一位，她把一生的心血都花在了梅家的艺术事业上，梅巧玲、梅雨田、梅竹芬、梅兰芳三代成名于世，与这位贤德的夫人、母亲、祖母是分不开的。

父亲梅竹芬（1874—1897），幼名二锁，原名明瑞，又名启寿，字竹芬、剑芬、肖芬，京剧旦角演员，善昆曲。他的相貌、身材极像梅巧玲，又喜欢唱梅巧玲的拿手戏，时常搭福寿班演出，很得观众喜爱，惟早年即逝。

母亲杨长玉（1876—1908），著名京剧武生演员杨隆寿之女。

伯父梅雨田（1865—1912），幼名大锁，原名明祥，又名启勋，字雨田。他早年习京剧胡琴，拜前辈名家贾三（祥瑞）、李四为师，虚心受业，享名较早。又博采樊三（景泰）、韩明诸名家之所长，曾长期为京剧大王谭鑫培操琴。他的胡琴手音绝佳，沉着圆浑，伴奏疏密相间，应用得体，与"谭腔"配合，丝丝入扣，对谭派艺术起"烘云托月"的作用，被谭鑫培倚为右臂，有"胡琴圣手"之称。他与孙佐臣为胡琴演奏两大流派的代表，影响深远。后世胡琴，更多承袭梅雨田派。梅雨田曾从南昆名笛家钱青望习笛，能吹奏昆曲三百余套。亦工唢呐，对各种曲牌，无不娴熟。曾为清内廷供奉。谭鑫培在百代公司录制的唱片《卖马》、《洪洋洞》，均系梅雨田操琴。

伯母胡氏（生卒年不详），是京剧名演员胡喜禄的侄女、胡二庚的姐姐。

梅雨田有两个女儿（成人后，一嫁徐碧云，一嫁王蕙芳），无子。

大姑母梅氏（生卒年不详），嫁武生演员王怀卿。其女王蕊芳是名旦尚小云的夫人。

二姑母梅氏（生卒年不详），嫁武生演员秦稚芬。她活了九十多岁，是梅兰芳家族老一辈中的长寿者。她经常向梅兰芳讲述梅家家世情况。

2岁

1895年

清光绪二十一年

乙未

父亲梅竹芬搭当时在京城颇有名气的福寿班，每日演出，不时随班进宫廷应差。梅兰芳在《舞台生活四十年》里记叙了祖母对父亲的回忆："你父亲是一个苦干苦学的忠厚老实人。他先学老生，又改小生，最后唱青衣花旦。你祖父的戏，他都会唱。一般老听众们看不到你祖父的戏，看到他出台，就认为是你祖父的一个影子……他的性情温和，班里只要有人闹脾气，告假不唱，总是请他代唱。"[1]

[1]梅兰芳述、许姬传记：《舞台生活四十年》第一集，平明出版社1952年版，第16页。

3岁

1896年

清光绪二十二年

丙申

父亲梅竹芬继续搭福寿班，照常演出，并进宫廷应差。

4岁

1897年

清光绪二十三年

丁酉

父亲梅竹芬因家境每况愈下不得不卖命地唱，终劳累过度病故。

梅巧玲、梅竹芬离世后，由大伯梅雨田夫妇管家。梅雨田胡琴伴奏的收入并不太好，最早是跟一般场面的戏份没有多大区别，只是在谭鑫培晚年的声望之下，待遇才提高了一些，但是这些收入是养活不了一个大家庭的。而且梅雨田的精力都放在艺术方面，对家庭的开支毫无计划，不懂得什么叫理财，梅家家境每况愈下，入不敷出。梅家只有梅兰芳一个男孩，在名义上兼祧两房，承受着一定的家庭重担。所以梅兰芳母子在那段日子里，是经受了一些磨难的。

5岁

1898年

清光绪二十四年

戊戌

伯父梅雨田搭同春班、三庆班，为谭鑫培、何桂山等著名京剧演员操琴。

在《舞台生活四十年》里，梅兰芳记叙了姑母对伯父的回忆："他的脾气古怪、性情孤僻。他学玩艺是到手就会，的确是一个富有天才、绝顶聪明的人……谭老板的唱腔，配上他的胡琴，内外行一致公认是珠联璧合、最理想的一对合作者。但是他们两个常常闹脾气，一会儿散了，一会儿说合了。因为他给谭拉，谭就唱得痛快，他也拉得格外有劲。"[1]

[1]梅兰芳述、许姬传记：《舞台生活四十年》第一集，平明出版社1952年版，第16页。

6岁

1899年

清光绪二十五年

己亥

在北京百顺胡同附近一家私塾开蒙。

7岁

1900年

清光绪二十六年

庚子

年初 因生活所迫，梅家李铁拐斜街老屋出售，迁至百顺胡同，租住宋家的几间房子，隔壁为杨小楼、徐宝芳家。

七岁的梅兰芳在百顺胡同附近的一个私塾就读，在那里开始读《三字经》、《百家姓》之类的书。

自述："我家在庚子年，已经把李铁拐斜街的老屋卖掉了，搬到百顺胡同居住。隔壁住的是杨小楼和徐宝芳两家（宝芳是徐兰沅的父亲，兰沅是梅兰芳的姨父）。后来又搬入徐、杨两家的前院，跟他们同住了好几年。附近有一个私塾，我就在那里读书。后来这个私塾搬到万佛寺湾，我也跟着去继续攻读。

"杨老板（小楼）那时已经很有名气了……杨老板出门的时间跟我上学的时间差不多，常常抱着送我到书馆。我有时跨在他的肩上，他的口里还讲民间故事给我听，买糖葫芦给我吃，逗我笑乐。隔了十多年，我居然能够和杨大叔同台唱戏，在后台扮戏的时候，我们常常说起旧事，相视而笑。"[1]

[1]梅兰芳述、许姬传记：《舞台生活四十年》第一集，平明出版社1952年版，第25页。

8月14日 八国联军攻占北京后，戏班停演，家庭生活状况遽然下降。梅雨田改行以修钟表为业，家庭屡遭骚扰。

关于梅兰芳的这一段童年时期的遭遇，梅绍武在《我的父亲梅兰芳》一书中记述："八国联军入侵后，街市一片萧条，戏院、茶园大都被焚毁，剩下的几家也掩门歇业。演员有的闭门在家，有的逃离京城，有的生活无着，只得改行……雨田虽然是个名琴师，也只表演一场戏挣一份钱养活全家，戏院长期关门，坐吃山空，同样得改行糊口。幸好他过去和一家修表铺的师傅交往甚厚，彼此传授技艺，一个学修表，一个学胡琴，因而雨田也学得一手修表的好手艺……侵略军发现梅家有钟表，便不断闯入勒索，一天数次，骚扰不堪。”[1]

本年 外祖父杨隆寿去世，时年四十九岁。

[1]梅绍武著：《我的父亲梅兰芳》，百花文艺出版社1984年版，第5页。

8岁

1901年

清光绪二十七年

辛丑

本年 北京戏院尚未复业，梅家生活更加艰难。为了紧缩开支，一家八口人（梅雨田夫妇及其母亲、两个妹妹和一个女儿，再加上梅兰芳母子）搬进贴邻杨小楼、徐宝芳两家共居之前院。

清政府同俄、英、美等国家签订了不平等的《辛丑条约》。就在这年，梅兰芳开始学戏。当时京剧演员的培养方式除入科班学艺外，还有拜师做手把徒弟、请教师在家中授艺和票友学艺等几种形式。梅雨田为梅兰芳选择的是“请教师在家授艺”的方式，请来名小生朱素云的哥哥朱小霞为梅兰芳说戏。他按照青衣的传统教授方法讲授《二进宫》、《三娘教子》一类的老腔老调，可就是开头四句极简单易学的老腔【慢板】，梅兰芳学了多时还不会，气得老师对他说：“祖师爷没赏你饭吃。”一气之下弃而不教了。梅兰芳在《舞台生活四十年》中引姑母的话也提到了这件事，并且提到之后与老师再碰面的情景：“……等他成名以后，有一天又在后台见着，朱先生很不好意思地对他说：‘我那时真是有眼不识泰山！’他笑着答复朱先生说：‘您快别说了，我受您的益处太大了，要不挨您这一顿骂，我还不懂得发奋苦学呢。’”[1]

[1]梅兰芳述、许姬传记：《舞台生活四十年》第一集，平明出版社1952年版，第214页。

9岁

1902年

清光绪二十八年

壬寅

本年 在姐夫朱小芬（即朱斌仙之父）家里学戏。同学有表兄王蕙芳和朱小芬的弟弟朱幼芬。正式从著名老艺人时小福的弟子吴菱仙（梅巧玲的老朋友）启蒙学青衣戏。第一出戏学的是《战蒲关》。

在吴菱仙的教诲下，梅兰芳在唱段、唱腔方面打下了坚实的基础。在《舞台生活四十年》亦有自叙："吴先生教我的时候，已经五十岁左右。我那时住在朱家。一早起来，5点钟就带我到城墙根空旷的地方，弯腰喊嗓。吃过午饭，另外请的一位吊嗓的先生就来了，吊完嗓子再练身段，学唱腔；晚上念本子。一整天除了吃饭、睡觉以外，都有工作。……跟着又学了一些都是正工的青衣戏。如《二进宫》、《桑园会》、《三娘教子》、《彩楼配》、《三击掌》、《探窑》、《二度梅》（即《落花园》）、《别宫》、《祭江》、《孝义节》、《祭塔》、《孝感天》、《宇宙锋》、《打金枝》等。另外配角戏，如《桑园寄子》、《浣纱记》、《硃砂痣》、《岳家庄》、《九更天》、《搜孤救孤》……共约三十几出戏。在十八岁以前，我专唱这一类青衣戏，宗的是时小福老先生的一派。"[1]

[1]梅兰芳述、许姬传记：《舞台生活四十年》第一集，平明出版社1952年版，第26页。

10岁

1903年

清光绪二十九年

癸卯

住朱小芬家，继续从吴菱仙学戏。

11岁

1904年

清光绪三十年

甲辰

住朱小芬家，继续从吴菱仙学戏。

8月17日 斌庆班在广和楼贴演老本《天河配》。梅兰芳饰演织女，这是梅兰芳第一次登台演出。梅兰芳在《舞台生活四十年》里回忆说："我第一次出台是十一岁，光绪甲辰年七月七日。广和楼贴演《天河配》，我在戏里串演昆曲《长生殿·鹊桥密誓》里的织女。这是应节的灯彩戏。吴先生抱着我上椅子，登鹊桥，前面布了一个桥景的砌末，桥上插了许多喜鹊，喜鹊里面点着蜡烛。我站在上面，一边唱着，心里感到非常兴奋。"[1]

[1]梅兰芳述、许姬传记：《舞台生活四十年》第一集，平明出版社1952年版，第29页。

12岁

1905年

清光绪三十一年

乙巳

在朱小芬家，从吴菱仙学戏。

13岁

1906年

清光绪三十二年

丙午

在朱小芬家，从吴菱仙学《六月雪》、《宇宙锋》、《打金枝》、《桑园寄子》、《浣纱记》、《硃砂痣》等戏。梅兰芳的少年时代，并没有立刻显露出他表演艺术的才华来，倒相反，从外表上看很不吸引人。他的姑母秦老太太回忆中曾说他在幼年是“言不出众，貌不惊人”，“两只眼睛眼皮老是下垂”，“资质也不高”。[1]他后来之所以取得大的成就，和他的苦学苦练是有很大关系的。

10月 伯父梅雨田为替补著名琴师柏如意去世之缺，与沈福顺等人一起，被选入升平署进宫承差。梅雨田曾对梅兰芳回忆过这段生活：“在升平署当差，以场面而言，如果会得不多是应付不了的，除了外边戏码，里面的大本戏，还有承应戏，往少里说也得会几百出。当时场面上姓沈、姓方的最多，他们老家都是南方，在京里居住已好几代了。他们之中打鼓的、吹笛子的，个个是横竖乐器、吹的弹的拉的，谁肚子里都有几百出戏。我给谭金培（即谭鑫培）拉一出【西皮二黄】的戏，那是我的歇工活儿。累活儿还是吹笛，尤其上那些节令承应大戏，灯彩砌末摆吉祥字，各式各样的排场，除了群曲，常常一整出戏里吹打牌子一直不停，这种活儿没功夫真顶不住。”[2]

[1]梅兰芳述、许姬传记：《舞台生活四十年》第一集，平明出版社1952年版，第11页。

[2]《许姬传艺坛漫录·梅家三代与清宫演戏》，中华书局1994年版，第46页。

14岁

1907年

清光绪三十三年

丁未

梅家从百顺胡同移居芦草园。

本年 正式搭喜连成班。每日白天在广和楼、广德楼轮流演出，晚间继续从吴菱仙学戏。此时，梅兰芳的姑丈秦稚芬和伯舅胡二庚还常来带着教他一些花旦戏，但仍以学青衣为主。

在《梅兰芳自述》里，梅兰芳回忆幼年一起学戏的小伙伴时说："到我十四岁那年，我正式搭喜连成班（后改名富连成，是叶春善首创的科班），每天在广和楼、广德楼这些园子里轮流演出。我所演的大半是青衣戏。在每出戏里，有时演主角，也演配角。早晚仍在朱家学戏。我在喜连成搭班的时候，经常跟我的幼年伙伴合演。其中大部分是喜字辈的学生。搭班的如麒麟童、小益芳、贯大元、小穆子都是很受欢迎的。麒麟童是周信芳的艺名，我们年龄相同，都是属马的。在喜连成的性质也相同，都是搭班学习，所以非常亲密。我们合作过的戏有《战蒲关》，他饰刘忠，金丝红饰王霸，我饰徐艳贞；《九更天》他饰马义，我饰马女。他那时就以衰派老生见长。从喜连成搭班起，直到最近，还常常同台合演的只有他一人了。我们这一对四十多年的老伙伴，有时说起旧事，都不禁有同辈凋零、前尘若梦之感。"[1]

[1] 梅绍武著：《梅兰芳自述》，中华书局2005年6月版，第55–57页。

在《舞台生活四十年》中自叙："这时候除了吴先生教授青衣之外，我的姑夫秦稚芬和伯母的弟弟胡二庚常来带着教我们花旦戏。就这样一面学戏，一面表演，双管齐下，同时并进，我的演技倒是进步得相当的快。这让幼芬、蕙芳看了，才知道实习的重要，不久也陆续出台了……”[1]

本年 结识冯幼伟先生。自述：“我有几位老朋友，冯先生（幼伟）、李先生（释戡）是从北京来看我的，舒先生（石父）、许先生（伯明）是本来就在上海的。这里面我跟冯先生认识最早，在我十四岁那年，就遇见了他。他是一个热诚爽朗的人，尤其对我的帮助，是尽了他最大的努力的。他不断地教育我、督促我、鼓励我、支持我，直到今天还是这样，可以说是四十余年如一日的。”[2]

[1]梅兰芳述、许姬传记：《舞台生活四十年》第一集，平明出版社1952年版，第29页。

[2]同上书，第54页。

15岁

1908年

清光绪三十四年

戊申

继续搭喜连成班，每日白天演出，抽闲仍从吴先生学戏。

1月13日 喜连成班在广和楼日场演出剧目为：梅兰芳《六月雪》，喜福、喜才《反唐邑》，喜禄《望儿楼》，黄陕西、小凤《三世修》，金丝红、喜如、喜奎《独木兰》，小百岁、小灵芝《小上坟》，小长奎、小穆子《鱼藏剑》，喜寿、喜增、喜奎《连环套》。

除了学习，梅兰芳将业余时间用来观摩戏界前辈的精彩演出，他曾自述："我在艺术上的进步与深入，很得力于看戏。我搭喜连成班的时候，每天总是不等开锣就到，一直到散戏才走。当中除了自己表演以外，始终在下场门的场面上，胡琴座的后面坐着看。越看越有兴趣，舍不得离开一步。这种习惯，延续了很久。以后改搭别的班子，也是如此。"[1]

8月14日 母亲杨长玉病逝，年仅三十二岁。

本年 全家移居鞭子巷头条。

[1]梅兰芳述、许姬传记：《舞台生活四十年》第一集，平明出版社1952年版，第44页。

16岁

1909年

清宣统元年

己酉

光绪三十四年冬，光绪皇帝、慈禧太后先后去世，国丧期间，各戏班停演，在家从伯父学《武家坡》、《大登殿》。

冬 玉成班班主田际云邀上海王钟声领导的剧团至北京演出改良新剧（话剧），梅兰芳看了王钟声主演的《禽海石》、《爱国血》、《血手印》等新戏，受到启发，对他以后排演时装新戏有很大影响。

17岁

1910年

清宣统二年

庚戌

本年因倒仓，退出喜连成班，后搭俞振庭所组成的双庆班，白天在文明园演出，茹莱卿操琴。《舞台生活四十年》自述："我在十七岁上倒了仓，只好脱离喜连成班，停止演唱。幸亏我倒的时间不长，不满一年，就重新搭上了大班。……我就在那个时期，等穿满了我母亲的孝服以后，跟我的前室王明华结了婚。"[1]

9月18日　天乐茶园日场演出剧目为：梅兰芳、陆杏林《彩楼配》，刘鸿升《赶三关》，朱素云、王蕙芳《马上缘》，俞振庭《攻潼关》，贾洪林《琼林宴》，朱桂芳《花蝴蝶》，开场全班合演《大赐福》。

9月18日　广德楼义务戏演出剧目为：梅兰芳《母女会》，王瑶卿《奇巧循环报》，王凤卿《取帅印》，俞振庭《飞义阵》，开场全班合演《大赐福》。

9月30日　双庆班在文明园日场演出剧目为：梅兰芳《孝感天》，刘鸿升《鱼藏剑》，王蕙芳《双翠屏山》，俞振庭《茂州庙》，全班合演《百寿图》。

本年起开始有了养鸽子的业余爱好。在《舞台生活四十年》中自叙："我在十七岁的时候，偶然养了几对鸽子，起初也是为玩，拿着当一种业余游戏。后来对这渐渐发生兴趣，每天就抽出一部分时间来照料鸽子……我养了快十年的鸽子，没有间断过……它对我的身体到底有什么好处呢？有的，太有益处了。养鸽子的人，第一，先要起得早，能够呼吸新鲜空气，自然对肺部就有了益处。第二，鸽子飞得高……眼

[1]梅兰芳述、许姬传记：《舞台生活四十年》第一集，平明出版社1952年版，第214页。

梅兰芳与夫人王明华

睛老随着鸽子望，愈望愈远……天天这样做，才把这对眼睛不知不觉治过来的。第三，手上拿着很粗的竹竿来指挥鸽子，要靠两个膀子的劲头。这样经常不断地挥舞着，先就感到臂力增加，逐渐对于全身肌肉的发达，更得到了很大的帮助。”[1]

本年 与名武生王毓楼的妹妹、名老生王少楼的姑母王明华结为夫妻。

[1]梅兰芳述、许姬传记：《舞台生活四十年》第一集，平明出版社1952年版，第78页。

18岁

1911年

清宣统三年

辛亥

1月15日 双庆班在文明茶园日场演出剧目为：梅兰芳、曹小凤《落花园》，李吉瑞《恶虎村》，元元红《铁冠园》，尚和玉、薛凤池《翠凤楼》，罗寿山《送亲》，金秀山、陆杏林《忠孝全》，何桂山《探皇灵》，全班合演《大赐福》。

1月21日 双庆班在文明茶园日场演出剧目为：梅兰芳《五花洞》，俞振庭、刘鸿升、尚和玉《八蜡庙》，刘鸿升、李吉瑞《黄鹤楼》，俞振庭《金钱豹》，王蕙芳《乌龙院》，李顺亭《战蒲关》，何桂山《五台山》，全班合演《遇龙封官》。

4月29日 双庆班在文明茶园日场演出剧目为：梅兰芳、李黑《宇宙锋》，俞振庭《铁笼山》，李鸿林《翠屏山》，俞振庭《八蜡庙》，开场全班合演《大赐福》。

4月30日 双庆班在文明茶园日场演出剧目为：梅兰芳、金秀山《法门寺》，俞振庭《牛头山》，王瑶卿《虹霓关》，王凤卿《伐东吴》，李鸿林《溪皇庄》，开场全班合演《打弹》。

5月11日 双庆班在文明茶园日场演出剧目为：梅兰芳、朱素云、谢宝云、陆金桂、陈桐云、金少山《岳家庄》，白福山《审判官》，瑞德宝、李寿山《战宛城》，李鸿林《献公安》，李鑫甫、李连仲、王长林《盗御马》，王凤卿、金秀山《战城都》、俞振庭、朱桂芳、李顺亭《青石山》。

8月2日 双庆班在文明茶园演出剧目为：梅兰芳、王蕙芳《五花洞》，李鑫甫、李连仲《华容道》，俞振庭、九阵风《牛头山》。

秋 在文明茶园第一次贴演《玉堂春》。

在《舞台生活四十年》中自述："我第一次在文明茶园贴演《玉堂春》的情况，在我自己说是值得纪念的。这是宣统三年秋天的事，……我伯父替我操琴。"[1] 梅兰芳初试新腔，取得成功，广为流传，日后成为《玉堂春》的标准唱腔。

> 《玉堂春》是梅兰芳的重要代表作。梅雨田向梅兰芳教授了《女起解》之后，继而又教了《玉堂春》。梅雨田有一好友林季鸿，是位顾曲家，对京剧青衣唱腔颇有研究。林季鸿为《玉堂春》一戏谱制了全部新腔，得到梅雨田的极大赞赏。梅雨田便以林季鸿的新腔为基本，又吸取了王瑶卿对青衣的革新唱法，教授梅兰芳演唱了这出新腔、新调的《玉堂春》。

本年 梅兰芳正式演出了《武家坡》；不久又演了《大登殿》，由梅雨田亲自操琴。

本年 夫人王明华生子，名大永。

本时期梅兰芳已脱离科班，在大班进入主要演员行列，开始有叫座能力。唱法略宗时小福。北京各界评选公布的"菊榜"中，被列为"探花"。当时京师大学评学馆学生为梅兰芳之基本观众。还有一些观众是从日本留学归国任职者，如冯幼伟、吴震修、李释戡、黄秋岳等，他们由长期的观众成为朋友。

[1]梅兰芳述、许姬传记：《舞台生活四十年》第一集，平明出版社1952年版，第102页。

19岁

1912年

民国元年

壬子

年初 仍搭双庆班，俞振庭由天津邀请女伶来京，首开男女合演之先例。

2月11日 双庆班在广德楼日场演出剧目为：梅兰芳、俞振庭、瑞德宝、金秀山、范宝亭、李顺亭《玉堂春》，小金奎《探阴山》，金仲林《战樊城》，冯金寿《锤换带》，九阵风、贾洪林、朱素云、闫兰亭、侯春兰《八大锤》，李鑫甫、朱桂芳、王长林《刺巴杰》，杨小朵、迟子俊、李寿山、朱桂芳、陆凤琴、慈瑞全《盘丝洞》。

春季至初夏 在北京广和楼演出。

5月22日 双庆班在广和楼日场演出剧目为：梅兰芳《彩楼配》，朱素云、刘宝云《摘缨会》，王蕙芳《探亲》，贾洪林《闹府》，李凤仙（女）《红梅阁》，李鑫甫、李连仲、王长林《铜网阵》，孙一清（女）《杀狗》，陈秀波（女）《探母》，瑞德宝、李寿峰、李寿山《连环套》，小四玉（女）、于豹《打杠子》，小月芬（女）、李顺亭、小穆子《失街亭》，俞振庭《飞杈阵》。

6月21日 天庆班在大舞台演出剧目为：梅兰芳、路三宝、德珺如二本《虹霓关》，刘鸿升、陈文启《法场换子》，九阵风《功潼关》。

《虹霓关》是王瑶卿的拿手名剧之一，其在二本里饰演的丫环，虽属青衣应工角色，但表演上绝非只是死唱，而有较重的念白和做工，梅兰芳曾多次观赏，对此大感兴趣，非常想学。梅雨田与王瑶卿交厚，便引梅兰芳到王家，得王瑶卿亲传此戏。梅兰芳学成之后，时常与王蕙芳合作演出，很受欢迎。

本月 自己率先剪去辫子，并动员大伯父及身边服务人员也都剪去。

8月28日 伯父梅雨田病逝，时年四十八岁。

夏至秋 在天乐园演唱，并开始演夜戏。

在《舞台生活四十年》自述："民国初年，这是一贯地保持着旧的习惯。我们戏剧界前辈们，就想来打破这重难关。先拿'义务'名义，请准演唱夜戏，其实集合许多好角，大会串一次倒是他们的目的……从这次义务夜戏开了端，才渐渐地把'不准演夜戏'的旧习惯、旧脑筋改变过来。进一步就连戏馆的营业戏，也普遍地都演夜戏了。"[1]

[1]梅兰芳述、许姬传记：《舞台生活四十年》第一集，平明出版社1952年版，第127页。

9月5日 天乐园义务戏剧目为：梅兰芳、朱幼芬、金秀山《五花洞》，八仙旦《翠凤楼》，李佩卿《打樱桃》，金仲仁《射戟》。

秋 田际云、余玉琴等组织正乐育化会，谭鑫培任会长，田际云任副会长。黄兴等辛亥革命领导人到京时，正乐育化会全体会员在贵州会馆召开欢迎大会，会后共同留影，梅兰芳也积极参加。此后正乐育化会经常请学术界人士到会演讲，梅兰芳第一次听到齐如山讲戏剧理论。

梅兰芳在《舞台生活四十年》中自叙："1912年清帝推翻以后，全国各界都向新的路上走去。戏剧界自然不甘落后，也想灌输一点新的知识，提高从业人员的文化水平。就由田际云、余玉琴等发起，组织了'正乐育化会'。会里附带了一个育化会小学，鼓励本界的子弟入校读书……这是我第一次看到齐先生，我们并不认识，也没有交谈。转过年来，他常到天乐茶园听我的戏。我先没有注意到他，有一天我接到一封署名齐如山的信，批评我的演技，某处的身段可以改一下，某处的表情还不够深刻，某处词句可以改动一下。我看完了这封信，觉得他说得有对的地方，下次再演这出，或者在别出同类的戏里，我就按着他的提议修改了……"[2]

[2]同上书，第51页。

齐香在《我的父亲齐如山和京剧》中对梅兰芳与齐如山的相识亦有记载："民国元年，父亲偶尔看梅兰芳的戏，认为这是一位有天才的演员，扮相、表演、唱腔、身段，各种条件都极好。一次看《汾河湾》，梅各方面表演都好，只是薛仁贵在窑外唱那一大段时，柳迎春面向里休息，毫不理会仁贵所唱。父亲于是给梅写了一封长信，指出这不符合国剧的规则，因为按规则不允许在台上有人歇着，连配角都须有相应的表情和动作。柳迎春是主角，对方是否是自己的丈夫，全在她的一番话，因此应注意听，并配以各种表情，如：难过、好奇、悲痛等。父亲这封三千余字的信，引起梅兰芳的注意，他认真思考，接受我父亲的正确意见，下次再演这出戏，果然加了很多表情手段，大受欢迎。父亲也受到鼓舞，于是每看完一次戏，就写一封信提意见，两年多来，先后写了百余封信，从此二人成为莫逆，互相尊重。这些信曾由梅装裱成一册，封面有罗瘿公先生题签：'文书堆案正如山。'可惜因存在'国剧学会'而遗失。"[1]

[1]齐香著：《我的父亲齐如山和京剧》，原载《中国京剧》杂志。

冬　正乐育化会发起募款义演。第一天是谭鑫培与陈德霖合演《桑园寄子》，陈德霖因事未能参加，谭鑫培点名要梅兰芳在戏中饰金氏，这是他第一次与谭鑫培同台演出。

《桑园寄子》虽是梅兰芳当时在双庆班常演的一出青衣配角戏，但由于它是梅兰芳第一次与京剧宗师谭鑫培合演的剧目，故在梅兰芳的作品中具有特殊意义。梅兰芳在《舞台生活四十年》里回忆这一次演出时写道："那次，陈老夫子刚好有事不能参加，所以谭老板就点中了我。我第一次陪谭老板唱戏，朋友们都替我担心，其实我并不发怵。因为我搭双庆班，经常和贾洪林、李鑫甫唱这出戏。他们都是谭派路子，所以我心中有底。"[2]

[2]梅兰芳述、许姬传记：《舞台生活四十年》第二集，平明出版社1954年版，第51页。

20岁

1913年

民国二年

癸丑

春 改搭田际云主持的玉成班。每日在天乐园演日戏。此时，梅兰芳名声鹊起，演出的戏码已排为倒二三的地位，并不时与玉成班的当家老生孟小茹合演生旦“对儿戏”于大轴。

这一时期开始演出《御碑亭》、《四郎探母》，这是两出颇有影响的传统生旦名剧。在《御碑亭》中梅兰芳饰演孟月华，虽属青衣行当，但唱做并重。梅兰芳加重了人物的表演，戏为之生辉。

2月25日 梅兰芳、孟小茹《桑园寄子》，田雨侬、王蕙芳、郝寿臣头、二本《大名府》。

5月13日 诗人易实甫为他写出“一笑万古春，一啼万古愁”的诗句。

5月18日 梅兰芳《彩楼配》，高月秋《金钱豹》。

5月20日 梅兰芳、谢宝云《孝义节》，周凤鸣《文昭关》。

5月21日 梅兰芳、孟小茹《三娘教子》，田雨侬《英雄义》。

5月23日 梅兰芳、孟小茹《硃砂痣》，李连仲《落马湖》。

5月30日 梅兰芳、孟小茹《桑园寄子》，王蕙芳《妓女捉寇》。

本日 接受上海丹桂第一台的许少卿邀请，签订了赴上海演出合同。

6月16日 梅兰芳《桑园寄子》，刘仲英《击鼓骂曹》。

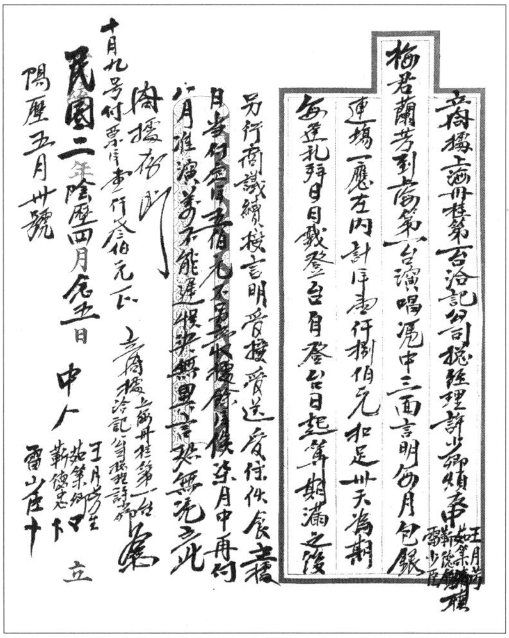

梅兰芳第一次赴上海演出时
与上海丹桂第一台签订的合同

7月22日 梅兰芳《母女会》。

7月28日 梅兰芳《宇宙锋》，孟小茹《法门寺》。

8月15日 梅兰芳《汾河湾》，田雨依《铁公鸡》。

8月16日 梅兰芳《宇宙锋》，田雨依《花果山水帘洞》，路三宝、王蕙芳《乌龙院》，高月秋《溪皇庄》。

8月21日 梅兰芳《虹霓关》，孟小茹《妓女捉寇》，高月秋《冀州城》。

8月22日 梅兰芳、路三宝《儿女英雄传》，梅兰芳、孟小茹《献长安》。

9月11日 梅兰芳《虹霓关》，周凤鸣《黄金台》。

9月19日 梅兰芳、孟小茹《武家坡》，路三宝《双铃记》，田雨依《战亭》，胡素仙《探亲家》。

9月21日 梅兰芳、王蕙芳《樊江关》，孟小茹《打棍出箱》，路三宝《双铃记》。

10月31日 第一次离开北京，为王凤卿挂二牌抵上海演出。

梅兰芳在《舞台生活四十年》中自述："在民国二年的秋天，上海丹桂第一台的许少卿到北京来邀角。约好凤二爷（王凤卿）和我两个人。凤二爷的头牌，我的二牌。凤二爷的包银是每月三千二百元，我只有一千八百元。老实说，那时许少卿对我的艺术的估价是并不太高的。后来凤二爷告诉我，我的包银他最先只肯出一千四百元，凤二爷认为这数目太少，再三替我要求加到一千八百元。他还是踌躇不定，最后凤二爷跟他说：'你如果舍不得出到这个代价，那就在我的包银里匀给他四百元。'他听了觉得情面难却，才答应了这个数目。"[1]

《申报》当时登载："第一台特聘天下无双著名优等艺员著名老生王凤卿、第一青衣梅兰芳今已到申，静养数日，即行登台……"[2]

营业戏演出之前，应邀在静安寺路"张家花园"杨荫荪结婚堂会与王凤卿合演《武家坡》，并随王凤卿拜访《时报》的狄平子、《申报》的史量才、《新闻报》的江汉溪。狄平子又介绍与吴昌硕、况夔生、朱古微、赵竹君和昆曲界俞粟庐、徐凌云等订交。

[1]梅兰芳述、许姬传记：《舞台生活四十年》第一集，平明出版社1952年版，第140页。

[2]载1913年10月16日《申报》。

11月4日 开始在上海丹桂第一台演出，演出《彩楼配》，同台演员有：武生盖叫天、杨瑞亭、张德俊；老生小杨月楼、八岁红（刘汉臣）、双处（孙派老生）；花脸刘寿峰、郎德山、冯志奎；小生朱素云、陈嘉祥；花旦粉菊花（高秋颦）、月月红。演出票价：特别包厢，每位一元二角；头等包厢，每位一元；特别官厅，每位一元；头等正官，每位七角；二等正厅，每位五角；三等正厅，每位三角。

11月5日 夜场演出剧目为：梅兰芳、朱素云《玉堂春》，王凤卿《夺取城都》，八岁红《薛礼叹月》，盖叫天《白水滩》，小杨月楼《奇冤报》，粉菊花《豪杰居》，张德俊《英雄义》，月月红《会稽城》，筱喜禄《六月雪》，谢月奎《徐达挂帅》。

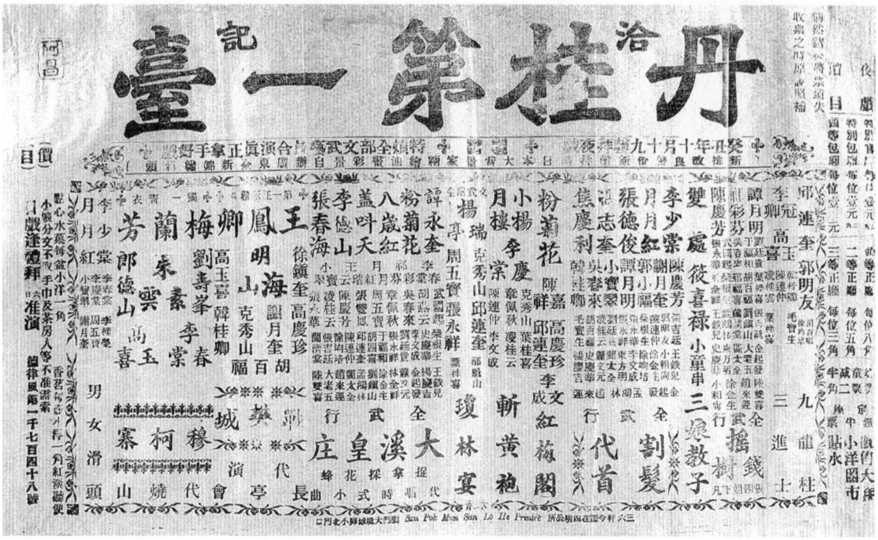

1913年，梅兰芳第一次演大轴戏《穆柯寨》的戏单

11月6日 夜场演出剧目为：梅兰芳、王凤卿《武家坡》，盖叫天《三岔口》，八岁红《戏迷传》，张德俊《挑滑车》。

本日 王凤卿向许少卿提出让梅兰芳演压台戏的建议。

11月9日 日场演出剧目为：梅兰芳、王凤卿、朱素云《御碑亭》，八岁红《拾黄金》，盖叫天、张德俊《八蜡庙》，小杨月楼《双投唐》，月月红《池水驿》，开场《大回朝》。夜场演出剧目为：梅兰芳、高庆珍《宇宙锋》，王凤卿、刘寿峰、郎德山《楚将投吴》，八岁红《落马湖》，盖叫天《殷家堡》，小杨月楼《徐策跑城》，朱素云

梅兰芳在《穆柯寨》中饰穆桂英

《举鼎观画》，开场《御林郡》。

11月10日前后 戏院老板许少卿正式向梅兰芳提出演压台戏的请求。经好友冯幼伟、李释戡等人建议，选定了刀马旦戏《穆柯寨》作为首次在上海压台演出的剧目，以别开生面赢得观众。此后几天，在茹莱卿指导下排练此剧，同时也一并排出《穆天王》。

11月15日 夜场演出剧目为：梅兰芳、王凤卿《四郎探母》，杨瑞亭、盖叫天、张德俊《八大锤》，八岁红《十八扯》，小杨月楼《捉放曹》，盖叫天《收关胜》，朱素云《辕门射戟》，开场《反五侯》。

本日 《申报》刊登了梅兰芳的一帧“卸装小照”，并以“第一台新聘名伶，北京著名青衣”为标题。

11月16日 梅兰芳第一次贴演扎靠戏《穆柯寨》压台。同台演员有：朱素云、刘寿峰、郎德山，受到上海观众的热烈欢迎。这是梅兰芳演刀马旦的开始，也是他第一次唱大轴戏。

11月17日 梅兰芳又以大轴贴演了《穆天王》。

11月26日 贴演了头、二本《虹霓关》。头本饰演东方氏，二本仍然饰演丫环，朱素云饰演王伯党。为了梅兰芳前后两个角色的换装，在头、二本之间，加了一出王凤卿的《取帅印》。

梅兰芳在上海首演《穆柯寨》、《穆天王》，效果甚佳，大受欢迎。因而又动意排演头本《虹霓关》，与二本《虹霓关》连演。此时正巧王蕙芳来沪小游，便请王蕙芳为梅兰芳排了头本《虹霓关》。梅兰芳这种头本东方氏、二本丫环的演法，非常新颖，很受欢迎，为日后诸多旦角演员所效仿。可以说从此开创了京剧舞台上“一赶二”、“一赶三”的演法的先例。

11月27日 夜场演出剧目为：梅兰芳、朱素云《玉堂春》，陈连仲、邱连奎《阳平关》，张春海、谢月奎、胡燕云《下河东》。

11月28日 夜场演出剧目为：梅兰芳、高庆珍《宇宙锋》，王凤卿、朱素云《群英会》，杨瑞亭《挑滑车》，小杨月楼《斩黄袍》，盖叫天《收关胜》，开场《大回朝》。

11月29日 夜场演出剧目为：梅兰芳、朱素云《穆柯寨》，王凤卿《文昭关》，杨瑞亭、盖叫天《八大锤》，开场《镇潭州》。

11月30日 日场演出剧目为：梅兰芳、李冠卿《母女会》，王凤卿、朱素云《过江赴宴》，杨瑞亭《冀州城》，开场《北壁关》。夜场演出剧目为：梅兰芳、王凤卿、朱素云《枪挑穆天王》，盖叫天《三雄绝义》，八岁红《独木关》，开场《墨麟村》。

11月底 来沪演出一个月的合同期限将满，但卖座始终不衰，戏院方面提出续演半个月的请求。

12月14日 日场演出剧目为：梅兰芳、王凤卿、朱素云、杨瑞亭全本《美人计》，盖叫天《四杰村》，八岁红《绿牡丹》，开场《山海关》。夜场演出剧目为：梅兰芳、王凤卿《武家坡》，八岁红、杨瑞亭、小杨月楼《目莲救母》，盖叫天《白水滩》，开场《功臣宴》。

12月16日 开始做三天告别演出，本日演出《穆柯寨》。

12月17日 夜场演出剧目为：梅兰芳、朱素云头、二本《虹霓关》，王凤卿《硃砂痣》，开场《北壁关》。

12月18日 为来沪演出最后一天，夜场演出剧目为：梅兰芳、王凤卿《汾河湾》，王少卿《空城计》，王凤卿、朱素云三本《取南郡》，开场《瑞兵会》。

在上海演出时，梅兰芳观看了夏月润、夏月珊兄弟的《黑籍冤魂》、《新茶花》等京剧时装戏，及欧阳予倩的《茶花女》、《不如归》等话剧新戏，深受这些醒世剧作的影响，回京后，也欲一试。

第一次去上海演出，受到上海观众热烈欢迎，体会和感受很多。他在《舞台生活四十年》中自述："其实，那时我的技术，哪里说得上成熟？全靠着年富力强，有扮相、有嗓子、有底气、不躲懒，这几点都是我早年在舞台上奋斗的资本。做工方面也不过指指戳戳，随手比势，没有什么特点。倒是感情部分，我从小就比较能够领会一点。不论哪一出戏，我唱到就喜欢追究剧中人的性格和身份，尽量想法把它表演出来，这是我个性上对这一方面的偏好。

化妆方面我也有了新的收获。我们在北京，除了偶然遇到有所谓带灯堂会之外，戏馆里都是白天表演。堂会里这一点灯光，是不够新式舞台的条件的。我看到了上海各舞台灯光配合，才启发我有新的改革的企图。我回去就跟我的梳头师父韩佩亭细细研究，采取了一部分上海演员化妆的方法，逐渐加以改变，目的是要能够配合这新式舞台上的灯光的。总之，我那时候是一个才二十岁的青年，突然接触到许多新鲜的环境和事物，要想吸收，可真有点应接不暇了。这短短五十天在沪的逗留，对我后来的舞台生活，是起了极大的作用的。”[1]

[1] 梅兰芳述、许姬传记：《舞台生活四十年》第一集，平明出版社1952年版，第207页。

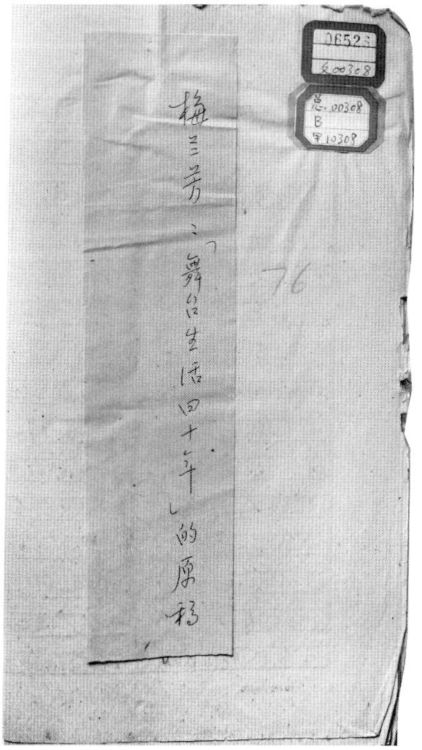

《舞台生活四十年》手稿

本年 开始研究新腔并学昆曲。在《舞台生活四十年》中自述：“在民国初年新腔之风虽未盛行，但我排演新戏时，总想琢磨些新颖动听的新腔，加强表现剧中的人物。陈彦衡先生常到我家，我和他研究旦角的唱腔，他是主张革新的。”“辛亥革命后，社会文化生活提高了，观众对戏曲艺术的要求也提高了。我初步地感到，这种专重唱工的青衣戏，已经不能满足观众的要求，所以就在青衣之外，兼学了二本《虹霓关》、《穆柯寨》这种偏重身段、表演和武工的戏，使戏路宽广丰富一些。”[2]

[2]《舞台生活四十年》，中国戏剧出版社1987年版，第573页。

本年 夫人王明华生女五十。

21岁

1914年

民国三年

甲寅

1月1日 天乐茶园演出剧目为：梅兰芳、王蕙芳《虹霓关》，田雨侬《金钱豹》，贾洪林《七星灯》。

1月26日 玉成班改为翊文社。梅兰芳在《舞台生活四十年》里回忆说："那年年底，官方下令通知，把所有'班'的名称，一律改成'社'。'玉成班'也从旧历甲寅年正月初一日起，改名'翊文社'。……民国三年翊文的阵容，老生有孟小茹、贾洪林、瑞德宝、高庆奎。武生有田雨侬（他是田际云的儿子，大家管他叫少掌柜的）。旦角有王蕙芳、路三宝、胡素仙跟我。老旦是谢宝云。小生是张宝昆。这台角色，要算整齐了。"[1]

本月 在庆丰堂与王蕙芳拜陈德霖为师。

2月15日 翊文社在天乐茶园日场演出剧目为：梅兰芳、田雨侬《穆柯寨》，孟小茹《打棍出箱》，路三宝《翠屏山》，胡素仙《六月雪》，小菊仙《恶虎村》，小洪福《鱼藏剑》，高月秋《蟠桃会》，小德顺《柳林池》，开场全社合演《吉祥戏》。

自入民国以来，北京舞台上昆曲名剧日趋衰落，在京昆同台演出中，例有的昆曲戏码多已不见，保存的只有少数几出，还多是一些武戏，有的已很不完整。昆曲的前辈老演员，也已寥若晨星，屈指可数。梅兰芳面对此景，决心倡导昆曲艺术，并从自身做起，积极进行学昆曲、演昆曲的活动。

[1] 梅兰芳述、许姬传记：《舞台生活四十年》第一集，平明出版社1952年版，第215－217页。

本年起，先后从陈德霖、乔蕙兰、李寿山、陈嘉梁学昆腔《金山寺》、《断桥》、《佳期》、《拷红》、《风筝误》、《游园》、《惊梦》、《闹学》。此外，又从路三宝学《醉酒》、《破洪州》、《天门阵》；从王瑶卿学《儿女英雄传》。还特地从苏州请来一位顾曲家谢昆泉，每天上午学曲，一连数载从无间断。梅兰芳的两位终生艺术良伴姜妙香、姚玉芙，也与之共学不辍，同倡昆曲。他们三人合作演出了许多昆曲戏。梅兰芳一连学了几十出昆曲戏，虽然登台演出的只是其中一少部分，但其影响很大，观众反应强烈，报刊评论连篇，引起社会瞩目，开创了一股强劲的振兴昆曲之风。

2月中旬 天乐园日场演出剧目为：梅兰芳、王蕙芳《樊江关》，梅兰芳、贾洪林、路三宝、高庆奎合演七本《儿女英雄传》。

《樊江关》是一出刀马旦、花旦的“对儿戏”。梅兰芳多次观看王瑶卿、路三宝等前辈的演出而学会。他从上海归来演出了《穆柯寨》、《虹霓关》等刀马旦戏，赢得北京观众的欢迎，于是又演出了《樊江关》。梅兰芳为再拓戏路饰演薛金莲，另由王蕙芳饰演樊梨花，谢宝云饰演柳迎春。钱金福、茹莱卿为梅兰芳指点武工身段，使他与王蕙芳配合严密，“姑嫂对剑”一段戏非常精彩。是为梅、王合作《虹霓关》、《梅玉配》之后又一佳作，遂有“兰蕙齐芳”之誉，盛极一时。

《樊江关》虽为樊、薛不分主次的“对儿戏”，但是因王瑶卿饰演樊梨花，观众总是视樊梨花为主角；自梅兰芳饰演的薛金莲出现后，观众又改视薛金莲为主角。

4月25日 在北京吉祥戏院演义务戏。演出剧目为：梅兰芳、李敬山《女起解》，方宝奎《金沙滩》，吴稚禅《孝义节》，王蕙芳、陆杏林《鸿鸾禧》。

6月28日 翊文社在天乐茶园演出剧目为：梅兰芳、王蕙芳、田雨依《混元盒》，梅兰芳、孟小茹、王蕙芳《银空山·回笼鸽》，杨瑞亭《牛头山》。

8月28日 翊文社在天乐茶园演出剧目为：梅兰芳、田雨依、王蕙芳、杨瑞亭《思志诚》，梅兰芳、郝寿臣、瑞德宝、杨瑞亭、王蕙芳《长坂坡》，小德云《忠保国》，小洪福《辕门斩子》，筱菊仙、高秋月、傅小山《茂州城》，谢宝云《钓金龟》，刘景然、张宝昆《状元谱》。

10月中旬 梅兰芳的第一出时装新戏《孽海波澜》分头、二本以大轴戏码分为两天在天乐园首演，同台的演员有：王蕙芳、李敬山、陆杏林、郝寿臣、刘景然。这出初试的时装新戏，虽各方面尚不理想，但影响不小，一时报刊连篇评论《孽》剧，继而评论梅剧之风也悄然兴起。

梅兰芳在回顾他这一历史时期的思想变化时讲道："在清末民初的时候，戏剧的社会教育作用逐渐明确，话剧已经开始活跃起来。在北京我看到王钟声先生的话剧，在上海又看到了春柳社的话剧，得到了很大的启发，我感到了演员对社会的责任……"[1]

新的戏剧观念使梅兰芳在表演艺术上发生了变化，在从上海回京后，他根据时代和观众欣赏的需要，编演了大量与社会现实生活结合较紧的新剧。《孽海波澜》正是梅兰芳创演新戏的开端。所谓时装新戏，就是以当时的现实生活为题材的新编剧目，演员的行头一律采用当时人们生活中的穿着打扮。这些新戏宣传民主革命思想，批判社会制度的阴暗面，艺术表现形式上讲究推陈出新。

梅兰芳在他入党时写的自传里这样说："当清朝末年，我的观众有部分是京师大学堂译学馆的学生。他们是当时争取进步的青年，和我做了朋友，以平等地位待我，使我非常兴奋，从而也看重自己，除了认真学戏和唱戏之外，也常想到用什么法子才能把我们演员的地位提高呢？辛亥革命以后，我的观众多起来了。1913年我初次赴上海演戏，回来之后，开始排演新戏，其中包括时装戏和古装戏，并且学唱昆曲。这是因为我感觉到单演旧的皮黄戏，不能满足观众的要求，所以要添些新花样。在那几年当中，在观众的鼓励和朋友的帮助之下，我的劲头很足，对发展戏曲艺术和选择加工传统剧目、排演新剧目作了些努力，因而也侥幸获得了一点虚名。我知道这一点虚名之由来，乃是观众的热情支持。哪能算是我个人的成就呢？"[2]

这期间，樊棣生（票友）、余叔岩等在京发起成立春阳友会，梅兰芳被聘为名誉会员。据樊棣生先生说："民国三年，我发起成立春阳友会，叔岩是创办人之一，李经畬是名誉会长，还聘请梅兰芳、姜妙香、姚玉芙等为名誉会员。"[3]

11月16日　翊文社在天乐茶园演出剧目为：梅兰芳、王蕙芳《樊江关》，小洪福《辕门斩子》，筱菊仙、傅小山《白水滩》，张宝昆《玉玲珑》，胡素仙、瑞德宝《搜孤救孤》，田雨侬《金雁桥》，孟小茹、马俊山《洪洋洞》。

11月30日　梅兰芳应尤鸿卿和文凤祥等的邀请第二次到上海演出。事前《申报》登海报预告："王（凤卿）、梅（兰芳）二君客岁在申时，蒙各界欢迎之热忱，已达极点，故在申月余，每晚满座，竟有未及一见颜色之憾。本台主因沪人士渴念之

[1] 梅兰芳著：《为着祖国美好的未来，贡献出我们的一切——在舞台生活五十年纪念会上的讲话》。

[2]《梅兰芳艺术评论集》，中国戏剧出版社1990年10月版，第76页。

[3]《舞台生活四十年》，中国戏剧出版社1987年版，第596页。

殷，托人北上，以重金聘请来申，现准于十四日到申，特此预布。”

12月3日　《申报》海报载：“王凤卿、梅兰芳现已到申，静养数天，择日登台，其具体戏码，梅兰芳二十一日夜《彩楼配》，二十二日夜《女起解》，二十三日夜《汾河湾》，二十四日夜《虹霓关》，二十五日夜《雁门关》。”

《舞台生活四十年》自述：“我在12月初，带了场面伙计，也就是上次的原班人马，一齐坐了津浦车南来……这一次我伯母没有同来，是我的前室王明华和永儿跟着来的。”

“在戏馆照例要招待的‘下马饭’间，新结识了名演员赵君玉，赵也出身于梨园世家，著名武生赵小濂的儿子……他初唱黑头，后改小生……今天才改唱旦角的。……他会戏很多，花脸、小生、花旦、刀马旦、梆子全都能唱，在上海的戏班里已经有了地位……”[1]

[1] 梅兰芳述、许姬传记：《舞台生活四十年》第二集，平明出版社1954年版，第14页。

12月7日　开始在丹桂第一台为期三十五天的演出。本日演出了《彩楼配》。演出前狄平子举行宴会接风，座中陪客“大半是当时留住上海的几位旧学湛深兼长书画的老先生，如朱古微、沈子培、吴昌硕……席间，吴昌硕对梅说：‘畹华，你这次来，我要好好地给你画一张着色的红梅……在你动身之前，我一定画好了送过来。’”[2]

[2] 同上书，第16页。

12月8日　夜场演出剧目为《苏三起解》。演出前观摩了贵俊卿和赵君玉的《游龙戏凤》。“看到他的化妆就想起上次在上海看到的冯子和、七盏灯（毛韵珂），还有到过北京的贾碧云、林颦卿，都是一个路子。有些地方，跟我们不同。似乎南方的比较美观一点。让我来举两个例子：（一）画眼圈。从前北方的旦角，不讲究画黑眼圈，淡淡画上几笔就算了事。我看的以上这几位的眼圈，都画得相当的黑，显得眼睛格外好看有神。（二）贴片子。最早北方的青衣闺门旦、花旦，片子贴的部位比现在又高又宽，往往会把脸型贴成方的……等我搭班演唱以后，才慢慢地有了变化，就往当年闺门旦贴片子的路上改了。可是我看南方旦角的贴法似乎更为好看。我受了他们的影响……就在眼圈、片子方面开始了新的改革……”[3]

[3] 同上书，第18页。

12月9日　夜场演出剧目为：梅兰芳、王凤卿《汾河湾》，赵君玉《奇双会》，盖叫天《白水滩》，贵俊卿《搜孤救孤》，筱桂和《三两赠银》。

12月10日　与丹桂第一台著名花旦赵君玉第一次合作演出《五花洞》。

梅兰芳的《五花洞》，早在喜连成借台练戏时就与律喜云同演，后又与王蕙芳合作，这次梅兰芳饰演假潘金莲，赵君玉饰演真潘金莲，二人依照上海的扮相，新制了两身完全相同的服装，又经认真排练，使身段、唱腔也达同工无二。再有郎德山的包公，双处的张天师，筱桂喜的大法官，克秀山的武大郎为辅，演出十分精彩，确比梅兰芳往日的演出更见光彩。

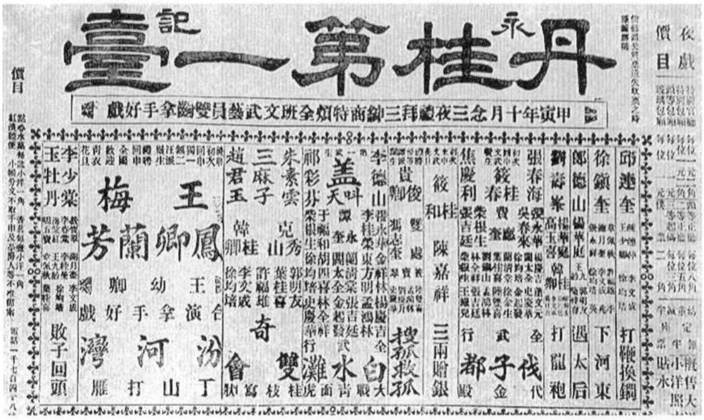

1914年，梅兰芳第二次赴沪演出的戏单

据梅兰芳纪念馆藏上海丹桂第一台戏单所载：

12月11日　夜场演出剧目为：梅兰芳《雁门关》，王凤卿《楚将投吴》，盖叫天《三雄绝义》，三麻子《打渔杀家》，赵君玉《乌龙院》，筱桂和《卖雄鸡》。

12月12日　夜场演出剧目为：梅兰芳《玉堂春》，王凤卿《文昭关》，三麻子《水淹七军》，赵君玉《鸿鸾禧》，盖叫天《三岔口》，筱桂和《红梅阁》，开场《采石矶》。

12月13日　日场演出剧目为：梅兰芳、王凤卿《御碑亭》，赵君玉《花田错》，三麻子《扫松下书》，盖叫天《挑滑车》，筱桂和《喜荣庆》。夜场演出剧目为：梅兰芳、王凤卿《枪挑穆天王》，三麻子《过五关》，贵俊卿《打棍出箱》，赵君玉《卖身投靠》，盖叫天《四杰村》，筱桂和《紫霞宫》。

12月14日　夜场演出剧目为：梅兰芳、王凤卿《四郎探母》，三麻子《赠袍赐马》，贵俊卿《黄金台》，朱素云《马上缘》，盖叫天《八蜡庙》，筱桂和《蝴蝶杯》。

12月15日　夜场演出剧目为：梅兰芳、王凤卿《美人计》，三麻子《挂帅封金》，贵俊卿《浣花溪》，盖叫天《盘肠大战》，筱桂和《蝴蝶梦》。

12月16日　夜场演出剧目为：梅兰芳、朱素云《穆柯寨》，王凤卿《三娘教子》，三麻子《白马坡》，贵俊卿《奇冤报》，盖叫天《武松打店》，筱桂和《阴阳河》。

12月17日　夜场演出剧目为：梅兰芳、赵君玉《真假金莲》，王凤卿《战樊城》，贵俊卿《秦琼卖马》，朱素云《一将难求》，盖叫天《水擒史文恭》。

12月18日 夜场演出剧目为：梅兰芳《金殿装疯》，王凤卿、朱素云《群英会》，盖叫天《伐子都》，筱桂和《梵王宫》。

12月19日 夜场演出剧目为：梅兰芳《玉堂春》，王凤卿《文昭关》，三麻子《水淹七军》，赵君玉《鸿鸾禧》，盖叫天《三岔口》，筱桂和《红梅阁》。

12月20日 日场演出剧目为：梅兰芳《白蛇传》，王凤卿《阳平关》，三麻子、赵君玉《杜十娘》，朱素云《飞虎山》，筱桂和《游西湖》。夜场演出剧目为：梅兰芳《贵妃醉酒》，王凤卿《夺取城都》，三麻子、赵君玉《吴汉杀妻》，贵俊卿《洪洋洞》，盖叫天《花蝴蝶》，筱桂和《新安驿》。

12月21日 夜场演出剧目为：梅兰芳《女起解》，王凤卿、朱素云三、四本《取南郡》，王凤卿头、二本《取南郡》，三麻子《游龙戏凤》，盖叫天《拿高登》。

12月22日 夜场演出剧目为：梅兰芳、赵君玉《掘地见母》，王凤卿五至八本《取南郡》，三麻子《徐策跑城》，盖叫天《收关胜》，筱桂和《卖雄鸡》。

12月23日 夜场演出剧目为：梅兰芳、王凤卿、侯喜瑞头、二本《虹霓关》，王凤卿《捉放曹》，贵俊卿《打棍出箱》，盖叫天、三麻子《莲花湖》。

12月24日 夜场演出剧目为：梅兰芳、王凤卿全本《御碑亭》，三麻子《江东宴》，贵俊卿《黄金台》，赵君玉《鸿鸾禧》，盖叫天《三雄绝义》，筱桂和《十八扯》。

12月25日 夜场演出剧目为：梅兰芳《破洪州》，王凤卿《取帅印》，赵君玉、三麻子《四进士》，盖叫天《挑滑车》，筱桂和《梅降雪》。

12月26日 夜场演出剧目为：梅兰芳《玉堂春》，王凤卿《硃砂痣》，三麻子《水淹七军》，盖叫天《三岔口》，筱桂和《蝴蝶梦》。

12月27日 日场演出剧目为：梅兰芳、王凤卿《素富贵》，三麻子《扫松下书》，盖叫天《武松打店》，筱桂和《小放牛》，筱桂春《伐子都》。夜场演出剧目为：梅兰芳、王凤卿《汾河湾》，贵俊卿《失空斩》，三麻子《赠袍赐马》，赵君玉《花田错》，盖叫天《四杰村》，筱桂和《新安驿》。

12月28日 夜场演出剧目为：梅兰芳、赵君玉《樊江关》，王凤卿《钓金龟》，三麻子《白马坡》，贵俊卿《忠孝全》，盖叫天《盘肠大战》，筱桂和《紫霞宫》，筱桂春《泗州城》。

12月29日 夜场演出剧目为：梅兰芳、朱素云《穆柯寨》，王凤卿《楚将投吴》，三麻子《吴汉杀妻》，贵俊卿《秦琼卖马》，盖叫天《英雄义》，筱桂和《游界关》，筱桂春《擒张任》。

12月30日 夜场演出剧目为：梅兰芳、王凤卿《枪挑穆天王》，三麻子《封金辞朝》，贵俊卿《奇冤报》，赵君玉《卖身投靠》，盖叫天《白水滩》，筱桂和《游西湖》。

12月31日 夜场演出剧目为：梅兰芳《雁门关》，王凤卿《战樊城》，三麻子《困土山》，赵君玉《卖油郎》，盖叫天《八蜡庙》，筱桂和《采花赶府》。

本月 吴昌硕赠送一幅红梅图给在上海演出的梅兰芳，画上有于右任的题诗：

辉映天人玉照堂，嫩寒春晓试新妆。
皤皤国老乡情甚，嚼墨犹矜肺腑香。

此后，梅兰芳对绘画产生了浓厚的兴趣。

22岁

1915年

民国四年

乙卯

继续在上海丹桂第一台演出。

1月1日 日场演出剧目为：梅兰芳、王凤卿《红鬃烈马》，三麻子《徐策跑城》，朱素云《夺小沛》，赵君玉《杜十娘》，盖叫天《收关胜》，筱桂花《喜荣归》。夜场演出剧目为：梅兰芳、朱素云《虹霓关》，王凤卿《三娘教子》，三麻子《过五关》，贵俊卿《开山府》，盖叫天《伐子都》，筱桂和《遗翠花》。

1月2日 夜场演出剧目为：梅兰芳《贵妃醉酒》，王凤卿《文昭关》，三麻子《古城相会》，赵君玉《马上缘》，贵俊卿《洪洋洞》，盖叫天《花蝴蝶》，筱桂和《阴阳河》。

1月3日 日场演出剧目为：梅兰芳《延安关》，王凤卿、赵君玉《翠屏山》，三麻子《老将得胜》，盖叫天《武松杀嫂》，筱桂和《新安驿》。夜场演出剧目为：梅兰芳、王凤卿《汾河湾》，贵俊卿《空城计》，三麻子《奇双会》，盖叫天《三岔口》，筱桂和《大劈棺》。

1月4日 夜场演出剧目为：梅兰芳、赵君玉二本《虹霓关》，王凤卿三本《取南郡》，三麻子《四进士》，盖叫天《武松打店》，筱桂和《红梅阁》。

1月5日 夜场演出剧目为：梅兰芳《苏三起解》，王凤卿、朱素云四本《取南郡》，赵君玉《花田错》，贵俊卿《十道本》，盖叫天《莲花湖》，筱桂和《梵王宫》。

1月6日 夜场演出剧目为：梅兰芳《樊江关》，王凤卿《群英会》，三麻子《扫松下书》，盖叫天《三雄绝义》，筱桂和《蝴蝶杯》。

1月7日 夜场演出剧目为：梅兰芳、王凤卿《美人计》，三麻子《赠袍赐马》，赵君玉《浣花溪》，盖叫天《溪皇庄》。

1月8日 夜场演出剧目为：梅兰芳《雁门关》，王凤卿《硃砂痣》，王幼卿《失空斩》，三麻子《冤怨相报》，盖叫天《挑滑车》，筱桂和《宝铁剑》。

1月9日 日场演出剧目为：梅兰芳、赵君玉《真假金莲》，梅兰芳、赵君玉二本《虹霓关》，王凤卿《夺取城都》，王幼卿《洪洋洞》，三麻子《黄鹤楼》，盖叫天《盘肠大战》。夜场演出剧目为：梅兰芳、赵君玉二本《虹霓关》，王凤卿《华容道》，三麻子《冤怨相报》，盖叫天《拿高登》，筱桂和《遗翠花》。

1月10日 是第二次到上海临别纪念演出，演出前观摩了盖叫天和王洪寿的两出戏。本日，夜场演出剧目为：梅兰芳、王凤卿《汾河湾》，贵俊卿《失空斩》，王幼卿《鱼藏剑》，三麻子《水淹七军》，朱素云《鸿鸾禧》，盖叫天《三岔口》，筱桂和《芭蕉扇》。

1月11日 第二次上海演出结束回京。这次在上海演出受欢迎的程度超过了上次。据吴祖光在《我们永远怀念梅兰芳》一文中说："梅兰芳不到二十岁，便在京剧舞台上赢得名满全国的声誉。当时的戏剧家赞颂他是声震瀛海，势迈古今。诗人为他写出'一笑万古春，一啼万古愁'的诗句。"

由沪回京后，改搭由俞振庭组织的双庆社，居头牌旦角之席。双庆社演员一部分是翊文社过来的，如孟小茹、路三宝、谢宝云、高庆奎，其余的演员有武生俞振庭、王毓楼，丑角王长林，小生程继先、姜妙香。这一时期，梅兰芳创演了大量新戏。

4月4日 在吉祥戏院首演了《金山寺》。双庆社安排了极为强大的演员阵容，梅兰芳饰演白素贞，同台的演员有路三宝、程继先、李寿峰、俞振庭、郭春山、王毓楼、范宝亭。

《金山寺》是京剧舞台上一出常演的昆曲戏。主角白素贞需要唱做，又有武打。梅兰芳以其文武不挡的深厚功力，向深谙昆曲的前辈李寿山、陈德霖学习了这出戏。

4月16日 文明茶园演出剧目为：梅兰芳、路三宝二本《虹霓关》，俞振庭《白水滩》，龚云甫《行路训子》，孟小茹《群英会》，胡素仙《探亲家》，连虹霞《落花园》，诸茹香《寿山会》，云中凤《红桃山》，开场全社合演《药王卷》。

4月24日 在文明园首演《孽海波澜》。

5月23日 在吉祥戏院首演时装新戏《宦海潮》，梅兰芳饰演余霍氏。这出戏依据清末实事编写，揭露清末官场的阴险欺诈和官方的人面兽心。

6月17日 与双庆社的演员李寿山、李寿峰、路三宝、程继先等人在家中创编时装戏《邓霞姑》。

6月28日 《邓霞姑》在吉祥戏院正式上演。梅兰芳饰演邓霞姑，同台的演员有李敬山、诸茹香、路三宝、程继先、李寿山、李寿峰、慈瑞泉、姚玉芙。

故事由路三宝讲述，李寿峰、李寿山、李敬山共同编出戏纲，然后确定角色，每一角色再自行编写各自的唱念台词。在霞姑装疯，相助雪姑的情节中，梅兰芳借用《宇宙锋》的手法，唱大段【反二黄】；霞姑当众揭出实情的表演，运用大段念白，慷慨陈辞；霞姑与周士普完婚的场面，把当时的文明婚礼搬上舞台，颇为新颖。

8月 梅兰芳首次跨入津门，于东天仙舞台演出。这次梅兰芳演出的是时装新戏《一缕麻》、《宦海潮》和《邓霞姑》。梅兰芳初莅津城，得到天津观众的很高评价，称赞他的声腔婉转悠扬，一字三折，“犹如柔丝一缕，摇漾晴空，高可上九天，低则可达重泉，上如亢，下如堕，实在难能可贵”。

8月17日 开始编写古装新戏《嫦娥奔月》。

8月31日 文明茶园演出剧目为：梅兰芳、路三宝二本《虹霓关》，俞振庭《水帘洞》，王凤卿《阳平关》，姚玉芙《岳家庄》，朱桂芳《演火棍》，高四保《定计化缘》，李荣升《辕门斩子》，开场《风云会》。

9月12日 文明茶园演出剧目为：梅兰芳、姜妙香《玉堂春》，俞振庭《挑滑车》，王凤卿《战成都》，路三宝《鸿鸾禧》，王毓楼《金钱豹》，姚玉芙《打金枝》，朱桂芳《十字坡》，诸茹香《打皂王》，李荣升《辕门斩子》，开场全班合演《永平安》。

9月23日 在吉祥戏院首演《天河配》。

10月13日 在吉祥戏院首演《佳期·拷红》。《佳期·拷红》是《西厢记》中的两折戏。

梅兰芳此戏颇见工力，《佳期》中一曲“十二红”，长达三十多句，他的演唱一气呵成；《拷红》中对崔夫人的仗义执言，则念得有声有色。

10月31日 古装新戏《嫦娥奔月》在吉祥戏院首次上演。在这部戏中，梅兰芳打破了以往旦角的界限，剧中的嫦娥载歌载舞、美丽传神。

梅兰芳与几位文人挚友为创演一出中秋“应节戏”而选中了“嫦娥奔月”这一题材。齐如山与李释戡完成剧本的全稿。在梅兰芳与诸友人共同研究下，《嫦娥奔月》在艺术上有三大创举：一是扮相。嫦娥入月宫是由人而仙，区别人与仙的舞台形象，借助国画中仕女形象，假造了“吕”字形双髻头式；又以短衣、长裙、垂带装束的古装扮相，表现化为仙体的嫦娥，别具光彩。二是舞蹈。嫦娥入月宫后的采花和欢宴的表演，传统的程式身段难展其美，为此吸取古代歌舞形式，创造了采花的“花镰舞”和欢宴的“袖舞”，美不胜收。三是新曲。嫦娥在月宫有一向往人间的抒情唱段，京剧原有的板式难尽人意。为使其达到情中寓美的意境，创造了“南邦子”的新歌，曲尽其妙。日后，梅兰芳在创演的新戏中反复运用“南邦子”曲调，使其日趋完美，如今已成为京剧旦角、小生的传统曲式。梅兰芳以《嫦娥奔月》为起步，开创了对古装新戏的编演，取得了辉煌的成就。古装新戏是梅派艺术的重要组成部分，是梅兰芳对京剧艺术革新、发展的巨大贡献。

演出第一次在舞台上使用“追光”。“在戏曲演出中，最早的电光，一是用来照明；二是用来突出名角，即到名角登台时，台前灯具全部开亮，以引人注目。梅兰芳则把灯光的作用向前推进了一步，即由突出名角，变为对剧中人物进行‘特写’或制造某种气氛。1915年他排《嫦娥奔月》，演至第十场采花，就用了一道白光追嫦娥。这是追光在京剧舞台上第一次的尝试。其后演《天女散花》，在‘云彩’、‘散花’两场，都打五色电光，以制造神奇气氛。演《霸王别姬》至霸王醉卧帐中，虞姬出帐步月时，为了表现四面楚歌的凄凉景象，把场上灯光压暗，只用淡蓝色的灯光照着虞姬。

[1]《梅兰芳艺术评论集》，中国戏剧出版社1990年版，第222页。

这些例子都说明，梅在一些新编的戏中，是不满足于一般照明的，想把灯光当作造型手段、表情手段来运用的……”[1]

11月27日 《牢狱鸳鸯》在吉祥戏院正式上演，梅兰芳饰演邓珊珂，同台演员有姜妙香、李敬山、高四保、路三宝，双庆社新邀的王凤卿也参加了演出，饰演巡按大人，为戏增色不少。

《牢狱鸳鸯》是一出传统戏装的新戏。齐如山编剧，取材于清代笔记《兰苕馆外史》中《小卫玠》的故事。这一公案性的情节戏，虽属陈套，但它鞭笞封建婚姻的客观作用，对当时民初社会的现实，却有一定积极意义。梅兰芳正是为此而演出了此戏。《牢狱鸳鸯》的演出取得了一时之盛。初演时的配角是姜妙香的张生、姚玉芙的莺莺、李寿峰的崔夫人。

11月下旬 赴天津东天仙舞台演出近一个月。剧目有《御碑亭》、《樊江关》、《汾河湾》等。

从天津返京后，仍搭双庆社演出。

12月12日 双庆社在文明茶园演出剧目为：梅兰芳、路三宝全本《虹霓关》，盖叫天《四杰村》，王凤卿《硃砂痣》，朱桂芳《双铁笼山》，程继先《临江会》，增长胜《取荥阳》，李荣升《奇冤报》，开场全班合演《山海关》。

《太真外传》舞台照，使用了追光技术

12月15日 双庆社在文明茶园演出剧目为：梅兰芳、路三宝《能仁寺》，盖叫天《白水滩》，王凤卿《战长沙》，朱桂芳《献鱼蓝》，姜妙香《射戟》，姚玉芙《打金枝》，诸茹香《荷珠配》，开场李荣升《上天台》。

12月16日 双庆社堂会演出剧目为：梅兰芳、王凤卿三本《雁门关》，梅兰芳、陈德霖《风筝误》，梅兰芳《能仁寺》，程继先《八大锤》，王凤卿《硃砂痣》，朱桂芳《夺太仓》，路三宝《阴阳河》，俞振庭《挑滑车》，姜妙香《孝感天》。

12月20日 在吉祥戏院第一次与陈德霖、姜妙香、李寿山合作演《风筝误》。

戏为清代李渔的《笠翁十种曲》之一，是一部姻缘巧配的风趣喜剧。梅兰芳所演，是昆曲常演的“惊丑”、“前亲”、“逼婚”、“后亲”四折，均为全戏的高潮，喜剧气氛浓郁。戏中行当较全，人物也多，且都有戏，相当于京剧的“群戏”，须搭配整齐方见精彩。梅兰芳初演的阵容很强，同台演员有李寿峰、陈德霖、李寿山、姜妙香、郭青山、曹二庚。

下半年 应外交部的邀请，梅兰芳在当时的外交部宴会厅为来华访问的美国教师团演出了他的新编歌舞剧《嫦娥奔月》，受到在座的约三百多名美国教师的热烈赞赏。这是中国京剧演员最早在本土向外国人介绍中国京剧。

本年 开始学画，由罗瘿公介绍名画家王梦白，每周一、三、五来教。此后又结识了画家陈师曾、金拱北、姚茫父、汪蔼士、陈半丁、齐白石。同时并与收藏家朱翼庵订交，广泛观赏书画和古器物。在《舞台生活四十年》自叙：“……两次从上海回到北京，交游就渐渐地广了。朋友当中有几位是对鉴赏、收藏古物有兴趣的，我在业余的时间，常常和他们来往。”“我很想从绘画中吸取一些对戏剧有帮助的养料，我对绘画越来越发生兴趣，空闲时候，我就把家里存着的一些书稿、书谱寻出来（我祖父和父亲都能画几笔，所以有这些东西），不时地加以临摹。但我对用墨调色以及布局章法等，并没有获得门径，只是随笔涂抹而已。”“有一天，罗瘿公先生到家里来，看见我正在书房里学画，就对我说：‘你对于画画的兴趣这么高，何不请一位先生来指点指点？’我说：‘请您给介绍一位吧！’后来，他就特地为我介绍了王梦白先生来教我画画。王梦白先生的画取法新罗山人……他每星期一、三、五来教，我在演戏之外，又添了这一门业余功课。”[1]

本年 五岁的儿子大永夭折。

本年 开始养花。在《舞台生活四十年》中自叙：“我从小就爱看花，到了二十二岁，我才开始自己动手培植。每年的秋天养的是菊花，冬天养梅桩盆景，春天养海棠、芍药和牡丹，夏天养的是牵牛花。差不离一年四季里面，我对于栽花播种的工作，倒是乐此不疲地老不闲着的……我养牵牛花的初意，原是为了起早，有利

[1]《舞台生活四十年》，中国戏剧出版社1987年版，第499页。

梅兰芳在无量大人胡同寓所书房作画

于健康，想不到它对我在艺术上的审美观念也有这么多的好处，比在绸缎铺子里拿出五颜六色的零碎绸子来现比划要高明得多了。中国戏剧的服装道具，基本上是用复杂的彩色构成的。演员没有审美的观念，就会在‘穿’‘戴’上犯色彩不调合的毛病，因此也会影响剧中人物的性格，连带着就损害了舞台上的气氛。我借着养花和绘画来培养我这方面的常识，无形中确是有了收获。”[1]

[1] 梅兰芳述、许姬传记：《舞台生活四十年》第二集，平明出版社1954年版，第111页。

23岁

1916年

民国五年

丙辰

年初 参加了俞振庭组织的春合社，得以与谭鑫培同台演出。在这一时期，梅兰芳在艺术上已臻于成熟，声誉与日增高，营业戏演出大多排在大轴。

1月23日 昆曲《春香闹学》在吉祥戏院首演。梅兰芳饰演春香，李寿峰饰演陈最良。

《春香闹学》是昆曲《牡丹亭》中的“闺塾”一出，传到京剧舞台，才有此名。梅兰芳饰演的丫环春香，属昆曲贴旦角色，是由原工花旦后改花脸的李寿山所传授。李寿山对春香这一天真、娇憨的小姑娘形象，研究很深，教得精细，梅兰芳更在领会之余予以丰富。

2月16日 在吉祥戏院日场演出新创作的首出“红楼戏”《黛玉葬花》，这是“红楼戏”首次被搬上京剧舞台。梅兰芳饰演林黛玉，姜妙香饰演贾宝玉，姚玉芙饰演紫鹃，诸茹香饰演袭人，李敬山饰演茗烟。

梅兰芳的《嫦娥奔月》一演成功后，许多人建议从《红楼梦》中选材，再创古装新戏，于是就产生了梅兰芳的第一出“红楼戏”《黛玉葬花》。《黛玉葬花》取材《红楼梦》第二十三回“西厢记妙词通戏语，牡丹亭艳曲警芳心”的故事，又结合“黛玉泣残红”的情节，由齐如山提出戏纲，李释戡编写台词，罗瘿公参与修订完成剧本，然后再经集体讨论、修改而排练。演出又获成功，一时梅兰芳的《嫦娥奔月》和《黛玉葬花》两出古装新戏，成为最盛演的剧目。当时北京戏曲舞台上，很少有人敢试“红楼戏”，偶有试者，也因旧戏装扮相，得不到观众的认可，只能昙花一现。《黛玉葬花》成为北京第一出立得住的“红楼戏”。

2月19日 双庆社在吉祥戏院演出剧目为：梅兰芳、姚玉芙《牡丹亭》，王凤卿、贾洪林、李顺亭《文昭关》，路三宝《花田错》，俞赞庭、黄润甫《恶虎村》，姜妙香、许荫棠《御碑亭》，增长胜《父子会》，五阵风、筱春来《蟠桃会》，李荣升《奇冤报》。

2月24日 双庆社在文明茶园演出剧目为：梅兰芳、高四保《贵妃醉酒》，俞振庭《殷家堡》，王凤卿《取帅印》，路三宝《英节烈》，姜妙香、姚玉芙《岳家庄》，朱桂芳《娘子军》，许荫棠《打金枝》，李荣升《辕门斩子》，开场《太行山》。

2月26日 双庆社在文明茶园演出剧目为：梅兰芳、王凤卿、黄润甫《美人计·回荆州》，路三宝《鸿鸾禧》，许荫棠《摘缨会》，诸茹香《闹松林》，李顺亭、增长胜《战太平》，李荣升、刘幼春《斩黄袍》，徐春明《太行山》，俞赞庭、朱桂芳《桃花坞》，全班合演《吉祥戏》。

5月20日至22日 在北京吉祥戏院一连三天上演根据包笑天小说改编的时装新戏《一缕麻》一、二、三本，受到观众的热烈欢迎。

梅兰芳的时装新戏引起许多文人挚友的兴趣。《邓霞姑》演出之后，吴震修提出包笑天的一篇小说《一缕麻》，写指腹为婚的悲剧，很有警世作用，可以编戏。梅兰芳读完小说，深为所动，请齐如山据此编写了一出时装新戏。这是齐如山为梅兰芳编写的第一个剧本。由于梅兰芳对时装新戏的表演已取得一定经验，对戏中母亲灵前哭诉的唱工，听父说教的念、做都大大优于以前的三出时装新戏，《一缕麻》收到了很强的警世效果。

6月5日 从端阳节开始连续八天，双庆社班主俞振庭为抗衡王瑶卿、杨小楼

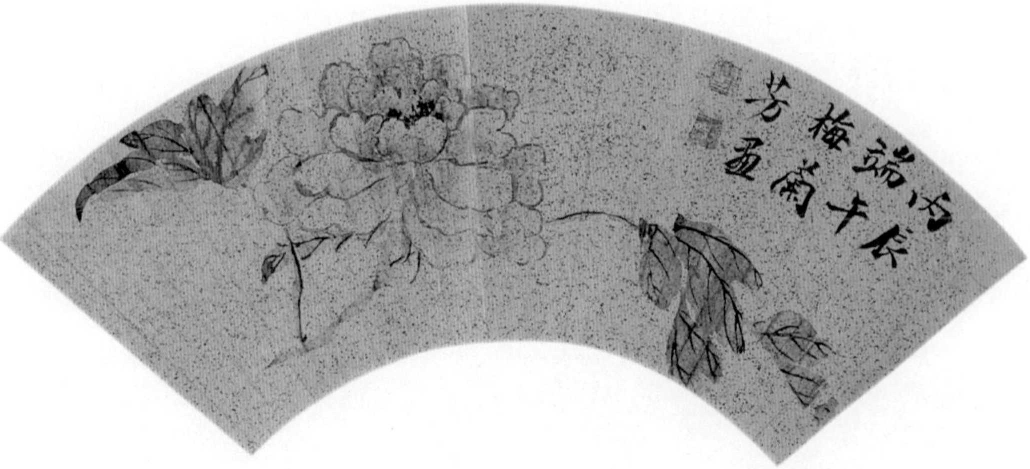

梅兰芳第一次演《晴雯撕扇》时舞台上用的扇子，扇子被撕毁后重新裱成手卷并请人题跋。这是装裱后的扇面。

在第一舞台的合作演出，特倾全班之力，在吉祥戏院搬演了八本《混元盒》。梅兰芳饰演了红蟒精、蝎精两个角色。同台演员有：陈德霖、路三宝、李连仲、李寿山、贾洪林、姜妙香、俞振庭。

6月16日　双庆社在文明茶园演出剧目为：梅兰芳、姚玉芙《邓霞姑》，王凤卿《捉放曹》，俞振庭《艳阳楼》，许荫棠《打金枝》，俞赞庭《恶虎村》，开场全社合演《永平安》。

本月　《千金一笑》正式在吉祥戏院上演。梅兰芳饰演晴雯，姜妙香饰演宝玉，姚玉芙饰演袭人。

《千金一笑》是梅兰芳创演的第三出古装新戏，第二出“红楼戏”。故事取材于《红楼梦》第三十一回的“晴雯撕扇”。按其回目的标题“撕扇子作千金一笑”，而定剧名为《千金一笑》。梅兰芳新戏多是出自集体创作，《千金一笑》更是一出群策群力的作品。先是众友集思广益，共同商酌编写剧本。演员各自设计身段，安排唱腔，再相互配合进行排练。梅兰芳前两出古装新戏都穿插了歌舞表演，赢得好评，形成特色。这出戏里梅兰芳又在晴雯撕扇的唱段中，设计了一组扑萤身段，轻盈飘逸，可称为“扑萤舞”。

梅兰芳演时装戏《一缕麻》时的发式和服装

7月4日 双庆社在吉祥戏院日场演出剧目为：梅兰芳、路三宝《邓霞姑》，王凤卿《取西川》，俞振庭《乾元山》，姜妙香《白门楼》，谢宝云《钓金龟》。

7月5日 双庆社在吉祥戏院日场演出剧目为：梅兰芳《女起解》，王凤卿《捉放曹》，俞振庭《金钱豹》，俞赞庭《铁龙山》。

夏末 应双庆社老板俞振庭之邀，将头、二本《孽海波澜》分四天上演。每天在《孽海波澜》前加演《思凡》、《闹学》、二本《虹霓关》、《樊江关》等一些老戏，以新老戏同时演出的办法，使观众耳目一新。此时，久不出台的谭鑫培在丹桂茶园演出。"吉祥""丹桂"都在东安市场里面，相距不远。因为梅兰芳风头正健，又是新老戏并举，观众纷纷涌向"吉祥"。梅兰芳演出四天，"吉祥"天天人满为患，人人争睹，而"丹桂"门庭冷落，观众寥寥，无意中形成了打对台的局面。这时，梅兰芳才得知俞振庭如此安排的目的，内心十分不安。

从上年4月到本年9月，梅兰芳在同事、朋友的帮助下，边创作，边演出，十八个月内，先后演出了十一出新戏。归纳起来，大致分为四类：(一) 穿老戏服装的新戏，如《牢狱鸳鸯》；(二) 穿时装的新戏，如《宦海潮》、《邓霞姑》、《一缕麻》；(三) 古装新戏，如《嫦娥奔月》、《黛玉葬花》、《千金一笑》；(四) 昆曲，如《孽海记·思凡》、《牡丹亭·闹学》、《西厢记·佳期、拷红》、《风筝误·惊丑、前亲、逼婚、后亲》。

关于编演新戏，梅兰芳在《舞台生活四十年》中自叙："我初次由沪返京以后，开始有了排新戏的企图。过了半年，对付着排出了一本《孽海波澜》。等到第二次打上海回去，就更深切了解了戏剧前途的趋势是跟观众的需要和时代而变化的。我不愿意还是站在这个旧的圈子里不动，再受它的拘束。我要走向新的道路上去寻求发展，我也知道这是一个大胆的尝试，可是我已经下了决心放手去做了，它的成功与失败，就都不成为我那时脑子里所考虑的问题了。”“我排新戏的步骤，向来由几位爱好戏剧的外界朋友，随时留意把比较有点意义、可以编制成本的材料，收集好了，再由一位担任起草，分场打提纲，先大略地写了出来，然后大家再共同商讨，……我们是用集体编制的方法来完成这一个试探性的工作的。我们那时在一个新剧本起草以后，讨论的情形，倒有点像现在的座谈会。在座的都可以发表意见，而且常常会很不客气地激辩起来……经过这样的修改……这才算是在我初次演出以前的一个暂时的定本……演出以后，陆续还要修改……同时我们也约请多位本界有经验的老前辈来参加讨论，……得着他们不少宝贵的意见。”[1]

9月初　梅兰芳再次赴天津云仙舞台做短期演出。

9月3日　云仙舞台日场演出剧目为：梅兰芳、姜妙香、高庆奎《玉堂春》，梅兰芳、姜妙香、姚玉芙、诸茹香、高四保四本《一缕麻》，王凤卿、薛凤池、福小田《阳平关》。这是《一缕麻》首次在天津上演。

10月至12月　应许少卿邀请，第三次赴上海演出。这次除了与王凤卿合作外，演员增加了姜妙香、姚玉芙，场面方面增加了司鼓的何斌奎、吹笛的陈嘉梁。据梅兰芳纪念馆藏戏单载：

10月6日　夜场演出剧目为：梅兰芳《彩楼配》，王凤卿《硃砂痣》，盖叫天《白水滩》，赵君玉《花田错》，姜妙香《辕门射戟》，林树森《阴阳河》，小七岁红《花蝴蝶》，时玉奎《草桥关》，水上飘《反延安》，开场《庆阳图》。

10月7日　夜场演出剧目为：梅兰芳、姜妙香《玉堂春》，王凤卿《华容道》，盖叫天《四平关》，小如意《大英节烈》，小杨菊笙《风云会》，开场《高平关》。

10月8日　日场演出剧目为：梅兰芳《贵妃醉酒》，王凤卿《群英会》，赵君玉《白蛇传》，盖叫天《恶虎村》，小如意《大劈棺》，小七岁红《冀州城》，开场《山海关》。夜场演出剧目为：梅兰芳《宇宙锋》，王凤卿《文昭关》，盖叫天《英雄义》，赵君玉《卖身投靠》，姜妙香《岳家庄》，小如意《锁云囊》，林树森《胭脂虎》，小七岁红《金雁桥》，小杨菊笙《八义图》。

[1] 梅兰芳述、许姬传记：《舞台生活四十年》第二集，平明出版社1954年版，第49－50页。

10月9日 夜场演出剧目为：梅兰芳、姜妙香二本《虹霓关》，王凤卿《子胥投吴》，盖叫天《三岔口》，赵君玉《孟姜女》，小七岁红《铁笼山》，林树森《徐策跑城》，小杨菊笙《空城计》，开场《祥梅寺》。

10月10日 夜场演出剧目为：梅兰芳、赵君玉《樊江关》，王凤卿《捉放曹》，盖叫天《八大锤》，小如意《游西湖》，姜妙香《天门阵》，盖叫天《收关胜》，开场《马芳困城》。

10月11日 夜场演出剧目为：梅兰芳、姚玉芙《双金莲》，王凤卿《取城都》，盖叫天《金雁桥》，赵君玉《游龙戏凤》，姜妙香《马上缘》，小七岁红《新长坂坡》，开场《九龙柱》。

10月12日 夜场演出剧目为：梅兰芳、王凤卿《汾河湾》，盖叫天、林树森、赵君玉三、四本《双凤奇缘》，小如意《红梅阁》，小七岁红《盘肠大战》，姜妙香《黄鹤楼》，时玉奎《黑风怕》。

10月13日 夜场演出剧目为：梅兰芳、王凤卿头、二本《穆柯寨》，赵君玉《刁刘氏》，小七岁红《四杰村》，姚玉芙《别皇宫》，小如意《紫霞宫》，林树森《古城会》，小杨月楼《忠义节》，李玉海《锁五龙》。

10月14日 夜场演出剧目为：梅兰芳、姚玉芙《嫦娥奔月》，王凤卿《长亭会》，赵君玉《白门楼》，小七岁红《花蝴蝶》，小杨月楼《胭脂虎》，小如意《锁云囊》，小杨菊笙《李陵碑》。

10月15日 日场演出剧目为：梅兰芳、王凤卿《御碑亭》，赵君玉《花田错》，小七岁红《金钱豹》，林树森《水淹七军》，小如意《伐子都》，小杨月楼《二进宫》。夜场演出剧目为：梅兰芳《苏三起解》，王凤卿《硃砂痣》，赵君玉《昭君和番》，小七岁红《挑滑车》，小如意《阴阳河》，姜妙香《万里封侯》。

10月16日 夜场演出剧目为：梅兰芳、王凤卿《牢狱鸳鸯》，赵君玉《杜十娘》，王凤卿《战长沙》，小如意《新安驿》，小七岁红《艳阳楼》，小杨月楼《鸿鸾禧》，小杨菊笙《风云会》。

10月17日 夜场演出剧目为：梅兰芳、王凤卿《武家坡》，梅兰芳、姜妙香《雁门关》，盖叫天《三岔口》，赵君玉《妻党同恶报》，小如意《蝴蝶梦》，小七岁红《飞义阵》。

10月18日 夜场演出剧目为：梅兰芳、王凤卿全本《四郎探母》，赵君玉《浣花溪》，盖叫天《恶虎村》，小如意《大英节烈》，小七岁红《冀州城》，小杨菊笙《搜孤救孤》。

10月19日 夜场演出剧目为：梅兰芳、姜妙香、姚玉芙《红楼梦》，王凤卿《黄鹤楼》，盖叫天、赵君玉一至四本《天宝图》，小七岁红《鸳鸯楼》，时玉奎《打鼓骂曹》。

10月20日 夜场演出剧目为：梅兰芳、姚玉芙《嫦娥奔月》，王凤卿头、二本《取南郡》，盖叫天、赵君玉五至八本《天宝图》，小七岁红《挑滑车》，小杨菊笙《黄金台》。

10月21日 夜场演出剧目为：梅兰芳、姜妙香《玉堂春》，王凤卿《文昭关》，盖叫天《四杰村》，赵君玉《游龙戏凤》，小如意《红梅阁》，小七岁红《铁笼山》。

10月22日 日场演出剧目为：梅兰芳、王凤卿《美人计》，赵君玉《卖身投靠》，盖叫天《白水滩》，小如意《紫霞宫》，小杨月楼《虹霓关》，小七岁红《潞安州》，小杨菊笙《李陵碑》。夜场演出剧目为：梅兰芳、明海山、姚玉芙《琵琶缘》，王凤卿《举鼎观画》，盖叫天、赵君玉九至十二本《天宝图》，小如意《锁云囊》，小杨菊笙《辕门斩子》，时玉奎《父子会》。

10月23日 夜场演出剧目为：梅兰芳《邓霞姑》，王凤卿《取帅印》，盖叫天、赵君玉十三至十六本《天宝图》，姜妙香《辕门射戟》，小如意《遗翠花》，小七岁红《飞义阵》。

10月24日 夜场演出剧目为：梅兰芳、姜妙香、姚玉芙头本《虹霓关》，王凤卿《子胥投吴》，盖叫天三本《铁公鸡》，赵君玉《白门楼》，小如意《游西湖》，小七岁红《拿高登》，小杨菊笙《八义图》。

10月25日 夜场演出剧目为：梅兰芳《贵妃醉酒》，王凤卿《捉放曹》，赵君玉《刁刘氏》，盖叫天《武松打店》，姜妙香《马上缘》，小七岁红《花蝴蝶》，小杨菊笙《二进宫》。

10月26日 夜场演出剧目为：梅兰芳、姜妙香《千金一笑》，王凤卿《御碑亭》，盖叫天、赵君玉十七至二十本《天宝图》，小如意《阴阳河》，小七岁红《伐子都》，小杨月楼《豪杰店》。

10月27日 夜场演出剧目为：梅兰芳、王凤卿《牢狱鸳鸯》，王凤卿全本《群英会》，盖叫天、赵君玉二十一至二十四本《天宝图》，小如意《新安驿》，小七岁红

《鸳鸯楼》。

10月28日 夜场演出剧目为：梅兰芳、赵君玉《樊江关》，王凤卿《取城都》，盖叫天《三岔口》，小如意《红梅阁》，小七岁红《挑滑车》，小杨菊笙《大英节烈》，林树森《古城会》。

10月29日 日场演出剧目为：梅兰芳、王凤卿《汾河湾》，赵君玉《杜十娘》，盖叫天《大岳家庄》，姜妙香《天门阵》，小杨月楼《忠节义》，时玉奎《白良关》。夜场演出剧目为：梅兰芳、姜妙香《黛玉葬花》，王凤卿《华容道》，盖叫天、赵君玉《天宝图》，小如意《大劈棺》，小七岁红《新长坂坡》，小杨菊笙《八义图》。

10月30日 夜场演出剧目为：梅兰芳、姜妙香《黛玉葬花》，王凤卿《硃砂痣》，赵君玉、盖叫天《天宝图》，小如意《锁云囊》，小七岁红《冀州城》，时玉奎《打龙袍》。

10月31日 夜场演出剧目为：梅兰芳、王凤卿《武家坡》，盖叫天《四杰村》，赵君玉《妻党同恶报》，姜妙香《辕门射戟》，小如意《虹霓关》，小七岁红《八大锤》，小杨月楼《拾玉镯》，小杨菊笙《龙虎斗》。

11月1日 夜场演出剧目为：梅兰芳、小杨月楼二本《虹霓关》，王凤卿三、四本《取南郡》，赵君玉《白门楼》，盖叫天《英雄义》，小如意《阴阳河》，小七岁红《拿高登》，小杨菊笙《十八扯》。

11月2日 夜场演出剧目为：梅兰芳、姜妙香《风筝误》，王凤卿《战长沙》，赵君玉《棒打无情郎》，盖叫天《盘肠大战》，小杨月楼《二进宫》，小如意《梅降雪》。

11月3日 夜场演出剧目为：梅兰芳《邓霞姑》，王凤卿《举鼎观画》，赵君玉《花田错》，盖叫天《四平山》，小如意《新安驿》，小七岁红《铁笼山》，明海山《浣花溪》。

11月4日 夜场演出剧目为：梅兰芳、姚玉芙《嫦娥奔月》，王凤卿《取帅印》，盖叫天《恶虎村》，赵君玉《游龙戏凤》，小如意《游西湖》，小七岁红《花蝴蝶》，小杨月楼《四郎探母》。

11月5日 日场演出剧目为：梅兰芳、赵君玉《樊江关》，王凤卿《定军山》，盖叫天《武松打店》，小七岁红《挑滑车》，小如意《英节烈》，林树森《古城会》。夜场演出剧目为：梅兰芳、姜妙香头、二本《一缕麻》，王凤卿《英烈传》，赵君玉《孟姜女》，盖叫天《八蜡庙》，小杨月楼《彩楼配》，小七岁红《潞安州》，小如意《梵王宫》，小杨菊笙《空城计》。

11月6日 夜场演出剧目为：梅兰芳、姜妙香三、四本《一缕麻》，王凤卿《御碑亭》，盖叫天、赵君玉三、四本《双凤奇缘》，小如意《锁云囊》，小七岁红《飞义阵》，小杨菊笙《辕门斩子》。

11月7日 夜场演出剧目为：梅兰芳、姚玉芙《牡丹亭》，王凤卿《文昭关》，赵君玉《昭君和番》，小如意《紫霞宫》，盖叫天《收关胜》。

11月8日 夜场演出剧目为：梅兰芳、姜妙香、明海山《玉堂春》，王凤卿《子胥投吴》，盖叫天《三岔口》，小如意《红梅阁》，小七岁红《新长坂坡》。

11月9日 夜场演出剧目为：梅兰芳、姜妙香、姚玉芙《千金一笑》，王凤卿《硃砂痣》，赵君玉《卖身投靠》，盖叫天《四杰村》，林树森《徐策跑城》，小七岁红《大伐子都》。

11月10日 夜场演出剧目为：梅兰芳、赵君玉《儿女英雄传》，王凤卿《三国志》，盖叫天三本《铁公鸡》，小如意《遗翠花》。

11月11日 夜场演出剧目为：梅兰芳《春香闹学》，梅兰芳、盖叫天《双金莲》，王凤卿《取城都》，赵君玉《白门楼》，盖叫天《四平山》。

11月12日 日场演出剧目为：梅兰芳、王凤卿《武家坡》，赵君玉《花魁女》，盖叫天《白水滩》，明海山《浣花溪》，小七岁红《花蝴蝶》，姜妙香《马上缘》。夜场演出剧目为：梅兰芳、姜妙香、姚玉芙《黛玉葬花》，王凤卿《黄鹤楼》，盖叫天《伐子都》，赵君玉《花田错》，小如意《锁云囊》。

11月13日 夜场演出剧目为：梅兰芳、姜妙香、姚玉芙《西厢记》，王凤卿《捉放曹》，赵君玉《杜十娘》，盖叫天《武松打店》，林树森《游龙戏凤》，小七岁红《盘肠大战》。

11月14日 夜场演出剧目为：梅兰芳、赵君玉《樊江关》，梅兰芳《思凡》，王凤卿《取南郡》，盖叫天《大岳家庄》，小杨月楼《豪杰店》。

11月15日 夜场演出剧目为：梅兰芳、赵君玉《儿女英雄传》，王凤卿《举鼎观画》，盖叫天《三岔口》，小如意《红梅阁》。

11月16日 夜场演出剧目为：梅兰芳、姚玉芙《嫦娥奔月》，王凤卿《取南郡》，赵君玉《棒打无情郎》，盖叫天《英雄义》，小杨月楼《虹霓关》，小如意《阴阳河》。

11月17日 夜场演出剧目为：梅兰芳、姜妙香《风筝误》，王凤卿《子胥投吴》，赵君玉《白门楼》，盖叫天《恶虎村》。

11月18日 夜场演出剧目为：梅兰芳、姜妙香、姚玉芙《千金一笑》，王凤卿《文昭关》，赵君玉《昭君和番》，盖叫天《花蝴蝶》。

11月19日 日场演出剧目为：梅兰芳、姚玉芙《牡丹亭》，王凤卿《硃砂痣》，盖叫天《八蜡庙》，姜妙香《马上缘》，小七岁红《冀州城》。夜场演出剧目为：梅兰芳、王凤卿《汾河湾》，盖叫天《四杰村》，赵君玉《妻党同恶报》，姜妙香《得意缘》，林树森《水淹七军》，小如意《红梅阁》。

11月20日 夜场演出剧目为：梅兰芳、王凤卿《黛玉葬花》，王凤卿《取城都》，赵君玉《浣花溪》，盖叫天《八大锤》，小如意《梵王宫》，小七岁红《拿高登》，李玉海《八义图》。

11月底 杭州第一舞台陈嘉璘邀请梅兰芳等人到杭州做短期演出。据梅兰芳纪念馆藏杭州第一舞台戏单所载：

11月23日 演出剧目为：梅兰芳、李桂芳《宇宙锋》，王凤卿《硃砂痣》，冯子和《红娘佳期》，姜妙香《辕门射戟》，小孟七《翠屏山》，李兰亭《四泗州城》，开场《徐达挂帅》。

11月24日 演出剧目为：梅兰芳、姜妙香《玉堂春》，王凤卿《取城都》，小孟七、冯子和《妓女立志》，王福连《立斩颜良》，筱桂和《拾镯赠鞋》，开场《铁面无私》。

12月1日 演出剧目为：梅兰芳、姜妙香、姚玉芙《黛玉葬花》，王凤卿《黄赵争功》，小孟七、冯子和《血水印》，小孟七《计打严嵩》，开场《马芳困城》。

12月2日 演出剧目为：梅兰芳、姜妙香、姚玉芙《千金一笑》，王凤卿《举鼎观画》，小孟七、冯子和《烈女要人头》，筱桂和《水牢合印》，开场《太师回朝》。

12月3日 日场演出剧目为：梅兰芳、王凤卿《枪挑穆天王》，小孟七、冯子和《烈女要人头》，筱桂和《花园赠珠》，李兰亭《日遭三险》，开场《文王访贤》。夜场演出剧目为：梅兰芳、姜妙香、姚玉芙《佳期·拷红》，王凤卿《三国志》，小孟七、冯子和《武林苏小》，开场《秦琼救驾》。

在杭州演出期间，经许伯明介绍，结识了许姬传、许源来、许伯遒兄弟三人。

在杭州演出结束后，回到上海继续在天蟾舞台演出，先演了四天义务戏，又演了九天营业戏。

12月5日 夜场演出剧目为：梅兰芳、姜妙香二本《虹霓关》，王凤卿《浣纱记》，梅兰芳《思凡》，赵君玉《玉堂春》，盖叫天《三岔口》，小如意《锁云囊》，小七岁红《挑滑车》，林树森《古城会》，小杨菊笙《八义图》。

12月6日 夜场演出剧目为：梅兰芳、姜妙香《千金一笑》，王凤卿《捉放曹》，赵君玉《杜十娘》，盖叫天《武松打店》，小杨月楼《大英节烈》，小七岁红《花蝴蝶》，林树森《徐策跑城》。

12月7日 夜场演出剧目为：梅兰芳、姜妙香、姚玉芙《黛玉葬花》，王凤卿《文昭关》，赵君玉《白门楼》，小如意《阴阳河》，盖叫天《八大锤》。

12月8日 夜场演出剧目为：梅兰芳、王凤卿《汾河湾》，赵君玉《花田错》，王凤卿三本《取南郡》，盖叫天《英雄义》，小如意《红梅阁》，林树森《游龙戏凤》，小七岁红《拿高登》。

12月9日 夜场演出剧目为：梅兰芳、王凤卿《嫦娥奔月》，赵君玉《花田错》，王凤卿三本《取南郡》，盖叫天《英雄义》，小如意《红梅阁》，林树森《游龙戏凤》，小七岁红《拿高登》，李玉海《白良关》。

12月10日 日场演出剧目为：梅兰芳、赵君玉《樊江关》，王凤卿《三国志》，盖叫天《武松打店》，小杨月楼《贵妃醉酒》。夜场演出剧目为：梅兰芳、王凤卿《汾河湾》，赵君玉《昭君和番》，盖叫天《三岔口》，小如意《锁云囊》，小七岁红《铁笼山》。

12月11日 夜场演出剧目为：梅兰芳、姚玉芙、林树森《黛玉葬花》，王凤卿《取城都》，盖叫天《金雁桥》，赵君玉《妻党同恶报》，小如意《新安驿》。

12月12日 夜场演出剧目为：梅兰芳、姜妙香、姚玉芙《千金一笑》，王凤卿《文昭关》，盖叫天《白水滩》，赵君玉《贵妃醉酒》，林树森《徐策跑城》，小如意《大英节烈》。

12月13日 夜场演出剧目为：梅兰芳、姜妙香、姚玉芙后本《一缕麻》，王凤卿《战长沙》，赵君玉《花田错》，盖叫天《武松打店》，小如意《阴阳河》。

12月14日 夜场演出剧目为：梅兰芳、姚玉芙《嫦娥奔月》，王凤卿《举鼎观画》，赵君玉《卖身投靠》，盖叫天《四杰村》，林树森《游龙戏凤》，小七岁红《潞安州》。

12月15日 夜场演出剧目为：梅兰芳、姜妙香二本《虹霓关》，梅兰芳《思凡》，王凤卿《浣纱记》，赵君玉《玉堂春》，盖叫天《三岔口》，小如意《锁云囊》，小七岁红《挑滑车》，林树森《古城会》，小杨菊笙《八义图》。

12月16日 夜场演出剧目为：梅兰芳、姜妙香、姚玉芙《黛玉葬花》，王凤卿《取城都》，盖叫天《三岔口》，赵君玉《刁刘氏》，小七岁红《冀州城》，小如意《红梅阁》。

12月17日 日场演出剧目为：梅兰芳、姜妙香、明海山《玉堂春》，王凤卿《子胥投吴》，盖叫天、赵君玉、小杨月楼三、四本《双凤奇缘》，小杨菊笙《空城计》。夜场演出剧目为：梅兰芳、姚玉芙、林树森《嫦娥奔月》，梅兰芳、小杨月楼《虹霓关》，王凤卿《文昭关》，盖叫天《恶虎村》，赵君玉《浣花溪》，盖叫天《八大锤》。

对第三次赴沪，梅兰芳在《舞台生活四十年》中回忆道："我们这些人在十月初来到上海。我跟凤二爷仍旧住在平安街平安里许少卿家里。演出地点可不同了。许少卿嫌丹桂第一台座位太少，改在二马路的天蟾舞台。当时上海的各戏馆子，恐怕要算它最大，场内楼上楼下可以容纳三千多观众。这是我第三次来上海，唱的日子最多。……我第一天的打泡戏，还是《彩楼配》。唱过七天老戏，就把我在十八个月里边所排的古装、时装新戏，还有新排的穿旧戏装的戏，再加上昆曲，陆续贴演，倒是很受观众的欢迎。尤其是《嫦娥奔月》和《黛玉葬花》，这两出戏的叫座能力最大。由于他们口头上的宣传，力量也不小，差不离天天满座，常常拉铁门……"[1]

从上海回到北京以后，接受一家电影公司的邀请，在冯幼伟东四九条家中拍摄了黑白电影《黛玉葬花》的身段。

本月 应邀搭入朱幼芬组办的桐馨社，与杨小楼同台演出于第一舞台。这是梅、杨的第一次合作，时梅兰芳已然名扬南北，蜚声剧坛，同杨小楼双挂头牌，一度合演《春秋配》、《木兰从军》等戏。作为京剧前辈名家，杨小楼与谭鑫培一样，对梅兰芳影响很大，梅兰芳向他们学到的东西也很多。

本年 女儿五十天折。

本年 梅兰芳用两千余两银子买了芦草园两所打通的四合院房屋，计三十余间，遂从鞭子巷三条迁入。

[1] 梅兰芳述、许姬传记：《舞台生活四十年》第二集，平明出版社1954年版，第174页。

24岁

1917年

民国六年

丁巳

年初 仍搭桐馨社，与杨小楼合作演出。同时，兼搭春合社，与谭鑫培合作演出。在《舞台生活四十年》里自述：“民国六年，我在桐馨社搭班，经常演的是夜戏。那年1、3两个月里面，同时我又参加俞振庭组织的春合社，跟谭老板合作过两次，每次最多不过十天，都是白天在吉祥戏院演出的。”[1]

1月2日 第一舞台演出剧目为：梅兰芳、杨小楼《长坂坡》。

梅兰芳饰演的糜夫人，是其配角戏的精品。他汲取王瑶卿对这一角色的创造，唱、做都有独到之处。梅、杨合作更见光彩。“掩井”一场的“抓帔”表演，相互配合达到天衣无缝，

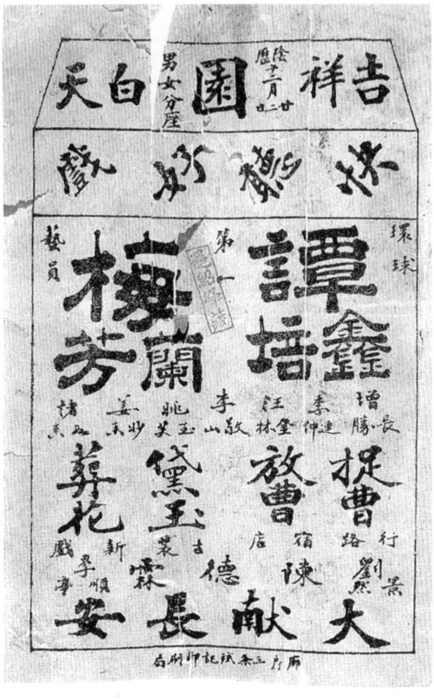

1917年，梅兰芳与谭鑫培同台演出的戏单

[1] 梅兰芳述、许姬传记：《舞台生活四十年》第二集，平明出版社1954年版，第272页。

堪称双绝。

1月12日 吉祥戏院日场演出剧目为：梅兰芳、谭鑫培《汾河湾》，诸茹香《双摇会》，高庆奎《宫门带》，王三黑、刘凤奎《花蝴蝶》，姜妙香、姚玉芙《岳家庄》，陈德霖、谢宝云《孝义节》。

1月15日 吉祥戏院日场演出剧目为：梅兰芳、李敬山、姚玉芙、姜妙香、诸茹香《黛玉葬花》，谭鑫培、增长胜、李连仲、汪金林《捉放曹》，陈德霖、刘景然、李顺亭《大献长安》。

1月16日 吉祥戏院日场演出剧目为：梅兰芳《闹学》，诸茹香《浣花溪》，王三黑《英雄义》，陈德霖《彩楼配》，谭鑫培、李寿山、李顺亭《失街亭》。

2月24日 第一舞台义务戏夜场演出剧目为：梅兰芳、姜妙香、姚玉芙《黛玉葬花》，德珺如《射戟》，程艳秋《祭塔》，余小琴、傅小山《恶虎村》，路三宝、李顺亭、陈文启、张宝昆《会稽城》，关子延、罗福山《雪杯园》。

2月26日 第一舞台夜场演出剧目为：梅兰芳、姚玉芙、杨小楼、许德义、董俊峰《五花洞》，许荫棠、钱俊仙《选元戎》，路三宝、姜妙香、张文斌《马上缘》，郝寿臣、王长林、迟月亭《九龙杯》，王凤卿《硃砂痣》，杨小楼、钱金福、范宝亭、贾洪林、刘砚亭《借赵云》。

3月3日 吉祥戏院日场演出剧目为：梅兰芳、姜妙香、姚玉芙《佳期》、《拷红》，陈文启《乾坤带》，罗小宝《奇冤报》，关子延、德珺如《群英会》，路三宝、黄润卿、张宝坤《贪欢报》，周瑞安、傅小山《冀州城》，谭鑫培、陈德霖《南天门》。

3月4日 吉祥戏院日场演出剧目为：梅兰芳、黄润卿、路三宝、姜妙香《虹霓关》，韩久峰《双狮图》，关子延、陈文启《硃砂痣》，罗小宝、钱宝奎《取荥阳》，陈德霖《彩楼配》，周瑞安《金钱豹》，谭鑫培、增长胜、福小田《洪洋洞》。

本日 第一舞台夜场演出剧目为：梅兰芳、姚玉芙、李敬山《嫦娥奔月》，德珺如《叫关》，许德义、朱桂芳《芦林坡》，路三宝、张文斌《探亲》，许荫棠、郝寿臣《黄金台》，王凤卿、姜妙香、贾洪林《群英会》，杨小楼、李连仲、钱金福《连环套》。

3月6日 第一舞台夜场演出剧目为：梅兰芳、王凤卿、诸茹香、贾洪林、刘景然、姜妙香《御碑亭》，杨小楼《白水滩》。

3月8日 第一舞台夜场演出剧目为：梅兰芳《昭君出塞》，杨小楼、钱金福、李连仲、范宝亭、迟月亭《殷家堡》。

3月10日 第一舞台夜场演出剧目为：梅兰芳、路三宝、贾洪林、姜妙香《牢狱鸳鸯》，杨小楼、王凤卿《阳平关》。

3月31日 第一舞台夜场演出剧目为：梅兰芳、王凤卿、姜妙香、姚玉芙《千金一笑》，杨小楼、钱金福、许德义《贾家楼》。

4月1日 第一舞台夜场演出剧目为：梅兰芳《打渔杀家》，王凤卿《战城都》，杨小楼《水帘洞》，高庆奎《当锏卖马》，姜妙香《岳家庄》，路三宝《反延安》，朱桂芳《取金陵》，许荫棠《法门寺》。

4月6日 第一舞台夜场演出剧目为：梅兰芳、王凤卿、贾洪林、姚玉芙前本《花木兰》，杨小楼、钱金福、范宝亭《淮安府》。

4月29日 第一舞台夜场演出剧目为：梅兰芳、王凤卿《回龙阁》，杨小楼《安天会》。

5月7日 在第一舞台首演前本《木兰从军》。

《木兰从军》是梅兰芳在桐馨社排演的第一出新戏。当时梅兰芳把木兰的故事搬上舞台，动机有二：一是自1914年以来，他已陆续演出了多种新戏，虽有时装、古装、戏装各种形式，但其内容基本没有脱开儿女情长的旧套。花木兰的英雄形象，正可实现他在新戏题材上的突破。二是在这期间，他曾向朱素云学过一出小生戏《辕门射戟》，对小生的表演产生了浓厚兴趣。花木兰的改扮男装，正可使他在舞台一试小生的表演。《木兰从军》一戏影响深远。至今京剧及各剧种的演出，多数都是以梅本为基础。同台的演员有贾洪林、罗福山、姚玉芙、王凤卿、姜妙香、李寿山等。

5月14日 在第一舞台首演后本《木兰从军》。

6月30日 在第一舞台首演头、二本《春秋配》。

《春秋配》原是梆子的整本大戏，演少女姜秋莲与书生李春发，一个屡遭磨难，一个历经坎坷，终成眷属的故事，故名《春秋配》。京剧早年有移植演出，但保存下来的只有“捡柴”一折，其他均已失传多年。演出不见全剧，观众也难解剧名。前辈老生演员李顺亭藏有梆子《春秋配》的全剧副本，建议梅兰芳翻为皮黄演出。很快，梅兰芳的《春秋配》便继《木兰从军》后在第一舞台演出。由于戏的情节复杂，戏幅亦长，仍分为两天演完。演员阵容比《木兰从军》更强，连杨小楼也参加进来，饰演了义士张衍行。其他演员是：姜妙香、贾洪林、路三宝、罗福山、姚玉芙、李敬山、李连仲、李顺亭、王凤卿。

7月1日 在第一舞台首演三、四本《春秋配》。

在《舞台生活四十年》中自叙：“这一次的搭班演出，对我说有一点是值得纪念的：(一) 过去我在北京唱的地方，如广和楼、吉祥戏院、文明园、天乐园……都是旧式的戏院子，第一舞台是北京城最早建筑的一个新型戏院；(二) 过去我在北京唱营业戏，都是白天出台的，从这次起就经常在晚上表演了；(三) 我家从庚子年起搬到百顺胡同，就跟杨老板在一个大门里面。我那时才七八岁……他老是背着我上学……一晃十几年后，当年常常跨在这位杨大叔肩上的我，居然跟他一块搭班，同台演出，这更使我感到无限的愉快。”

夏 梅兰芳离开桐馨社，第三次搭双庆社，首先排演了一出吹腔老戏《奇双会》（亦名《贩马记》）。

吹腔起源于徽调，《奇双会》是徽班进京带来的吹腔戏之一。老三庆班的徐小香、胡喜禄，后来的王楞仙、乔蕙兰、陈德霖都擅演，并常演此戏。《奇双会》与一般吹腔戏不同，它的唱念、身段都已昆曲化，演员须有深厚的昆曲功力方可胜任，因而演者日少，偶有人演也只演“写状”一折。梅兰芳在力倡昆曲之中，特排演《奇双会》全戏，包括“哭监”、“写状”、“三拉”三折，请乔蕙兰教唱，陈德霖排练身段。

梅兰芳的《奇双会》演出获得成功以后，梅兰芳对此戏不断推敲加工，增删剧本细节，精雕唱做表演，越演越精，常演常新，成为他的保留节目，直到晚年还常演不辍。

8月22日 第一舞台京北水灾义务戏演出剧目为：梅兰芳、王凤卿、姜妙香《牢狱鸳鸯》，王荣山《战太平》，胡素仙、吴彩霞《五花洞》，杨小朵、路三宝、许德义

《贪欢报》，余叔岩《打棍出箱》，许荫棠《打金枝》，黄润卿《卖身投靠》，高庆奎《镇坛州》，王瑶卿、王蕙芳、陈德霖、龚云甫、贾洪林《雁门关》，杨小楼、钱金福、小桂凤、郝寿臣《战宛城》。

8月29日 吉祥戏院日场演出剧目为：梅兰芳《醉酒》，程继先《雅观楼》，俞赞庭《八大锤》，高庆奎《斩黄袍》，路三宝、姜妙香《马上缘》，俞振庭、朱桂芳、范宝亭、迟月亭《青石山》，姚玉芙、陈文启《母女会》，王凤卿、李连仲《捉放曹》。

9月14日 吉祥戏院日场演出剧目为：梅兰芳、姚玉芙、俞振庭《五花洞》。

9月18日 吉祥戏院日场演出剧目为：梅兰芳、路三宝、高庆奎《悦来店·能仁寺》。

10月4日 吉祥戏院日场演出剧目为：梅兰芳《黛玉葬花》，梅兰芳、王凤卿、姚玉芙、陈德霖、姜妙香《雁门关》。

10月5日 吉祥戏院日场演出剧目为：梅兰芳、陈德霖、姜妙香《风筝误》。

10月17日 吉祥戏院日场演出剧目为：梅兰芳、王凤卿、姜妙香《御碑亭》，俞振庭《连营寨》，裘桂仙《斩黄袍》。

10月24日 吉祥戏院日场演出剧目为：梅兰芳《贵妃醉酒》，俞振庭《艳阳楼》，王凤卿《定军山》，路三宝《得意缘》。

11月4日 吉祥戏院日场演出剧目为：梅兰芳、路三宝、姜妙香《一缕麻》，王凤卿《战长沙》，裘桂仙《草桥关》。

11月15日 吉祥戏院日场演出剧目为：梅兰芳、王凤卿《金榜乐》，俞振庭《鄱阳湖》，路三宝《悦来店》，裘桂仙《牧虎关》。

11月18日 吉祥戏院日场演出剧目为：梅兰芳、王凤卿、姜妙香全本《玉堂春》，俞振庭、王凤卿《定军山》，程继先《岳家庄》，俞振庭《通天犀》。

12月1日 古装新戏《天女散花》在吉祥戏院首演。梅兰芳饰演天女，同台的演员有姚玉芙、李寿山、高庆奎、李寿峰。

《天女散花》是梅兰芳早期编演的古装新戏力作。这部戏中他大胆地在表演中加入了绸舞，使其成为经典。

梅兰芳在友人家中偶见一幅《散花图》画卷，被画中天女风带飘逸的仙姿所吸引，遂产生了把画意化为舞台形象的动机，力求创造出形如“敦煌飞天”的神韵，以展一派仙境之美。剧词多涉佛语，经梅兰芳与各位朋友逐字逐句推敲完成，以“云路”和“散花”两场为核心，皆歌舞为主。梅兰芳取消天女服装水袖，改饰两幅长达两丈的长绸为风带，参照佛像造型、敦煌壁画设计舞姿，以取“云路”一场，天女御风而行，具翔飞之意境；“散花”一场，天女云端散花，尽凌空之飘然。歌唱部分，“云路”采用【西皮】成套唱腔，“散花”安排昆曲曲牌。皮黄、昆曲兼用，更助舞姿之美。

梅兰芳编演《天女散花》付出了很大心血。一出剧幅不长的戏，花费了长达八个月的时间才排练完成。《天女散花》的出台，使梅兰芳的古装新戏步入了新的境界，更加推进了京剧艺术的审美功能。

12月15日　吉祥戏院日场演出剧目为：梅兰芳《思凡》，梅兰芳（反串小生）、姚玉芙《孝感天》，陈桐云、李敬山《双摇会》，姜妙香《监酒令》，俞赞庭、李寿山《赵家楼》，高庆奎、裘桂仙《忠孝全》，王凤卿《文昭关》，俞振庭《贾家楼》。

本年　设在北京的天津水灾急赈会，为广募捐款而邀请北京各戏院组织义演，梅兰芳带头响应。他与俞振庭、王凤卿、姜妙香等人在吉祥戏院联袂出台，一晚上连演《黛玉葬花》和六本《雁门关》双出，将所得收入全部捐献，个人又再捐大洋二百块。

25岁

1918年

民国七年

戊午

仍搭双庆班，在京演出。

1月16日 公府筵宴日场演出剧目为：梅兰芳、杨小楼、尚小云《长坂坡》，余叔岩、王瑶卿、王长林《庆顶珠》，郭宝臣《汾河湾》，陈德霖、刘鸿升《四郎探母》，尚和玉《四平山》，王凤卿《文昭关》，朱桂芳《蟠桃会》。

1月28日 公府筵宴日场演出剧目为：梅兰芳、王凤卿《武家坡》，梅兰芳、姚玉芙《黛玉葬花》，杨小楼《铁笼山》，谭鑫培、陈德霖《珠帘寨》，陈德霖、龚云甫《孝义节》，刘鸿升《取帅印》，王蕙芳《樊江关》。公府筵宴夜场演出剧目为：梅兰芳《贵妃醉酒》，杨小楼《长坂坡》，谭鑫培、萧长华《清风亭》，刘鸿升、龚云甫全本《穆柯寨》，王凤卿《文昭关》，贾洪林、王蕙芳《游龙戏凤》。

2月2日 梅兰芳最后一部时装新戏《童女斩蛇》在北京吉祥戏院首演。

1917年秋，天津水灾，陆地行舟现象十分严重，市郊某村一时谣传“金龙大王”之说，实系歹徒散布迷信骗人钱财之为。梅兰芳面此现实，意欲排演破除迷信新戏，以揭斥歹徒，警醒世人。这时北京通俗教育会编有一部《童女斩蛇》剧本，正是一出以破除“金龙大王”迷信、揭露歹徒的剧作。梅兰芳得之甚喜，随即排练。为便于表现通俗白话的台词，遂把故事时间定在清末，官府人物着清装，百姓角色用民初服饰，角色分配多用丑行，如李敬山饰演的何仙姑、郭春山饰演的江湖术士赵铁嘴、曹二庚饰演的糊涂县令等都是，这样可以大量使用京白，以增加戏的暴露、讽刺作用。其他角色分配：梅兰芳饰李寄娥，高庆奎饰李诞，李寿山饰李母（反串老旦），姚玉芙饰慕贞。戏在排练中还得到罗瘿公剧本修订、陈彦衡唱腔设计方面的大力协助。

梅兰芳在《舞台生活四十年》中有关于演出《童女斩蛇》一剧的自述："初次上演就受到观众欢迎。不少老朋友认为，这个戏不仅拆穿了天津村子里金龙大王的骗局，也反映出晚清时期官吏贪污昏庸，衙役狐假虎威，乡民愚昧盲从的社会风貌，对世道人心有益。"[1]

[1] 《舞台生活四十年》，中国戏剧出版社1987年版，第556页。

2月6日 怀仁堂茶会演出剧目为：梅兰芳、姚玉芙、姜妙香《游园惊梦》，余叔岩、王蕙芳《庆顶珠》，刘鸿升、王凤卿、陈德霖《二进宫》，王瑶卿、王蕙芳《能仁寺》，王琴侬《彩楼配》，朱桂芳、王长林《打瓜园》。

昆曲《游园惊梦》为明代大剧作家汤显祖名著《牡丹亭》中最富魅力的一折戏。年初，梅兰芳学成首演，饰演杜丽娘，姜妙香饰柳梦梅，姚玉芙饰春香，李寿山饰大花神。另有斌庆社的学生串演十二花神，使"堆花"一场十分整齐华美。

梅兰芳的《游园惊梦》，由乔蕙兰教曲，陈德霖排练身段。梅、陈还共同研究、加工丰富了表演身段，使之别具光彩，一演而红。梅兰芳在诸多昆曲剧目中最爱此戏，下的工夫最大，演出场次也最多。梅兰芳的《游园惊梦》是以毕生精力培育的硕果，在京剧舞台上、昆曲艺苑中都是称冠之杰作。

2月15日 江西会馆朱宅堂会演出剧目为：梅兰芳、姜妙香、姚玉芙《千金一笑》，陈德霖、红豆馆主《奇双会》，尚小云、高庆奎、马连良《四郎探母》，程艳秋《玉堂春》。

3月8日 堂会演出剧目为：梅兰芳、余叔岩《庆顶珠》，韩世昌《游园惊梦》，王益友《夜奔》，侯益隆《送京》，韩世昌《思凡》，白玉田《学堂》，郝振基《火判》，侯玉山《惠明下书》，陈荣会《饭店认子》，全班合演《大赐福》。

3月13日 吉祥戏院日场演出剧目为：梅兰芳、陈德霖、姜妙香《金山寺》。

3月23日 文明园演出剧目为：梅兰芳、程继先、高庆奎、姜妙香《邓霞姑》。

4月 由罗瘿公介绍，结识著名画家徐悲鸿。当徐悲鸿来到剧场里观看梅兰芳演出的大型古装戏《天女散花》，便为梅兰芳精心绘制彩色《天女散花》一幅，并题：

> 花落纷纷下，人凡宁不迷；
> 庄严菩萨相，妙丽藐神姿。

款题：“戊午暮春为畹华写其风流曼妙天女散花之影。江南徐悲鸿。”这幅画，开脸采用西法写真，衣纹、线条采用中国画的勾勒画法，部位准确、色彩调和，最有趣的是面部像梅兰芳，而眼睛“分眼”又像徐悲鸿自己。梅兰芳请罗瘿公在画心题一绝：

> 后人欲知梅郎面，无术灵方更驻颜；
> 不有徐生传妙笔，安知天女在人间。

徐悲鸿绘《天女散花》图（1918年）

5月1日至12日 梅兰芳在天津南市升平舞台连演十二天。

5月18日 三庆园日场演出剧目为：梅兰芳、张彩林《醉酒》，刘凤林、郭春山《荷珠配》，张如庭、麻木子《黄金台》，杨韵芳、孙砚亭《岳家庄》，许德义、王三黑《收关胜》，白牡丹、程继先《穆柯寨》，王凤卿、高庆奎、姚玉芙《硃砂痣》、周瑞安、朱桂芳、李顺亭、王长林《青石山》。

从本日至年底，搭裕群社在京演出。

5月22日 三庆园日场演出剧目为：梅兰芳、白牡丹、程继先《虹霓关》。

5月26日 冯宅堂会演出剧目为：梅兰芳、杨小楼、尚小云《八蜡庙》，梅兰芳、陈德霖、余叔岩《麻姑献寿》，梅兰芳、王凤卿、陈德霖《满床笏》，梅兰芳、王凤卿《跪池三怕》。

《麻姑献寿》是据清人杂剧《调元乐》部分情节编演的一出以歌舞为主的古装新戏。梅兰芳创造的歌舞表演，要以“长袖（加长的水袖）舞”最为精彩，美不胜收。由于此戏具有祝寿之意，后多在祝寿的堂会戏中露演。

6月30日 吉祥戏院日场演出剧目为：梅兰芳、陈德霖《麻姑献寿》。

7月6日 在三庆园首演《狮吼记》。

《狮吼记》是明代汪廷讷的传奇作品，叙陈慥惧内、柳氏凶妒的故事。梅兰芳选“梳妆”、“游春”、“跪池”、“三怕”四折连演，构成一出可演三个小时的大戏。梅兰芳饰柳氏，同台演员有姜妙香、姚玉芙、王凤卿、曹二庚、李寿山、郭春山。此戏梅兰芳的表演夸张、泼辣，是在他的其他剧目中所见不到的。

7月22日 梁众异宅堂会演出剧目为：梅兰芳、杨小楼、王凤卿《回荆州》，梅兰芳《混元盒》，陈德霖《二度梅》，王凤卿《群英会》，尚小云《玉堂春》，全班合演《百寿图》，全班合演《大赐福》。

7月25日 孙宅堂会演出剧目为：梅兰芳、陈德霖、姜妙香《麻姑献寿》，梅兰芳、陈德霖六本《雁门关》，萧长华《瞎子逛灯》，龚云甫《凤阳花鼓》，王凤卿《游龙戏凤》，王长林《恶虎村》，程艳秋《女起解》。

8月3日 广德楼日场演出剧目为：梅兰芳、程继先合演《奇双会》。

8月6日 在吉祥戏院演出《麻姑献寿》。

8月9日 聚寿堂周骏宅堂会演出剧目为：梅兰芳、高庆奎、姚玉芙《天女散花》，杨小楼《挑滑车》，刘鸿升《上天台》，陈德霖《孝义节》，王凤卿《文昭关》，龚云甫《徐母骂曹》，王长林《九龙杯》，姚玉芙《思凡》，高庆奎、尚小云《四郎探母》，程继先《雅观楼》，程艳秋《宇宙锋》，朱桂芳《夺太仓》，程继先《连升三级》，裘桂仙《锁五龙》，全班合演《百寿图》，韩世昌《藏舟》，全班合演《赐寿》，全班合演《赐福》。

8月12日 广德楼日场演出剧目为：梅兰芳、王凤卿《硃砂痣》。

8月21日 广德楼日场演出剧目为：梅兰芳、范宝亭、高庆奎、姚玉芙、姜妙香《盂兰会》。

8月24日 在广德楼首演了新本《天河配》。

梅兰芳据1917年王瑶卿编演的《天河配》重新排演此剧，饰织女。排演中梅兰芳会同齐如山又对其加工、丰富：一是将织女扮相改为古装，使之更具仙气；二是在“天宫机织”中增加织女的慢板唱段，以抒情怀；三是在“天河沐浴”中加强八个仙女的表演，一一单独出场亮相，边走边唱，边唱边舞，最后与织女一起构成一场优美的群舞，光耀满台。当时八个仙女精选了裕群社的主要旦角朱幼芬、姚玉芙、杨韵芳、朱桂芳、孙砚亭、王丽卿、刘凤林、赵芝香来担任，大有群芳竞艳之美，这也成了梅兰芳的《天河配》的一大特色。后来芙蓉草、诸茹香、程艳秋等，都曾在梅兰芳的《天河配》中扮过仙女。

梅兰芳的《天河配》在广德楼、三庆园、吉祥戏院等各戏院断续连演到旧历七月底，上座不衰，可谓盛况空前。

8月23日 吉祥戏院日场演出剧目为：梅兰芳、白牡丹《虹霓关》。

8月25日 那家花园何宅堂会演出剧目为：梅兰芳、高庆奎、姚玉芙《天女散花》，梅兰芳、余叔岩《游龙戏凤》，杨小楼《铁笼山》，陈德霖、王凤卿《二进宫》，玻璃翠《少华山》，龚云甫《长寿星》，九阵风《小放牛》，芙蓉草《辛安驿》，程艳秋、白牡丹《虹霓关》，程继先《镇坛州》，慈瑞全《连升三级》，朱桂芳《蟠桃会》，李顺亭《探营》，全班合演《大赐福》。

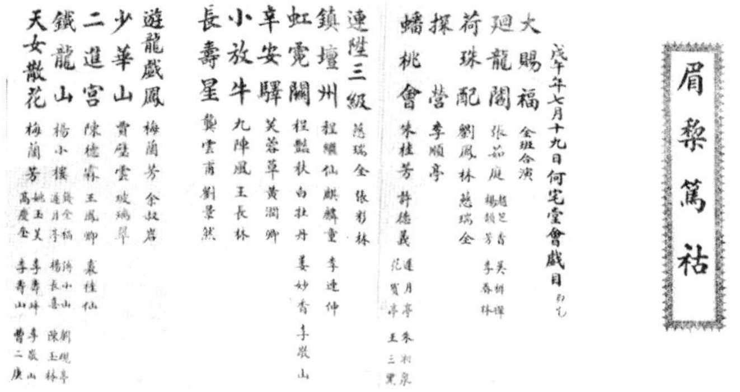
眉棃篤祜
戊午年七月十九日何宅堂會戲目
大賜福 全班合演
廻龍閣 張茹庭 趙芝香 楊桐芳 吳彩輝 李春林
荷珠配 劉鳳林 慈瑞全
探營 李順亭
蟠桃會 朱桂芳 許德義 蓮月亭 花寶亭 朱湘泉 王三黑
連陞三級 慈瑞全 張彩林
鎮壇州 程繼仙 麒麟童 李連仲
虹霓關 程豔秋 白牡丹 姜妙香 李壽山
辛安驛 芙蓉草 黃潤卿
小放牛 九陣風 王長林
長壽星 龔雲甫 劉景然
遊龍戲鳳 梅蘭芳 余叔岩
少華山 貫壁雲 玻璃翠
二進宮 陳德霖 王鳳卿 裘桂仙
鐵龍山 楊小樓 錢金福 遲月亭 傅小山 楊長喜 劉硯亭 陳玉林
天女散花 梅蘭芳 姚玉芙 高慶奎 李壽峰 李壽山 李敬山 曹二庚

梅兰芳与余叔岩演出《游龙戏凤》堂会戏单

9月1日 刘宅堂会演出剧目为：梅兰芳、王凤卿、姜妙香、姚玉芙《狮吼记》，杨小楼、钱金福全本《落马湖》，陈德霖《南天门》，高庆奎《逍遥津》，筱翠花《出塞》，全班合演《大赐福》。

9月9日 顾宅堂会演出剧目为：梅兰芳、王长林《女起解》，白牡丹、王长林《小放牛》，高庆奎、裘桂仙《捉放曹》，韩世昌《闹学》，五龄童《四郎探母》，全班合演《大赐福》。

9月16日 李宅堂会演出剧目为：梅兰芳、余叔岩《戏凤》（即《游龙戏凤》），九阵风《小放牛》，程艳秋《思凡》，马连良《胭脂褶》，谭富英《庆顶珠》，全班合演《芦州城》、《大赐福》。

秋 梅兰芳在广德楼第一次把《银空山》、《大登殿》两戏连演，一改往日饰演王宝钏的旧例，饰演代战公主，由姚玉芙饰演王宝钏，王凤卿饰演薛平贵，姜妙香饰演高思继，罗文奎、曹二庚饰演马达、江海，张春彦饰演王允，罗福山饰演王夫人，慈瑞泉饰演魏虎。这种有别于一般由《武家坡》到《大登殿》的演法，是王瑶卿的首创，为的是使观众得见《银空山》一戏的全貌（舞台常见的《银空山》多已简化），也可尽展代战公主这一刀马角色的风姿。梅兰芳循王瑶卿之路数来演，亦是梅兰芳传统剧目中别具风采的一出。

10月2日 江西会馆演出剧目为：梅兰芳、李寿山、姚玉芙《天女散花》，杨小楼、王长林《连环套》，刘鸿升、龚云甫《四郎探母》，王凤卿、裘桂仙《群英会》，白牡丹、程艳秋《虹霓关》。

10月3日 江西会馆演出剧目为：梅兰芳、余叔岩《庆顶珠》，杨小楼、余叔岩、钱金福《八蜡庙》，刘鸿升《白虎堂》，萧长华《连升三级》，陈德霖《孝义节》，王凤卿《取城都》，白牡丹《打樱桃》，朱桂芳《蟠桃会》。

10月7日 堂会演出剧目为：梅兰芳、程继先《奇双会》，梅兰芳、余三胜《戏凤》，萧长华《青石山》，刘鸿升《失街亭》，王凤卿、姚玉芙《硃砂痣》，萧长华《连升三级》，程艳秋《穆柯寨》，沈票友《上天台》，筱翠花《得意缘》，马连良《八大锤》，马连良《坐楼》，全班合演《神戏》。

10月16日 演出剧目为：梅兰芳、李敬山《嫦娥奔月》，徐碧云《金山寺》，王凤卿《让城都》，尚小云《女起解》，韩世昌《春香闹学》，王益友《通天犀》，白玉田《尼姑思凡》，全班合演《大赐福》。

10月17日 这天起，约余叔岩搭翊群社合作演出。头天打泡戏《盗宗卷》。

10月19日 梅兰芳、余叔岩首次公开合作演出了《游龙戏凤》（简称《戏凤》，又名《梅龙镇》）。梅兰芳饰演李凤姐，余叔岩饰演正德帝，在北京吉祥戏院正式上演。那天场内几乎座无虚席，许多内行、票友都赶来要一睹梅、余二人的初次合演。这是梅兰芳第一次演出此戏。

梅兰芳早年从路三宝学得《游龙戏凤》，由于按传统演法李凤姐要踩跷，梅兰芳从不踩跷，故对此戏是只学不演。这年余叔岩经过数年之久的倒仓，嗓音已见恢复，积极筹划重登舞台。他执意与梅兰芳合作。梅兰芳深知余叔岩学谭之精绝，发展谭之功力，亦乐于同台共艺。只是梅兰芳原有生旦“对儿戏”，已与王凤卿合作日久，不宜更改，梅余戏码必须另辟新径。余叔岩提出合演《游龙戏凤》，梅兰芳认为虽是熟戏，如经加工细排，不为传统演法所囿，大胆创新定有可为，欣然接受，二人便从盛暑开始了对《游龙戏凤》的排练。从唱念的词句到表演的身段，都一一进行精心琢磨，删除了粗俗的成分，加强了细节的表现，深求了人物的性格。梅兰芳更创出了一个不踩跷的李凤姐，影响很大，后来诸多旦角演员演李凤姐都循梅而废跷工。梅、余的《游龙戏凤》正式出台后一鸣惊人，观者无不赞叹一出熟戏而面貌全新，一时大红特红，为各方的义务戏、堂会戏争相聘演。这出戏是梅、余合作的精品。

10月27日 祝寿堂会演出剧目为：梅兰芳《贵妃醉酒》，俞振庭《长坂坡》，余叔岩、陈德霖《南天门》，老乡亲《举鼎观画》，高庆奎、尚小云《汾河湾》，韩世昌《尼姑思凡》，王又宸《失街亭》，芙蓉草《新安驿》，俞振庭《金钱豹》，五龄童《四郎探母》，全班合演《富贵长春》。

10月29日 在吉祥戏院首演《藏舟》。

本日 堂会演出剧目为：梅兰芳、陈德霖、姚玉芙《麻姑献寿》，梅兰芳、王凤卿、姚玉芙后本《木兰从军》，杨小楼、钱金福《舌辩侯》，余叔岩、刘鸿升《阳平关》，龚云甫《长寿星》，九阵风《雄黄阵》，刘鸿升《上天台》，余叔岩、陈德霖《寄子》，侯益隆《嫁妹》，白牡丹《打樱桃》，芙蓉草《铁弓缘》，朱桂芳《打瓜园》，全班合演《赐寿》、《赐福》。

11月20日 曹宅堂会演出剧目为：梅兰芳、姚玉芙、姜妙香《游园惊梦》，梅兰芳、余叔岩《汾河湾》，陈德霖、王凤卿《武昭关》，九阵风、王长林《百草山》，张文斌《打城隍》，朱桂芳《演火棍》，白牡丹《得意缘》，高庆奎《醉写》，程艳秋《穆柯寨》，裘桂仙《御果园》，许德义《铁笼山》，李顺亭《探营》，全班合演《赐福》。

11月24日 堂会演出剧目为：梅兰芳、陈德霖、姚玉芙《麻姑献寿》，梅兰芳、陈德霖《风筝误》，刘鸿升、龚云甫《四郎探母》，杨小楼、钱金福《连环套》，老乡亲《逍遥津》，九阵风、王长林《小放牛》，刘鸿升《探阴山》，杨小楼、钱金福《麒麟阁》，余叔岩、王长林、尚小云《打渔杀家》，龚云甫、王凤卿《翠屏山》，老乡亲《状元印》，萧长华《逛灯》，王凤卿、王瑶卿《万里缘》，萧长华《拾玉镯》，余叔岩《南天门》，尚小云《女起解》，白牡丹《得意缘》，许德义《蟠桃会》，全班合演《大赐福》。

11月26日 裕群社在吉祥戏院夜场演出剧目为：梅兰芳、姚玉芙《游园惊梦》，余叔岩、陈德霖《南天门》，白牡丹《大翠屏山》，王凤卿《捉放曹》。

12月5日 在广德楼首演《瑶台》。

12月9日 堂会夜场演出剧目为：梅兰芳、高庆奎、姚玉芙《天女散花》，梅兰芳、余叔岩《游龙戏凤》，杨小楼、王凤卿、余叔岩《八蜡庙》，刘鸿升《探阴山》，陈德霖、王凤卿《大保国》，萧长华《送灰面》，白牡丹、王长林《小放牛》，芙蓉草

《新安驿》。

12月26日 江西会馆堂会演出剧目为：梅兰芳、余叔岩《游龙戏凤》，红豆馆主、王长林《打棍出箱》，钱金福《问樵闹府》，王凤卿《进宫》，尚小云《四郎探母》。

12月28日 斌庆社堂会演出剧目为：梅兰芳、姜妙香、姚玉芙《游园惊梦》，老乡亲《骂杨广》，白牡丹《花田错》，王又宸《辕门斩子》，鹤鸣天《四郎探母》，俞振庭《铁笼山》，卧云居士《目莲救母》，老乡亲《托兆碰碑》，白牡丹《小放牛》，全班合演《富贵长春》。

本年 被誉为“剧界大王”。一家报刊登载的一首贺词中这样评价了梅兰芳提倡昆曲的意义：“昆曲久绝，散同广陵。黄钟毁弃，瓦釜雷鸣。惟郎振之，雅于以兴。移风易俗，剧界风行。”

26岁

1919年

民国八年

己未

年初 梅兰芳应邀在喜群社担当头牌旦角，他举荐余叔岩也同入喜群社正式重返舞台演出。这个时期，和余叔岩合演的戏有《梅龙镇》、《三击掌》、《战蒲关》、《南天门》、《珠帘寨》等戏。喜群社在前门外新落成的新明戏院演出。

1月1日 江西会馆彭宅堂会演出剧目为：梅兰芳、姜妙香、姚玉芙《游园惊梦》，王凤卿《捉放曹》，言菊朋《琼林宴》，五龄童《辕门斩子》，全班合演《天官赐福》。

1月23日 在中和戏院首演古装新戏《红线盗盒》。

此剧由齐如山编写，取材唐人小说《红线传》，铺叙唐代潞州节度使薛嵩和魏博节度使田承嗣的故事。梅兰芳饰演红线，高庆奎饰演薛嵩，李寿山饰演田承嗣。梅兰芳在戏中设计了舞剑的表演、乘风的身段，都极富舞蹈性。

本日 新明戏院夜场演出剧目为：梅兰芳、张彩林、李敬山《贵妃醉酒》，李小山《柳林会》，陈文启《别宫》，余叔岩、钱金福《宁武关》，贯大元、范宝亭、何佩亭《青石山》，白牡丹、程继先《马上缘》，姜妙香、姚玉芙、高庆奎《白门楼》，王毓楼、迟月亭、朱桂芳《金钱豹》，王凤卿、陈德霖、李寿山《宝莲灯》。

1月27日 第一舞台育化会义务戏演出剧目为：梅兰芳《天女散花》，俞振庭、朱桂芳、九阵风《青石山》，王凤卿、陈德霖、龚云甫、王瑶卿、王蕙芳《雁门关》，余叔岩《闹府》，白牡丹、筱翠花《双摇会》，周瑞安《艳阳楼》，杨小楼、王又宸《连营寨》，孙菊仙、高庆奎《逍遥津》。

新春 在当时“总统府”的堂会戏中，梅兰芳、余叔岩演出《珠帘寨》。梅兰芳饰二皇娘曹月娥，余叔岩饰李克用，陈德霖饰大皇娘刘银屏，王长林饰老军，钱金福饰周德威。梅兰芳还特加了一场“二皇娘大战周德威”，大展武功，盛传一时。

2月7日 堂会演出剧目为：梅兰芳、姜妙香、姚玉芙《游园惊梦》，余叔岩《兴汉图》，王凤卿《芦花河》，白牡丹《游龙戏凤》。

2月9日 新明戏院夜场演出剧目为：梅兰芳《思凡》，刘凤林《过新年》，李小山《战太平》，王长林、何佩亭《五人义》，白牡丹《探亲》，姚玉芙《六月雪》，余叔岩、程继先《八大锤》，王凤卿、高庆奎《战长沙》。

2月16日 演出剧目为：梅兰芳《游园惊梦》，陈文启《辞朝》，朱桂芳《霸王庄》，高庆奎《借赵云》，余叔岩《铁莲花》，王凤卿《华容道》。

2月20日 演出剧目为：梅兰芳、余叔岩《三击掌》，朱桂芳《取金陵》，白牡丹、高庆奎《翠屏山》，王凤卿《群英会》。

2月22日 喜群社在新明戏院演出剧目为：梅兰芳、王凤卿、姜妙香《三世姻缘》，王凤卿《取帅印》，余叔岩《连营寨》。

2月25日 演出剧目为：梅兰芳《琴挑》，朱桂芳《娘子军》，白牡丹《卖油郎》、高庆奎《碰碑》，余叔岩《九更天》，王凤卿《黄鹤楼》。

2月26日 喜群社在新明戏院夜场演出剧目为：梅兰芳、余叔岩《桑园寄子》，王凤卿《战城都》，姜妙香、姚玉芙《岳家庄》，高庆奎《借赵云》，朱桂芳《瑞草园》，王长林《龙凤配》，何佩亭《金沙滩》，李小山《雪杯园》，王荣山《战樊城》。

3月8日 日场演出剧目为：梅兰芳、王凤卿《狮吼记》，李小山《出祁山》，朱桂芳《取金陵》，白牡丹《胭脂虎》，余叔岩《战太平》。第一舞台义务戏夜场演出剧目为：梅兰芳、白牡丹《穆天王》，王又宸《斩子》，王瑶卿《探亲》，老十三旦《八大锤》，老乡亲《忠烈图》，杨小楼《水帘洞》。

3月11日 第一舞台义务戏演出剧目为：梅兰芳、余叔岩《打渔杀家》，俞振庭《五花洞》，老十三旦、余又琴《英节烈》，王又宸《举鼎观画》，王凤卿《芦花河》，老乡亲、龚云甫《硃砂痣》，杨小楼、王瑶卿《长坂坡》。

梅兰芳与余叔岩合作《游龙戏凤》一演成功，随之他们排演了《打渔杀家》，梅兰芳饰萧桂英，余叔岩饰萧恩。梅兰芳早在初搭玉成班时就曾与孟小茹配演过萧桂英。这次与余叔岩重排是以当年谭鑫培、王瑶卿的绝唱为范本，深求谭、王表演的神韵，再据戏情戏理而作新的体会、新的创造，以求演出神采，唱出意境，耐人寻味。梅、余的《打渔杀家》在喜群社排成贴演，由王长林饰演大教师，又是一演而红，再次广博赞誉。梅、余的《打渔杀家》和他们的《游龙戏凤》一样，也为各方义务戏、堂会戏所争相聘演。

《打渔杀家》本为老生戏，萧恩是主角，萧桂英只是配角。自王瑶卿陪谭鑫培、梅兰芳捧余叔岩演出此剧，先后对这一角色做出卓越的创造，大大提高了萧桂英在戏中的地位，使《打渔杀家》成了著名的生旦“对儿戏”。

3月12日 新明戏院夜场演出剧目为：梅兰芳《六月雪》，张彩林《八傧府》，朱桂芳《无底洞》，余叔岩《下河东》，姜妙香《监酒令》，白牡丹、高庆奎《翠屏山》，王凤卿、姚玉芙、李寿山《法门寺》。

3月13日 演出剧目为：梅兰芳、姜妙香《渔家乐》，孙砚亭《双摇会》，朱桂芳、高庆奎《刺巴杰》，白牡丹、程继先《鸿鸾禧》，余叔岩《锤换带》，王凤卿、姚玉芙《硃砂痣》。

3月26日 新明戏院演出剧目为：梅兰芳、余叔岩《献长安》，白牡丹、姚玉芙、朱桂芳《穆柯寨》。

3月28日 演出剧目为：梅兰芳、姜妙香《千金一笑》，朱桂芳《泗州城》，白牡丹《花田错》，余叔岩《打登州》，王凤卿《鱼藏剑》。

3月29日 演出剧目为：梅兰芳、余叔岩《教子》，朱桂芳《攻潼关》，高庆奎《斩子》，白牡丹《鸿鸾禧》，王凤卿《雄州关》。

4月 在祖母八十寿辰的堂会上，共演三出戏，分别是旦角本工戏《麻姑献寿》，喜剧《打面缸》，反串小生张才，《艳阳楼》里反串武生呼延豹。

4月1日 什锦花园关宅堂会演出剧目为：梅兰芳、王凤卿《汾河湾》，梅兰芳《游龙戏凤》，红豆馆主、陈德霖《奇双会》，杨小楼、王长林《恶虎村》，陈德霖

《祭塔》，王琴侬《孝义节》，全班合演《富贵长春》。

4月16日 堂会演出剧目为：梅兰芳、陈德霖《麻姑献寿》，沈华轩《芦花荡》，龚云甫《甘露寺》，余叔岩《珠帘寨》，尚小云《玉堂春》。

4月21日 应日本帝国剧场邀请，携同喜群社部分演员离开北京第一次出国去日本访问演出。同行的演员有：姚玉芙、姜妙香、高庆奎、贯大元、芙蓉草、董玉林、何喜春、陶玉芝、王毓楼。场面：茹莱卿、陈嘉梁、何斌奎、孙惠廷、唐春平、马宝铭、马宝珊、傅荣斌、张达楼、曹筱轩和剧评家齐如山等共三十五人，作为日本向导的村田孜郎（共同通讯社驻北京主任）也随团同行。

关于第一次赴日演出的动机，梅兰芳曾自述："第一次访日的目的，主要并不是从经济观点着眼的，这仅仅是我企图传播中国古典艺术的第一炮。"[1]"1919年，日本东京帝国剧场邀我到日本去作一次旅行演出。我很早就有这样一个愿望，想把中国古典戏剧介绍到国外去，听一听国外观众对它的看法，所以我很愉快地答应了这个邀请。"[2]

1919年日本《春柳》杂志第四期报道："梅兰芳就日本之聘，言明一个月。出五万元之包银，在日本已成为破天荒之高价，而中国伶界得如此之重聘，亦未之前闻。已定议四月中旬前往。美国以为梅兰芳宜先到美国一行，来回约五个月，以三十万美金聘之。法国又以为兰芳不到法国，则以法国之剧艺美术论，不足以光荣。无论须银若干，法国不惜。一名优出洋小事也，外国当仁不让，亦可见矣。然而兰芳不肯做拍卖场之行为，仍按约先至日本。"

4月24日 下午5时，抵达下关，转乘火车赴东京。

4月25日 晚8时30分，梅兰芳一行三十五人抵达东京站，受到盛大欢迎，除了欢迎的人群外，还有许多人是慕名自发前来，想一睹名伶风采。而各社摄影记者更是蜂拥而至，以至于梅兰芳及其随行一度寸步难行。梅兰芳夫妇和姚玉芙在帝国饭店下榻，其他人住在帝国饭店所属的旧内务大臣官邸。

4月26日 拜谒中国驻日使馆及大仓男爵等。

4月27日 往歌舞伎座（剧场名称）观剧。

4月29日 往明治座（剧场名称）观剧。

5月1日 梅兰芳正式在东京帝国剧场演出，这是他第一次站在外国的舞台上演出中国京剧，也是中国京剧演员第一次有组织有规模地出国演出。5月1日至12日，

[1] 梅兰芳著：《东游记》，中国戏剧出版社1957年版，第33页。

[2] 《梅兰芳文集》，中国戏剧出版社1962年8月版，第391-392页。

1919年，梅兰芳第一次赴日本。左起：松本幸四郎、姚玉芙、尾上梅幸、大仓男爵、梅兰芳、泽村宗之助

在东京帝国剧场演出。与歌舞伎演员同台奏艺，京剧插在中间。梅兰芳演出节目为：《天女散花》（5月1日至5日）、《御碑亭》（5月6日至8日）、《黛玉葬花》（5月9日至10日）、《虹霓关》（5月11日）、《贵妃醉酒》（5月12日）。帝国剧场方面演出节目为：歌舞会《本朝二十四孝》、现代剧《五月的早晨》、阿拉伯古典剧《咒》、舞蹈《娘狮子》。帝国剧场方面的主要演员有：松本幸四郎（七世）、守田勘弥（十三世）。京剧演出一般安排在倒数第二。只有6日、11日、12日这三天，为了梅兰芳的方便，把京剧节目提前到《五月的早晨》前边演出。

有中国京剧参演的这段时间，东京帝国剧院的票价破格昂贵：特等票十元、头等票七元、二等票五元、三等票二元、四等票一元，而这段时期，日本歌舞伎座的特等票价不过四元八角。尽管如此，剧场仍然天天满座，吸引了各个阶层的观众。东京的《东京日日新闻》、《都新闻》、《万朝报》、《国民新闻》、《读卖新闻》、《东京朝日新闻》等报刊纷纷报道演出盛况并发表剧评。

5月7日　《东京朝日新闻》发表了久保天随的评论《梅兰芳的〈天女散花〉》：“梅兰芳真像传说的那样，是一个美男子，他扮演天女真合适，看上去只能感觉到他是个十八九岁的姑娘。脸庞很秀气，袅娜的姿态当然是他的特点。……他的眼睛价值千两，我觉得他的媚态都是从这里产生的。他的声音有点尖，但纯洁而清透。一句话，他真是个天生的合适的男旦。”[1]

除各大报纸大量刊登了评论文章外，各种杂志也不甘落后。《中央公论》1919年4月号上刊登了日本戏剧通福地信世的文章，题目为《支那戏剧的话》，介绍了中

[1]《梅兰芳艺术评论集》，中国戏剧出版社1990年版，第649页。

国京剧，特别提到了梅兰芳的技艺，并且做了全国的评价："他的表情不是以往的旧支那剧那样常见的呆板，而是从内心自然显示出来的富有深情的表演。……服装也是依照故事来设计的；但梅的演出方式比团十郎的活历（活历是市川团十郎新编的一系列历史剧总称）新得多。这就是梅兰芳独有的东西。"文章还简要介绍了《虹霓关》、《玉堂春》、《空城计》、《硃砂痣》、《武家坡》、《黛玉葬花》等几出戏的内容梗概。

5月14日 游箱根。

5月17日 梅兰芳接受大阪日报社和关西日报社的邀请赴大阪演出。晚11时，离开东京赴大阪。

5月18日 下午3时40分，到达大阪梅田，入住大阪饭店。当晚，在浪花座参观了日本歌舞伎跳舞练习会"浪花踊"，该活动每年只举行两次。散戏后，梅兰芳来到后台与日本歌舞伎演员中村雀右卫门（三世）和中村雁治郎（初世）欢聚畅谈。

5月19日 在大阪中央公会堂演出剧目为：《尼姑思凡》、《空城计》、《御碑亭》。

5月20日 在大阪中央公会堂演出剧目为：《琴挑》、《乌龙院》、《天女散花》。

两天共演六出戏，梅兰芳演了其中的三出，即《御碑亭》、《琴挑》和《天女散花》。在大阪演出的票价是一等票七元、二等票五元、三等票三元。

5月21日 接到以马聘三和王敬祥为代表的中国旅日商人的邀请，赴神户为华侨兴办的中华戏校募捐举行义演。下午4时40分，抵达神户三宫，下榻于托阿大饭店。

5月23日 在神户聚乐馆演出剧目为：《鸿鸾禧》、《游龙戏凤》、《武家坡》、《嫦娥奔月》。

5月24日 在神户聚乐馆演出剧目为：《洪洋洞》、《监酒令》、《春香闹学》、《乌盆记》、《游园惊梦》。

本日 《神户新闻》报道了神户聚乐馆第一天演出的情况："梅兰芳的首场演出是23日。风闻他是支那名列第一的名伶，很难得。因此大家都想无论如何也看他一次。昨天聚乐馆在开戏之前即告客满这并非夸张。西侧被隔开的特别席上有中国领事嵇镜先生以及在神户的支那第一流人士全体到场，还有二流、三流人士和日本的绅士贵妇，连最便宜的七十钱的三阶席也把凳子当做脚搭子使用，即使挤得动弹不得也耐心忍着，这种情况真体现了日支的亲善。”

5月25日 在神户聚乐馆演出剧目为：《琴挑》、《乌龙院》、《举鼎观画》、《天女散花》。

三天一共演了十三出戏，其中梅兰芳共演六出，即《游龙戏凤》、《嫦娥奔月》、《春香闹学》、《游园惊梦》、《琴挑》、《天女散花》。票价是特等票十元、一等票六元、二等票四元、三等票二元、四等票七十钱（七角）。演出结束后，扣除演员的基本报酬外，梅兰芳将盈余全部捐给了中华戏校，受到华侨的盛赞。这次义演开创了中国演员在国外义演的先河。

在大阪和神户演出期间，《大阪朝日新闻》、《神户新闻》、《春柳》等报刊报道演出盛况，发表剧评和纪念文章。

5月26日 离开神户。

5月27日 从下关乘关斧渡轮高丽丸号踏上归途。临行时，梅兰芳在《大阪朝日新闻》的晚报发表讲话。要点有二：一、发表访日感受；二、提出三项计划，即创办以社会教育或改良戏曲为目的的学校，建筑帝剧那样或至少像聚乐馆那样的剧场，编演新戏。

关于第一次赴日演出，梅兰芳曾自述：“这是我第一次到国外演出。我们的戏剧在东京和日本人民见了面，受到日本人民热烈的欢迎。每天晚上，我们的节目和日本节目一起在帝国剧场上演。那一次我所演的剧目除了新编的《天女散花》之外，最受欢迎的，同时也是演出次数最多的，要算是《御碑亭》。这出戏引起一般妇女观众的共鸣，原因是日本妇女和从前中国的妇女一样，都是长期的受尽了封建制度的折磨。”[1]

[1] 梅绍武著：《梅兰芳自述》，中华书局2005年版，第184页。

5月30日 由日本回到北京，继续在北京演出。

6月26日 李宅堂会演出剧目为：梅兰芳、杨小楼、钱金福《长坂坡》，梅兰芳、姚玉芙《游园惊梦》，梅兰芳、陈德霖《麻姑献寿》，王凤卿、陈德霖《二进宫》，余叔岩《八大锤》，余叔岩《打严嵩》，程艳秋《宇宙锋》，高庆奎《乌龙院》，全班合演《大赐福》。

7月2日 新明戏院演出剧目为：梅兰芳《宇宙锋·金殿》，朱桂芳《演火棍》，高庆奎《落马湖》，白牡丹《胭脂虎》，余叔岩《卖马》，王凤卿《硃砂痣》。

7月5日　新明戏院演出剧目为：梅兰芳《闹学》，贯大元《雪杯园》，朱桂芳《十字坡》，程继先《监酒令》，余叔岩《战宛城》，王凤卿《举鼎观画》。

7月9日　新明戏院演出剧目为：梅兰芳《女起解》。

7月27日　新明戏院演出剧目为：梅兰芳、程继先《奇双会》。

7月30日　冯宅堂会演出剧目为：梅兰芳、王凤卿、姜妙香、刘凤林、罗文奎、刘景然《御碑亭》，梅兰芳《出塞》，红豆馆主《单刀会》，张文斌《打城隍》，时玉奎《五台山》，九阵风《演火棍》，陈德霖《骂殿》，钱金福《瓦口关》。

8月1日　新明戏院演出剧目为：梅兰芳、高庆奎、朱桂芳、姚玉芙、程艳秋、芙蓉草《天河配》。

8月4日　袁宅堂会演出剧目为：梅兰芳《嫦娥奔月》，王凤卿《文昭关》，余叔岩《珠帘寨》，龚云甫《行路训子》，马连良《一捧雪》。

8月8日　朱宅庆寿堂会演出剧目为：梅兰芳、陈德霖、姜妙香《风筝误》，钱金福《珠帘寨》，王凤卿《宝莲灯》，白牡丹《得意缘》，高庆奎、姚玉芙《武家坡》，程艳秋《虹霓关》，王长林、钱金福《祥梅寺》，马连良《三教寺》，谭富英《打渔杀家》。

8月13日　江西会馆堂会演出剧目为：梅兰芳、姜妙香《嫦娥奔月》，陈德霖、姜妙香《四面观音》，张文斌《连升三级》，朱素云、筱翠花《闺房乐》，尚小云《玉堂春》，王凤卿《大保国》，王蕙芳、朱素云《得意缘》，白牡丹《小放牛》，朱桂芳《演火棍》，张文斌《送亲演礼》，谭小培《黄金台》，尚小云《春香闹学》。

8月18日　金鱼胡同那宅怡园堂会演出剧目为：梅兰芳、王凤卿《武家坡》，梅兰芳、姜妙香《琴挑》，陈德霖、姜妙香《戏目莲》，杨小楼、钱金福《状元印》，王又宸《琼林宴》，杨小楼、钱金福《连环套》，王蕙芳《女起解》，九阵风《娘子军》，王凤卿、陈德霖《武昭关》，朱素云《射戟》，王瑶卿、高庆奎《花木兰》，傅小山《三岔口》，高庆奎《赐福》。

8月28日　冯宅堂会演出剧目为：梅兰芳、王凤卿《御碑亭》，梅兰芳《出塞》，红豆馆主《单刀会》，张文斌《打城隍》，时玉奎《五台山》，九阵风《演火棍》，陈德霖、王凤卿《骂殿》，钱金福《瓦口关》，王蕙芳《女起解》。

8月29日　喜群社在新明大戏院演出剧目为：梅兰芳、程艳秋、高庆奎、姜妙香《天河配》，王凤卿《文昭关》，余叔岩《开山府》，陈文启《哭灵》，傅小山《桃花岭》，王荣山《战太平》。

9月6日 江西会馆堂会演出剧目为：梅兰芳、姚玉芙、王丽卿《嫦娥奔月》，陈德霖、姜妙香《四面观音》，张文斌《连升三级》，朱素云、筱翠花《闺房乐》，尚小云、德珺如《玉堂春》，王凤卿《大保国》，王蕙芳、朱素云《得意缘》，德珺如《举鼎观画》，白牡丹《小放牛》，朱桂芳《演火棍》，张文斌《送亲演礼》，谭小培《黄金台》，尚小云《春香闹学》。

9月11日 余叔岩母亲六十华诞的堂会上，梅兰芳在《辕门射戟》中反串小生吕布。

9月12日至19日 喜群社班主姚佩兰、王毓楼邀集名家，荟萃一堂，在新明戏院贴演了全部八本《雁门关》，一天一本，八天演完。

《雁门关》为梅兰芳先祖梅巧玲当年主持四喜班时创演的一部八本连台大戏。梅巧玲饰演萧太后被称一绝，名载京剧史册。梅兰芳继承家传，初登舞台不久即演过《雁门关》。但他饰演的不是萧太后，而是青莲公主，所演的也只是头本，青莲公主识破杨八郎欲过营探母之心，决意为其盗取令箭的一段戏。这次是梅兰芳第一次演全部《雁门关》，所饰青莲公主，不仅重唱还有武打，是个文武并重的角色。其他角色是陈德霖饰萧太后，龚云甫饰佘太君，王凤卿饰杨四郎，朱素云饰杨八郎，姚玉芙饰碧莲公主，钱金福饰韩昌，裘桂仙饰孟良，麻穆子饰焦赞，姜妙香饰杨宗保。如此花叶辉映的强大阵容，堪称是《雁门关》演出史上的一次盛举。

9月29日 第一舞台义务演出剧目为：梅兰芳、姜妙香《游园惊梦》，王凤卿、高庆奎、王琴侬《战蒲关》，李兰亭《铁公鸡》，田桂凤、德珺如《鸿鸾禧》，九阵风《穆柯寨》，陈德霖《彩楼配》，林颦卿《花鼓》，王又宸、王长林《天雷报》，老十三旦、余叔岩《八大锤》，老乡亲《逍遥津》。

9月30日 新明戏院演出剧目为：梅兰芳、姜妙香《黛玉葬花》，田桂凤、余叔岩《乌龙院》，裘桂仙《草桥关》，王凤卿、王琴侬《硃砂痣》，李兰亭《三岔口》，王又宸《黄鹤楼》，俞振庭、钱金福《青石山》，林颦卿《阴阳河》，陈德霖《四面观音》，孙菊仙《舌辩侯》。

10月4日 新明戏院演出剧目为：梅兰芳、高庆奎《一缕麻》，陈文启《钓龟》，九阵风、何佩亭《取金陵》，余叔岩、钱金福、王长林头、二本《连环套》，王凤卿

《战长沙》。

10月5日 新明戏院演出剧目为：梅兰芳、高庆奎《一缕麻》，陈文启《捧邻》，九阵风《演火棍》，余叔岩、钱金福、王长林三、四本《连环套》，王凤卿《华容道》。

10月20日 在新明戏院首演《乔醋》。

10月29日 江西会馆陈宅堂会演出剧目为：梅兰芳、姚玉芙、姜妙香、李敬山《天女散花》，余叔岩、钱金福《定军山》，陈德霖、王凤卿《骂殿》，钱金福《瓦口关》，九阵风、王长林《小放牛》，程艳秋《思凡》，裘桂仙《御果园》。

10月31日 会贤堂堂会演出剧目为：梅兰芳、余叔岩《游龙戏凤》，李凤云《金钱豹》，红豆馆主《盗宗卷》，陈德霖《混元盒》，韩世昌《思凡》，言菊朋《托兆碰碑》，余叔岩、王长林《胭脂褶》，李黛玉《贪饮报》。

11月1日 第一舞台义务戏夜场演出剧目为：梅兰芳《贵妃醉酒》，九阵风《小放牛》，卧云居士《辞朝》，俞振庭《金钱豹》，余叔岩《群英会》，王凤卿、陈德霖《二进宫》，孙菊仙《雍凉关》，老十三旦《花田错》。

11月2日 新明戏院演出剧目为：梅兰芳《天女散花》，姜妙香《岳家庄》，九阵风、俞振庭《金山寺》，卧云居士《女骂曹》，陈德霖《孝义节》，王凤卿《挡曹》，余叔岩《盗宗卷》，孙菊仙《渑池会》，老十三旦《伐子都》。

11月13日 江西会馆吴宅堂会演出剧目为：梅兰芳、姜妙香、姚玉芙《虹霓关》，李金榜《风云会》，余叔岩、钱金福、王长林《连环套》，王又宸《失街亭》，程艳秋《思凡》，言菊朋《珠帘寨》，龚云甫《骂曹》，朱素云《白门楼》，钱宝森《金沙滩》，陆凤琴《荷珠配》，李金榜《百寿图》，全班合演《天官赐福》。

11月15日 金鱼胡同那家花园演出剧目为：梅兰芳、姚玉芙、姜妙香《游园惊梦》，梅兰芳、王凤卿、姜妙香、李敬山《穆天王》，九阵风《摇钱树》，余叔岩、王长林、钱金福《琼林宴》，程艳秋《穆柯寨》。

11月19日 织云公所赵宅堂会演出剧目为：梅兰芳、姜妙香、姚玉芙《虹霓关》，余叔岩《珠帘寨》，王凤卿、陈德霖《骂殿》，全班合演《天官赐福》。

冬 梅兰芳应汉口大舞台经理赵子安之约，赴汉口演出了一个半月，同去的演员有王凤卿、朱素云、姜妙香、李寿山、姚玉芙等人。

据梅兰芳纪念馆藏汉口合记大舞台戏单所载：

11月30日 演出剧目为：梅兰芳、姜妙香《千金一笑》，王凤卿《战城都》，王蕙芳《鸿雁捎书》，朱桂芳《刺巴杰》，朱素云《雅观楼》，全班合演《两将军》。

12月1日 演出剧目为：梅兰芳、姜妙香《玉堂春》，王凤卿《浣纱计》，王蕙芳《探新亲》，郭仲衡《举鼎观画》，朱素云《夺小沛》，朱桂芳《溪皇庄》，全班合演《千秋岭》。

12月2日 演出剧目为：梅兰芳、朱素云《奇双会》，王凤卿《硃砂痣》，王蕙芳《女起解》，郭仲衡《战长沙》，朱桂芳《恶虎村》，张如庭《乾坤带》，全班合演《善宝庄》。

12月3日 演出剧目为：梅兰芳、姚玉芙《嫦娥奔月》，王凤卿《华容道》，王蕙芳《双钉计》，姜妙香《监酒令》，郭仲衡《取帅印》，朱桂芳、许德义《攻潼关》，全班合演《求寿》。

12月4日 演出剧目为：梅兰芳、王凤卿头、二本《虹霓关》，王凤卿《捉放曹》，朱桂芳、许德义《取金陵》，郭仲衡《完璧归赵》，张如庭《法场换子》。

12月5日 演出剧目为：梅兰芳、姜妙香全本《邓霞姑》，王凤卿《文昭关》，王蕙芳《文章会》，郭仲衡《雪杯园》，朱桂芳、许德义《芦林坡》，张如庭《空城计》，全班合演《祥梅寺》。

12月6日 演出剧目为：梅兰芳、王凤卿全本《狮吼记》，郭仲衡《托兆碰碑》，王蕙芳、朱素云《马上缘》，朱桂芳、许德义《岳家庄》，张如庭《献长安》，全班合演《胭脂褶》。

12月7日 演出剧目为：梅兰芳、姚玉芙《天女散花》，王凤卿、姜妙香《双狮图》，王蕙芳、朱素云全本《胭脂虎》，朱桂芳、许德义《青石山》，全班合演《永平安》。

12月8日 演出剧目为：梅兰芳、王凤卿《汾河湾》，梅兰芳《琴挑》，王蕙芳、朱素云《翠屏山》，郭仲衡《天水关》，朱桂芳、许德义《娘子军》，张如庭《伐齐东》，全班合演《雁门关》。

12月9日 演出剧目为：梅兰芳、朱素云全本《能仁寺》，王凤卿《战长沙》，郭仲衡《搜孤救孤》，姜妙香《孝感天》，朱桂芳、许德义《嘉兴府》，张如庭《乌盆计》，开场全班合演《山海关》。

12月10日 演出剧目为：梅兰芳、姜妙香、姚玉芙《黛玉葬花》，朱素云、王凤卿《群英会》，王蕙芳《坐楼杀惜》，朱桂芳《无底洞》，全班合演《收罗成》。

12月11日 演出剧目为：梅兰芳、姜妙香、王凤卿《花木兰从军》，朱素云、王蕙芳《百万庙》，姜妙香《岳家庄》，朱桂芳、许德义《铁笼山》，张如庭《铡美案》。

12月12日 演出剧目为：梅兰芳、姜妙香、王凤卿《花木兰从军》，朱素云、王蕙芳《悦来店》，许德义《英雄义》，张如庭《浣纱计》，朱桂芳《演火棍》，福小田二本《草桥关》，全班合演《遇龙馆》。

12月13日 演出剧目为：梅兰芳、张宾昆《贵妃醉酒》，王凤卿《荀灌娘》，朱素云《白门楼》，郭仲衡《鱼藏剑》，姜妙香《未央宫》，朱桂芳《百草山》，张如庭《战蒲关》，全班合演《美良川》。

12月14日 演出剧目为：梅兰芳、姚玉芙《天女散花》，王凤卿《樊城长亭》，朱素云、王蕙芳《穆柯寨》，姜妙香《黄鹤楼》，朱桂芳《蟠桃会》，张如庭《金水桥》，张宾昆《玉门关》，全班合演《祥梅寺》。

12月15日 演出剧目为：梅兰芳《春香闹学》，余叔岩、钱金福《打棍出箱》，王凤卿《取帅印》，王蕙芳、朱素云《反延安》，郭仲衡《浣纱计》，姜妙香《辕门射戟》，朱桂芳、许德义《岳家庄》，全班合演《祥梅寺》。

12月16日 演出剧目为：梅兰芳、余叔岩《打渔杀家》，龚云甫《钓金龟》，王凤卿《捉放曹》，王蕙芳、郭仲衡《银空山》，朱桂芳《芦林坡》，姜妙香、张如庭《双狮图》。

12月17日 演出剧目为：梅兰芳、余叔岩《珠帘寨》，龚云甫《行路训子》，王蕙芳《探亲家》，王长林《青石山》，朱素云《飞虎山》，张如庭《法门寺》，全班合演《山海关》。

12月19日 演出剧目为：梅兰芳、姜妙香《佳期拷红》，余叔岩、钱金福全本《八大锤》，龚云甫《游六殿》，王蕙芳《鸿雁捎书》，朱桂芳《泗州城》，张如庭《取荥阳》，全班合演《大赐福》。

12月20日 演出剧目为：梅兰芳、姚玉芙《嫦娥奔月》，余叔岩《当锏卖马》，龚云甫、王蕙芳《回荆州》，朱桂芳、许德义《嘉兴府》，姜妙香《忠孝全》，全班合演《渭水河》。

12月21日 演出剧目为：梅兰芳、姜妙香《游园惊梦》，余叔岩《失街亭》，龚云甫《长寿星》，王蕙芳《汾河湾》，朱素云、许德义《乾元山》。

12月22日 演出剧目为：梅兰芳、姚玉芙《樊江关》，陈德霖、余叔岩全本《四郎探母》，朱素云、钱金福《雅观楼》，许德义、朱桂芳《翠凤楼》，张如庭《黄金台》，全班合演《打鸾驾》。

12月23日 演出剧目为：梅兰芳、陈德霖《麻姑献寿》，余叔岩《天雷报》，龚云甫《遇皇后》，王蕙芳《乌龙院》，钱金福《金锁阵》，许德义《攻潼关》，姜妙香《万里封侯》，张如庭《八义图》，全班合演《百寿图》。

12月24日 演出剧目为：梅兰芳、朱素云《奇双会》，陈德霖《彩楼配》，余叔岩《盗宗卷》，郭仲衡《雪杯园》，姚玉芙《五花洞》，钱金福《九龙山》，张如庭《桑园寄子》，开场全班合演《两将军》。

12月25日 演出剧目为：梅兰芳、陈德霖、龚云甫头本《雁门关》，余叔岩《打严嵩》，王蕙芳《鸿鸾禧》，郭仲衡《武家坡》，许德义《九龙杯》，张如庭《鱼藏剑》，全班合演《大赐福》。

12月26日 演出剧目为：梅兰芳、陈德霖、龚云甫二本《雁门关》，余叔岩《胭脂虎》，王蕙芳《文章会》，郭仲衡《战城都》，姚玉芙《宇宙锋》，许德义《艳阳楼》，全班合演《山海关》。

12月27日 演出剧目为：梅兰芳、陈德霖、龚云甫三本《雁门关》，余叔岩《捉放曹》，姚玉芙《孝感天》，王长林《打沙锅》，许德义《英雄义》，全班合演《打弹》。

12月28日 演出剧目为：梅兰芳、陈德霖、龚云甫四、五本《雁门关》，余叔岩《定军山》，王长林《定计化缘》，许德义《收关胜》，姚玉芙《打金枝》，全班合演《渭水河》。

12月29日 演出剧目为：梅兰芳、陈德霖、龚云甫六、七本《雁门关》，余叔岩《南阳关》，王长林《打面缸》，许德义《薛家庄》，姚玉芙《探寒窑》，张如庭《双狮图》，全班合演《取西川》。

12月30日 演出剧目为：梅兰芳、陈德霖、龚云甫八、九本《雁门关》，余叔岩《奇冤报》，许德义《闹昆阳》，姚玉芙《六月雪》，张如庭《浣纱记》，全班合演《美良川》。

12月31日 演出剧目为：梅兰芳、姚玉芙、姜妙香《黛玉葬花》，余叔岩、陈德霖《审头刺汤》，朱素云、王蕙芳《马上缘》，郭仲衡《华容道》，朱桂芳《无底洞》，张如庭《乾坤带》，全班合演《百寿图》。

本年 经罗瘿公介绍，程艳秋拜在门下执弟子礼。

27岁

1920年

民国九年

庚申

继续在汉口合记大舞台演出。据梅兰芳纪念馆藏汉口合记大舞台戏单所载：

1月1日 演出剧目为：梅兰芳、姜妙香《牢狱鸳鸯》，余叔岩《走雪山》，王蕙芳、朱素云《穆柯寨》，朱桂芳《芦林坡》，张如庭《献长安》，全班合演《美良川》。

1月2日 演出剧目为：梅兰芳、姚玉芙前本《一缕麻》，余叔岩《托兆碰碑》，王蕙芳《探新亲》，郭仲衡《文昭关》，钱金福《芦花荡》，朱桂芳《水晶宫》，张如庭《牧羊卷》，全班合演《山海关》。

1月3日 演出剧目为：梅兰芳、姚玉芙后本《一缕麻》，余叔岩、王蕙芳《乌龙院》，郭仲衡《鱼藏剑》，朱桂芳《取金陵》，张如庭《法门寺》，全班合演《夜战》。

1月4日 演出剧目为：梅兰芳、姜妙香《千金一笑》，余叔岩《洪洋洞》，王蕙芳《赶三关》，朱桂芳、王长林《打瓜园》，朱素云《岳家庄》，许德义《飞波岛》，全班合演《庆阳图》。

1月5日 演出剧目为：梅兰芳、余叔岩《武家坡》，梅兰芳《春香闹学》，王蕙芳《浣花溪》，朱素云、王长林《群英会》，朱桂芳《娘子军》，姜妙香《监酒令》。

1月6日 演出剧目为：梅兰芳、姚玉芙《游园惊梦》，梅兰芳《尼姑思凡》，余叔岩《击鼓骂曹》，王蕙芳、朱素云《胭脂虎》，朱桂芳《盗魂铃》，张如庭《乌盆计》，全班合演《永平安》。

《梅欧阁诗录》

梅欧阁

1月7日　演出剧目为：梅兰芳、姜妙香《春秋配》，余叔岩《空城计》，王蕙芳《女起解》，郭仲衡《完璧归赵》，朱素云、朱桂芳《金光洞》，张如庭《桑园寄子》，钱金福《青风寨》，全班合演《大财神》。

1月8日　演出剧目为：梅兰芳、姚玉芙《天女散花》，余叔岩、王蕙芳《汾河湾》，钱金福、王长林《五人义》，姜妙香《双狮图》，朱素云《雅观楼》，朱桂芳《大兴梁山》，全班合演《遇龙馆》。

1月17日　演出剧目为：梅兰芳、余叔岩《游龙戏凤》，龚云甫《徐母骂曹》，王长林《辕门斩子》，姜妙香、王蕙芳《枪挑穆天王》，朱素云《岳家庄》，朱桂芳《蔡家庄》，全班合演《遇龙封官》。

在汉口演出期满后，应近代实业家张謇的邀请，第一次到江苏南通更俗剧场献艺，演出十天。上演剧目有《游园惊梦》、《天女散花》、《木兰从军》、《贵妃醉酒》、《贩马记》、《佳期》、《拷红》、《思凡》、《嫦娥奔月》、《千金一笑》。

据梅兰芳纪念馆藏梅兰芳手稿记载的南通演出剧目和活动：

1月21日至23日　演出《琴挑》、《贵妃醉酒》、《天女散花》。

1月29日　张謇在万流亭宴请梅兰芳与欧阳予倩，后参观博物苑及大生纱厂，张謇先生详细为其解说。

1月30日　演出《木兰从军》、《嫦娥奔月》。

2月3日　演出《女起解》、《春香闹学》。

为纪念梅兰芳和欧阳予倩两位艺术家的成就，张謇将更俗剧场前楼辟为“梅欧阁”。新派戏剧的领军人物欧阳予倩和古典戏剧的伶界大王梅兰芳的此次会面，对于蓬勃开展的戏剧改革，起了催生助长的积极作用。在南通期间，还参观了伶工学校，由张謇介绍伶工学校高材生李斐叔，随梅兰芳去北京任秘书。

《舞台生活四十年》中梅兰芳自叙："……1919年的冬季。大舞台经理赵子安约我来汉口表演。同来的有王凤卿、朱素云、姜妙香、李寿山、姚玉芙……那次演期是一个月，我演出的戏码，包含着老戏、昆剧、古装、时装四种。比较起来也还是古装戏最受欢迎……我唱满了一个月，就同朱素云、姜妙香、姚玉芙、李寿山应张四先生之约，到了南通。"[1]

[1]《舞台生活四十年》，中国戏剧出版社1987年版，第415页。

从南通回到北京继续演出。

年初 李石曾与蔡元培、吴敬恒，利用庚子赔款，在北京创办中法大学，由齐如山约梅兰芳演了一场义务戏。

2月6日 新明戏院的演出剧目为：梅兰芳、王凤卿《四郎探母》，裘桂仙《断后》，朱桂芳《取金陵》，钱金福、王长林、朱素云《五人义》，荣蝶仙《马上缘》。

2月8日 江西会馆杨穆生宅堂会演出剧目为：梅兰芳、姚玉芙《嫦娥奔月》，杨小楼、钱金福《挑滑车》，王凤卿《取城都》，尚小云、余叔岩《审头刺汤》，程艳秋《宇宙锋》。

2月9日 安徽会馆光宅堂会演出剧目为：梅兰芳《女起解》，杨小楼《艳阳楼》，余叔岩《定军山斩渊》，陈德霖《宇宙锋》，言菊朋《青亭风》，尚小云《闹学》，全班合演《百寿图》、《赐福》。

2月13日 第一舞台演出剧目为：梅兰芳《天女散花》，俞振庭《青石洞》，刘鸿升《普天乐》，杨小楼《阳平关》。

2月26日 梁燕孙宅堂会演出剧目为：梅兰芳、王凤卿、姚玉芙《梳妆跪池》，王长林、杨小楼、钱金福《连环套》，余叔岩、陈德霖《南天门》，程艳秋、程连喜《虹霓关》。

2月27日 张宅堂会演出剧目为：梅兰芳《麻姑献寿》、《春香闹学》，刘鸿升《草桥关》，杨小楼《长坂坡》。

2月28日 怀仁堂茶宴日场演出剧目为：梅兰芳、杨小楼《回荆州》，王凤卿《华容道》，龚云甫《钓金龟》，陈德霖《出塞》。

3月24日 沈吉甫堂会演出剧目为：梅兰芳、姜妙香、姚玉芙《金雀记》，梅兰芳、余叔岩《审头刺汤》，杨小楼、刘鸿升、余叔岩《阳平关》，王凤卿、陈德霖《芦花河》，朱桂芳《打瓜园》，程艳秋《佳期》。

3月5日 歌舞戏《上元夫人》在新明戏院首演。同台演员有王凤卿、陈德霖、程连喜、荣蝶仙、程艳秋、朱桂芳、刘佩林、姜妙香、赵芝香。

《上元夫人》虽为一出应节小戏，但以其唱、舞兼备的艺术布局和强大的演员阵容，而备受欢迎，是梅兰芳在喜群社颇能叫座的剧目之一。

京剧原有演“应节戏”的传统，民初之际北京各班的“应节戏”仍很红火，一时传统的、新编的“应节戏”不断涌现，异彩纷呈。本年为应上元节（阴历正月十五日）又编出了《上元夫人》，仍是一出古装新戏。齐如山编剧，取材于《汉武帝外传》，演西天王母感汉武帝求仙虔诚，特遣上元夫人下凡相会。梅兰芳在“降临汉宫”一场，有精心设计：先为法婴引路的“兽形舞”；继之是四仙女歌舞；再为上元夫人的“拂尘独舞”；最后是四仙女伴上元夫人共舞。如此火炽的舞蹈场面，皆配昆曲为歌，典雅绚丽，如花似锦。同时戏中还为上元夫人、王母、汉武帝安排了各自的唱段，使戏更具多方面的欣赏性。

《舞台生活四十年》自述：“1920年3月，我在新明大戏院演出了应节令的新戏《上元夫人》。有一场众仙童、仙女在‘斜胡同’，一对一对地下场，场面上拉‘小开门’，上元夫人最后进场。”《大光报》曾从声调、容貌和技艺三方面加以评论：“其声色艺之佳可称三绝。”

4月 应许少卿之约，梅兰芳第四次到上海演出。在上海演出期间，他分别应《申报》史量才和纺织大王穆藕初的邀请，参观了《申报》印刷厂和厚生纱厂。

4月12日 开始在天蟾舞台演出。本日演出剧目为：梅兰芳、李桂芳《彩楼配》，王凤卿《硃砂痣》，姜妙香、姚玉芙《白门楼》，盖叫天《乾坤圈》，白牡丹《马上缘》，八岁红《挑滑车》，开场《得胜回朝》。

4月13日 梅兰芳、姜妙香《玉堂春》，王凤卿《文昭关》，盖叫天《恶虎村》，姚玉芙《宇宙锋》，白牡丹《鸿鸾禧》，八岁红《冀州城》，开场《高平关》。

4月14日 梅兰芳、王凤卿《汾河湾》，时慧宝《上天台》，盖叫天《三岔口》，姚玉芙《思凡》，姜妙香《辕门射戟》，白牡丹《游龙戏凤》，八岁红《八大锤》，开场《清河桥》。

4月15日 梅兰芳、姜妙香、姚玉芙《千金一笑》，王凤卿《华容道》，盖叫天《武松打店》，时慧宝《戏迷传》，白牡丹头本《虹霓关》，罗筱宝《琼林宴》，八岁红《八收关胜》，开场《瑞兵会》。

4月16日 梅兰芳、姚玉芙《樊江关》，王凤卿《鱼藏剑》，盖叫天《四杰村》，时慧宝《戏迷传》，白牡丹《天门阵》，罗筱宝《黄金台》，八岁红《跨海征东》，开场《摘缨会》。

4月17日 梅兰芳、姚玉芙《嫦娥奔月》，王凤卿《取城都》，盖叫天《白水滩》，时慧宝《携琴访友》，白牡丹《贵妃醉酒》，八岁红《新长坂坡》，开场《借清兵》。

4月18日 日场演出剧目为：梅兰芳、林树勋、姚玉芙二本《虹霓关》，王凤卿《草船借箭》，盖叫天《铁公鸡》，时慧宝《桑园寄子》，八岁红《挑滑车》，开场《龙虎斗》。夜场演出剧目为：梅兰芳、王凤卿《狮吼记》，时慧宝《逍遥津》，盖叫天《英雄义》，白牡丹《穆柯寨》，八岁红《潞安州》，开场《太平桥》。

4月19日 梅兰芳、王凤卿、时慧宝、盖叫天、白牡丹、八岁红全部《红鬃烈马》。

4月20日 梅兰芳、王凤卿《木兰从军》，时慧宝《李陵碑》，盖叫天《盘肠大战》，白牡丹《花田错》，八岁红《刀劈三关》，开场《美良川》。

4月21日 梅兰芳、王凤卿《木兰从军》，盖叫天《大闹蜈蚣岭》，时慧宝《群臣宴》，白牡丹《拾玉镯》，八岁红《八大锤》，开场《反五侯》。

4月22日 梅兰芳、姜妙香全本《贩马记》，王凤卿《樊城长亭》，盖叫天《乾坤圈》，时慧宝《柴桑口》，白牡丹、八岁红《翠屏山》，开场《功臣宴》。

4月23日 梅兰芳、王凤卿、姜妙香《珠帘寨》，盖叫天《年羹尧》，时慧宝《空城计》，白牡丹《鸿鸾禧》，八岁红《新长坂坡》，开场《祥梅寺》。

4月24日 梅兰芳、姚玉芙《麻姑献寿》，王凤卿《捉放曹》，盖叫天《年羹尧》，时慧宝《法门寺》，白牡丹《枪挑穆天王》，八岁红《八收关胜》，开场《大回朝》。

4月25日 日场演出剧目为：梅兰芳、姜妙香《百花亭》，王凤卿《战长沙》，盖叫天《三岔口》，时慧宝《硃砂痣》，白牡丹《游龙戏凤》，八岁红《潞安州》，开场《太平桥》。夜场演出剧目为：梅兰芳、姜妙香《游园惊梦》，王凤卿《举鼎观画》，盖叫天《年羹尧》，时慧宝《七星灯》，白牡丹头本《虹霓关》，八岁红《冀州城》，开场《高平关》。

4月28日 梅兰芳、姜妙香《黛玉葬花》，王凤卿《智取南郡》，时慧宝《桑园寄子》，白牡丹《天门阵》，罗筱宝《打鼓骂曹》，林树森《徐策跑城》，盖叫天《八收关胜》，开场《高平关》。

4月29日 梅兰芳、姚玉芙《麻姑献寿》，王凤卿《智取南郡》，盖叫天《白水滩》，时慧宝《举鼎观画》，白牡丹《马上缘》，罗筱宝《秦琼卖马》，林树森《少年立志》，开场《功臣宴》。

5月2日 日场演出剧目为：梅兰芳、姚玉芙《牡丹亭》，王凤卿《鱼藏剑》，盖叫天《武松打店》，时慧宝《空城计》，白牡丹《拾玉镯》，罗筱宝《捉放曹》，林树森《反武场》，开场《美良川》。夜场演出剧目为：梅兰芳、姚玉芙《天女散花》，王凤卿《取城都》，盖叫天《三岔口》，时慧宝《李陵碑》，白牡丹《花田错》，罗筱宝《琼林宴》，林树森《冀州城》，开场《太平城》。

5月3日 梅兰芳、姚玉芙《天女散花》，王凤卿《取城都》，盖叫天《年羹尧》，时慧宝《武家坡》，白牡丹《枪挑穆天王》，林树森《战岱州》，开场《反西凉》。

5月4日 梅兰芳、姜妙香《贩马记》，王凤卿《文昭关》，盖叫天《年羹尧》，时慧宝《戏迷传》，白牡丹《银空山》，开场《征北海》。

5月5日 梅兰芳、王凤卿头、二本《木兰从军》，盖叫天《年羹尧》，时慧宝《戏迷传》，白牡丹《宝蟾送酒》，罗筱宝《失空斩》。

5月6日 梅兰芳、王凤卿三、四本《木兰从军》，盖叫天、白牡丹、林树森《神仙世界》，时慧宝《举鼎观画》，开场《太平城》。

5月7日 梅兰芳、姜妙香、姚玉芙《玉簪记》，王凤卿《樊城长亭》，盖叫天《铁公鸡》，时慧宝《李陵碑》，白牡丹《马上缘》，开场《楚晋争》。

5月8日 梅兰芳、姜妙香、姚玉芙《黛玉葬花》，王凤卿《捉放曹》，盖叫天《三岔口》，时慧宝、白牡丹《四郎探母》，罗筱宝《秦琼卖马》，林树森《战岱州》，开场《清河桥》。

5月9日 日场演出剧目为：梅兰芳、姚玉芙《佳期拷红》，王凤卿《硃砂痣》，盖叫天《恶虎村》，时慧宝《奇冤报》，白牡丹《天门阵》，罗筱宝《辕门斩子》，开场《借清兵》。夜场演出剧目为：梅兰芳、姚玉芙《嫦娥奔月》，王凤卿《智取南郡》，盖叫天《英雄义》，时慧宝《法门寺》，白牡丹头本《虹霓关》，罗筱宝《八义图》，开场《高平关》。

5月10日　梅兰芳、姚玉芙《游园惊梦》，王凤卿《智取南郡》，盖叫天《乾坤圈》，时慧宝《携琴访友》，白牡丹《游龙戏凤》，罗筱宝《桑园寄子》，开场《南北斗》。

5月11日　梅兰芳、姚玉芙《麻姑献寿》，王凤卿《战长沙》，盖叫天《武十回》，时慧宝《洪洋洞》，白牡丹《鸿鸾禧》，罗筱宝《武家坡》，开场《瑞兵会》。

5月12日　梅兰芳、姚玉芙《邓霞姑》，王凤卿《文昭关》，盖叫天《白水滩》，罗筱宝《空城计》，白牡丹《枪挑穆天王》，开场《反五侯》。

5月13日　梅兰芳、姚玉芙《春秋配》，王凤卿《华容道》，盖叫天《盘肠大战》，白牡丹《马上缘》，罗筱宝《硃砂痣》，开场《九龙柱》。

5月14日　梅兰芳、王凤卿、姚玉芙三、四本《春秋配》，盖叫天《铁公鸡》，白牡丹《花田错》，时慧宝《三顾茅芦》，罗筱宝《李陵碑》，开场《风云会》。

5月15日　梅兰芳、王凤卿、姚玉芙《上元夫人》，时慧宝《上天台》，盖叫天《四杰村》，白牡丹《拾玉镯》，罗筱宝《辕门斩子》，开场《瑞兵会》。

5月16日　日场演出剧目为：梅兰芳、王凤卿《汾河湾》，盖叫天《三岔口》，时慧宝《柴桑口》，姜妙香、姚玉芙《岳家庄》，白牡丹《贵妃醉酒》，罗筱宝《捉放曹》，林树森《徐策跑城》，开场《清河桥》。夜场演出剧目为：梅兰芳、王凤卿《上元夫人》，盖叫天《恶虎村》，时慧宝《七星灯》，林树森《古城会》，罗筱宝《琼林宴》，开场《太平城》。

5月17日　梅兰芳、王凤卿《上元夫人》，盖叫天《英雄义》，时慧宝《戏迷传》，白牡丹《鸿鸾禧》，罗筱宝《洪洋洞》，开场《反西凉》。

5月18日　梅兰芳、姚玉芙《天女散花》，王凤卿《捉放曹》，盖叫天《武十回》，时慧宝《戏迷传》，白牡丹《天门阵》，罗筱宝《武家坡》，开场《黄巢造反》。

5月20日　梅兰芳、姜妙香《黛玉葬花》，王凤卿《取城都》，盖叫天《三岔口》，小七岁红《冀州城》，开场《反五侯》。

5月21日　梅兰芳、姚玉芙《嫦娥奔月》，王凤卿《鼎足三分》，时慧宝《李陵碑》，白牡丹《贵妃醉酒》，开场《庆阳图》。

在天蟾舞台演出期间，上海商务印书馆商请梅兰芳拍摄戏曲影片。梅兰芳欣然同意，决定拍摄《春香闹学》和《天女散花》两戏。这是梅兰芳拍电影的初次尝试。

5月中旬 梅兰芳在上海的演出结束，两戏的影片正式开拍。《春香闹学》中梅兰芳饰春香，姚玉芙饰杜丽娘，李寿山饰陈最良。全戏分为两集拍摄，上集是“闹学”，在商务照相部的大玻璃棚内拍摄，基本是舞台演出形式，只是装置了书房布景，桌、椅也采用了红木实物。下集是“逛花园”，把舞台上春香唱念的暗场内容，改为明场表演，为了追求真实效果，拍片时借用了苏州河畔一家私人花园——淞社来实地拍摄，展现春香在花园打秋千、扑蝴蝶嬉戏玩耍的场面。《天女散花》选拍了“众香国”、“云路”、“散花”三场戏，梅兰芳饰天女，姚玉芙饰花奴，李寿山饰维摩居士。为了着重拍出舞蹈场面，仍在天蟾舞台全按舞台演出拍摄。影片为无声、黑白片，多是全景镜头，唱念词句用字幕印出。

5月30日 堂会的第一天演出剧目为：梅兰芳、陈德霖、姚玉芙、荣蝶仙、赵芝香《麻姑献寿》，刘鸿升《遇后龙袍》，余叔岩《琼林宴》，杨小楼《长坂坡》。

5月31日 堂会的第二天演出剧目为：梅兰芳、余叔岩、姚玉芙《嫦娥奔月》，梅兰芳、余叔岩《梅龙镇》，杨小楼《晋阳宫》，刘鸿升《斩黄袍》，孙菊仙《逍遥津》，杨小楼《冀州城》，尚小云、王凤卿、陈德霖《探母回令》。

6月1日 堂会的第三天演出剧目为：梅兰芳、龚云甫、陈德霖《雁门关》，梅兰芳、姚玉芙、李寿山《天女散花》，刘鸿声《阳平关》，王凤卿《定军山》，钱金福、杨小楼《安天会》。

6月2日 堂会的第四天演出剧目为：梅兰芳、余叔岩《审头刺汤》，梅兰芳、姜妙香、姚玉芙《千金一笑》，陈德霖、刘鸿升、王凤卿《进宫》，尚小云《桑园寄子》，杨小楼、钱金福《挑滑车》。

6月3日 堂会的第五天演出剧目为：梅兰芳、王凤卿《汾河湾》，梅兰芳、姜妙香《贵妃醉酒》，刘鸿升《草桥关》，王瑶卿、余叔岩《珠帘寨》，孙菊仙《清官册》，杨小楼、钱金福《麒麟阁》，余叔岩《骂曹》，王凤卿《取城都》，龚云甫《徐母骂曹》。

6月12日 天津王祝三宅堂会第一天演出剧目为：梅兰芳、余叔岩《梅龙镇》，梅兰芳、陈德霖《麻姑献寿》，小杨月楼、孙菊仙《硃砂痣》，杨小楼、余叔岩《八大锤》，杨小楼、王凤卿《黄鹤楼》。

6月13日 天津王祝三宅堂会第二天演出剧目为：梅兰芳、罗福山《八蜡庙》，梅兰芳、陈德霖、王凤卿、姚玉芙《四郎探母》，杨小楼、钱金福《挑滑车》，余叔岩、陈德霖《南天门》。

6月22日 江西会馆饶宅堂会演出剧目为：梅兰芳、余叔岩、王长林《庆顶珠》，梅兰芳、姜妙香《虹霓关》，杨小楼、余叔岩《王佐断臂》，杨小楼、钱金福、许德义《八大锤》，王凤卿、陈德霖《二进宫》，九阵风《取金陵》，程艳秋、姚玉芙《五花洞》，卧云居士《长寿星》，孙锡臣《珠帘寨》，萧长华《绒花计》，马连良《借赵云》，崇鹤年《打棍出箱》，林唐甫《武家坡》，刘艺舟《新拾黄金》，马连良《状元谱》，谭富英《上天台》。

7月3日 堂会演出剧目为：梅兰芳《贵妃醉酒》，韩世昌《游园惊梦》，高警民《鱼藏剑》，张笑侬《逍遥津》，孟小帆《独木关》。

8月17日 冯宅堂会演出剧目为：梅兰芳《宇宙锋》，王凤卿《让城都》，陈德霖《刺虎》，裘桂仙《二进宫》，王凤卿《捉放曹》，钱金福《芦花荡》。

8月20日 堂会演出剧目为：梅兰芳、姚玉芙《嫦娥奔月》，梅兰芳、王凤卿《木兰从军》，杨小楼、余叔岩《连营寨》，刘鸿升《上天台》，杨小楼、王长林《连环套》，余叔岩、陈德霖《珠帘寨》，王凤卿《取城都》，萧长华《连升三级》，王蕙芳、王瑶卿《能仁寺》，朱素云《射戟》。

9月11日 北京梨园公益总会十六省水灾急赈义务戏在第一舞台演出三天。第一天演出剧目为：梅兰芳、余叔岩《游龙戏凤》，杨小楼、筱翠花、郝寿臣《战宛城》，程艳秋、王少楼《贺后骂殿》，侯喜瑞、尚小云、姜妙香《穆柯寨》，周瑞安、朱桂芳《青石山》，谭富英《定军山》，陆凤琴《一匹布》，全体合演《百寿图》。

9月12日 第二天演出剧目为：梅兰芳、王凤卿、杨小楼、姜妙香《霸王别姬》，王又宸、尚小云、程艳秋、王少楼《双探母回令》，谭富英、朱琴心《乌龙院》，筱翠花、侯喜瑞、慈瑞泉《马思远》，尚和玉、沈三玉《艳阳楼》，贯大元、裘桂仙《捉放曹》，陆凤琴《荷珠配》，全体合演《大赐福》。

9月13日 第三天演出剧目为：梅兰芳、余叔岩、钱金福、慈瑞泉、鲍吉祥、郭春山、霍仲三、李四广《打渔杀家》，梅兰芳、杨小楼、王凤卿，郝寿臣、刘砚亭、孙甫亭《美人计》，尚和玉、龚云甫、李多奎、谭富英、贾多才、蒋少奎《回荆州》，程艳秋、马连良、李洪春、程继先《甘露寺》，尚小云、周瑞安、范宝亭、周春亭、陶玉芝、刘玉芳《娘子军》，筱翠花、朱琴心、萧长华、王又荃、罗文奎、赵春锦《双摇会》，言菊朋、裘桂仙、陈少五《击鼓骂曹》，阎岚秋、阎岚亭、李三星、杨春龙、钱富川《泗州城》，陈喜星、时玉奎、高荣亭《搜孤救孤》，全体合演《战太平》。

9月15日 塔王府堂会演出剧目为：梅兰芳、王凤卿头、二本《木兰从军》，王瑶卿《珠帘寨》，刘鸿升《斩黄袍》，尚小云、杨小楼《长坂坡》，陈德霖《孝义节》，九阵风《夺太仓》，王瑶卿、王蕙芳《儿女英雄传》。

9月17日 演出剧目为：梅兰芳《贵妃醉酒》，王凤卿《硃砂痣》，龚云甫《辞朝》，王蕙芳《马上缘》。

9月19日 张勋在天津英租界耀华里举办大型堂会，演出剧目为：梅兰芳、王凤卿《木兰从军》，杨小楼《林冲夜奔》，余叔岩《定军山》。

9月23日 新明大戏院夜场演出剧目为：梅兰芳、程艳秋、姚玉芙《天河配》，梅兰芳、王蕙芳二本《虹霓关》，陈德霖、龚云甫、程艳秋《二进宫》。

9月27日 东三省欢迎会日场演出剧目为：梅兰芳、姜妙香、姚玉芙《虹霓关》，杨小楼、王瑶卿、程艳秋《长坂坡》，刘鸿升《斩黄袍》，余叔岩《群英会》，王又宸《失街亭》，九阵风《小放牛》。

10月2日 演出剧目为：梅兰芳、王凤卿《牢狱鸳鸯》，裘桂仙《白良关》，何佩亭《刺巴杰》，姚玉芙《彩楼配》，王蕙芳、朱素云《翠屏山》，龚云甫《望儿楼》。

10月8日 新明戏院夜场演出剧目为：梅兰芳、王凤卿《武家坡》，龚云甫《徐母骂曹》，王蕙芳《英雄儿女》，姜妙香《岳家庄》，朱桂芳《取金陵》，裘桂仙《御果园》，刘凤林《卖饽饽》，李小山《黄金台》。

10月17日 演出剧目为：梅兰芳《奇双会》，王瑶卿《能仁寺》，王凤卿《浣纱记》，刘鸿升《金水桥》，杨小楼、俞振庭《八蜡庙》。

10月31日 织云公所吴震修宅堂会演出剧目为：梅兰芳、姜妙香《玉簪记》，侯俊山《凤仪亭》，陈德霖《宇宙锋》，龚云甫《徐母骂曹》，王凤卿《中牟县》，姚玉芙《彩楼配》，程艳秋《学堂》，杨小楼《连环套》，王凤卿《混元盒》。

本日 臧家堂会演出剧目为：梅兰芳、姚玉芙、李寿山《春香闹学》，红豆馆主、杨小楼、王蕙芳、钱金福《战宛城》，恩雨之、诸茹香《审头刺汤》，陈德霖《宇宙锋》，林钧甫《娘子军》，程继先、朱桂芳《蔡家庄》。

秋 与齐白石订交并向他学画。齐白石在丰富的绘画实践中形成的“太似媚俗，不似则欺世”的观点，对梅兰芳的戏曲艺术创作有很大的启发。

《舞台生活四十年》自述：“我虽然早就认识白石先生，但跟他学画却在1920年秋天。记得有一天我邀他到家里来闲谈，白石先生一见画就说：‘听说你近来习画很用功，我看见你画的佛像，比以前进步了。’第二天，白石先生寄来两首诗送给我，是用画纸亲笔写的，诗是记事的性质，令人感动。诗云：

飞尘十丈暗燕京，缀玉轩中气独清。
难得善才看作画，殷勤磨就墨三升。
西风飕飕袅荒烟，正是京华秋暮天，
今日相逢闻此曲，他年君是李龟年。”[1]

[1]《舞台生活四十年》中国戏剧出版社1987年版，第505—506页。

11月15日 张宅堂会演出剧目为：梅兰芳《宇宙锋》，杨小楼、迟月亭《挑滑车》，刘鸿升《逍遥津》，裘桂仙《牧虎关》，老乡亲《鱼藏剑》，陈德霖、王凤卿《宝莲灯》，姜妙香《白门楼》，朱素云《马上缘》，王瑶卿《双沙河》。

11月16日 张宅堂会演出剧目为：梅兰芳、姚玉芙《金雀记》，梅兰芳、姚玉芙《麻姑献寿》，杨小楼、王凤卿《长坂坡》，刘鸿升《断后龙袍》，陈德霖《二进宫》，老乡亲《教子》，王蕙芳《女起解》，王凤卿《取城都》。

12月1日 在江西会馆日场演出《金雀记》、《宇宙锋》，同台演员中有未来的夫人福芝芳。

12月5日 演出剧目为：梅兰芳《思凡》，陈德霖、王凤卿《骂殿》，梅兰芳《射戟》，裘桂仙《反洛阳》。

12月10日 欧阳予倩主持成立戏曲学校暨更俗剧场开幕典礼，梅兰芳派程艳秋代表自己前往南通祝贺，程艳秋演出了梅兰芳亲授的《贵妃醉酒》作为献礼。

12月27日 堂会演出剧目为：梅兰芳、王凤卿、陈德霖、程艳秋《上元夫人》，梅兰芳、王凤卿《汾河湾》，朱素云、王蕙芳《得意缘》，朱桂芳、何佩亭《娘子军》，裘桂仙《白良关》，姚玉芙、李鸣玉《回笼阁》。

28岁

1921年

民国十年

辛酉

年初 梅兰芳会同杨小楼组建京剧班社崇林社（梅杨二字都从木，故为戏班名），梅兰芳主持，刘砚芳、姚玉芙分任经理，从此结束了被聘搭班的演剧生活。崇林社不惜重金相聘，云集了当时北京的一流名角于一堂，以极为浩大的声势，从本年新春元旦开始，在文明茶园正式出演。崇林社的出现堪称北京菊坛盛事，尤以梅、杨合作剧目更是声震九城。一时梅、杨除原已合作享誉的《长坂坡》、《回荆州》之外，杨小楼又甘居配角助梅兰芳演出了《金山寺》（扮伽蓝）、《五花洞》（扮神将大法官）。这戏虽是梅兰芳已演多年的两出熟戏，可是此次有杨小楼参加演出，并在两戏中各有绝活，使该戏大为增色，绝非往日演出可比，为梅兰芳这两出戏的演出留下了值得纪念的一页。

梅兰芳在《舞台生活四十年》一书中亦自述："在崇林社除了我们两个头牌之外，老生王凤卿是我们的二牌，老生行还有个在前几出也唱正戏的张如庭，还有一个本来是二路里子老生李鸣玉，由于嗓子越来越好，亮音很脆，有一度张如庭不在，就由李鸣玉唱前面的老生戏，他是学刘鸿升一派的，唱过《斩黄袍》一类的戏。老生行唱二路的有王荣山，有时也在前面唱《战太平》、《定军山》等正戏，他是以武生老生著名的，身上'边式'。二路老生还有谭春仲、张春彦、甄洪奎、扎金奎、刘景然、李春林（兼后台大管事）都各有专长。例如我唱《审头刺汤》就是刘景然扮陆炳。二路武生有迟月亭、朱玉康、朱湘泉、李三星、王玉洁、吴玉玲、侯海林等；小生行朱素云、姜妙香、韩金福、吴彩云等；旦行陈老夫子不是每天有戏，姚玉芙除和我配戏以外有时也演正戏（例如《思凡》、《母女会》），还有诸茹香、吴彩霞、刘凤林、王丽卿、孙砚亭、陆凤林、赵芝香等，老旦龚云甫、罗福山、吴稚禅、张菊舫等；武旦朱桂芳、八仙旦（勒湘林）、陶玉芝、刘玉芳、刘莲湘等；花脸裘桂仙、穆麻子、李寿山、福小田、侯喜瑞、方洪顺、彭福凌等；小花脸郭春山、陆金桂、萧长华、慈瑞泉、曹二庚、罗文奎、李四广等；开口跳王长林、傅小山。这个'崇林社'在1921年过年的时候就在灯市口南口的文明茶园开演，演了一个时期又挪到东安市场吉祥茶园。还是前次一样轮流唱大轴……"[1]

1月8日　崇林社在第一舞台演出剧目为：梅兰芳、俞振庭《嫦娥奔月》，杨小楼、郝寿臣《连环套》，刘鸿声、陈德霖、龚云甫《金水桥》，王又宸、尚小云《打渔杀家》，金少梅《一笑缘》，王凤卿《战长沙》，王瑶卿《悦来店》。

1月9日　梅兰芳与杨小楼合作演出了《金山寺》，梅兰芳饰白蛇，杨小楼饰伽蓝，姚玉芙饰青蛇。

1月30日　齐耀琳宅堂会第一天演出剧目为：梅兰芳、王凤卿、陈德霖《探母回令》，梅兰芳《金雀记》，刘鸿升《白虎堂》，王瑶卿《能仁寺》，全班合演《大赐福》。

1月31日　齐耀琳宅堂会第二天演出剧目为：梅兰芳、王凤卿《四杰村》，梅兰芳、朱素云《奇双会》，梅兰芳、王瑶卿二本《虹霓关》，王凤卿《战城都》，刘鸿升《探阴山》，韩世昌《出塞》，王瑶卿《樊江关》。

2月2日　崇林社演出剧目为：集体反串《八蜡庙》，梅兰芳饰黄天霸，同台演员有杨小楼、余叔岩、郝寿臣。

《八蜡庙》为京剧"八大拿"戏之一，有文有武，以武为主，行当齐全，火爆热闹。二十世纪二十年代以来，又盛行反串演出《八蜡庙》，以博欢娱，多是在戏班封箱戏、义务戏、堂会戏中出现。《八蜡庙》，梅兰芳虽正规的、反串的都演过，但因反串为特例，正规的也不对工，故只在义务戏、堂会戏中盛请之下才偶尔一演。当年演反串戏素有既娱观众，也娱演员的性质；梅兰芳的反串则全是真功夫，或演武生的黄天霸，或演武老生的褚彪，都是一招一式全合规范，没有丝毫反串的痕迹。

[1] 《舞台生活四十年》，中国戏剧出版社1987年版，第647页。

2月16日 史宅堂会演出剧目为：梅兰芳、王蕙芳《樊江关》，梅兰芳、姜妙香《御碑亭》，王凤卿、陈德霖《探母回令》，陈德霖《宇宙锋》，尚小云《庆顶珠》。

本日 崇林社演出剧目为：梅兰芳、王凤卿《庆顶珠》。

2月22日 崇林社在文明茶园演出剧目为：梅兰芳、姚玉芙、姜妙香《游园惊梦》，杨小楼《金锁阵》，王凤卿《战樊城》，八仙旦《泗州城》，张如亭《法门寺》。

2月25日 崇林社演出剧目为：梅兰芳、王凤卿、姜妙香《牢狱鸳鸯》。

3月12日 庆寿堂会演出剧目为：梅兰芳、王凤卿《汾河湾》，梅兰芳《嫦娥奔月》，老乡亲《火烧葫芦峪》，韩世昌《闹学》，王颂臣《上天台》。

3月20日 吉祥茶园日场演出剧目为：梅兰芳、姜妙香、姚玉芙《千金一笑》，杨小楼《武文华》，王凤卿、陈德霖《二进宫》，诸茹香、朱素云《穆柯寨》，钱金福《芦花荡》，八仙旦《百草山》，迟月亭《取荥阳》。

4月14日 开滦矿务局宴会演出剧目为：梅兰芳、姚玉芙《天女散花》，杨小楼《长坂坡》，余叔岩《打棍出箱》，陈德霖《二进宫》。

4月22日 堂会演出剧目为：梅兰芳、陈德霖、姚玉芙《麻姑献寿》，杨小楼《八大锤》，余叔岩《击鼓骂曹》，王凤卿、王琴侬《回笼阁》，王长林《巧连环》，王瑶卿《棋盘山》，王长林、龚云甫《天齐庙》，朱素云《连升三级》。

5月12日 王宅堂会演出剧目为：梅兰芳、陈德霖《麻姑献寿》，王君直《骂曹》，尚小云《玉堂春》，王蕙芳《女起解》，言菊朋《阳平关》。

5月15日 那家花园堂会演出剧目为：梅兰芳、余叔岩《武家坡》，梅兰芳《奇双会》，杨小楼《长坂坡》，王凤卿《战城都》，王瑶卿《能仁寺》，余叔岩《定军山》，陈德霖《二进宫》。

5月16日 京师商界公演剧目为：梅兰芳、余叔岩《打渔杀家》，杨小楼、钱金福《挑滑车》，陈德霖、龚云甫《孝义节》，朱桂芳、王长林《打瓜园》。

5月26日 堂会演出剧目为：梅兰芳、余叔岩《审头刺汤》，梅兰芳、李寿山《尼姑思凡》，王瑶卿、余叔岩《珠帘寨》，杨小楼、钱金福《状元印》，王凤卿、陈德霖《雁门关》，萧长华《连升三级》。

6月9日 堂会演出剧目为：梅兰芳、王凤卿《跪池三怕》，余叔岩《珠帘寨》，杨小楼《连环套》，九阵风《夺太仓》，高庆奎《太白醉写》，俞振庭《金钱豹》。

6月22日 王宅堂会演出剧目为：梅兰芳、陈德霖《麻姑献寿》，尚小云《玉堂春》，王蕙芳《女起解》，言菊朋《阳平关》。

7月29日 天津张公馆堂会演出剧目为：梅兰芳《嫦娥奔月》，梅兰芳、余叔岩《游龙戏凤》，王惠芳《马上缘》，王凤卿《战长沙》，尚小云《贵妃醉酒》，余叔岩《定军山》，杨小楼《麒麟阁》，龚云甫《长寿星》，尚小云《汾河湾》，姜妙香《岳家庄》，孟小茹《武家坡》，朱素云《临江会》，九阵风《蟠桃会》，全班合演《天官赐福》。

7月30日 天津张公馆堂会演出剧目为：梅兰芳、王凤卿《跪池三怕》，王瑶卿、杨小楼《长坂坡》，王瑶卿、余叔岩《珠帘寨》，九阵风《娘子军》，杨小楼、钱金福《连环套》，朱素云《打玉》，尚小云《四郎探母》，老乡亲《三娘教子》，王长林《打瓜园》，全班合演《天官赐福》。

8月7日 冯宅堂会演出剧目为：梅兰芳、王凤卿《武家坡》，红豆馆主《八大锤》，王瑶卿、王蕙芳《得意缘》，陈德霖《宇宙锋》，侯喜瑞《户家庄》，王凤卿《天水关》，程艳秋《琴挑》，朱桂芳《湘江会》，王琴侬《御碑亭》。

8月15日 俞宅堂会演出剧目为：梅兰芳、姜妙香《玉堂春》，余叔岩《珠帘寨》，红豆馆主《奇双会》，杨小楼《状元印》，余叔岩、尚小云《游龙戏凤》，程艳秋《醉酒》，尚小云《宇宙锋》，筱翠花《宝蟾送酒》，九阵风《小放牛》。

8月28日 建德周氏家宴演出剧目为：梅兰芳《贵妃醉酒》，梅兰芳、姜妙香《乔醋》，余叔岩、程继先《状元印》，程继先《镇潭州》，王凤卿、姚玉芙《硃砂痣》，王琴侬《孝义节》，姚玉芙《尼姑思凡》，姜妙香《辕门射戟》，王琴侬《花园彩楼》，程继先《岳家庄》，王少奎《连升店》。

8月30日 堂会演出剧目为：梅兰芳、陈德霖《麻姑献寿》，梅兰芳、余叔岩《庆顶珠》，杨小楼、钱金福、王长林《连环套》，尚小云、王凤卿《四郎探母》。

9月5日 黎总统宅堂会演出剧目为：梅兰芳、姚玉芙、姜妙香《金雀记》，梅兰芳、姜妙香、姚玉芙《千金一笑》，十三旦、筱月芬《献西施》，灵芝花、朱素霞《虹霓关》，思佩贤《探亲家》，筱月芬《空城计》，灵芝花《蟠桃会》。

9月22日 金鱼胡同那宅花园陆军部晚宴演出剧目为：梅兰芳、姚玉芙、李寿山《春香闹学》，杨小楼、余叔岩《八大锤代断臂》，陈德霖、王瑶卿、龚云甫、钱金福《南北合》。

10月2日 那宅堂会演出剧目为：梅兰芳、陈德霖《探母回令》，杨小楼、王凤卿

梅兰芳绘《观音》

《长坂坡》，龚云甫《钓金龟》，朱素云《延安关》，朱桂芳《夺太仓》，裘桂仙《探阴山》。

10月20日 臧园家宴演出剧目为：梅兰芳、姜妙香《嫦娥奔月》，梅兰芳、谭小培《梅龙镇》，杨小楼《麒麟阁》，陈德霖《落花园》，程继先《探庄射灯》，王蕙芳、程继先《得意缘》，钱金福、王长林《祥梅寺》，谭小培、王蕙芳《汾河湾》。

10月25日 梅兰芳搭太平社，在文明园演出《祭塔》。

秋 梅兰芳以家藏明代丁南羽（云鹏）画的一幅罗汉作参考，精心制作了一幅佛像送给好友许伯明做生日礼物，自述："这是1921年秋天。那时我的佛像画得并不太好，一天下午，我把家藏明代以画佛著名的丁南羽（云鹏）的一幅罗汉像作为参考……刚画了一半，陈师曾、罗瘿公、姚茫父、金拱北……都来了。我说：'诸位来得正好，请来指点指点！'我凝神贯气地画完了这张像，几位老师都说我画佛有进步。""我从学画佛像、美人以后，注意到各种图画当中，有许多形象可以运用到戏剧里面去，于是我就试着摸索。一步一步研究的结果，居然从理想慢慢地走到了实验，像《奔月》、《葬花》两出戏里的服装和扮相的创造，就是脱胎于这些形象。"[1]

[1]《舞台生活四十年》，中国戏剧出版社1987年版，第501-502页。

11月29日 为庆祝好友冯幼伟四十岁生日，梅兰芳、杨小楼合作演出《镇潭州》，《镇潭州》为小生重头戏，梅兰芳反串杨再兴，杨小楼饰岳飞。这是他难得的反串角色之一。梅兰芳早年曾从钱金福学此戏，以做练功之用。梅兰芳这出小生戏，仅此演过一次，从未在剧场正式演出。

12月5日 堂会演出剧目为：梅兰芳、姜妙香、朱素云《奇双会》，杨小楼《连环套》，余叔岩《打棍出箱》，陈德霖《孝义节》，龚云甫《钓金龟》，王凤卿《双投唐》。

12月21日 方毓庆堂会演出剧目为：梅兰芳、王凤卿《探母回令》，杨小楼《连环套》，余叔岩《盗宗卷》。

冬 梅兰芳在伯父家为兼祧两房之子，又因王明华已绝育，经王明华同意，由吴菱仙、罗瘿公介绍，拟与崇雅社女科班青衣演员福芝芳结婚。福芝芳之母坚持不能以妾名义嫁女，梅兰芳同意以同等地位的另一房之夫人名义娶之，遂结为伉俪。

年底 在北京梨园界为救济同业人士的义务戏中，梅兰芳反串《八蜡庙》里的黄天霸。

年底 和杨小楼合作编排《霸王别姬》。

本年 梅兰芳应百代唱片公司之邀录制了四个剧目的唱段，是传统戏的《汾河湾》、《虹霓关》和古装新戏的《黛玉葬花》、《天女散花》，均为钻针唱片。这是梅兰芳录制唱片之始。

29岁

1922年

民国十一年

壬戌

1月5日 朱宅堂会演出剧目为：梅兰芳、姜妙香、姚玉芙《金雀记》，红豆馆主《前后亲》，陈德霖《宇宙锋》，言菊朋《汾河湾》，钱金福《祥梅寺》。

1月19日 齐宅祝寿堂会演出剧目为：梅兰芳《醉酒》，梅兰芳《汾河湾》，余卓夫《取城都》，郝寿臣《失街亭》，王瑶卿《悦来店》，郝寿臣《审李七》，王凤卿《昭关》，韩世昌《跳墙着棋》，裘桂仙《进宫》，程艳秋《虹霓关》。

1月20日 齐宅庆寿堂会演出剧目为：梅兰芳、姜妙香、王凤卿《玉堂春》，余叔岩《盗宗卷》，杨小楼《挑滑车》，陈德霖《武家坡》，程艳秋、王瑶卿《能仁寺》，裘桂仙、王凤卿《断密涧》，张文彬《女起解》，韩世昌《学舌》。

2月5日 吴航林家宴演出剧目为：梅兰芳、余叔岩《庆顶珠》，红豆馆主、田桐秋《乌龙院》，陈德霖、王长林《一捧雪》，余玉琴《能仁寺》，诸茹香《白门楼》。

2月15日 在第一舞台首演创编新戏《霸王别姬》。

此戏由齐如山执笔，吴震修删节。梅兰芳在这出戏的唱腔、舞蹈、服装和舞台灯光设计等方面，倾注了大量心血。他塑造的虞姬形象，为人瞩目，以致出现“虞姬自刎”之后，观众“起堂”（指未演完观众即离席而去）不再看项羽“乌江自刎”的现象，足见梅兰芳表演虞姬的惊人魅力。《霸王别姬》最终成为最有代表性的梅派优秀剧目。梅兰芳饰虞姬，杨小楼饰霸王，姜妙香饰虞子期，许德义饰项伯，李寿山饰周兰，迟月亭饰钟离昧，李鸣玉饰刘邦，王凤卿饰韩信，钱金福饰彭越，郭春山饰报子，罗文奎、贾多才等八人饰子弟兵。

3月5日 张宅堂会演出剧目为：梅兰芳、余叔岩《游龙戏凤》。

3月24日 游香山，在蛤蟆山顶峰上刻写大“梅”字。许家骏在《香山寻梅》一文中详细记述了摩崖石刻的题字：“‘壬戌三月二十四日，肃紫亭、齐如山、梅兰芳、王幼卿、李释戡同来，兰芳写梅，释戡题记。香山游者虽多，未必遂登此石，亦足以自豪矣。’中间刻着‘齐如山监刻’，最后刻着梅兰芳自题‘梅’字，高达一点九五米，宽为一点九五米。在‘梅’字木旁下方又刻有兰芳二字，每字高二十公分，宽十五公分。”

蛤蟆山顶峰上刻写的大“梅”字

5月 第五次赴上海，在天蟾舞台演出。据梅兰芳纪念馆藏天蟾戏单所载：

5月29日 夜场演出剧目为：梅兰芳、王凤卿《武家坡》，杨小楼《连环套》，筱翠花《游龙戏凤》，开场《天官赐福》。

5月30日 夜场演出剧目为：梅兰芳、姜妙香《玉堂春》，杨小楼《挑滑车》，王凤卿《硃砂痣》，筱翠花、杨瑞亭《放牛唱歌》，开场《彩石矶》。

5月31日 日场演出剧目为：梅兰芳、姚玉芙《双金莲》，杨小楼《割发代首》，王凤卿《举鼎观画》，开场《斩五毒》。夜场演出剧目为：梅兰芳、姚玉芙《白蛇传》，杨小楼《落马湖》，王凤卿《华容道》，筱翠花《鸿鸾禧》，开场《清河桥》。

6月1日 夜场演出剧目为：梅兰芳、杨小楼《长坂坡》，梅兰芳、姚玉芙《牡丹亭》，王凤卿《战樊城》，筱翠花头本《虹霓关》。

6月2日 夜场演出剧目为：梅兰芳、姚玉芙《嫦娥奔月》，杨小楼《铁笼山》，王凤卿《战长沙》，筱翠花《探亲相骂》，德仁趾《徐扬进宫》，姜妙香《岳家庄》，李春来《武文华》，开场《山海关》。

6月3日 夜场演出剧目为：梅兰芳、姜妙香、姚玉芙《千金一笑》，杨小楼、许德义《安天会》，王凤卿《文昭关》，筱翠花《鸿鸾禧》，德仁趾《空城计》，吴彩霞《彩楼配》，开场《高平关》。

6月4日 日场演出剧目为：梅兰芳、王凤卿全本《御碑亭》，杨小楼《拿高登》，筱翠花《贵妃醉酒》，德仁趾《武家坡》，郝寿臣《下河东》，开场《金沙滩》。夜场演出剧目为：梅兰芳、王凤卿全本《法门寺》，梅兰芳、筱翠花二本《虹霓关》，杨小楼《恶虎村》，德仁趾《斩黄袍》，开场《大回朝》。

6月5日 夜场演出剧目为：梅兰芳、姜妙香、姚玉芙《天女散花》，杨小楼《状元谱》，王凤卿《群英会》，筱翠花《天门阵》，德仁趾《搜孤救孤》，开场《御林郡》。

6月6日 夜场演出剧目为：梅兰芳、王凤卿三、四本《花木兰》，杨小楼全本《八大锤》，筱翠花全本《穆柯寨》，吴彩霞《祭江》，开场《美良川》。

6月7日 夜场演出剧目为：梅兰芳、王凤卿三、四本《花木兰》，杨小楼《大金钱豹》，筱翠花《坐楼杀惜》，德仁趾全本《黄金台》，吴彩霞《普天同庆》，开场《祥梅寺》。

6月8日 夜场演出剧目为：梅兰芳、姜妙香、姚玉芙全本《贩马记》，杨小楼《武文华》，王凤卿《捉放曹》，筱翠花《游龙戏凤》，德仁趾《李陵碑》，郝寿臣《取洛阳》，开场《庆阳图》。

6月9日 夜场演出剧目为：梅兰芳、王凤卿、杨小楼全本《美人计》，梅兰芳、筱翠花《樊江关》，杨小楼《五人义》，德仁趾、王凤卿《鼎盛春秋》，吴彩霞《梅开二度》。

6月10日 夜场演出剧目为：梅兰芳、姜妙香、姚玉芙《天女散花》，杨小楼《盗御马·连环套》，王凤卿《取城都》，筱翠花《马上缘》，德仁趾《桑园寄子》，开场《山海关》。

《舞台生活四十年》自述："农历五月十五我大轴演《天女散花》，倒第二是杨小楼的《连环套》，倒第三是王凤卿的《取城都》，倒第四是筱翠花（于连泉）的《马上缘》。这天的戏码很硬，都是最受观众欢迎的戏，又碰到是礼拜六，像天蟾舞台那么大的场子，楼上下客满，还加了许多凳子。"[1]

6月11日 日场演出剧目为：梅兰芳、王凤卿《汾河湾》，杨小楼《郝世都》，筱翠花头本《虹霓关》，德仁趾《空城计》，姜妙香《宇宙锋》，开场《风云会》。夜场演出剧目为：梅兰芳、姜妙香、姚玉芙《天女散花》，杨小楼《割发代首》，王凤卿《硃砂痣》，筱翠花《小放牛》，德仁趾《上天台》，开场《清河桥》。

6月12日 夜场演出剧目为：梅兰芳、杨小楼、王凤卿《霸王别姬》，筱翠花《贵妃醉酒》，德仁趾《辕门斩子》，郝寿臣《忠孝全》，开场《战太平》。

6月13日 夜场演出剧目为：梅兰芳、杨小楼、王凤卿《霸王别姬》，筱翠花《得意缘》，王长林《天雷报》，德仁趾《斩黄袍》，董俊峰《双投唐》，开场《赵彦求寿》。

6月14日 夜场演出剧目为：梅兰芳、杨小楼、王凤卿《霸王别姬》，筱翠花《棒打薄情郎》，德仁趾《武家坡》，郝寿臣《白绫计》，开场《功臣宴》。

6月15日 夜场演出剧目为：梅兰芳、杨小楼《新长坂坡》，梅兰芳、王凤卿《打渔杀家》，筱翠花全本《穆柯寨》，德仁趾《举鼎观画》，吴彩霞《孝感天》，开场《御林郡》。

6月16日 夜场演出剧目为：梅兰芳、姜妙香、姚玉芙《黛玉葬花》，杨小楼《拿高登》，王凤卿《文昭关》，筱翠花《天门阵》，德仁趾《奇冤报》，郝寿臣《河东救驾》，开场《彩石矶》。

6月17日 夜场演出剧目为：梅兰芳、姜妙香《游园惊梦》，杨小楼、许德义《安天会》，王凤卿《华容道》，筱翠花《蛇攒七窍》，德仁趾《打棍出箱》，郝寿臣《丁甲山》。

6月18日 日场演出剧目为：梅兰芳、姜妙香全部《贩马记》，杨小楼《恶虎村》，王凤卿《取帅印》，筱翠花《拾玉镯》，德仁趾《桑园寄子》，开场《伍申会》。夜场演出剧目为：梅兰芳、王凤卿《上元夫人》，杨小楼《落马湖》，筱翠花头本《虹霓关》，德仁趾《洪洋洞》，郝寿臣《取洛阳》，开场《山海关》。

6月19日至20日 为祝贺张謇先生七十正寿，应张謇之邀，第三次到南通更俗剧场演出。

[1]《舞台生活四十年》，中国戏剧出版社1987年版，第544页。

据梅兰芳纪念馆藏南通更俗剧场戏单所载：

6月19日　夜场演出剧目为：梅兰芳、姚玉芙、姜妙香《天女散花》，王凤卿、李春林、吴彩霞《硃砂痣》，杨小楼、许德义、王长林《落马湖》。

6月20日　日场演出剧目为：梅兰芳、姚玉芙、吴彩霞《麻姑献寿》，王凤卿、姜妙香《举鼎观画》，杨小楼、郝寿臣、王长林《长坂坡》。夜场演出剧目为：梅兰芳、姚玉芙、姜妙香《游园惊梦》，王凤卿、李春林《文昭关》，杨小楼、郝寿臣、王长林全本《连环套》。

6月21日　早晨坐船回到上海，继续在天蟾舞台演出。夜场演出剧目为：梅兰芳、姚玉芙、王长林《麻姑献寿》，杨小楼全本《八大锤》，王凤卿《鼎盛春秋》，筱翠花《贵妃醉酒》，姜妙香、姚玉芙《白门楼》。

6月22日　夜场演出剧目为：梅兰芳、姜妙香《玉簪记》，杨小楼《水帘洞》，王凤卿《硃砂痣》，筱翠花《坐楼杀惜》，王长林、郝寿臣《九龙杯》，德仁趾《二进宫》，云中凤《嘉兴府》，开场《功臣宴》。

6月23日　夜场演出剧目为：梅兰芳、姜妙香、姚玉芙《邓霞姑》，杨小楼《冀州城》，王凤卿《捉放曹》，筱翠花《放牛唱歌》，德仁趾《斩黄袍》，吴彩霞《梅开二度》，开场《摘缨会》。

6月24日　夜场演出剧目为：梅兰芳、姜妙香、姚玉芙《天女散花》，杨小楼《盗御马·连环套》，王凤卿《取城都》，筱翠花《马上缘》，德仁趾《武家坡》，开场《祥梅寺》。

6月25日　日场演出剧目为：梅兰芳、王长林《苏三起解》，杨小楼《武文华》，王凤卿《战长沙》，筱翠花《得意缘》，德仁趾《上天台》，开场《太平桥》。夜场演出剧目为：梅兰芳、杨小楼、王凤卿《霸王别姬》，筱翠花《游龙戏凤》，德仁趾《空城计》，王长林《大闹山塘街》，吴彩霞《彩楼招亲》，开场《御林郡》。

6月26日　夜场演出剧目为：梅兰芳、筱翠花《樊江关》，梅兰芳、王凤卿、杨小楼《新长坂坡》，筱翠花、王凤卿《翠屏山》，德仁趾《李陵碑》，吴彩霞《二度梅》，云中凤《金山寺》，开场《美良川》。

6月27日　夜场演出剧目为：梅兰芳、姜妙香《黛玉葬花》，杨小楼《割发代首》，王凤卿《文昭关》，王长林、张春彦《天雷报》，德仁趾《辕门斩子》，吴彩霞《金殿装疯》，开场《高平关》。

6月28日 夜场演出剧目为：梅兰芳、姜妙香《风筝误》，梅兰芳、筱翠花二本《虹霓关》，杨小楼《恶虎村》，王凤卿《战樊城》，德仁趾《桑园寄子》，张春彦《九更天》，开场《战太平》。

6月29日 夜场演出剧目为：梅兰芳、王凤卿、杨小楼全本《美人计》，梅兰芳《牡丹亭》，杨小楼、王凤卿、刘砚芳、筱翠花《大八蜡庙》，筱翠花《枪挑穆天王》，德仁趾《打棍出箱》，吴彩霞《探寒窑》。

6月30日 夜场演出剧目为：梅兰芳、王凤卿《狮吼记》，杨小楼《铁笼山》，筱翠花《棒打薄情郎》，德仁趾《打鼓骂曹》，郝寿臣《丁甲山》，吴彩霞《孝感天》，开场《大回朝》。

7月1日 夜场演出剧目为：梅兰芳、王凤卿、杨小楼《霸王别姬》，筱翠花《贵妃醉酒》，德仁趾《洪洋洞》，王长林《九龙杯》，吴彩霞《孝义节》，开场《祥梅寺》。

7月2日 日场演出剧目为：梅兰芳、姜妙香《玉簪记》，杨小楼《落马湖》，王凤卿《取帅印》，筱翠花《天门阵》，德仁趾《斩黄袍》，吴彩霞《祭长江》，开场《伍申会》。夜场演出剧目为：梅兰芳、姜妙香、姚玉芙《天女散花》，杨小楼全本《盗御马·连环套》，王凤卿《硃砂痣》，筱翠花头本《虹霓关》，德仁趾《捉放曹》，吴彩霞《南天门》，开场《清河桥》。

7月3日 夜场演出剧目为：梅兰芳、姜妙香全本《贩马记》，杨小楼《状元印》，王凤卿《文昭关》，筱翠花《游龙戏凤》，德仁趾《奇冤报》，郝寿臣《下河东》，吴彩霞《龙抬头》，开场《庆阳图》。

7月4日 夜场演出剧目为：梅兰芳、王凤卿全本《法门寺》，梅兰芳、姜妙香、姚玉芙《南柯梦》，杨小楼《挑滑车》，筱翠花《小放牛》，德仁趾《徐扬进宫》，开场《太平桥》。

7月5日 夜场演出剧目为：梅兰芳、王凤卿、杨小楼《霸王别姬》，筱翠花《贵妃醉酒》，德仁趾《空城计》，吴彩霞《芦花荡》，云中凤《收关胜》，开场《满堂红》。

7月6日 夜场演出剧目为：梅兰芳、姜妙香、姚玉芙《金雀记》，杨小楼《安天会》，王凤卿《取城都》，筱翠花《蛇攒七窍》，德仁趾全本《黄金台》，吴彩霞《普天同庆》，开场《高平关》。

7月7日 夜场演出剧目为：梅兰芳、姜妙香、姚玉芙《金针刺红蟒》，杨小楼全本《盗御马·连环套》，王凤卿《文昭关》，筱翠花《坐楼杀惜》，德仁趾《武家坡》，印德山《界牌关》，开场《南北斗》。

7月8日 夜场演出剧目为：梅兰芳、王凤卿、杨小楼《霸王别姬》，筱翠花《得意缘》，德仁趾《辕门斩子》，王长林、郝寿臣《九龙杯》，张宏声《妓女擒寇》，云中凤《摇钱树》，开场《北壁关》。

7月9日 日场演出剧目为：梅兰芳、姚玉芙《嫦娥奔月》，杨小楼全本《盗御马·连环套》，王凤卿《硃砂痣》，筱翠花《枪挑穆天王》，德仁趾《打棍出箱》，开场《伍申会》。夜场演出剧目为：梅兰芳、姜妙香、姚玉芙《天女散花》，杨小楼《安天会》，王凤卿《取城都》，筱翠花《棒打薄情郎》，德仁趾《斩黄袍》，吴彩霞《梅开二度》，开场《战太平》。

7月10日 日场演出剧目为：梅兰芳、王凤卿、杨小楼《新长坂坡》，梅兰芳、王凤卿《汾河湾》，筱翠花《贵妃醉酒》，德仁趾、王长林《奇冤报》，吴彩霞《南天门》，云中凤《泗州城》，开场《斩李广》。夜场演出剧目为：梅兰芳、王凤卿、杨小楼《霸王别姬》，筱翠花《游龙戏凤》，德仁趾《空城计》，王长林《大闹山塘街》，吴彩霞《赶三关》，云中凤《金山寺》，开场《得胜回朝》。

夏 为了推进舞台艺术上的改革实验，梅兰芳组织承华社（后改名为梅兰芳剧团），在北京新建的真光剧场演出。崇林社实则就是该社的前身。自述："承华社是解放前我组织的一个演出团体。自1922年开始到抗战前夕，是经常演出的时期。在这期间，我编演了《西施》、《洛神》、《廉锦枫》、《太真外传》、《俊袭人》、全本《宇宙锋》、《凤还巢》、《春灯谜》、《抗金兵》和《生死恨》等剧。"[1]

[1]《舞台生活四十年》，中国戏剧出版社1987年版，第683页。

9月3日 朱宅堂会演出剧目为：梅兰芳、姚玉芙《嫦娥奔月》，梅兰芳、余叔岩《游龙戏凤》，陈德霖《审头刺汤》，王蕙芳《得意缘》，余叔岩、钱金福《定军山》，钱金福、王长林《祥梅寺》。

9月9日 真光剧场演出剧目为：梅兰芳、陈德霖《风筝误》，王凤卿《战长沙》，郝寿臣《取洛阳》，萧长华《鸿鸾禧》，朱桂芳《三岔口》。

9月10日 真光剧场演出剧目为：梅兰芳、陈德霖《麻姑献寿》，王凤卿《战城都》，郝寿臣《青风寨》，萧长华《百草山》，姜妙香《监酒令》。

9月14日 金鱼胡同怡园堂会演出剧目为：梅兰芳、姚玉芙、姜妙香、李寿山

《觅花菴会乔醋醉园》，杨小楼《恶虎村》，王凤卿《战宛城》，九阵风《户家庄》，陈德霖《五花洞》，卧云居士《徐母骂曹》。

10月15日 应香港太平戏院邀请，首次率领独自组建的承华社剧团一百四十余人，分别从天津、上海两路乘船前往香港，进行为期一个月的演出。此次赴港主要演员有老生郭仲衡、武生沈华轩、武旦朱桂芳、小生姜妙香，以及姚玉芙、诸茹香、李寿山、张春彦、小荷花、福小田、贾多才和曹二庚等人。琴师茹莱卿因病未能同行，改由徐兰沅（梅兰芳的姨父）接替操琴。

梅兰芳到达香港之前，香港总督司徒拔爵士就接到英国驻华公使艾斯顿的一封信，特别关照要对梅兰芳多加照拂，理由是梅兰芳"平时对于促进中英两国之间的友谊多有尽力"。司徒拔指派五名警察全程保护梅兰芳。梅兰芳到达那天，九龙码头人山人海，除了荷枪实弹的大批警察外，更有闻讯而来的普通市民。因为人太多，一时间造成香港、九龙之间的轮渡停运达数小时之久。

当晚，何棣生在金陵酒店设宴相款。

10月17日 梅兰芳拜会了香港总督司徒拔爵士，感谢香港警方竭诚尽力的保护。港督对梅兰芳率团来港演出极表欢迎，同时表示能欣赏他的艺术而感到由衷的喜悦。晚，应友人邀请到太平戏院观看著名花旦千里驹主演的粤剧。

10月18日 香港同乐会在金陵酒店召开欢迎会，席间邓昆山先生说："畹华平日同居住在京沪两地的港澳人士相识甚多，交情素洽，此次惠然来港，纯属感情作用。若仅以金钱而论，则恐必无南来之日。"梅兰芳致答辞，感谢香港各界人士盛情接待，表示当尽力奏艺答谢，以求指教。

10月24日 在香港太平戏院首场演出，演出剧目为：梅兰芳、姚玉芙《麻姑献寿》，郭仲衡《战城都》，沈华轩《长坂坡》，诸茹香《马上缘》，朱桂芳《泗州城》，开场《大赐福》。当日布置得富丽堂皇，门口以五色灯缀着"梅兰芳"三个大字。香港各界知名人士以及同乐会同人均赠花篮列置台前，蔚为大观。报界以"惊鸿游龙"四字赞之。

10月25日 梅兰芳、姜妙香、姚玉芙《御碑亭》，郭仲衡《文昭关》，沈华轩《落马湖》，诸茹香《打樱桃》，朱桂芳《娘子军》，开场福小田《父子会》。

10月26日 梅兰芳、姜妙香《千金一笑》，福小田、郭仲衡《华容挡曹》，沈华轩《连环套》，诸茹香《双摇会》，朱桂芳《打韩昌》，张春彦《浣花溪》，开场《渭水河》。

10月27日 梅兰芳、郭仲衡《汾河湾》，沈华轩《铁笼山》，姜妙香《白门楼》，朱桂芳《百草山》，诸茹香《贪欢报》，开场《双彩楼配》。

10月28日 梅兰芳、姜妙香《奇双会》，郭仲衡《硃砂痣》，朱桂芳《摇钱树》，张春彦《乌龙院》，沈华轩《贾家楼》，开场小荷花《顶花砖》。

10月29日 日场演出剧目为：梅兰芳、姚玉芙《樊江关》，郭仲衡《战长沙》，朱桂芳《红桃山》，诸茹香《胭脂虎》，沈华轩《艳阳楼》，罗文奎《瞎子逛灯》，开场《武昭关》。夜场演出剧目为：梅兰芳、姚玉芙《嫦娥奔月》，郭仲衡《群英会》，朱桂芳、沈华轩《恶虎村》，开场诸茹香《游龙戏凤》。

10月30日 梅兰芳、姚玉芙头、二本《虹霓关》，郭仲衡《珠帘寨》，朱桂芳、沈华轩《青石山》，张春彦《天雷报》，开场小荷花《玉玲珑》。

10月31日 梅兰芳、姜妙香《探母回令》，沈华轩《水淹七军》，张春彦《打棍出箱》，朱桂芳《十字坡》，开场小荷花《入侯府》。

11月1日 梅兰芳、姚玉芙《黛玉葬花》，郭仲衡《捉放曹》，朱桂芳《蟠桃会》，诸茹香《下河南》，沈华轩《冀州城》，开场《二度梅》。

11月2日 梅兰芳、姚玉芙《牢狱鸳鸯》，朱桂芳《取金陵》，郭仲衡《鱼藏剑》，沈华轩《古城会》，开场小荷花《荷珠配》。

11月3日 梅兰芳、姚玉芙《邓霞姑》，郭仲衡《举鼎观画》，朱桂芳《攻潼关》，小荷花《查头关》，开场《宇宙锋》。

11月4日 梅兰芳、姚玉芙《游园惊梦》，梅兰芳、姚玉芙《春香闹学》，郭仲衡《取帅印》，朱桂芳《无底洞》，沈华轩《定军山》，诸茹香《庆顶珠》，开场李春林《太平桥》。

11月5日 日场演出剧目为：梅兰芳、姜妙香、姚玉芙《银空山》及《回龙阁》，朱桂芳、沈华轩《金钱豹》，张春彦《击鼓骂曹》，诸茹香《双怕婆》，沈三玉《金沙滩》，开场《摘缨会》。夜场演出剧目为：梅兰芳、姚玉芙《上元夫人》，沈华轩《八大锤》，小荷花《一匹布》，开场福小田《庆阳图》。

11月6日 身体欠佳，仍坚持演出《贵妃醉酒》，港报载文介绍："扶病登场，愈形其美，而精神亦毫不少懈。是夕上座既盛，彩声尤多。"[1]

11月7日 梅兰芳、姜妙香、沈华轩全部《甘露寺》，朱桂芳《蔡家庄》，姚玉芙

[1] 梅绍武著：《我的父亲梅兰芳》，百花文艺出版社1984年6月版，第34页。

《双金莲》，开场诸茹香《打面缸》。

11月8日 梅兰芳在香港首演《天女散花》，香港总督司徒拔前去观赏，将一个大银鼎赠送给梅兰芳，鼎镌中英两种文字，中文上款为“兰芳先生惠存”，当中为“善歌移俗”四字，跋语为“梅兰芳于一千九百二十二年十一月南游来港，因君素具改良戏剧、转移风俗宏愿，特赠此以留念”等语，下款为“护理香港总督施云（司徒拔又名）赠”。同时赠银鼎的还有东华医院、潮汕赈灾会和同乐会等单位以及何津生父子、刘德甫、罗文亮等。

11月8日至9日 梅兰芳、姚玉芙《天女散花》，朱桂芳《取金陵》，郭仲衡《樊城长亭》，沈华轩《下河东》，姜妙香《借赵云》，开场《打灶王》。

11月10日 梅兰芳、姚玉芙《佳期拷红》，郭仲衡《完璧归赵》，朱桂芳《打瓜园》，诸茹香《浣花溪》，沈华轩《阳平关》，开场《孝感天》。

11月11日 梅兰芳、姚玉芙《天河配》，郭仲衡《托兆碰碑》，沈华轩《战宛城》，开场《吊金龟》。

11月12日 梅兰芳二十八岁生日。虽秘不告人，但先期已经有人知晓。香港名流何棣生、何汉墀、周寿臣、周少岐等人，以及报界和同乐会同人，连续几天在颐和酒楼设宴庆祝梅兰芳的生日，每次应邀参加宴会的多达三四百人。各界向梅兰芳赠的诗画和寿星观音等，不下千件。

本日 夜场演出剧目为：梅兰芳、姚玉芙《麻姑献寿》，郭仲衡《辕门斩子》，朱桂芳、沈华轩《刺巴杰》，姜妙香《玉门关》，开场《状元谱》。

11月13日 梅兰芳、姜妙香头、二本《虹霓关》，郭仲衡《华容挡曹》，朱桂芳、沈华轩《夺太仓》，小荷花《双羊计》，开场《开山府》。

11月14日 梅兰芳、姜妙香、姚玉芙《千金一笑》，郭仲衡《搜孤救孤》，朱桂芳《湘江会》，诸茹香《小过年》，沈华轩《挑滑车》，开场《探寒窑》。

11月15日 梅兰芳、姚玉芙《巾帼英雄》，诸茹香、姜妙香《天门阵》，朱桂芳《无底洞》，沈华轩《问樵酒楼》，开场《落园》。

11月16日 梅兰芳、姜妙香、姚玉芙《黛玉葬花》，郭仲衡《战长沙》，朱桂芳《泗州城》，诸茹香《坐楼杀惜》，开场福小田《取洛阳》，孙小山《三家店》。

11月17日 梅兰芳、姜妙香、姚玉芙《黛玉葬花》，郭仲衡《战长沙》，朱桂芳《泗州城》，诸茹香《坐楼杀惜》，开场福小田《取洛阳》。

11月18日 梅兰芳、郭仲衡《打渔杀家》，梅兰芳《尼姑思凡》，朱桂芳、沈华轩《青石山》，诸茹香《马上缘》，开场张春彦《审七张亭》。

11月19日 梅兰芳、沈华轩《霸王别姬》，诸茹香《荷珠配》，朱桂芳《摇钱树》，李莲贞《六月雪》，开场福小田《父子会》。

由于《霸王别姬》是新排演的戏，因此港方要求演唱此剧。因杨小楼患病，未能同行，梅兰芳邀武生沈华轩配演霸王一角。当在香港上演《霸王别姬》时，竟有两三人合坐一个座位的奇景出现。因观剧者太多，每次戏散后，退场时因拥挤而造成多人被撞倒，失物者也因此逐日增多。戏院不得已又在梅兰芳的大轴戏之后加演一出粤伶陈少五等人的演出，让一部分戏迷继续滞留在戏院，以此达到分散人流的目的，这种情况在香港是从来没有过的。

11月20日 梅兰芳、姚玉芙《嫦娥奔月》，郭仲衡《战城都》，朱桂芳《蟠桃会》，诸茹香《穆柯寨》，张春彦《盗宗卷》，开场孙少云《滑油山》。

11月21日 梅兰芳、沈华轩《霸王别姬》，诸茹香《一匹布》，朱桂芳《十字坡》，开场福小田《忠孝全》。

11月22日 梅兰芳、姚玉芙《天女散花》，郭仲衡《黄鹤楼》，朱桂芳《取金陵》，张春彦《失街亭》，开场李莲贞《孝义节》。

11月23日 应华东医院、潮汕赈灾会、同乐会等单位邀请，演出义务戏两天，受到港埠数十家报纸的赞扬。

本日 演出剧目为：梅兰芳、姜妙香、姚玉芙《天河配》，梅兰芳、张春彦《辕门射戟》，郭仲衡《樊城长亭》，沈华轩《连环套》，诸茹香《打贡子》，开场孙少云《游六殿》，孙小山《收罗成》。

11月24日 梅兰芳、姜妙香、姚玉芙《金山寺》，梅兰芳、姚玉芙《春香闹学》，郭仲衡《托兆碰碑》，朱桂芳、沈华轩《夺太仓》，诸茹香《梅龙镇》，开场福小田《铡美案》，孙小山《风云会》。

梅绍武在《我的父亲梅兰芳》中记载了梅兰芳在香港演出时，报界对他的艺术评论："《大光报》曾从声调、容貌和表演各个方面对梅兰芳的艺术进行过总体评价，很能代表当时香港观众的意见。该报说：'其声、色、艺之佳可称三绝。以色论，洵可称天仙化人。以声论，则婉转滑烈，近于流莺，吐音之际，一字百折，有如柔丝一缕，摇漾晴空，且忽然扬之使高，则其高可上九天，忽然抑之使低，则其可达重泉，上如抗，下如堕，可谓极其能事；及曲终之际，则余韵悠然，古所谓余音绕梁三日者，斯为得之。以艺论，则喜怒哀乐处处传神，能令观者忽然而喜，忽而悠然以思，忽而穆然以会于剧场之上如亲见古人，出其性情而与之相接；至于舞蹈之际，则端庄婀娜兼面有之，容貌之间，则幽娴贞静之气达于面目。'"[1]

在香港演出一个多月后返京。

12月17日至19日 天津南善堂为筹集恤嫠款项，在天福舞台举办义演，从香港演出归来不久的梅兰芳与杨小楼等人合作演出。

12月17日 梅兰芳《天女散花》，杨小楼、王凤卿《长坂坡》，陈德霖《二进宫》，余叔岩《定军山》，龚云甫《钓金龟》，杨小楼《连环套》

12月18日 梅兰芳、杨小楼《八蜡庙》，梅兰芳《醉酒》，王凤卿、陈德霖《武家坡》，杨小楼、余叔岩《八大锤》，龚云甫《徐母骂曹》，王瑶卿、王蕙芳《得意缘》。

12月19日 梅兰芳、杨小楼《霸王别姬》，余叔岩《打棍出箱》，陈德霖、王凤卿《雁门关》，裘桂仙《花园救驾》，王长林、朱桂芳《打瓜园》。

本年 夫人福芝芳生男，乳名连生，一岁即夭。

[1] 梅绍武著：《我的父亲梅兰芳》，百花文艺出版社1984年6月版，第32页。

30岁

1923年

民国十二年

癸亥

[1] 即救济贫苦同业的义演，每年逢农历年终演出。为梅兰芳最为重视和竭力提倡的义演。

1月7日 第一舞台临时窝窝头会[1]义演。夜场演出剧目为：梅兰芳《惊梦》，高庆奎《闹学》，程艳秋《五花洞》，尚小云、筱翠花《虹霓关》，王凤卿《硃砂痣》，陈德霖、龚云甫《孝义节》，杨小楼《长坂坡》。

1月8日 第一舞台义务戏演出剧目为：梅兰芳、姜妙香、姚玉芙《千金一笑》，郝寿臣、许德义《连环套》，杨小楼《盗御马》，陈德霖、王瑶卿、龚云甫《雁门关》，尚小云、谭小培、马连良《双庆顶珠》，高庆奎、王琴侬《能仁寺》，筱翠花《双摇会》。

1月21日 岳宅堂会演出剧目为：梅兰芳、朱素云《奇双会》，筱翠花《珠帘寨》，高庆奎《定军山》，郝寿臣《瓦口关》，李鸣玉《二进宫》，傅小山《巧连环》，九阵风《蟠桃会》，占正亭《百寿图》。

2月7日 齐宅堂会第一天演出剧目为：梅兰芳、姜妙香《牡丹亭·游园》，言菊朋《汾河湾》，王凤卿《二进宫》，俞振庭《金钱豹》，徐碧云《苏三起解》。

2月8日 齐宅堂会第二天演出剧目为：梅兰芳、慈瑞全《玉堂春·起解》，言菊朋《战太平》，王凤卿《断密涧》，俞振庭《艳阳楼》，徐碧云《探亲》。

2月23日 黎元洪总统府设宴三天。

本日 11至14时招待蒙古王公。演出剧目为：梅兰芳、余叔岩、钱金福《庆顶珠》，琴雪芳《麻姑献寿》，金少梅《贵妃醉酒》，杨小楼《麒麟阁》。

14时至20时招待议员。演出剧目为：梅兰芳《玉堂春》，陈德霖、王凤卿、尚小云、龚云甫、王瑶卿、朱素云《南北和》，金少梅《女起解》，苏兰芳、李桂芬、王金奎《大保国》，余叔岩、杨小楼《八大锤》，琴雪芳《黛玉葬花》，陈德霖、龚云甫《孝义节》，碧云霞《天女散花》。

2月24日　15时至19时招待外交团。演出剧目为：梅兰芳《木兰从军》，琴雪芳《悦来店》，余叔岩、尚小云《御碑亭》，苏兰芳《芦花河》，金少梅《千金一笑》，杨小楼、郝寿臣、王长林《连环套》。

2月25日　12时至19时演出剧目为：梅兰芳、余叔岩、陈德霖、王又宸、龚云甫、程继先《四郎探母》，王凤卿《文昭关》，金少梅《打花鼓》，谭小培、郝寿臣、尚小云、萧长华《法门寺》，杨小楼《安天会》，琴雪芳《仙缘记》，程艳秋、筱翠花《樊江关》，俞振庭《青石山》。

3月2日　恽宅堂会演出剧目为：梅兰芳、王凤卿《汾河湾》，红豆馆主《盗宗卷》，筱翠花、侯喜瑞《得意缘》，九阵风、侯喜瑞《扈家庄》，言菊朋《战太平》。

本月　冯幼伟为其母七十寿诞称寿，于东四九条举办堂会，特邀名伶演出，以娱嘉宾。其中梅兰芳串演《黄鹤楼》带《三江口》。

4月10日　第一舞台筹办教养乞丐工场工本义演剧目为：梅兰芳、李寿山《奇双会》，杨小楼《安天会》，龚云甫《徐母骂曹》，王又宸《南天门》，郭仲衡《华容道》，贯大元《捉放曹》，朱桂芳《打瓜园》。

4月11日　第一舞台筹办教养乞丐工场工本义演剧目为：梅兰芳、杨小楼《霸王别姬》，龚云甫《雁门关》，王又宸、程艳秋《庆顶珠》，贯大元《二进宫》，九阵风《小放牛》，筱翠花《醉酒》。

4月22日　阿亲王府喜事堂会剧目为：梅兰芳《天女散花》，杨小楼《状元印》，龚云甫《徐母骂曹》，陈德霖、王凤卿《宝莲灯》，李春来《落马湖》，徐碧云《女起解》。

春　一家美国影片公司来华，到北京通过当时中国银行的罗雁峰介绍，邀请梅兰芳拍摄一段京剧舞蹈节目，双方共同选定《上元夫人》的“拂尘舞”。这是梅兰芳第二次拍摄电影，仍为无声黑白影片。拍摄工作在孟端胡同罗雁峰的宅院里进行。影片未在中国放映。

5月7日 开明戏院浙江筹募春赈义务夜场演出剧目为：梅兰芳、杨小楼、谭小培《长坂坡》，梅兰芳、龚云甫、王凤卿、白牡丹、程艳秋《银空山·大登殿》，朱桂芳《取金陵》，周瑞安、王长林、九阵风《殷家堡》，贯大元、黄润卿、朱琴心《穆柯寨》、《穆天王》，郭仲衡、诸茹香《辕门斩子》，王又宸、筱翠花《乌龙院》，陈德霖《落花园》。

5月8日 开明戏院浙江筹募春赈义务夜场演出剧目为：梅兰芳、杨小楼《霸王别姬》，陈德霖、龚云甫《四郎探母代回令》，白牡丹、王长林《小放牛》，筱翠花《战宛城》，吴彩霞《彩楼配》。

5月25日 承华社在真光剧场演出夜场剧目为：梅兰芳、程继先《奇双会》，朱桂芳《泗州城》，萧长华、诸茹香《入府》，郝寿臣《青风寨》，王凤卿、陈德霖《女斩子》。

6月2日 第一舞台鄂灾急赈义演剧目为：梅兰芳、杨小楼、王凤卿《八蜡庙》，梅兰芳、余叔岩《游龙戏凤》，程艳秋《花舫缘》，陈德霖、龚云甫六本《雁门关》，王又宸《捉放曹》，筱翠花《宝蟾送酒》。

6月3日 第一舞台鄂灾急赈义演剧目为：梅兰芳《红线盗盒》，杨小楼、余叔岩《八大锤》，程艳秋、王凤卿《探母回令》，贯大元、筱翠花《坐楼杀惜》，钱金福《祥梅寺》。

9月8日至9日 《西施》分前后本在北京新建的全新型戏院真光剧场（今中国儿童剧院）正式公演。

《西施》是承华社推出的第一部新戏，也是梅兰芳对古装新戏由神话传说向历史题材进行开拓的一部佳作。罗瘿公编剧，王瑶卿作艺术加工和修订。梅兰芳对表演进行了全面艺术创造："馆娃宫"一场，取古代商周之"佾"，化出西施与旋波双人的"佾舞"（因舞时执羽，执龠，一般称为"羽舞"），颇具古韵。"响粟廊"一场，唱工吃重，梅兰芳创造出朴素动情的唱腔，抒西施伤国、思乡之情，意境幽深。为强化歌唱表现力，梅兰芳还与两位琴师徐兰沅（继茹莱卿之后为梅兰芳操琴）、王少卿（当时为王凤卿操琴）共同研究，在文场中增加了二胡伴奏，由王少卿操二胡，徐、王的配合相得益彰，乐音丰厚，歌唱更美。这一创举影响深远，日后旦角演员无不效之，二胡成为旦角演唱必不可少的伴奏乐器。梅兰芳饰西施，同台的演员有姚玉芙、王凤卿、姜妙香、张春彦、郝寿臣、萧长华。

9月15日 杨宅堂会演出剧目为：梅兰芳、姜妙香、姚玉芙《黛玉葬花》，言菊朋、钱金福《定军山》，龚云甫《行路训子》，筱翠花《坐楼杀惜》，陈德霖《击掌》，尚和玉《四平山》，全班合演《天官赐福》。

本月 日本关东发生大地震，东京各剧场大都被毁。梅兰芳听到消息后，即在北京组织义演，演出了《红线盗盒》，将收入的一万余元捐给日本红十字会救灾。

10月2日 梅兰芳为端康太妃五十岁整寿进宫演出了《霸王别姬》。据《溥仪活动年谱》记载：溥仪授意内务府大臣，“于梅兰芳到宫时，遣人欢迎领导，藉示优异”。据当时各报报道，身着灰色长袍、戴大黑墨镜的溥仪，“初观兰芳演剧”，“叹为名下无虚”，“大加赞赏”。而端康太妃尤为赞赏舞剑一场，她感慨万千地说：“随先太后看戏数十年，从未见此好戏，以前都算是白看了。”

本日 第一舞台北京剧界助赈会义演剧目为：梅兰芳、杨小楼、王凤卿全本《回荆州》，梅兰芳《秋莲捡柴》，余叔岩《盗宗卷》，杨小楼《连环套》，王又宸、尚小云《庆顶珠》，李万春《两将军》，马连良《万里缘》，徐碧云《女起解》。

10月10日 旧刑部街奉天会馆钱宅堂会演出剧目为：梅兰芳《红线盗盒》，余叔岩、陈德霖《走雪山》，俞振庭《青石山》，尚小云、王凤卿《探母回令》，徐碧云《玉堂春》，马连良《八大锤》，王瑶卿《得意缘》，马连良《琼林宴》，尚小云《宝莲灯》，俞振庭《金钱豹》。

11月4日 孙宅堂会演出剧目为：梅兰芳《天女散花》，杨小楼《战宛城》，尚小云《贵妃醉酒》，时慧宝《上天台》，朱桂芳《打瓜园》，萧长华《连升三级》，德珺如《叫关》，赵芝香《孝感天》，全班合演《赐福》。

11月7日 奉天会馆苏宅堂会演出剧目为：梅兰芳、杨小楼、王凤卿《回荆州》，梅兰芳、姚玉芙《嫦娥奔月》，龚云甫《遇后龙袍》，杨小楼《落马湖》，王凤卿《群英会》，尚小云《汾河湾》，马连良《珠帘寨》，朱琴心《鸿鸾禧》，陈喜星《打金枝》，全班合演《百寿图》。

11月12日 开明戏院演出剧目为：梅兰芳、姜妙香《问病偷诗》，杨小楼《麒麟阁》，尚小云、言菊朋《汾河湾》，程继先《镇潭州》，徐碧云《女起解》，萧长华《关王庙》，琴雪芳《白蛇传》，李春林《神亭岭》。

11月21日 在开明戏院首演《洛神》。

此剧以曹子建《洛神赋》构思为戏，曲词典雅如诗；梅兰芳依据顾恺之《洛神赋图》塑造洛神形象，一身仙气，如诗如画。“洛水会”一场，舞台上装置三层高台，洛神载歌载舞，飘然上下，倾吐人神恋情，构成一部极富意境的诗剧。在歌舞、音乐、服装、道具、布景及舞台画面上的构图等方面开辟了新的道路。同台的演员有姜妙香、朱桂芳、姚玉芙等。

11月29日 在真光剧场首演《廉锦枫》。

此戏取小说《镜花缘》情节编演，齐如山编剧，梅兰芳饰廉锦枫，姜妙香饰唐敖，朱桂芳饰蚌形，萧长华饰渔翁吴士公。梅兰芳的古装新戏，无戏不舞。《廉锦枫》的情节不适安排舞蹈场面，便在“入海”的唱段中，“刺蚌”的搏斗中精心设计了舞蹈化的身段，仍具歌舞之妙。

12月5日 梅兰芳赴沪演出，演于法租界郑家木桥老共舞台。言菊朋应梅兰芳之邀以票友身份出演。同行有老生王凤卿、陈彦衡等。

12月7日 梅兰芳、王凤卿《武家坡》，言菊朋、郝寿臣《空城计》，周瑞安《拿高登》，小桂花《鸿鸾禧》，朱桂芳《取金陵》，姜妙香、姚玉芙《白门楼》，吴彩霞《彩楼招亲》。

12月8日 梅兰芳、言菊朋《南天门》，王凤卿《取城都》，周瑞安、郝寿臣《盗御马》，小桂花《贵妃醉酒》，朱桂芳《演火棍》，吴彩霞《宇宙锋》，林树森《古城会》，开场《大财神》。

12月9日 日场演出剧目为：梅兰芳、王凤卿《御碑亭》，言菊朋《八义图》，周瑞安《金钱豹》，小桂花、林树森《游龙戏凤》，朱桂芳《金山寺》，郝寿臣《取洛阳》，开场《大财神》。夜场演出剧目为：梅兰芳、言菊朋《珠帘寨》，王凤卿《硃砂痣》，周瑞安《冀州城》，小桂花《穆柯寨》，郝寿臣《审李七》，朱桂芳《虹桥相会》，林树森《徐策跑城》，开场《大财神》。

12月10日 夜场演出剧目为：梅兰芳、姜妙香、姚玉芙《黛玉葬花》，言菊朋

《天堂州》，王凤卿《华容道》，周瑞安《潞安州》，小桂花《打樱桃》，朱桂芳《摇钱树》，开场《大财神》。

12月11日 夜场演出剧目为：梅兰芳、姜妙香《奇双会》，王凤卿《捉放曹》，言菊朋《琼林宴》，周瑞安《恶虎村》，小桂花《查头关》，朱桂芳《娘子军》，林树森《扫松下书》，开场《大财神》。

12月12日 夜场演出剧目为：梅兰芳、小桂花《樊江关》，言菊朋《状元谱》，梅兰芳、王凤卿《新长坂坡》，姜妙香《岳家庄》，朱桂芳《打瓜园》，林树森《徐策跑城》，开场《义释亮》。

12月13日 夜场演出剧目为：梅兰芳、姚玉芙《麻姑献寿》，王凤卿《文昭关》，言菊朋《南阳关》，周瑞安《挑灯夜战》，小桂花《瓦岗寨》，朱桂芳《盗仙草》，董俊峰《威镇草桥》，开场《借清兵》。

12月14日 夜场演出剧目为：梅兰芳、姜妙香《玉簪记》，言菊朋全本《奇冤报》，王凤卿《鼎盛春秋》，周瑞安《落马湖》，小桂花《凤阳花鼓》，朱桂芳《无底洞》，林树森《杀女报恩》，开场《庆阳图》。

12月15日 夜场演出剧目为：梅兰芳、姚玉芙《天女散花》，言菊朋《定军山》，王凤卿《取帅印》，小桂花《得意缘》，朱桂芳《取金陵》。

12月16日 日场演出剧目为：梅兰芳、王凤卿《汾河湾》，言菊朋《盗宗卷》，周瑞安《拿高登》，小桂花《鸿鸾禧》，姜妙香、郝寿臣《夺小沛》，朱桂芳《泗州城》。夜场演出剧目为：梅兰芳、姚玉芙《天女散花》，王凤卿《战樊城》，言菊朋《桑园寄子》，周瑞安《铁笼山》，小桂花《坐楼杀惜》，朱桂芳《殷家堡》，林树森《黄鹤楼》，开场《龙虎斗》。

《汾河湾》中梅兰芳饰柳迎春，王凤卿饰薛仁贵

12月17日 夜场演出剧目为：梅兰芳、王凤卿《霸王别姬》，言菊朋《战太

平》，郝寿臣《真假李逵》，林树森、小桂花《游龙戏凤》，朱桂芳《水漫金山》，开场《赵彦借寿》。

12月18日　夜场演出剧目为：梅兰芳、王凤卿、周瑞安《霸王别姬》，言菊朋《托兆碰碑》，郝寿臣《丁甲山》，小桂花《打樱桃》，朱桂芳《夺太仓》，开场《义释亮》。

12月19日　夜场演出剧目为：梅兰芳、姜妙香《金雀记》，言菊朋《打鼓骂曹》，王凤卿《硃砂痣》，周瑞安《盗御马》，小桂花《查头关》，朱桂芳《蟠桃会》，林树森《徐策跑城》，开场《八百八年》。

12月20日　夜场演出剧目为：梅兰芳、言菊朋《南天门》，王凤卿《取城都》，周瑞安《战魏南》，小桂花《贵妃醉酒》，朱桂芳《据大缸》，董俊峰《铡美案》。

12月21日　夜场演出剧目为：梅兰芳、姜妙香、朱桂芳《廉锦枫》，言菊朋《洪洋洞》，王凤卿《战长沙》，周瑞安《冀州城》，小桂花《浣花溪》，开场《借清兵》。

12月22日　夜场演出剧目为：梅兰芳、王凤卿、侯喜瑞《宝莲灯》，王凤卿《凤凰山》，杨瑞亭《徐母骂曹》，开场《长亭会》。

12月23日　日场演出剧目为：梅兰芳、王凤卿、周瑞安《美人计》，言菊朋《举鼎观画》，周瑞安《金钱豹》，小桂花《牧童放牛》，朱桂芳《虹桥相会》，吴彩霞《打鸾驾》，林树森《扫松下书》，小孟七《审刺客》，开场《申包胥》。夜场演出剧目为：梅兰芳、姚玉芙《邓霞姑》，言菊朋《天雷报》，王凤卿《群英会》，周瑞安《艳阳楼》，小桂花、林树森《游龙戏凤》，朱桂芳《摇钱树》，郝寿臣《下河东》。

12月25日　日场演出剧目为：梅兰芳、姚玉芙《牡丹亭》，王凤卿《鱼藏剑》，言菊朋《当锏卖马》，周瑞安《潞安州》，小桂芳《贵妃醉酒》，朱桂芳《取金陵》，小孟七《战长沙》，开场《江东桥》。夜场演出剧目为：梅兰芳、言菊朋全本《珠帘寨》，王凤卿《文昭关》，周瑞安《安天会》，郝寿臣《李七长亭》，小桂花《穆柯寨》，朱桂芳《娘子军》，吴彩霞《一口剑》，林树森《徐策跑城》。

12月26日　夜场演出剧目为：梅兰芳、王凤卿头本《西施》，言菊朋《状元谱》，周瑞安《恶虎村》，小桂花《翠屏山》，董俊峰《草桥关》，刘四立三本《铁公鸡》，开场《龙虎斗》。

12月27日　夜场演出剧目为：梅兰芳、王凤卿头本《西施》，言菊朋《琼林宴》，周瑞安《挑灯夜战》，小桂花《小放牛》，朱桂芳《蟠桃会》，林树森《扫松下书》。

12月28日 夜场演出剧目为：梅兰芳、王凤卿头本《西施》，言菊朋《南阳关》，周瑞安《金钱豹》，董俊峰《黑风怕》，小桂花《打樱桃》，朱桂芳《打瓜园》，林树森《战长沙》，开场《清河桥》。

12月29日 夜场演出剧目为：梅兰芳、王凤卿头本《西施》，言菊朋《打鼓骂曹》，周瑞安《水帘洞》，小桂花《虹霓关》，朱桂芳《取金陵》，林树森《徐策跑城》，刘四立《双白水滩》，小孟七《杀女报恩》。

12月30日 日场演出剧目为：梅兰芳、姜妙香《春秋配》，王凤卿《华容道》，言菊朋《奇冤报》，周瑞安《冀州城》，小桂花《鸿鸾禧》，朱桂芳《四泗州城》，小孟七《吃人肉》。夜场演出剧目为：梅兰芳、王凤卿头本《西施》，言菊朋《托兆碰碑》，周瑞安《铁笼山》，小桂花《贵妃醉酒》，吴彩霞《母女会》，林树森三本《走麦城》，开场《太平桥》。

12月31日 夜场演出剧目为：梅兰芳、王凤卿二本《西施》，言菊朋《洪洋洞》，周瑞安《安天会》，小桂花《得意缘》，林树森《双长坂坡》，小孟七《九更天》。

本年 夫人福芝芳生女，小名二宝，不久便夭折了。

31岁

1924年

民国十三年

甲子

继续在上海法租界郑家木桥老共舞台演出。据梅兰芳纪念馆藏老共舞台戏单所载：

1月1日 日场演出剧目为：梅兰芳、姜妙香《奇双会》，王凤卿《举鼎观画》，言菊朋《打渔杀家》，周瑞安《战渭南》，董俊峰《打龙袍》，朱桂芳《蟠桃会》，林树森《战长沙》，刘四立《四收关胜》。夜场演出剧目为：梅兰芳、张春彦《红线盗盒》，王凤卿《捉放曹》，言菊朋《桑园寄子》，周瑞安《盗御马》，小桂花、林树森《游龙戏凤》，朱桂芳《双新八蜡庙》，小孟七《一捧雪》。

1月2日 夜场演出剧目为：梅兰芳、姜妙香《金针刺红蟒》，梅兰芳、王凤卿《长坂坡》，言菊朋《战太平》，小桂花《查头关》，朱桂芳《摇钱树》，吴彩霞《宇宙锋》，林树森《铁公鸡》。

1月3日 夜场演出剧目为：梅兰芳、王凤卿、周瑞安《霸王别姬》，言菊朋《空城计》，小桂花《浣花溪》，朱桂芳《演火棍》，林树森《斩华雄》，吴彩霞《斩窦娥》，刘四立《双花蝴蝶》。

1月4日 夜场演出剧目为：梅兰芳、姜妙香、姚玉芙《天河配》，言菊朋《定军山》，王凤卿《取帅印》，周瑞安《拿高登》，小桂花《坐楼杀惜》，吴彩霞《彩楼配》，林树森、朱桂芳《黄鹤楼》，刘四立《大闹嘉兴府》。

1月5日 夜场演出剧目为：梅兰芳、姜妙香、朱桂芳《廉锦枫》，王凤卿《取城都》，言菊朋《捉放曹》，周瑞安《落马湖》、小桂花《穆柯寨》，吴彩霞《孝感天》，林树森《扫松下书》，刘四立《双白水滩》。

1月6日 日场演出剧目为：梅兰芳、姜妙香《嫦娥奔月》，言菊朋《琼林宴》，王凤卿《群英会》，周瑞安《水帘洞》，小桂花《大翠屏山》，朱桂芳《金山寺》，吴彩霞《一口剑》，刘四立《大四杰村》，开场《渭水河》。夜场演出剧目为：梅兰芳、王凤卿、言菊朋《红鬃烈马》，周瑞安《挑灯夜战》，郝寿臣《丁甲山》，董俊峰《铡美案》，朱桂芳《摇钱树》，小孟七《九更天》，开场《借清兵》。

1月7日 夜场演出剧目为：梅兰芳、张春彦、李寿山《红线盗盒》，言菊朋《打鼓骂曹》，王凤卿《文昭关》，小桂花《秦淮河》，朱桂芳《夺太仓》，林树森《杀女报恩》，开场《北壁关》。

1月8日 夜场演出剧目为：梅兰芳、王凤卿头本《西施》，言菊朋《天雷报》，周瑞安《冀州城》，小桂花《满汉结亲》，朱桂芳《演火棍》，董俊峰《探阴山》，林树森《扫松下书》，刘四立《双花蝴蝶》，小孟七《开山府》，开场《太平桥》。

1月9日 夜场演出剧目为：梅兰芳、王凤卿二本《西施》，言菊朋《当锏卖马》，杨瑞亭《徐母骂曹》，开场《长亭会》。

1月10日 夜场演出剧目为：梅兰芳、王凤卿全本《四郎探母》，言菊朋《搜孤救孤》，周瑞安、郝寿臣《盗御马》，小桂花《虹霓关》，朱桂芳《芦林坡》，林树森《战长沙》。

1月11日 夜场演出剧目为：梅兰芳、王凤卿《汾河湾》，梅兰芳、姜妙香《虹霓关》，言菊朋《洪洋洞》，周瑞安《拿高登》，林树森《下河东》，朱桂芳《虹桥相会》，小孟七《徐策跑城》。

1月12日 日场演出剧目为：梅兰芳、王凤卿、言菊朋《红鬃烈马》，周瑞安《冀州城》，郝寿臣《审李七》，苗胜春《疯僧扫秦》，林树森《六铁公鸡》。夜场演出剧目为：梅兰芳、王凤卿《霸王别姬》，言菊朋《空城计》，小桂花《鸿鸾禧》，朱桂芳《取金陵》，吴彩霞《宝莲灯》，开场《并吞六国》。

1月13日 夜场演出剧目为：梅兰芳、王凤卿头本《西施》，言菊朋《托兆碰碑》，周瑞安《挑灯夜战》，小桂花《贵妃醉酒》，朱桂芳《打瓜园》，吴彩霞《九更天》，林树森《赠袍赐马》，刘四立《双花蝴蝶》。

1月14日 夜场演出剧目为：梅兰芳、王凤卿二本《西施》，言菊朋《战太平》，周瑞安《水帘洞》，小桂花《浣花溪》，林树森《白马坡》，吴彩霞《宇宙锋》，刘四立《大四杰村》，开场《清河桥》。

1月15日 夜场演出剧目为：梅兰芳、王凤卿、姜妙香《洛神》，言菊朋《捉放曹》，王凤卿《硃砂痣》，周瑞安《八大锤》，小桂花《打樱桃》，郝寿臣《取洛阳》，林树森《扫松下书》。

1月16日 夜场演出剧目为：梅兰芳、姜妙香《洛神》，王凤卿《文昭关》，言菊朋《定军山》，周瑞安《金钱豹》，小桂花《游龙戏凤》，董俊峰《黑风怕》，刘四立《萧何月下追韩信》，开场《长亭会》。

1月17日 夜场演出剧目为：梅兰芳、王凤卿、周瑞安《霸王别姬》，梅兰芳《思凡》，言菊朋《空城计》，朱桂芳《夺太仓》，小桂花《鸿鸾禧》，林树森《过五关》，小孟七《宝莲灯》，开场《大财神》。

1月18日 夜场演出剧目为：梅兰芳、姜妙香、姚玉芙《洛神》，言菊朋《打鼓骂曹》，王凤卿《鼎盛春秋》，周瑞安《艳阳楼》，小桂花《查头关》，刘四立《四收关胜》，小孟七《徐策跑城》。

1月19日 夜场演出剧目为：梅兰芳、王凤卿、周瑞安《霸王别姬》，言菊朋《空城计》，周瑞安《落马湖》，小桂花《鸿鸾禧》，朱桂芳《取金陵》，吴彩霞《宇宙锋》，小孟七《战长沙》。

1月20日 日场演出剧目为：梅兰芳、姜妙香《玉堂春》，言菊朋《当锏卖马》，王凤卿《华容道》，周瑞安《拿高登》，小桂花《蛇攒七窍》，朱桂芳《四泗州城》，吴彩霞《彩楼招亲》，小孟七《杀女报恩》。夜场演出剧目为：梅兰芳、姜妙香《廉锦枫》，梅兰芳、王凤卿《汾河湾》，言菊朋《捉放曹》，周瑞安《安天会》，小桂花《浣花溪》，郝寿臣《丁甲山》，吴彩霞《母女会》。

本日 梅兰芳上海演出期满，返回北京。

1月27日 堂会演出剧目为：梅兰芳、姚玉芙、姜妙香《洛神》，王凤卿、陈德霖《探母回令》，徐碧云《花木兰》，王瑶卿《穆天王》，谭富英《定军山》，魏莲芳《麻姑上寿》，俞华庭《水帘洞》，俞振庭《金钱豹》。

1月28日 齐宅堂会演出剧目为：梅兰芳、萧长华、姜妙香《廉锦枫》，九阵风《取金陵》，谭富英《战太平》，余胜孙《南阳关》，李万春《珠帘寨》，徐碧云《武家坡》，杨小楼《挑滑车》，魏莲芳《散花》，王凤卿、陈德霖《骂殿》，俞华庭《殷家堡》。

2月1日 第一舞台北京正乐育化会全体艺员义演剧目为：梅兰芳、杨小楼、王凤卿《霸王别姬》，余叔岩、尚小云《打渔杀家》，程艳秋、王又宸《四郎探母》，王瑶卿《棋盘山》，筱翠花《宝蟾送酒》，时慧宝《上天台》，谭富英《乌龙院》。

4月30日 卓宅堂会演出剧目为：梅兰芳《奇双会》，言菊朋《空城计》，余叔岩《定军山》，程艳秋《能仁寺》，萧长华《双羊计》，王少楼《群臣宴》，小桂花《探亲家》，李万春《两将军》，魏莲芳《鸿鸾禧》。

5月10日 人们以一种特别的方式庆祝在北京访问的印度著名学者、诗人兼作家泰戈尔的生日。以徐志摩为首的文学团体新月社特意在北京协和医学礼堂用英文演出了泰戈尔创作的话剧《齐德拉》，梅兰芳陪同观看。演出结束时，泰戈尔对梅兰芳说："在中国看到了自己的戏，很高兴，可我希望在离京前还能看到你的表演。"[1]

5月19日 梅兰芳在北京开明剧场为泰戈尔和随行人员专场演出了神话剧《洛神》。梅绍武在《梅兰芳与泰戈尔》一文中写道："5月19日，父亲在开明戏院为泰翁专演了一场《洛神》。泰翁身穿他所创办的国际大学的红色长袍礼服莅临，聚精会神的观看，随后又到后台道谢说：'我看了这出戏很愉快，有些感想明日见面再谈。'"[2]

5月20日 中午，与梁启超、姚茫父等为泰戈尔饯行。席间，泰翁先赞扬了梅兰芳的表演，然后开诚布公地对"川上之会"一场的布景提出了意见。他说："这个美丽的神话剧，应该从各方面来体现伟大诗人的想象力，而现在所用的布景显得平淡……"[3] 梅兰芳后来根据他的建议重新设计了那一幕的布景，果然取得可喜的效果。此后就一直沿用下来。

本日 泰戈尔即兴赋诗一首并用毛笔写在纨扇上赠给梅兰芳。诗文为孟加拉文，他又亲自译成英文，一并写下。写完后，泰翁还兴致勃勃地朗诵给大家听。泰翁自译的这首诗的英文全诗是：

You are veiled, my beloved,
in a language I do not know.

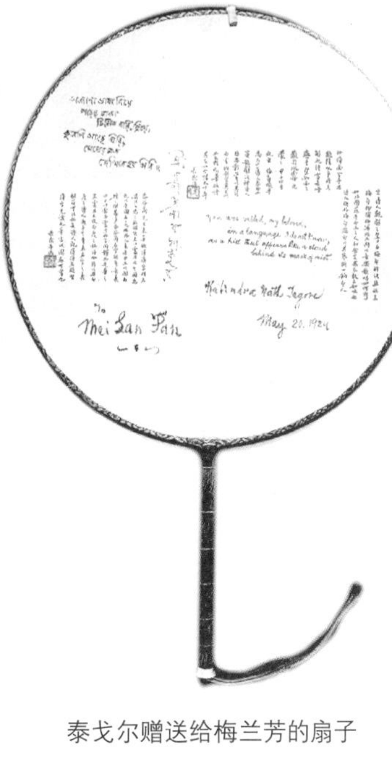

泰戈尔赠送给梅兰芳的扇子

[1][2] 梅绍武著：《我的父亲梅兰芳》，百花文艺出版社1984年6月版，第38页。

[3] 梅兰芳著：《忆泰戈尔》，原载1961年第5期《人民文学》。

As a hill that appears like a cloud behind its mask of mist.

在场的诗人林长民又根据泰戈尔的英文，把诗歌译成古汉语骚体诗记在纨扇上。

在此期间，梅兰芳曾与泰戈尔切磋绘画问题。“泰翁认为，美术是文化艺术的重要一环，例如中国剧中的服装、图案、色彩、化妆、脸谱、舞台装置等，都与美术有关。艺术家不但要具有欣赏绘画、雕刻、建筑的兴趣和鉴别力，最好自己能画能刻。”[1]

[1] 梅绍武著：《我的父亲梅兰芳》，百花文艺出版社1984年版，第38页。

泰戈尔回国前热情地表示，希望梅兰芳能率领剧团访问印度，使印度人民能有机会观赏他的艺术。随泰戈尔访问的印度著名画家难达婆薮观看了梅兰芳演出《洛神》后绘制了一幅大型油画相赠。

5月24日 第一舞台贫民教养院筹款义演演出剧目为：梅兰芳《红线盗盒》，杨小楼、余叔岩《八大锤》，郭仲衡、程艳秋《玉堂春》，陈德霖、王又宸《探母回令》，贯大元《梅龙镇》，王凤卿《群英会》，侯喜瑞《马思远》，时慧宝《上天台》。

5月25日 第一舞台贫民教养院筹款义演演出剧目为：梅兰芳、杨小楼、王凤卿《霸王别姬》，余叔岩、萧长华《审头刺汤》，陈德霖、王蕙芳《雁门关》，郭仲衡、程艳秋《宝莲灯》，王又宸《乌龙院》，朱素云《马思远》，时慧宝《金马门》。

8月2日 第一舞台顺直水灾急赈义演剧目为：梅兰芳、姚玉芙《廉锦枫》，尚小云、龚云甫《探母回令》，杨小楼、迟月亭《战宛城》，程艳秋、郭仲衡《御碑亭》，贯大元《乌龙院》，侯喜瑞《青风寨》，时慧宝《上天台》。

8月3日 第一舞台顺直水灾急赈义演剧目为：梅兰芳、杨小楼、王凤卿《霸王别姬》，尚小云、余叔岩《打渔杀家》，言菊朋《战太平》，程艳秋《武家坡》，陈德霖《孝义节》，时慧宝《戏迷传》。

9月6日 徐宅堂会演出剧目为：梅兰芳、余叔岩《探母回令》，杨小楼《青石山》，程艳秋《玉堂春》，王凤卿《大保国》，李万春《英雄义》，魏莲芳《天女散花》，小小楼《艳阳楼》。

初秋 上海新民影片公司邀请梅兰芳拍摄京剧舞蹈影片。双方商定选拍：《西施》中的“佾舞”、《霸王别姬》中的“剑舞”、《上元夫人》中的“拂尘舞”、《木兰从军》中的“鞭卦子（走边）”和《黛玉葬花》中的“镰舞”。这五个片段，都是作为独立的舞蹈形式来拍，除《西施》中的“佾舞”为双人舞有姚玉芙参加，其余均为梅兰芳的独舞。拍摄工作在北京进行，先在真光剧场屋顶平台拍了“佾舞”、“剑舞”、“拂尘舞”和“鞭卦子（走边）”四个节目，分别采用了宫殿和山水画片为背景；又在冯幼伟的家宅花园，用实景拍了“镰舞”。梅兰芳感到实景拍摄，不受拘束更便于发挥，有利于表达情感。故拍完“镰舞”之后，又增拍了“梨香院”的几个镜头，补在“镰舞”后面，更完美地表现了林黛玉见落花而自叹的幽怨之情。

10月至11月　日本帝国剧场社长大仓男爵为了感谢梅兰芳赈灾义举，再次邀请他赴日参加帝国剧场修复后的开幕式演出。

10月9日　晨5时30分，梅兰芳率姜妙香、姚玉芙、陈喜星等部分承华社演员一行四十余人在日方向导波多野乾一（北京新闻社主任）的陪同下，从天津搭邮轮南岭丸号赴日。

10月12日　晨，抵达门司。梅兰芳发表了此次来日演出目的的讲话。

10月13日　晨，到达神户港。

10月14日　上午10时，乘火车抵达东京站，受到尾上梅幸（七世）、松本幸四郎（七世）、守田勘弥（十三世）和帝剧演员五百多人的盛大欢迎。梅兰芳一行在帝国饭店下榻。梅兰芳在住处发表谈话。

10月20日至23日　梅兰芳在帝国剧院为庆贺大仓喜八郎的八十八岁生日作内部演出。四天的剧目分别是：20日《麻姑献寿》，21日《廉锦枫》，22日《红线盗盒》，23日《贵妃醉酒》。这次演出方式与1919年一样，与歌舞伎演员同台奏艺，日本方面的剧目有《神风》、《源氏十二段》等，由尾上梅幸、松本幸四郎、泽村宗十郎（七世）、守田勘弥和尾上松助等人主演。中方剧目为大轴。

10月25日至11月4日　为庆祝东京帝国剧场重新修复，在帝国剧场公开演出，剧目分别是：25日《麻姑献寿》、26日《奇双会》、27日《审头刺汤》、28日《贵妃醉酒》、29日头本《虹霓关》、30日《红线盗盒》、31日《廉锦枫》、11月1日《审头刺汤》、2日《御碑亭》、3日头本《虹霓关》、4日《黛玉葬花》。每天演出既有中方剧目，也有日方剧目，中方剧目仍为大轴。这十一天的对外票价分别是一等票十元、二等票三元、三等票一元，都比平日高出一些。

演出期间，日本的《东京朝日新闻》、《中央新闻》、《帝国新闻》、《万朝报》、《亚马多新闻》、《新演艺》等报刊皆有专题报道演出盛况，发表剧评及观感等。

10月28日　日本《中央新闻》发表田村西男题为《帝剧的初次开场》的评论：

"第四出戏是梅兰芳的《麻姑献寿》，他不但姿容很美，嗓音的动听也极为难得。这次演出因为有梅参加而备受欢迎，梅演出也很卖力。他在身段方面的表演实在是细心地在注意着的。"

10月29日 日本《帝国新报》上有田中烟亭的题为《帝剧改建纪念演出，梅兰芳是最精彩的》的评论。日本《万朝报》的晚报上有中内蝶二的题为《帝剧所见，最精彩的是梅兰芳》的评论。

本月 在东京应邀参加日本《演剧新潮》杂志座谈会，畅谈中日两国戏剧，切磋艺术。参加者有沈恒（梅兰芳翻译）及下列日本作家：波多野乾一、山东久三郎、久美秀治、守野四郎、芥川龙之介、伊宗青青园、中村吉藏、长田秀雄、久美正雄、久保四万太郎、山本有三、菊池宽、能岛武文。

11月5日 下午，离开东京前往大阪。

11月7日至11日 承华社在大阪宝冢大歌剧院演出了五场，梅兰芳每场都唱压轴。剧目是：7日《战太平》、《定计化缘》、《辕门射戟》，8日《风云会》、《岳家庄》、《贵妃醉酒》、《空城计》，9日《御林郡》、《瞎子逛灯》、《洛神》、《击鼓骂曹》，10日《战马超》、《连升三级》、头本《虹霓关》、《马鞍山》，11日《遇龙封官》、《定军山》、《廉锦枫》、《上天台》，共二十出戏。票价：一等票三元、二等票二元、三等票一元。

11月12日 应日本帝国电影公司之邀，自中午起在小阪电影制片厂拍电影，导演为枝正义郎、小泽得二和佐佐木圭郎，技师为下村缘甫、大森胜和唐泽弘光。剧目是《红线盗盒》、《廉锦枫》、《虹霓关》的片断。全片共五卷，均为无声黑白片。

影片拍竣随即在芦边剧场放映，放映当晚梅兰芳与五月信子小姐在芦边剧场一同发表了讲话。据当时日本的《都新闻》、《大阪朝日新闻》、《读卖新闻》等报刊的报道，在东京、大阪一些影院上映，但影片一直没有传入国内。

11月13日 抱病坚持在东京都冈崎公会礼堂演出《红线传》。

11月13日晚起至11月21日 因患急性肠胃炎，改变了原定17日回国的计划，在京都都会饭店治病静养，经京都名医今井泰藏细心诊治，逐渐好转。

11月17日 下午5时，承华社成员姚玉芙等四十六人乘大阪商轮河南丸号先行回国。

11月22日 上午10时，与夫人王明华一行四人，自神户乘长沙丸号轮船回国。

第二次访日期间，应日本蓄音器商会的邀请，录制了五张唱片：《西施》一张，《红线盗盒》、《御碑亭》合一张，《天女散花》、《廉锦枫》合一张，《贵妃醉酒》一张，《六月雪》一张。这些唱片都曾在日本公开发售，同时也传入国内，至今仍有人珍藏，每张一元五十钱。

12月24日　忏绮园主人六十寿辰堂会演出剧目为：梅兰芳《探母回令》，余叔岩《捉放曹》，杨小楼《落马湖》，程艳秋《红拂传》，尚小云《尼姑思凡》，筱翠花《贵妃醉酒》，琴雪芳《凤阳花鼓》，李万春《神亭岭》，时慧宝《上天台》。

12月30日　岳宅堂会演出剧目为：梅兰芳、王凤卿、郝寿臣全本《宝莲灯》，杨小楼《落马湖》，余叔岩《失街亭》，程艳秋《赚文娟》，高庆奎《胭脂计》，龚云甫《长寿星》，筱翠花《文章会》，陈德霖《刺虎》，九阵风《打韩昌》，全班合演《百寿图》、《大赐福》。

本年　接收十五岁的魏莲芳为艺徒。

本年　祖母陈氏以八十五岁的高龄病故于北京。

本年　夫人福芝芳生子名葆琪，后死于白喉病。

本年　梅兰芳三十岁生日，他的老师王梦白、陈师曾、姚茫父、齐白石、凌植之等名家合作画幅相赠。这幅画是在梅宅书房里画的，凌植之先生画了一株枇杷，姚茫父画了蔷薇、樱桃，陈师曾画了竹子、山石，王梦白在陈师曾的山石上画了一只八哥，齐白石在八哥的嘴边画了一只蜜蜂。

32岁

1925年

民国十四年

乙丑

1月24日 在开明戏院演出《贵妃醉酒》。

1月25日 在开明戏院演出《汾河湾》。

1月31日 在开明戏院演出《闹学》、《枪挑穆天王》。

2月14日 在开明戏院演出《尼姑思凡》、二本《虹霓关》。

3月2日 下午,陆军部大礼堂临时执政府宴会演出剧目为:梅兰芳、杨小楼、龚云甫、王凤卿、钱金福、姜妙香《回荆州》,余叔岩《清官册》,裘桂仙《草桥关》。

3月14日 在开明戏院演出前本《春秋配》。

3月15日 在开明戏院演出后本《春秋配》加演《宇宙锋》。

3月21日 在开明戏院演出《黛玉葬花》。

3月22日 在开明戏院演出《贵妃醉酒》、《打渔杀家》。

3月28日 在开明戏院演出《奇双会》。

3月29日 在开明戏院演出《红线盗盒》。

4月1日 开明戏院演出剧目为:梅兰芳、诸茹香《贵妃醉酒》,王凤卿、郝寿臣、萧长华《群英会》,朱桂芳《夺太仓》。

4月2日 郭宅堂会演出剧目为:梅兰芳、程继先《奇双会》,筱翠花《双铃记》，王瑶卿《红柳村》，王幼卿《女起解》。

4月4日 在开明戏院演出《女起解》、《金山寺》。

4月5日 在开明戏院演出前本《西施》。

4月11日 在开明戏院演出后本《西施》。

4月12日 在开明戏院演出四本《虹霓关》、《法门寺》。

4月18日 在开明戏院演出全本《虹霓关》。

4月19日 在开明戏院日场演出《牢狱鸳鸯》。

4月25日 在开明戏院演出《风筝误》。

4月26日 在开明戏院演出《长坂坡》、《探母回令》。

初夏 头本《太真外传》在开明剧场首演，内容包括“太真进宫”、“华清窥浴”、“赐盒定情”等出。

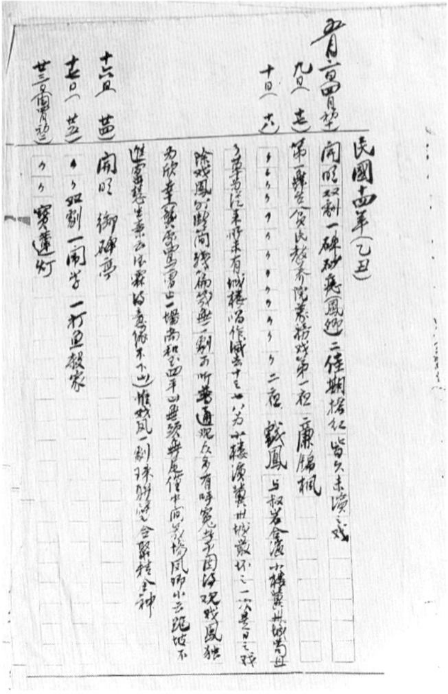

梅兰芳演出记录手稿

梅兰芳虽然演过传统戏《贵妃醉酒》，但昆曲戏《长生殿·密誓》中的杨贵妃，他更想以古装新戏的风格，再创一个崭新的杨妃形象，集中讴歌李、杨的真挚爱情，重新描绘杨妃的善良、娴雅，一扫“杨妃误国”的封建偏见。梅兰芳与齐如山共议，以洪昇的传奇《长生殿》为蓝本进行编演，剧名定为《太真外传》。《长生殿》是一鸿篇巨著，全戏长达五十折之多，为求情节完整，一场不可能演完，齐如山采取分本编写，梅兰芳进行逐一搬演《太真外传》。首演阵容为：梅兰芳饰杨玉环，王凤卿饰唐明皇，姜妙香饰高力士，姚玉芙饰念奴，萧长华饰杨国忠，侯喜瑞饰安禄山，花叶相映，满台生辉。

5月2日 在开明戏院与王凤卿合演《硃砂痣》，《佳期拷红》。

5月9日 在第一舞台贫民教养院义务戏第一天演出《廉锦枫》。

5月10日 在第一舞台贫民教养院义务戏第二天与余叔岩演出《游龙戏凤》。

5月16日 在开明戏院演出《御碑亭》。

5月17日 在开明戏院演出《闹学》、《打渔杀家》。

5月23日 在开明戏院演出《宝莲灯》。

5月24日 在开明戏院演出《奇双会》。

5月27日 在天津皇宫电影院演出《宝莲灯》。

5月28日 在天津皇宫电影院演出《廉锦枫》。

5月30日 在开明戏院演出《宇宙锋》、《穆天王》。

5月31日 在开明戏院演出《廉锦枫》。

6月6日 在开明戏院演出《瑶台》、《桑园会》。

6月7日 在开明戏院演出《邓霞姑》。

6月13日 在开明戏院演出《战蒲关》、《樊江关》。

6月14日 在开明戏院演出《狮吼记》。

6月17日 北京梨园公益总会援助上海罢工失业同胞筹款在第一舞台举办义务夜戏，梅兰芳与杨小楼合演《大长坂坡》，与余叔岩合演《打渔杀家》，尚小云、言菊朋《四郎探母》，王又宸《辕门斩子》。

6月26日 在开明戏院演出头、二本《梅玉配》。

6月27日 在开明戏院演出三、四本《梅玉配》。

6月28日 怀柳堂堂会演出剧目为：梅兰芳、姜妙香、姚玉芙《洛神》，余叔岩、王长林、钱金福《定军山》，杨小楼、王长林、侯喜瑞《连环套》，孟小冬、王长林、郝寿臣、裘桂仙《空城计》，白牡丹《花田错》，陈德霖《宇宙锋》，尚小云、王凤卿《武家坡》。

7月4日 堂会演出剧目为：梅兰芳、余叔岩《探母回令》，程艳秋《孔雀屏》，孟小冬《空城计》，朽木敬棠《乔醋》，李万春《两将军》。

7月11日 在开明戏院演出《长坂坡》、《庆顶珠》。

7月12日 在开明戏院演出《红线盗盒》。

7月20日 在开明戏院演出《红线盗盒》。

8月3日 双栝庐夜宴演出剧目为：梅兰芳、李寿山《奇双会》，孟小冬、程继先《骂曹》，盖荣萱《乾坤圈》，马艳云《醉酒》，琴雪芳《游龙戏凤》。

9月17日 吴宅堂会演出剧目为：梅兰芳、余叔岩、陈德霖、姜妙香《探母回令》，尚小云、王凤卿《法门寺》，慈瑞泉、曹二庚《打城隍》。

10月2日 在开明戏院演出《嫦娥奔月》。

10月3日 在开明戏院演出头本《木兰从军》。

10月4日 在开明戏院演出二本《木兰从军》。

10月11日 在开明戏院与刘景然演出《击掌》、《打渔杀家》。

10月24日 在开明戏院首演二本《太真外传》，内容包括“赏花出宫”、“献发寄情”等出。

头、二本《太真外传》以唱取胜，梅兰芳创制的新腔声情并茂，玉润珠圆。“太真进宫”的【西皮导板】转【慢板】在一个唱句中完成，新颖别致；“华清窥浴”的【反四平】新板式，曲尽其妙。

本月 与美国著名舞蹈家罗丝·丹尼丝、泰德·萧恩夫妇在北京真光剧场同台献艺。

11月28日 在开明戏院演出全本《虹霓关》。

11月29日 在开明戏院演出《探母回令》。

12月19日 在开明戏院演出《红线盗盒》。

12月20日 在开明戏院演出《武家坡》、《风筝误》。

12月26日 在开明戏院演出前本《西施》。

12月27日 在开明戏院演出后本《西施》。

本月 夫人福芝芳生子名葆琛（号绍斯）。

本年 接受俞派武生尚和玉加入承华社，从此承华社始有武生戏。这一年承华社每星期六、星期日在北京开明戏院演夜戏。

33岁

1926年

民国十五年

丙寅

1月1日 在开明戏院演出《奇双会》。

1月2日 在开明戏院演出《思凡》、《宝莲灯》。

1月3日 在开明戏院演出二本《太真外传》。

1月9日 在开明戏院演出《法门寺》。

1月10日 在开明戏院演出《女起解》、《闹学》。

1月16日 在开明戏院演出前本《春秋配》。

1月17日 在开明戏院演出后本《春秋配》。

2月7日 在开明戏院首演出三本《太真外传》。

三本《太真外传》的演出阵容仍是头二本的原班人马。三本内容包括"七夕乞巧"、"李杨誓盟"、"霓裳舞盘"等。"七夕乞巧"的唱腔优美,"舞盘"的歌舞绝妙。"霓裳舞盘"是在一曲南梆子的歌唱中设计了一套"霓裳羽衣舞"。舞台上置一高足大盘,杨妃在盘中歌舞,盘下配以众童子伴舞(首演时特约富连成学生饰演舞童),场面红火,气氛炽烈。这是梅兰芳古装新戏中最宏大的舞蹈表演。在演出三本《太真外传》后,梅兰芳又继续排练四本《太真外传》,四本内容包括"渔阳鼙鼓"、"马嵬埋玉"、"月宫梦会"等。"月宫梦会"的成套反二黄唱腔,倾诉杨妃深情,韵味无穷。

梅兰芳的《太真外传》是一部倾注心血、标新立异之作，其歌唱之精、表演之深、舞蹈之美都不同凡响，可以说是他集古装新戏艺术创造之大成的硕果。只是戏幅太长，分为四本，必须连演才能完整，演出实为不便，故公演场次较少。

2月14日 在开明戏院演出《花园赠金》、《彩楼配》。

2月20日 在开明戏院演出《武家坡》。

2月21日 在开明戏院演出《御碑亭》。

3月6日 在开明戏院演出《游园惊梦》。

3月7日 在开明戏院演出《宝莲灯》。

3月14日 在开明戏院演出《汾河湾》。

4月30日至5月6日 北京伶界以欢迎直鲁联军名义全体在第一舞台连演夜戏。

4月30日 梅兰芳、杨小楼《霸王别姬》。

5月1日 梅兰芳、杨小楼《长坂坡》。

5月2日 梅兰芳、余叔岩《打渔杀家》。

5月3日 演出《西施》。

5月4日 演出《奇双会》。

5月5日 演出《廉锦枫》。

5月6日 演出二本《木兰从军》。

6月12日 在开明戏院演出《宝莲灯》。

6月13日 在开明戏院演出《红线盗盒》。

6月14日 在开明戏院演出《金针刺红蟒》。

本月 意大利公使夫人偕美国、西班牙、瑞典大使及夫人子女等十八人到无量大人胡同梅宅拜访，并合影留念。

7月3日 在开明戏院演出《武家坡》。

7月10日 在开明戏院演出《黛玉葬花》。

7月11日 在开明戏院与王凤卿、刘景然演出《战蒲关》。

7月17日 在开明戏院演出《奇双会》。

梅兰芳在《红线盗盒》中饰红线女

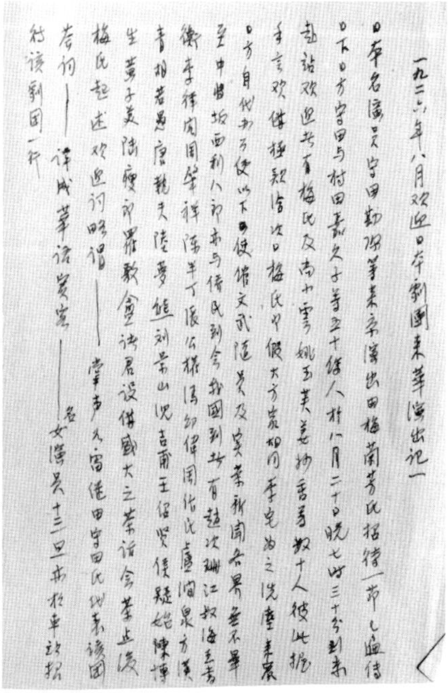

一九二六年八月欢迎日本剧团来华演出记一

日本名演员守田勘弥等来京演出由梅兰芳氏招待一节已由
日下日方守田与村田嘉久子等五十余人于八月二十日晚七时三十分到来
站欢迎者有梅氏及尚小云姚玉芙姜妙香等数十人彼此握
手言欢借极亲洽次日梅氏即假大方家胡同李宅为之洗尘来宾
日方自代办及公使以下及使馆文武随员及实业新闻各界无不毕
至中国坂西利八郎亦与待氏到会我国到者有赵次珊江叔海王寿
衡李律阁周肇祥汤半丁张伯桢汤尔和周作民卢润泉方演
青胡若愚唐执夫陆梦熊刘景山倪吉甫王绍贤傅疑始陈博
生黄子美陆瘦郎罗敷盦诸君设借盛大之茶话会茶点后
梅氏起述欢迎词略谓——掌声大雷继由守田氏起来致词
答词——译成华语发言——名女演员十三旦出于致招
待该剧团一行

梅兰芳接待日本演出团访华活动的手稿

7月18日　在开明戏院与刘景然演出《审头刺汤》。

7月25日　在开明戏院演出《女起解》。

8月14日　在开明戏院演出《天河配》。

8月12日至13日　天津明星大戏院，梅兰芳演出《奇双会》、《牢狱鸳鸯》。

8月16日　在开明戏院演出《天河配》，加演《思凡》。

8月20日　晚7时30分，日本名演员守田勘弥（十三世）和村田嘉久子、板东秀歌、东日出子等五十余人到京献艺，梅兰芳、尚小云、姚玉芙、姜妙香等数十人到车站迎接。

8月21日　梅兰芳借方家胡同李宅为老朋友洗尘。到场的来宾还有日本公使及文武随员坂西利八郎、赵次珊、江叔海、王寿青、胡若愚、唐执夫、陆梦熊等人。梅兰芳致欢迎词。晚，中日两国艺术家在开明戏院联合演出。梅兰芳、王凤卿、刘景然演出《战蒲关》。首演成功后，梅兰芳在中山公园水榭举行茶会，表示庆贺。

8月22日　在北京开明戏院，梅兰芳、朱桂芳演出《金山寺》，守田勘弥（十三世）《一条大藏卿》，村田嘉久子《二人道成寺》。

8月23日　中午，冯幼伟在北京饭店设午宴招待日本朋友。下午，守田勘弥（十三世）在中山公园来今雨轩开答谢会，并演出了日本三弦不扇等余兴节目。晚，梅兰芳、龚云甫演出《六月雪》。在日本剧团回国前，梅兰芳又为守田座全体演员每人赶制了一套中国服装相赠，以资纪念。

8月25日　日本剧团离京返日，全体演员穿上梅兰芳赠送的中国服装，与特地赶到车站送行的梅兰芳依依惜别。

9月11日　在开明戏院演出《御碑亭》。

9月19日　在开明戏院演出《贵妃醉酒》。

9月20日　在开明戏院与刘景然、萧长华演出《审头刺汤》。

9月21日　在开明戏院演出《嫦娥奔月》。

9月26日　第一舞台义务戏，与余叔岩演出《珠帘寨》、《四五花洞》。

10月27日　晚，瑞典王储古斯塔夫斯六世夫妇在瑞典大使的陪同下来到无量大人胡同梅宅。梅宅临时搭了小小的戏台，观众席能容下三十个人，座后预备了冷西餐的陈设。梅兰芳为客人们演出了《琴挑》（与姜妙香合演）和《霸王别姬》中的“舞剑”（与周瑞安合演）。还赠以画扇、田黄图章等。临别前合影留念。

11月中旬 梅兰芳应邀率团到上海大新舞台演出。据梅兰芳纪念馆藏大新舞台戏单所载：

11月15日 夜场演出剧目为：梅兰芳、王凤卿、姜妙香、姚玉芙《御碑亭》，李万春、兰月春《两将军》，杨瑞亭、碧琴芳《游龙戏凤》，开场《采石矶》。

11月16日 夜场演出剧目为：梅兰芳、姜妙香、萧长华、李斐叔《贩马记》，王凤卿《取城都》，李万春《定军山》，开场《山海关》。

11月17日 夜场演出剧目为：梅兰芳、王凤卿、侯喜瑞《宝莲灯》，李万春《凤凰山》，杨瑞亭《徐母骂曹》，开场《长亭会》。

11月18日 夜场演出剧目为：梅兰芳、王凤卿、杨瑞亭《四郎探母》，李万春《南阳关》，碧琴芳《牡丹亭》，侯喜瑞《取洛阳》，朱桂芳《开山献佛》，金少山《青风寨》，开场《大回朝》。

11月19日 夜场演出剧目为：梅兰芳、碧琴芳头、二本《虹霓关》，王凤卿《战长沙》，李万春《神亭岭》，杨瑞亭《目莲救母》。

11月20日 夜场演出剧目为：梅兰芳、姜妙香、朱桂芳全本《廉锦枫》，王凤卿《文昭关》，李万春《英雄义》，碧琴芳《黄鹤楼》，侯喜瑞《白良关》，开场《太平桥》。

11月21日 日场演出剧目为：梅兰芳、王凤卿《汾河湾》，李万春《刺巴杰》，杨瑞亭《坐楼杀惜》，姜妙香《辕门射戟》，萧长华《连升三级》，于莲仙《秦淮河》，开场《御林郡》。夜场演出剧目为：梅兰芳、张春彦《红线盗盒》，王凤卿《群英会》，李万春《打鼓骂曹》，杨瑞亭《潞安州》，碧琴芳《花田错》，兰月春《拿高登》，开场《大回朝》。

11月22日 夜场演出剧目为：梅兰芳、萧长华《苏三起解》，王凤卿全本《鱼藏剑》，李万春《武十回》，杨瑞亭《新长坂坡》，姜妙香《白门楼》，朱桂芳《瑞草园》，于莲仙《玉玲珑》，开场《反五侯》。

11月23日 夜场演出剧目为：梅兰芳、萧长华《审头刺汤》，王凤卿《华容道》，李万春《连环套》，杨瑞亭《珠帘寨》，兰月春《挑滑车》，姜妙香《岳家庄》，开场《伍申会》。

11月24日 夜场演出剧目为：梅兰芳、王凤卿、杨瑞亭全本《甘露寺》，李万春《恶虎村》，碧琴芳《嫦娥奔月》，朱桂芳《金山寺》，金少山《探阴山》，开场《高平关》。

11月26日 梅兰芳、王凤卿《武昭关》，李万春《新长坂坡》。

12月10日 梅兰芳、金少山首次合演《霸王别姬》。

> 梅兰芳原是和杨小楼合演这出戏的。经国剧宗师杨小楼创造出那气吞山河的楚霸王形象之后，梅兰芳要再找到一位水平相称的演员来合作，确是一件困难的事。这一次终于在上海找到了位低才高的金少山。金少山把铜锤、架子、武花的表演方法巧妙地融为一体，并借鉴杨派武生的一些唱念表演，再加上他那雄伟的造型和工架，非常出色地创造了花脸行当霸王项羽的艺术形象，在广大观众中博得了“金霸王”的称号，从而名震全国。此后，金少山就成了楚霸王的最佳人选。在一些重要的大型合作戏中，梅、金的《霸王别姬》被认为是一出极有分量的大轴戏，多次安排演出。

本年 梅兰芳绘《普贤像》赠挚友冯耿光，为他四十五岁生日祝寿。据许姬传回忆：“这张画是普贤菩萨骑在大象上，画笔工细，设色繁褥。这是他在频繁演出间隙，用两个月的时间完成的，上面有罗瘿公的弟弟罗复庵写的小楷：‘普贤行愿品。’这时梅先生的画艺已推进了一步。”[1]

本年 美国驻华商务参赞裘林·阿诺德撰文评论说：“我们赞扬梅兰芳，首先由于他那卓越的表演天才；其次由于他在提高中国戏剧和演员在社会上的地位所做出的贡献；第三点是由于他是一个渴望改进中国戏剧，并且富有独创精神的学生，他使戏剧可以更加真实地反映中国人的文化和艺术。”[2]

[1] 许姬传、许源来著：《忆艺术大师梅兰芳》，中国戏剧出版社1986年6月版，第220页。

[2] 梅绍武著：《我的父亲梅兰芳》，百花文艺出版社1984年版，第106页。

34岁

1927年

民国十六年

丁卯

1月18日 世界红十字会窝窝头会第一舞台义务戏夜场演出剧目为：梅兰芳、王凤卿《宝莲灯》，杨小楼、余叔岩《八大锤》，程艳秋《红拂传》，尚小云、王又宸《探母回令》，高庆奎《乌龙院》，荀慧生《双沙河》。

1月19日 世界红十字会窝窝头会第一舞台义务戏演出剧目为：梅兰芳、杨小楼、王凤卿《霸王别姬》，荀慧生、余叔岩《打渔杀家》，尚小云、筱翠花《御碑亭》，程艳秋《游龙戏凤》，高庆奎《二进宫》。

1月21日 在开明戏院演出三、四本《太真外传》。

1月25日 北平梨园公会总会第一舞台义务演出剧目为：（全体反串）梅兰芳、杨小楼、余叔岩、尚小云《八蜡庙》，梅兰芳、杨小楼、尚小云、荀慧生《四五花洞》，余叔岩、王又卿《南天门》，程艳秋《贺后骂殿》，陈德霖、龚云甫《雁门关》，高庆奎《辕门斩子》，王瑶卿《探亲家》，马连良《御碑亭》。

2月2日 在开明戏院演出《贵妃醉酒》。

2月3日 在开明戏院演出《武家坡》。

3月16日 第一舞台义务戏夜场演出剧目为：梅兰芳、杨小楼《长坂坡》，梅兰芳、余叔岩《游龙戏凤》，尚小云《秦良玉》，高庆奎《胭粉计》，姜妙香《闺房乐》，王瑶卿《能仁寺》，龚云甫《遇皇后》。

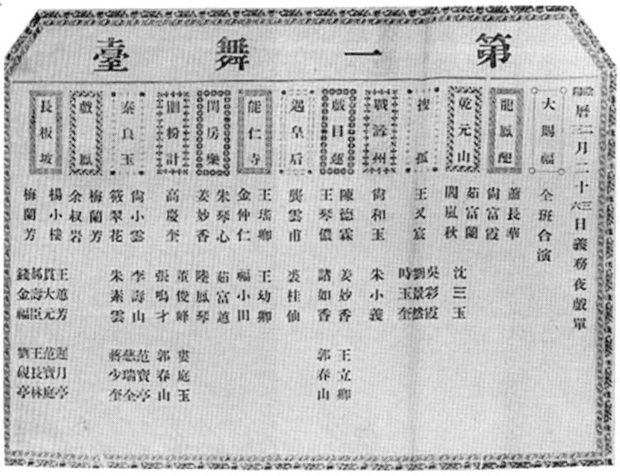
第一舞臺
陰曆二月二十六日義務夜戲單
大賜福 全班合演
龍鳳配 蕭長華 尚富霞
乾元山 茹富蘭 閻嵐秋
搜孤 王又宸
戰滁州 尚和玉
戲目蓮 陳德霖 王琴儂
遇皇后 龔雲甫
能仁寺 王瑤卿 金仲仁
閨房樂 朱琴心 姜妙香
胭粉計 高慶奎
秦良玉 尚小雲 筱翠花
戲鳳 梅蘭芳 余叔岩
長板坡 楊小樓 梅蘭芳

第一舞台义务戏戏单

本月 天津明星大戏院建成，特邀梅兰芳参加开幕演出。

3月27日 第一舞台义务戏夜场演出剧目为：梅兰芳、杨小楼、陈德霖、程艳秋《混元盒》，梅兰芳、李寿山、姚玉芙《天女散花》，杨小楼、郝寿臣《战宛城》，余叔岩《琼林宴》，程艳秋《红拂传》，王又宸、尚小云《汾河湾》，荀慧生、萧长华《虹霓关》，高庆奎《斩黄袍》。

4月16日 梁宅堂会演出剧目为：梅兰芳《御碑亭》，杨小楼、余叔岩《八大锤》，程艳秋《碧玉簪》，白牡丹《宝蟾送酒》，朱琴心《凤阳花鼓》，风云居士《钓金龟》，白牡丹《打樱桃》，李万春《英雄义》，朱桂芳《蟠桃会》，全班合演《百寿图》。

4月21日至27日 应天津明星大戏院之邀演出。

5月6日 英国驻华公使蓝博森观看梅兰芳演出《奇双会》。

5月7日 下午4时，梅兰芳在无量大人胡同梅宅设茶会接待克伯屈博士及其夫人，陪同的有天津南开大学校校长张伯苓和清华学校教育心理学系主任朱君毅、陶知行、陈科美。克伯屈博士晚上在开明戏院观看了梅兰芳演出的《黛玉葬花》。

5月10日 梅兰芳在无量大人胡同梅宅招待英国驻华公使蓝博森夫妇及其他英使馆馆员，陪同的有外交部刁敏谦夫妇等。

5月19日至22日 许少卿组织协兴社，特邀梅兰芳等在天津新明大戏院演出四天。

5月19日 梅兰芳、余叔岩《打渔杀家》，王凤卿《取城都》，周瑞安《连环套》。

5月20日 梅兰芳、王凤卿、郝寿臣二本《西施》，余叔岩、钱金福《定军山》。

5月21日 梅兰芳、朱桂芳、萧长华《廉锦枫》，余叔岩、王长林《打棍出箱》。

5月22日 梅兰芳、王凤卿、周瑞安《霸王别姬》，余叔岩、陈德霖《南天门》。

5月25日 崇外慈幼女工厂为筹备经费在第一舞台举办义演，演出剧目为：梅兰芳、余叔岩《探母回令》，杨小楼、郝寿臣《连环套》，程艳秋、尚小云头、二本《虹霓关》，马连良、徐碧云《游龙戏凤》，王凤卿、程继先《御碑亭》。

5月26日 崇外慈幼女工厂为筹备经费在第一舞台举办义演，演出剧目为：梅兰芳、杨小楼《霸王别姬》，余叔岩、尚小云《打渔杀家》，程艳秋《孔雀屏》，荀慧生《双沙河》，高庆奎、郝寿臣《斩黄袍》，马连良、徐碧云《八大锤》。

5月27日 世界红十字会北京窝窝头会第一舞台演出剧目为：梅兰芳、张春彦《红线盗盒》，杨小楼、余叔岩《战宛城》，程艳秋、郭仲衡《骂殿》，尚小云、陈德霖《探母回令》，朱琴心、荀慧生《虹霓关》。

5月28日 世界红十字会北京窝窝头会第一舞台演出剧目为：梅兰芳、杨小楼《霸王别姬》，余叔岩、侯喜瑞《打渔杀家》，陈德霖、诸茹香《雁门关》，程艳秋、李万春《宝莲灯》，徐碧云、高庆奎《三江口》，荀慧生《双摇会》。

5月29日 世界红十字会北京窝窝头会第一舞台演出剧目为：梅兰芳、王凤卿二本《西施》，余叔岩《珠帘寨》，杨小楼《安天会》，程艳秋、马连良、高庆奎《美人计》，荀慧生《樊江关》，王凤卿《战长沙》，王幼卿、徐碧云《四五花洞》，尚和玉《四平山》，谭富英《武家坡》。

6月7日 朱家溍祖母七十寿辰，在会贤堂堂会戏，梅兰芳演《贵妃醉酒》，余叔岩演《骂曹》，尚和玉演《四平山》。

6月11日 为海城灾情筹款在第一舞台演出义务戏，演出剧目为：梅兰芳《廉锦枫》，杨小楼、郝寿臣《连环套》，余叔岩《战太平》，尚小云《得意缘》，程艳秋《回龙阁》，荀慧生《银空山》。

6月12日 为海城灾情筹款在第一舞台演出义务戏，演出剧目为：梅兰芳、杨小楼、尚小云、荀慧生《五花洞》，梅兰芳、余叔岩、杨小楼《摘缨会》，程艳秋《玉狮坠》，高庆奎、马连良《借东风》，陈德霖《探窑》。

6月20日 北京《顺天时报》举办的“五大名伶新剧夺魁”活动开始投票。

6月26日 在开明戏院演出全本《太真外传》。

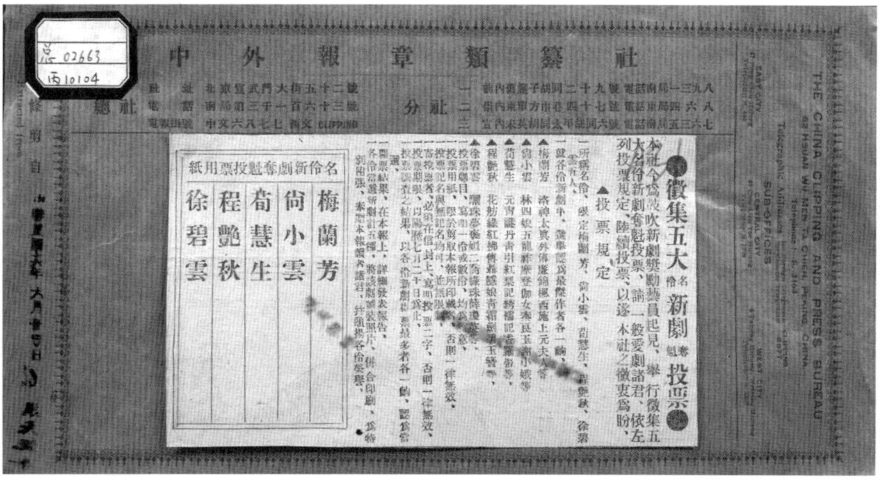

中外報章類纂社

THE CHINA CLIPPING AND PRESS BUREAU

徵集五大名伶新劇奪魁投票

本社今爲鼓吹新劇獎勵藝員起見，舉行徵集五大名伶新劇奪魁投票，請一般愛劇諸君，依左列投票規定，陸續投票，以遂本社之徵求爲盼，

▲投票規定

一所稱名伶，限定梅蘭芳、尚小雲、荀慧生、程艷秋、徐碧雲五人，

一就各伶新劇中，選舉認爲最傑作者各一齣，

▲梅蘭芳 洛神太眞外傳廉錦楓西施上元夫人等

▲尚小雲 林四娘五龍祚摩登伽女秦良玉謝小娥等

▲荀慧生 元宵謎丹青引紅梨記婚姻記香羅帶等

▲程艷秋 花舫緣紅拂傳聶隱娘青霜劍碧玉簪等

▲徐碧雲 驪珠夢娥媚二喬綠珠薛瓊英等

一投票欄目，寫明一伶或數伶，均爲有效，

一投票用紙，限於剪取本報所印載者，否則一律無效，

一投票記名與無記名均可，並無限制，

一寄投票者，必須在信封上，寫明投票二字，否則一律無效，

一投票期限，以陽歷七月二十日爲止，

一投票揭曉之結果，以各伶新劇得票最多者各一齣，認爲當選，

一開票結果，在本報上，詳細發表報告，

一各伶當選新劇計五種，將該劇劇裝照片，併合印刷，爲特別附張，奉贈本報讀者諸君，並頒揚各伶榮譽，

名伶新劇奪魁投票用紙

梅蘭芳

尚小雲

荀慧生

程艷秋

徐碧雲

《顺天时报》刊登“五大名伶新剧夺魁”选票

7月19日 下午4时，在无量大人胡同梅宅设欢迎茶会，招待来华访问演出的日本天华魔术团。

7月23日 北京《顺天时报》举办的“五大名伶新剧夺魁”，历时一月终得出结果，根据最终得票数，梅兰芳以《太真外传》荣登榜首。依次是尚小云的《摩登伽女》、程艳秋的《红拂传》、荀慧生的《丹青引》、徐碧云的《绿珠坠楼》。这五出戏被并称为“五大名剧”。这五人中，因徐碧云较早地离开了舞台，观众中就只流传着“四大名旦”的名字了。

8月10日 美国驻华公使马克谟设宴招待梅兰芳，商谈赴美演出事宜。

8月12日 应天津明星大戏院之邀演出四天。第一天演《奇双会》，第二天演《牢狱鸳鸯》，第三天演《四郎探母》，第四天演《天河配》。此次来津同台演出的演员有王凤卿、陈德霖、龚云甫、姜妙香等。

8月21日 在开明戏院演出《贵妃醉酒》。

8月25日至28日 在天津明星大戏院演出。

8月31日 应许少卿之约，赴天津新明戏院演出四天。

8月31日 梅兰芳《嫦娥奔月》，杨小楼、郝寿臣二本《连环套带盗钩》，王凤卿《御碑亭·金榜乐》。

9月1日 梅兰芳、王凤卿全本《宝莲灯》，杨小楼、钱金福《挑滑车》，姜妙香《玉堂春》。

9月2日 梅兰芳、王凤卿《汾河湾》，梅兰芳、杨小楼《长坂坡》，关丽卿《六月雪》。

9月3日 梅兰芳《黛玉葬花》，杨小楼《安天会》，王凤卿《法门寺》。

9月11日 红十字会慈善救济游园会，北海公园演出剧目为：梅兰芳、杨小楼、王凤卿《霸王别姬》，程艳秋、郭仲衡《花筵赚》，高庆奎《捉放曹》，侯喜瑞《闹江洲》，全班合演《大赐福》。

9月21日 阎宅堂会演出剧目为：梅兰芳《贵妃醉酒》，杨小楼《落马湖》，程艳秋《骂殿》，程玉青《女起解》，言菊朋《昭关》，余叔岩《闹府》，美弟《玉堂春》。

9月24日 为京师女子职业学校筹款，在第一舞台演出义务戏为：梅兰芳、陈德霖、王凤卿《上元夫人》，杨小楼、钱金福《恶虎村》，程艳秋《红拂传》，龚云甫《钓金龟》，荀慧生《文章会》，马连良、高庆奎《群英会》。

10月29日 寿宴堂会演出剧目为：梅兰芳、程继先、姜妙香《奇双会》，尚小云、王琴依《四郎探母》，程艳秋《烛影记》。

11月18日 那园杨宅家庆堂会演出剧目为：梅兰芳、余叔岩、钱金福、杨小楼、王长林《摘缨会》，梅兰芳、姜妙香《玉堂春》，程艳秋《女起解》，陈德霖《四郎探母》，茹富兰《状元印》。

12月10日 北京中和戏院承华社演出剧目为：梅兰芳、姜妙香、姚玉芙、诸茹香《黛玉葬花》，王凤卿《取城都》，尚和玉、侯喜瑞《挑滑车代下书》，萧长华《打面缸》，朱桂芳《十字坡》。

12月18日 承华社在北京中和戏院演出剧目为：梅兰芳《洛神》，王凤卿《硃砂痣》，尚和玉《恶虎村》。

12月26日 在开明剧场首演《俊袭人》。

梅兰芳创演过《黛玉葬花》和《千金一笑》两出“红楼戏”，演出效果《黛》剧称佳，《千》剧则差。他一直有意再试红楼剧目，以求表现红楼题材有所提高。本年，齐如山根据《红楼梦》第二十一回“俊袭人娇嗔箴宝玉”的情节，又编写了一出红楼小戏《俊袭人》，演丫环袭人劝止宝玉在姊妹之间的嬉戏，宝玉不以为然，袭人佯做娇嗔以试其心。梅兰芳见之甚喜，很快即搬上舞台。

35岁

1928年

民国十七年

戊辰

年初 落成不久的天津春和戏院，赴京邀请梅兰芳来津献艺，他特意重新调整了日程，携《俊袭人》、《太真外传》、《上元夫人》等新剧前去助兴。

1月1日 演出剧目为：梅兰芳《贵妃醉酒》，王凤卿《取城都》，萧长华、诸茹香《荷珠配》，福小田《战太平》。

1月2日 演出头、二本《虹霓关》。

1月3日 演出《廉锦枫》。

1月4日 演出《洛神》。

1月11日 演出《俊袭人》。

1月12日 演出三本《太真外传》。

1月13日 演出四本《太真外传》。

1月14日 演出《上元夫人》。

1月15日 齐宅堂会演出剧目为：梅兰芳《麻姑献寿》，梅兰芳、姚玉芙、姜妙香《千金一笑》，尚小云《玉堂春》，侯喜瑞《火判》，李吉瑞《酸枣岭》，云飘香《虹霓关》。

本月 夫人福芝芳生子葆珍（梅绍武）。

2月6日 怀仁堂茶会演出剧目为：梅兰芳、姚玉芙、陈德霖《麻姑献寿》，杨小楼、许德义《状元印》，王瑶卿、王凤卿、龚云甫、陈德霖《南北合》，韩君清《痴梦》，余叔岩、萧长华《胭脂褶》。

2月17日 承华社在中和戏院演出剧目为：梅兰芳、姜妙香、王凤卿全本《宇宙锋》，慈瑞泉《演礼》，张春彦《盗宗卷》，朱桂芳《战金山》，开场吴彩霞《武昭关》。

2月18日 在中和戏院首演全本《宇宙锋》。梅兰芳饰赵艳容，李寿山饰赵高，姜妙香饰匡忠，萧长华饰康建业。

2月29日 天津中原大剧场演出剧目为：梅兰芳、李寿山、李春林《红线盗盒》，王凤卿《取城都》。

3月1日 天津中原公司屋顶妙舞台正式开幕，夜场演出剧目为：梅兰芳、姜妙香头、二本《虹霓关》，王凤卿《捉放曹》，鲜牡丹《千金一笑》，张德芳《大破仙人担》，王菊仙《硃砂痣》，张雅冬《托兆碰碑》，开场《遇龙封官》。

3月3日 在中和戏院演出《牢狱鸳鸯》。

3月4日 直隶赤城等处赈灾义务戏第一舞台夜场演出剧目为：梅兰芳、龚云甫、萧长华《六月雪》，杨小楼、余叔岩《战宛城》，尚小云《法门寺》，程艳秋、马连良《梅龙镇》，荀慧生《花田错》，尚和玉《车轮战》，谭富英《开山府》，朱桂芳、茹富兰《金光洞》，时慧宝《上天台》，全班合演《富贵长春》。

梅兰芳在《太真外传》中饰杨玉环

3月5日 直隶赤城等赈灾第一舞台义务戏夜场演出剧目为：梅兰芳、杨小楼《霸王别姬》，余叔岩《盗宗卷》，程艳秋《孔雀屏》，马连良、郝寿臣《捉放宿店》，荀慧生《大英节烈》，陈德霖《战蒲关》，周瑞安《冀州城》，李万春《狮子楼》，裘桂仙《御果园》，全班合演《渭水河》。

3月10日 在中和戏院演出《女起解》

3月17日 在中和戏院演出《思凡》、《琵琶缘》。

3月20日 铁狮子胡同张宅堂会演出剧目为：梅兰芳、程艳秋、尚小云、荀慧生《五花洞》，梅兰芳、姜妙香《玉簪记》，余叔岩、扎金奎《一捧雪》，程艳秋、王凤卿《骂殿》，红豆馆主、尚小云《奇双会》，李万春、蓝月春《古城会》，王幼卿、筱翠花《得意缘》。

3月24日 在中和戏院演出《闹学》、《武家坡》。

4月1日 在中和戏院演出《硃砂痣》、反串《辕门射戟》。

4月6日 在中和戏院首演《凤还巢》。

《凤还巢》系齐如山根据清宫藏本《循环序》(又名《阴阳树》)所编。这出戏情节巧妙,是一个充满风趣的轻喜剧;行当齐全,也是一出难得一见的新“群戏”。梅兰芳饰程雪娥,王凤卿饰程普,慈瑞泉饰程雪雁,姜妙香饰穆居易,萧长华饰朱千岁,尚和玉饰洪功,侯喜瑞饰周监军。

梅兰芳在《凤还巢》中,依据戏的风格以传统的扮相塑造了纯情少女程雪娥。他的《凤还巢》及以后的多出新戏,因为都不是歌舞剧,所以他再也没用古装扮相,而是梳传统大头,穿传统戏装。梅兰芳晚年仍经常演出此戏,诸多梅门弟子和梅派演员也都精心学演此戏。《凤还巢》是最有影响的梅派新戏之一。

4月7日 在中和戏院演出《凤还巢》。

4月8日 梨园全体修造东岳庙梨园祖师殿第一舞台义务夜场演出剧目为:梅兰芳、杨小楼、王凤卿、许德义《霸王别姬》,尚小云、余叔岩《打渔杀家》,程艳秋、陈德霖、龚云甫《探母回令》,筱翠花、萧长华《乌龙院》,尚和玉、李万春《大长坂坡》,朱桂芳《泗州城》,福小田《大回朝》。

4月15日 在中和戏院演出后本《木兰从军》。

4月28日 在中和戏院演出《贵妃醉酒》。

5月4日 在中和戏院演出《审头刺汤》。

初夏 编演了全本《宇宙锋》(又名《一口剑》、《金殿装疯》)。

《宇宙锋》是一出优秀传统戏,多年来只演“修本”一折,成了一出只讲唱工的青衣戏,情节、人物均欠完整,连有的剧名都不能说清其由来,实难全面塑造主人公赵艳容的形象。梅兰芳从名净李寿山手中偶得全部《宇宙锋》的抄本,如获至宝,随即加紧整理、排练,由于戏幅长达四个多小时,采取了开场即上正戏的演法,也是一个新的创举。全部《宇宙锋》的精彩部分仍在“修本”、“金殿”两场,之后的赵艳容出逃遇救,匡忠还朝雪冤等情节，确有蛇足之嫌，梅兰芳又进一步修订此戏，删掉了后面的赘笔，精炼了前面的场子，把戏结束在“金殿”的高潮之中，更显余味无穷。

6月1日 在开明戏院演出《宝莲灯》。

6月2日 在开明戏院演出《女起解》。

6月17日 在开明戏院演出《金针刺蟒》。

6月22日 在开明戏院演出《千金一笑》。

6月24日 在中和戏院演出《廉锦枫》。

6月30日 在开明戏院演出全本《虹霓关》。

7月6日 在中和戏院演出《武家坡》。

7月7日 在中和戏院演出《黛玉葬花》。

7月13日 在开明戏院演出《法门寺》。

7月14日 在开明戏院演出《嫦娥奔月》。

7月15日 在开明戏院演出《探母》、《回令》。

7月19日 梨园公益总会筹款赈灾第一舞台义务戏：梅兰芳、龚云甫《六月雪》，杨小楼《五截山》，余叔岩《阳平关》，高庆奎《定军山》，程艳秋《宝莲灯》，马连良《坐楼杀惜》，朱琴心《御碑亭》，尚和玉《青石山》，裘桂仙《草桥关》。

7月20日 梨园公益总会筹款赈灾第一舞台义务戏：梅兰芳、杨小楼、王凤卿《霸王别姬》，余叔岩《盗宗卷》，程艳秋、郭仲衡《骂殿》，荀慧生《新安驿》，高庆奎、马连良《借东风》，陈德霖《战蒲关》，尚和玉《战滁州》。

7月22日 在中和戏院演出二本《太真外传》。

7月26日 在开明戏院演出四本《太真外传》。

7月29日 在开明戏院演出《玉簪记》。

8月17日 在中和戏院演出《廉锦枫》。

9月1日 在中和戏院演出《桑园会》、《长坂坡》。

9月7日 在开明戏院首演《春灯谜》。

《春灯谜》系明末阮大铖之传奇剧作。齐如山取其情节曲折动人，翻改成皮黄剧本，梅兰芳作为情节新戏进行排练。梅兰芳饰韦影娘，王凤卿饰宇文行简，萧长华饰庙祝，姜妙香饰宇文彦。在新编的戏中，《春灯谜》和《宇宙锋》都是从开台到散戏只演一出戏。

9月16日 在中和戏院演出前本《春秋记》。

10月7日 在开明戏院演出后本《西施》。

10月14日 在中和戏院演出《春灯谜》。

10月22日 梅兰芳乘船从大连转上海，取道香港赴广州。

此次赴粤是应广东戊辰同乐社之邀。梅兰芳携剧团一百二十余人，包括谭鑫培之孙谭富英等，都是北平的名角。

10月30日 乘香港日船抵粤。

11月1日 首场演出昆剧《奇双会》。海珠戏院正座最高票价为六元六角；特别包厢每人十元，最便宜的则是楼上，每人一元一角。当时，海珠戏院有一千九百多个座位，广州达官贵人巨商富豪都争相一睹梅伶风采。海珠戏院此前连续刊登梅兰芳的戏单，并称其为"中国戏剧大王、世界化装第一人"等。海珠戏院门前马路搭起四座牌楼，高八丈，每座牌楼两边均嵌上梅兰芳十二尺巨幅剧照，以及"欢迎梅兰芳莅粤"的美术字标语。正中一座牌楼，还建有音乐亭，有乐队整天不停演奏中西乐曲表示欢迎，可谓盛况空前。

据梅兰芳纪念馆藏广州海珠戏院戏单所载：

11月2日 夜场演出《孝女廉锦枫》。

11月3日 夜场演出《天女散花》。

11月4日 日场演出《虹霓关》。夜场演出《牢狱鸳鸯》。

11月5日 夜场演出《四郎探母》。

11月6日 夜场演出《西施·浣纱记》。

11月7日 夜场演出《西施·吴宫记》。

11月8日 夜场演出《黛玉葬花》。

11月9日 夜场演出全本《华清池》。

11月10日 夜场演出《霓裳羽衣》。

11月11日 日场演出全本《甘露寺》。夜场演出《新宇宙锋》。

11月12日 夜场演出《霸王别姬》。

11月13日 第二次赴香港高升戏院演出。据梅兰芳纪念馆藏香港高升戏院戏单所载：

11月14日 夜场演出《廉锦枫》。

11月15日 夜场演出《铁镜公主》。

11月16日 夜场演出《红线盗盒》。

11月17日 夜场演出《洛神》。

11月18日 日场演出全本《虹霓关》。夜场演出《西施·浣纱记》。

11月19日 夜场演出《西施·吴宫记》。

11月20日 夜场演出《华清池·赐浴》。

11月21日 夜场演出《霓裳羽衣》。

11月22日 夜场演出《霸王别姬》。

11月23日 夜场演出《天女散花》。

11月24日 夜场演出《太真外传·全本长生殿》。

11月25日 夜场演出《太真外传·全本仙山楼阁》。

11月26日 夜场演出《霸王别姬》。

因大受欢迎，香港演出结束后回到广州，继续在海珠剧场演出。

11月29日 夜场演出《霓裳羽衣》。

12月2日 夜场演出《太真外传·仙山楼阁》、《杨贵妃马嵬坡自缢》、《仙山歌舞重见明皇》，演至12时许完场。国民党广东政治分会主席李济深偕同夫人周月卿，赴海珠戏院观看。

12月8日 香港《华星报》有一篇《梅兰芳却台记》报道："梅伶应戊辰社征召来奏艺于粤，粤人始受北剧洗礼……惟各团体如省市党部、记者联合会有请其奏艺，梅伶多婉辞却之。"以致省市党部售出的专场票，不得不全数退回。此事激怒了国民党当局，市党部突然取缔迎梅牌楼，认为"梅一伶耳，有何值得如此欢迎"？

本年 接受宋继宁加入承华社。

本年 夫人王明华因患肺结核病去世。

本年 梅兰芳在一连排演三出情节新戏的同时，还完成了一出传统戏《三娘教子》增益首尾的工作，整理出《王春娥》。

36岁

1929年

民国十八年

己巳

1月20日　豫陕甘等十三省赈灾会在共舞台筹赈义演剧目为：梅兰芳、萧长华《木兰从军》，王凤卿《取城都》。

1月21日　豫陕甘等十三省赈灾会在共舞台筹赈义演剧目为：梅兰芳《法门寺》，王凤卿《文昭关》。

2月11日　河北省国术馆聘请梅兰芳为顾问。

3月23日　在中和戏院演出《廉锦枫》。

4月6日　在中和戏院演出《俊袭人》。

4月12日　在开明戏院演出《御碑亭》。

4月17日　在北平无量大人胡同梅宅宴请著名歌唱家隔离可惜夫人。

4月27日　山西赈务会筹款第一舞台义务戏演出剧目为：梅兰芳、余叔岩《游龙戏凤》，梅兰芳、杨小楼、余叔岩、程艳秋、马连良、朱桂芳《八蜡庙》，马连良《甘露寺》，杨小楼《美人计》，荀慧生《坐楼杀惜》，王幼卿、陈德霖《四郎探母》等，开场全班合演《大赐福》。

6月8日　在开明戏院演出《金针刺蟒》。

6月14日　在中和戏院演出《琵琶缘》。

6月22日　在中和戏院演出《汾河湾》、《风筝误》。

10月　经过六七年的艰苦筹备，决定赴美访问演出。负责出面邀请梅兰芳赴美的是华美协进社，该社由胡适、张伯苓、孟禄、杜威（John Dewey）等中美学者发起并在美成立，是一个得到联邦政府教育部门拨款，接受美国一些基金会资助，并由纽约州立大学系统董事会发给执照，以促进中美文化交流为主旨的非牟利性团体。华美协进社成立后的首件大事，就是邀请梅兰芳访美。梅兰芳纪念馆藏《梅兰芳游美日记》手稿详细记载了梅兰芳访美演出活动的全过程。

动身前两个月，正式发布消息，得到了各界的赞助：教育次长李石曾约请绅商学界在北平齐化门大街世界社举行公宴，李石曾发表演说，对梅兰芳赴美访问演出表示勉励。

11月15日至17日　为慰劳东北将士在天津春和大戏院演出义务戏。

11月15日　梅兰芳、朱素云、李寿山《奇双会》，杨小楼《战宛城》，尚小云、程艳秋《双探母》。

11月16日　梅兰芳、杨小楼、王凤卿《美人计》，程艳秋《红梅寺》。

11月17日　梅兰芳、杨小楼《霸王别姬》，尚小云《玉堂春》，程艳秋《女起解》。

12月19日　天津美国大学会举行恳亲大会，于天津西湖饭店并欢送梅兰芳剧团赴美。梅兰芳偕同姚玉芙自北平乘车来天津。莅会者有美国领事葛恩以及各国实业界重要人物以及我国各界名人。天津市长崔廷献及同学会会员颜俊人在会上发表了演说，很赞赏梅兰芳赴美的目的，并号召“全国人对这种举动，都应该帮助”。会上梅兰芳致谢词：“……至今次赴美为自动的游历，以考察南洋戏剧为主旨……”

12月21日　由齐如山介绍，王玉华（新艳秋）拜为门下弟子。

12月22日　晚，国乐改进会刘天华等人在交通饭店举行送别宴。散席后梅兰芳前往刘天华家研究此次赴美演出剧目的歌曲谱事宜。

12月23日　河北政府委员严慈约李小苍、谢慕其、沈尹默、吕著青、李小范、祁大鹏为梅先生赴美饯别设宴在美国同

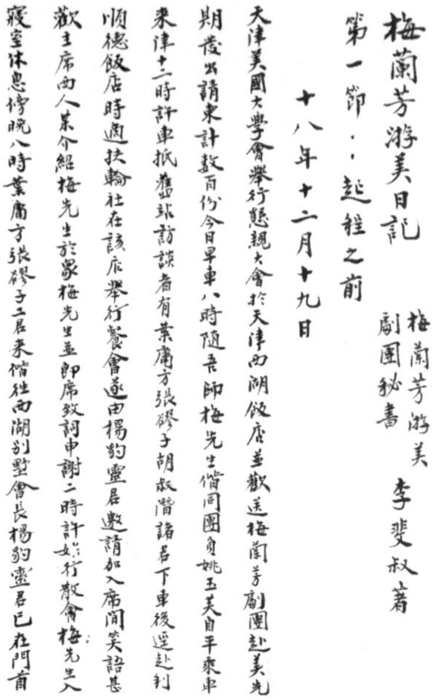
梅蘭芳游美日記

梅蘭芳游美劇團秘書 李斐叔著

第一節：起程之前

十八年十二月十九日

天津美國大學會舉行懇親大會於天津西湖飯店並歡送梅蘭芳劇團赴美先期發出請柬計數百份今日早車八時隨吾師梅先生偕同團員姚玉芙自平乘車來津十二時許車抵舊站訪談者有葉庸方張饗子胡叔謙諸君下車後逕赴利順德飯店時適扶輪社在該店舉行餐會遂由楊豹靈君邀請加入席間笑語甚歡主席西人某介紹梅先生於眾梅先生並即席致詞申謝二時許始行散會梅先生入寢室休息傍晚八時葉庸方張饗子二君來偕往西湖別墅會長楊豹靈君已在門首

李斐叔著《梅兰芳游美日记》

学会。出席的还有徐次辰、李石曾、张溥泉、周作民、李服膺、楚清波等五十多人。省政府主席徐次辰说：“有人说这次出去怕要失败，但就我个人想来，只要能够出去，就是成功，无所谓失败！”

12月24日 前往英、美、法、日、德、意各领事馆辞别，各公使偕盛意招待并愿缮函介绍。

12月25日 李释戡为其饯别，到者皆文学界人士，有樊樊山、王书衡、黄秋岳、邵伯纲、寿石公等。后至梨园公会全体开会送行。

12月26日 在开明戏园观看袁寒云、红豆馆主演出《群英会》。

即将启程时，接连接到傅泾波从美国发来的两封电报，云：“此间发生经济危机，请缓来。”“如来多带钱。”一些好心的朋友劝梅兰芳放弃此行计划，最好别去冒这个风险。然而，梅兰芳意志坚定，他说：“去美国演出并非是为了淘金，而是希望通过演出，能使中国的古典京剧艺术跻身世界戏剧之林，即使自己蒙受了重大损失也是值得的！”

《梅兰芳歌曲谱》

12月28日 由北平至上海。叶庸芳带摄影师赴无量大人胡同梅宅摄制梅兰芳与家人分别和出门登车的情形。陈德霖、尚小云、程艳秋、筱翠花等到车站送行。晚7时，到天津，住宿在西湖别墅。

12月29日 从天津太古码头坐船赴上海。

年底 刘天华用了近三个月的时间为梅兰芳访美演出剧目的乐谱由原来的中国传统工尺记谱法改成五线谱，然后再用中英文分别印制成《梅兰芳歌曲谱》一书，由刘半农作序。

本年 夫人福芝芳生女，名葆珑，幼年夭折。

37岁

1930年

民国十九年

庚午

1月2日 到达上海，住宿在法租界梵王宫饭店，随即拜访黄金荣、张啸林、杜月笙、虞洽卿、钱新之、褚民谊、张岳军、王晓籁等人，随后来到冯幼伟宅中，与张彭春、徐志摩等商讨赴美事宜。

1月3日 赴张啸林之宴，上海名流如虞洽卿、褚民谊、王晓籁、冯幼伟、李芳宸均到场。会上褚民谊致词说："此次梅先生组织梅剧团赴美历其于我国文化上，关系至巨，而于我国家亦至有荣幸同人等殊为钦敬，闻梅君此去于宣扬艺术之外拟征求美邦人士同情于归国后建办一大规模之戏剧学院，确为现存中国社会上一重要事业。"[1] 后至褚民谊家中与冯幼伟、赵叔雍等讨论关于戏曲学院筹集基金事宜。

1月4日 黄金荣、张啸林、虞洽卿、钱新之、褚民谊、李芳宸、王晓籁、冯幼伟等人到梅兰芳下榻的梵王宫拜访，共同商讨戏曲学院基金筹备事宜，最后商定以五千元一份向各方劝募。后至冯幼伟家中商量赴美一切手续和到美后的种种布置事宜。

1月5日 拜会吴震修、赵叔庸、陈蔼士、熊式辉等。晚，赴钱新之之宴，在座的皆为上海银行界要人。后至大光明戏院观看有声电影，梅兰芳为戏院开幕时题"大放光明"四字。

1月6日 梅兰芳偕刘云舫拜见外交部长王儒堂，对于赴美一切详为指导。晚6

[1] 梅兰芳纪念馆馆藏《梅兰芳游美日记》手稿。

时，在梵王宫设宴招待上海报界和票房诸君，会上梅兰芳说："此次游美经沪承大舞台坚留演唱数日。"[1]晚7时，演出《四郎探母》。

1月7日 下午2时，于右任招集上海画家在一品香宴请梅兰芳，众画家合作一画为其饯行。晚间赴国术比赛会在大西洋菜庄的宴会，该会为梅兰芳赴美筹资演出三天。晚，演出《奇双会》。

1月8日 与胡适之、张禹九等讨论赴美一切手续及戏剧宣传事宜。晚，演出《俊袭人》。

1月9日 齐如山由北平来，讨论游美经费问题。晚，演出《霸王别姬》。

1月10日 赴潘志铨之宴，到有中外宾客甚多。晚，继续演出《霸王别姬》。演出结束后参加扬州同乡会宴会，主席致欢迎词说："梅先生这一次远赴美洲，宣扬我国的文化，可称是千秋盛事……并祝梅先生艺术成功，胜利归来。"[2]

1月11日 午后，拜访许秋驹、聂榕卿、林植斋、沈晶臣、步林屋等先生，并到扬州同乡会答谢昨晚饯行厚意。回到住处后，明星影片公司的张石州、洪深、郑白秋先生前来拜访。张先生对梅兰芳说："到美国后，有时间到好莱坞去看看，将后有声电影俞来俞发达，在我们中国的社会里，倒是一件大有可为的新事业……"梅兰芳说："有声电影，我对它也很感兴味的，因为于我国的旧戏剧，再合宜也没有了。去好莱坞考察也是我的计划之一……"[3]随后前往美国领事馆拜访美国领事。晚，演出《洛神》。

1月12日 在大华饭店招待各外报记者，到一百余人，梅兰芳报告赴美宗旨和筹备经过。外报记者代表沙克司基（Sokoske）说："中国固有的美术，在各国负有盛名，人人知道……梅先生这次把中国的戏剧艺术，介绍到西方去，吾们敢下一断语，一定会受到西方人士欢迎的……"[4]

[1][2][3][4] 梅兰芳纪念馆馆藏《梅兰芳游美日记》手稿。

随后到剧场演出日戏《法门寺》。演出结束后前往陶乐春菜馆赴冯五昌博士（在北平时曾担任过梅兰芳私人医生）宴会。夜场演出《霸王别姬》。这是在大舞台的最后一场演出。

1月13日 本日起在上海舞台为戏剧学院筹募基金义演三天，日场演出《四郎探母》，夜场演出《霸王别姬》。

1月14日 日场演出《霸王别姬》。夜场演出《汾河湾》、《溪皇庄》。

1月15日 在大舞台演出的最后一天。演出《法门寺》。

1月16日 下午4时，梅兰芳的江南好友为他在大华饭店举办了盛大的送行宴会，到会的都是军、政、商、学、同各界人士五百余人。梅兰芳致答谢词："兰芳本想个人单独前去的，后来想，个人前去则得益有限，不如组织一个戏剧的团体，联袂前去，在可能的范围之内，还可以趁机来表演一下。去年同李石曾、钱新之、周作民、王绍贤诸先生谈及此事，诸先生很是兴奋的赞成，同时还筹备了一个戏剧学院，做他日改革的张本。近年以来，由欧美到我们中国来游历的人们，也渐渐注意到我们的戏剧，兰芳此去，或者能使西方的人们，认识我们中国的戏剧的真像，在两国的文化上亦不无裨益。世界人们的眼光已渐渐集中到太平洋，艺术又何尝不如此呢？中国与日本同属东亚，互通之点很多，中国与欧美，风土人情，完全截然两事，所以这次的筹备，也就比去日本麻烦很多，甚费斟酌，特将中国戏剧制成图案，做英文的说明，至少希望使东方与西方的艺术界有互相接触的机会……假使兰芳这次去，因艺术上的接触，得使两国民族增进些许感情，也就是兰芳报答国家、社会以及诸位的一点微忱。"[1]会散，即赴史量才先生送别会。

[1]梅兰芳纪念馆馆藏《梅兰芳游美日记》手稿。

1月17日 下午7时，赴梵王宫黄金荣饯行宴会。

1月18日 开始赴美行程，从上海乘英国加拿大皇后号轮船赴美演出。赴美人员除梅兰芳以外，演员有：老生王少亭、花脸刘连荣、武旦朱桂芳、二旦姚玉芙、李斐叔；乐队人员有：胡琴徐兰沅、月琴孙惠亭、吹笛马宝明、三弦霍文元、吹笙马宝柱、司鼓何增福、小锣唐锡光、大锣罗文田。此外还有化妆韩佩亭、管箱雷俊、李德顺以及顾问、剧务主任齐如山、戏剧宣传主任及梅先生私人翻译张禹九、庶务兼剧团翻译龚作霖、会计黄子美等。李择一则随行到日本做日文翻译。

到车站送行的有上海伶界联合会同仁、北平剧界代表、上海大舞台、天蟾舞台、更新舞台、上海舞台、广东剧团代表等各剧界代表。到船上送行的有陈蔼士、徐申如、徐志摩、钱新之、胡适、吴震修、吴仲言、赵叔雍、舒石父、胡北平、萧紫庭、刘云舫、邓昆山等等。

1月21日 下午4时，抵达日本神户。日本各报馆前来采访，我国驻神户总领事周赤忱、副领事任赢仕到码头迎接。梅兰芳与李择一、张禹九、黄子美、齐如山一同登岸，坐车赴东京。到东京车站欢送的有日本松竹社的代表、俳爱界代表、大仓男爵的代表、驻日汪公使代表、商界友人、早稻田大学我国留学生代表、学术界代表、旧友坂西中将、守田勘弥夫妇、守田秀歌近三百人。入住帝国旅馆，随后赴大仓男爵（大仓喜八郎的儿子）的欢送会，到会的有戏剧界、文艺界、编剧家、评剧家及新闻界人士共一千余人。村田嘉久子女士在会上表演歌舞致意。晚，到帝国剧场观剧。

本日 致信胡适："适之先生：在上海，许多事情蒙您指教，心上非常感激！濒行，又劳您亲自到船上来送，更加使我惭感俱深！海上很平稳，今天午后三时，安抵神户了，当即换乘火车赴东京，大约二十三，由横滨上船直放美洲了。晓得您一定关怀，所以略此奉闻，并谢谢您的厚意！"[1]

1月22日 拜访村田嘉久子女士，感谢她昨晚歌舞招待。村田嘉久子女士在山水楼为梅兰芳举办宴会。会后梅兰芳与李择一来到大仓男爵的墓地献花，一表哀思。晚，我国驻日公使汪荣宝先生设宴于公使馆为梅先生送行。汪公使说："美国事毕之后，我希望你就便到欧洲去走一走，既可以将中国戏剧介绍到全欧洲，又可以借机会游历游历，自己也可以增长见识……"[2]宴会结束后汪公使陪同梅兰芳来到无线电台，应电台之请，向日本全国演说。

1月23日 拜访藤山富太先生，并绘《霜菊图》相赠。中午12时，乘车离开东京，大仓男爵、村田嘉久子、守田夫妇等到车站送行。到横滨后坐船继续行程。

1月24日 收到村田嘉久子电报，祝海上平安。

1月25日 发电报给黄秋岳，嘱收到《梅兰芳歌曲谱》后寄至美国。

1月31日 到达加拿大维多利亚港，外报记者多人来船访问，梅兰芳就中国戏剧的情形和此来的目的详细作答。晚，坐船抵达西雅图，领事代表刘吉祺、旧金山华侨代表陈岳东、司徒燦文、邝丙舜等及各新闻记者到站迎接。住宿于夏令配克旅馆。

2月1日 赴特由旧金山赶来的旧金山戏院经理之宴。晚7时，中美协会开欢迎会。参加会议的有铁路代表、商会代表、学生代表等三百余人。协会主席柏里斯莱致欢迎词："……闻梅先生此来亦负有改革戏剧之使命，令人钦敬，东方的文化见称于世，我西方得益至巨，故梅先生此来，尤为敝国人士所欢迎。"[3]华盛顿大学历史教授及东方戏曲主任康蕙庄教授也发表演说。齐如山先生演说中国的戏剧，最后由梅兰芳致答谢词。

2月2日 全体团员参观华盛顿大学并参加了由华盛顿大学我国留学生举办的茶会。下午6时，五马路剧场经理克伦逊邀请参观剧场，此剧场建筑完全仿我国式样，雕镂异常精妙，参观后并观看了节目。

[1][2][3] 梅兰芳纪念馆馆藏《梅兰芳游美日记》手稿。

2月4日 离开西雅图。

2月5日 接到芝加哥梅氏公所和芝加哥中华街电报，邀请梅兰芳在芝加哥停留一天，因为与纽约已定好日期，婉言谢绝，并应允纽约演出结束后来芝加哥演出。

2月7日 上午9时15分，到达芝加哥，梅氏公所、华侨各会馆代表等多人到车站欢迎。10时35分，到中央铁路站改乘中央车前往纽约。

2月8日 抵达纽约，到车站欢迎的有纽约总领事熊崇智、美术学会会长郭秉文博士、银行家张公权先生、华侨首领李国钦、华侨股商李民凤等及众多的新闻记者。下榻于五十九街PiaZa Hotel旅馆。定于17日正式开演。下午6时30分，赴张公权之宴。张公权听说原立合同稍有不当，与梅兰芳讨论在美演出合同事宜。

2月9日 中午12时，赴李国钦夫妇为梅兰芳举办的洗尘宴。纽约总领事熊崇智亲自驾车带梅兰芳游览纽约街市一周。下午4时，赴Mr.Rober先生家中茶会，到会约二百余人，都是商界、银行界、戏剧界名人。后赴Crane先生茶会，到者多为报界人士，纷纷向梅兰芳询问来美宗旨及经过，梅兰芳一一作答。

2月10日 由张禹九代表与四十九街剧场经理卡普克氏商议改立合同事宜。夜间前往ROXY剧场观剧。

2月11日 下午4时，赴美国著名舞蹈家罗丝·丹尼丝、泰德·萧恩夫妇茶会，梅兰芳与他们夫妇曾在北平平安剧院同台演出。

2月12日 到柏拉蒙剧场（Paramounp）参观并观剧。

2月13日 应邀参观四十四街剧场并观剧。

2月14日 在华盛顿参加由中国驻美公使伍朝枢为梅剧团访美演出举行的招待会，出席招待会的有副总统柯梯士及其妹甘夫人、前总统威尔逊的夫人、内政部部长夫妇、商务部部长夫妇、代理海军部部长夫妇、外交次长、法国大使夫妇、德国大使夫妇、意大利大使夫妇、日本大使夫妇、土耳其大使、古巴大使夫妇、智利大使夫妇等各国公使、参议员、众议员及首都各界知名人士计七百余人。演出了《嫦娥奔月》、《青石山》、《千金一笑》。演出结束后梅兰芳聘请在美讲学的张彭春担任总导演和总顾问，负责演出。这是梅剧团第一次建立导演制。张彭春是一个兼通中西方戏剧文化的学者，和胡适同时受业于美国哥伦比亚大学杜威（John Dewey）博士门下。

2月15日 早7时，与张彭春等坐车返回纽约，美国著名舞蹈家万纳（Hans

Weiner)和名舞家麦桥(Straw Kridse)先后来访，万纳(Hans Weiner)在上海时曾与梅兰芳同演一戏，老朋友见面非常高兴。后与张彭春讨论演出剧目问题，张彭春主张只演我国真正旧剧，才能让外国人领略东方艺术的真精神。最后确定演出《汾河湾》、《青石山》、《刺虎》、《空城计》、《霸王别姬》五剧。

2月16日 在纽约百老汇四十九街戏院招待试演。演出结束后与张彭春总结当日演出情况，稍觉冗长，拟将《空城计》、《霸王别姬》两剧去掉，改为《汾河湾》、《青石山》、《剑舞》、《刺虎》四剧。

2月17日 在纽约百老汇四十九街戏院(49th Street Theater)第一次正式公开演出《汾河湾》、《青山石》、《剑舞》、《刺虎》。全场演出两个小时。当日《纽约世界报》发表罗伯特·里特尔的评论文章："梅兰芳在舞台上出现三分钟，你就会承认他是你所见到的一位最杰出的演员。演员、歌唱家和舞蹈家，三位一体，结合得那样紧密无间，你简直看不出这三种艺术相互之间存在甚么界限。这在京剧里确实是浑然一体而不可分解的。你看他在舞台表演，会觉得自己仿佛置身于一个古老的神话优美和谐而永恒的领域里。你会忘记他是按照古老的习俗在饰演旦角，在用奇妙而令人难以抗拒的假嗓歌唱。你会忘记一切，仅剩下他绘制的一幅优美的图画，每个富有表情的姿势，都像中国古画那样浓重而细腻，单单服装和容貌看上去就十分美丽，充满极其微妙的庄严和宁静……你至少在首次惊讶和欢乐的接触到他的艺术时，难以用言语来形容，……像这样的艺术过去在纽约压根儿就没有看见过。"

2月18日 各报纷纷评论，称赞备至。下午3时，赴Khobe钢琴公司的茶会，到会者都是纽约著名艺术家，梅兰芳带去中国戏剧图案数幅，请张彭春详细说明。下午5时，北美洲杂志采访中国戏剧，由张彭春翻译。晚，继续演出。

2月19日 下午3时，剧界名人Lcwisonu邀请梅兰芳去剧场参观排戏。晚，梅兰芳演出时，有数名画家在后台为其画像，极其惟妙。

2月20日 下午5时，赴华美协进社欢迎会，到会有五百余人。梅兰芳演讲说愿意以艺术促进中美两国友谊。演出结束后，卢易松女士在家中宴请梅兰芳。

2月21日 下午4时，美国剧评家司达克·杨(Stark Young)来访。梅兰芳向他询问对中国剧的意见。司达克·杨说："此次得见中国剧之真相，使人得到不少新知识，中国剧确为世上一种真艺术，在每剧之前，一中国少女，操如此之流利英语，说明中国数千年来之历史，在我美国，即不能有如此久远的历史可述。中国确为文化甚早之国，余对中国剧印象已深，实当作一文详论。”[1] 下午5时，赴梅氏公所主席梅宗桧之宴。

2月24日 下午4时，赴万国俱乐部茶会，参加者皆为纽约著名艺术家，共五百余人，哥伦比亚大学杜威博士也在座。首先由主席斯格娜夫人致词：“梅君此次来美不仅在艺术上使我们得到不少教益，而于中美两国间的友谊上亦因之增进不少……”[2] 梅兰芳致答谢词，并由四名团员演奏中国乐曲。

2月25日 《新共和周报》登载美国剧评家司达克·杨的文章，据张彭春翻译节录如下：“人们真能了解艺术的已经很少，尤其对于梅兰芳带来的一种特殊的艺术，难免有奇怪的论调。梅先生是东方艺术界的第一人，我们对于梅先生应当另外有一种眼光来看，如同给我们学习一种新的语言一样，在今年美国所见戏剧最高点，只有梅先生了。即合以往而言亦只有二人，一是意大利的杜适，一是中国之梅兰芳。……总之看梅先生的艺术——即中国的旧艺术——它的特长即是像真，而同时离真，完全是一种情感的表现，并不是一种日常生活的表现，然而它表现出来的一种日常生活，尤其真。所以结果看起来中国的艺术是一种完全而又正确的东西。”[3] 晚，继续演出。

[1][2][3] 梅兰芳纪念馆馆藏《梅兰芳游美日记》手稿。

2月26日 晚，演出结束后，为派拉蒙和福克斯两家影片公司拍摄有声电影，按舞台演出形式，拍了《刺虎》中“贞娥敬酒”的一个片段。此片为梅兰芳拍摄的第一部有声片。派拉蒙公司制成短片发行，不久，国内北京及各大城市影院以加片方式放映了此片。

2月27日 梅兰芳应邀在中央歌剧院观看范格纳（Wagner）的德国歌剧。

2月28日 前往恩派亚剧场观剧，并到后台参观各种布景、机关等。晚，演出结束后，商议拟前往华盛顿、波士顿、费城等地演出。

3月1日 日、夜演出两场，演出结束后前往百老汇路影戏院观看26日所拍摄电影《刺虎》。

3月2日 下午4时，前往纽约著名卡尔登旅馆赴东西联合会茶会，到会三百余人，由印度人达丝主席致欢迎词。下午6时，又前往纽约戏剧联合会之宴，到会四百余人，剧界名人全部到齐。晚8时，前往国际公寓的欢迎会，梅兰芳到时较晚，有克伯驹先生在讲演，此人与梅先生是旧识，曾到过北平梅宅。

3月3日　下午4时，赴菊兰勃女士之茶会。今日移至四十一街国家戏院（Imperial Theater）演出。演出剧目仍是《汾河湾》、《青石山》、《剑舞》、《刺虎》四剧。

3月4日　在剧场排演《打渔杀家》、《贵妃醉酒》、《芦花荡》、《羽舞》。赴剧评家司达克·杨宅中谈话。迁至距国家戏院（Imperial Theater）较近的纽约旅馆。

3月5日　《新共和周报》登载美国著名剧评家司达克·杨题为《梅兰芳和他的剧团的节目》的文章。文章中说到："在一个属于古老民族的传统艺术和一个被他们的人民认为伟大的艺术家面前，我们大多数观众必定感到谦卑……梅兰芳的表演使我足以见到这是本季度戏剧的最高峰，也是自杜适的访问和莫斯科艺术剧院上演契诃夫戏剧以后任何一个戏剧季度里的最高峰。"

3月6日　与张彭春赴戏剧美术文学演讲会，到会皆为戏剧美术文学界知名人士共二百余人。后到剧场排演《打渔杀家》，注重身段与表情，由张彭春导演。夜场演出结束后，又再次招集全体团员排演《打渔杀家》。

3月7日　下午5时30分，赴哥伦比亚大学校教授俱乐部招待茶会，到会百余人，哥伦比亚大学校长夫人莅会。梅兰芳致谢词："此番来美，系久仰贵邦文物之圣，来做一名学生而已，乃自演剧以来，谬蒙各界过分奖饰，则不胜荣幸之致，我中国实是文化最早之国，其中遗留亦颇有足观者，甚愿诸公能一临敝国，鄙人亦当竭诚欢迎。"[1]

[1] 梅兰芳纪念馆馆藏《梅兰芳游美日记》手稿。

3月9日　试演《贵妃醉酒》、《羽舞》、《芦花荡》、《打渔杀家》，招待剧界、作家、记者以及赞助者观看，剧场座无虚席。

3月10日　今日起开始改演《贵妃醉酒》、《羽舞》、《芦花荡》、《打渔杀家》。剧场内挤得水泄不通，盛况空前。

3月11日　上午10时，与张彭春赴美国电影改良会宴会，到会二百余人，梅兰芳致谢词。中午12时，赴Mr. Dmrs Tohns Cushwau茶会，出席的有奥地利皇太子、外交部长夫人、外交讨论会会长等。

3月13日　晚，演出结束后赴剧员（The Players）俱乐部欢迎大会。该俱乐部是纽约著名戏剧家共同组织的俱乐部，会址在美国著名大戏剧家Edwin Booth的遗宅。到会者有影剧界、美术界、报界共二百余人。会长哈普顿（Hampden）致欢迎词："从前东方与西方是完全隔断的，这种天然的间隔，妨害于人类关系很大，但无法免除的。近年来东西两方已渐渐联络起来了，现在东方的大艺术家梅氏，带了东方文化到西方来，他可称沟通东西文化的专使，是关系于人类最有功之一人……"[1] 梅兰芳致谢词，并互赠了礼物。

3月14日　与张彭春到哥伦比亚大学赴杜威博士宴会，到会皆为各大学名教授。杜威博士对梅兰芳的艺术极为嘉许，各大学教授都给予赞赏，张彭春即席演说了中国戏剧。

3月15日　日场演出结束后，与张彭春闲谈。张彭春说："……归国后多从事社会事业，于剧界一切尤须多加注意，应以世界眼光来整理中国戏剧，于诸老伶之特长处设法使之保存或以有声电影摄成影片使得留传后世，应牺牲自己的一切利益，致力于此事。此次之成功不仅个人之成功实中国剧之大成功，往后应有以开拓中国戏剧者。"[2] 梅兰芳对其所说表示赞同。

[1][2] 梅兰芳纪念馆馆藏《梅兰芳游美日记》手稿。

3月16日　与齐如山、黄子美、张彭春、张禹九等前往李国钦乡间别墅做一日游。沿途风景致佳，至夕阳西下才驱车回来。晚8时，与张彭春赴大学妇女会宴会，到会二百余人。后又赴美术界与文学界联合会宴会，到会四百余人。

3月17日　参观纽约国际花会。该会选取一种色黄微紫的花，定名为"梅兰芳花"，表示崇敬梅兰芳之意，并请梅兰芳摄制电影以做纪念。参观后即开始拍摄有声电影，由该会一女子手持"梅兰芳花"作呈送梅兰芳之状。拍摄结束后，前往剧场排演《春香闹学》。

3月18日　瑞士著名雕刻家恩斯特·杜立格来为梅兰芳塑刻石膏像。下午4时，赴茶会，会上梅兰芳演说了中国戏剧和舞台的种种身段，张彭春译述。

3月19日　七十多岁的美国戏剧家、作家、导演家贝拉斯科（Belasco）抱病来访。他对梅兰芳说："君为世界有数之艺术家，尚欲求学于汝，焉敢云

瑞士著名雕刻家恩斯特·杜立格为梅兰芳塑像

教，然今日得来此领略中国戏剧，堪称为世界高尚艺术之一，而阁下之做工及面部表情，尤足使人称美者也。”[1]

3月20日 罗马尼亚画家为梅兰芳画《刺虎》中的表情像，并说：“以图画之艺术，将戏剧之艺术写出，两种艺术参合为一，成为伟大之艺术……梅先生之艺术确为世界最高尚艺术，但恐美国人真能认识艺术者不多，此次来美得此良好效果，不可谓无识者也……君此番来美，影响于世界者诚非浅鲜也……巴黎研究艺术者较纽约多，昔在巴黎时，亦时有谈及梅先生者，似不可一往也。”[2]

[1][2] 梅兰芳纪念馆馆藏《梅兰芳游美日记》手稿。

3月22日 为纽约演出最后一日。演出结束后，前往大使饭店宴请纽约各界赞助人并请大家观剧。观众较日间尤为拥挤，盛况空前。观众自行列队与梅兰芳握手，达一小时之久。福克斯电影公司请梅先生不要卸装，拍摄《刺虎》有声新闻片，此次拍摄为彩色影片。

唐德刚在《梅兰芳传稿》一书中描述了梅兰芳的访美盛况：“纽市第四十九街的购票行列，不用说是绕接三匝，纽约的黄牛党也随之大肆活跃，黑市票卖到二十多块美金。最初梅剧团的最高票价是美金六元，后来也涨至每张十二元。”“在纽约的五个礼拜之后，兰芳在美的声名大奠。以后所到之处，无不万人空巷，没有警车前导就不能举步。他由纽约而华府，而芝加哥，而旧金山，而好莱坞，而洛杉矶，沿途所受欢迎盛况空前。”[3]

[3] 唐德刚著：《五十年代的尘埃》，中国工人出版社2008年版，第43页。

3月24日 瑞士名雕刻家恩斯特·杜立格来为梅兰芳塑像，晚7时，雕刻完成。晚，观看莎士比亚名剧“Hamlet（哈母雷特）”。

3月25日 前往第五街纽约大都会博物馆参观。参观后赴哈利森夫人茶会，到会百余人，哈利森夫人以一极为珍贵的磁盘相赠。下午5时，美国著名导演、建筑师及大学教授数人来访，讨论中西戏剧诸问题，提议梅先生可编演一出有世界意味的戏剧，以中国戏剧程式编演，必可轰动世界，并表示愿意帮助梅先生完成此举。

3月26日 前往欧派亚剧场观剧。晚，应贝拉斯科先生之邀前往其私人所建的剧场观剧。贝拉斯科先生先带领梅兰芳参观了他的收藏，后到剧场后台参观各种灯光的构造及其变幻方法。

4月4日 午后，到达芝加哥，下车后即赴提倡戏剧大会欢迎会，来宾约三百人，以文艺界居多。下榻斯蒂芬旅馆（The Stevens Hotel）。

4月7日 在芝加哥公主戏院（Princess Theater）演出第一天，座无虚席，演出剧目与纽约相同。

4月8日 下午3时，赴提倡编剧公会茶会。在芝加哥演出七天的戏票全部售尽，又续演了三天。

4月20日 下午5时，抵达旧金山，以旧金山市市长小卢尔夫（James Rolph,Jr）为首的知名人士数十人到车站欢迎，小卢尔夫市长在站台外面的广场致欢迎词，他说："我今天本来另有要事，特地放下不做，赶到车站欢迎，因为梅先生此番来美国于中美国际间友谊的关系的确增加了不少，而旧金山的地方中国人建设力又居其半。梅先生艺术高深，我是自顶至踵以至诚热烈的欢迎并代表全市全省全国的人来欢迎。"[1] 梅兰芳与市长同乘敞篷汽车前往当地的大中华戏院参加"欢迎大艺术家梅兰芳大会"。晚，入往费尔孟旅馆（Fair mont Hotel）。

4月21日 前往市政府拜会市长，适逢市政会议，改为欢迎梅兰芳大会。

梅绍武在《梅兰芳自述》中写道："我们到了美国西部旧金山，那是侨胞集中的大城。市长在车站外能容纳几万人的广场上致欢迎词，大家分乘十几辆汽车出发。我和市长同乘敞篷汽车，最前面是六辆警卫车，鸣笛开道。第二队是两面大旗，上写'欢迎大艺术家梅兰芳'，后面是乐队。汽车在两旁密密层层的人群中缓缓行驶到大中华戏院。只见门前挂着'欢迎大艺术家梅兰芳大会'两面大旗，一阵如雷的掌声，把我送进了会场，当时，我心头的激动是很难用语言来形容的。

"第二天，我去答谢市长，那里正开市政会议，市长宣布改为'欢迎梅兰芳'会，委员的欢迎词和我的答谢词都作为议案，永存在市政的档案里面。"[2]

4月24日 大埠弯月戏院夜场演出剧目为：梅兰芳、刘连荣、朱桂芳、王少亭《虹霓关》，梅兰芳、王少亭《天女散花》，王少亭、刘连荣《空城计》。厢房位七元五角，特别位六元五角，头等位六元五角，二等位四元，三等位三元，四等位二元。

4月25日 赴加州全省妇女会举办的茶会。旧金山大埠弯月戏院夜场演出剧目为：梅兰芳、朱桂芳、王少亭《贵妃醉酒》，梅兰芳、姚玉芙《廉锦枫》，朱桂芳《芦花荡》。

4月26日 大埠弯月戏院演出剧目为：梅兰芳、刘连荣《霸王别姬》，梅兰芳、王少亭《麻姑献寿》，朱桂芳、王少亭《举鼎观画》，霍文元《打城隍》。

4月27日 大埠弯月戏院演出剧目为：梅兰芳、刘连荣《刺虎》，梅兰芳《尼姑思凡》，梅兰芳、王少亭《汾河湾》，朱桂芳、刘连荣《青石山》。

[1] 梅兰芳纪念馆馆藏《梅兰芳游美日记》手稿。

[2] 梅绍武著：《梅兰芳自述》，中华书局2005年6月版，第193页。

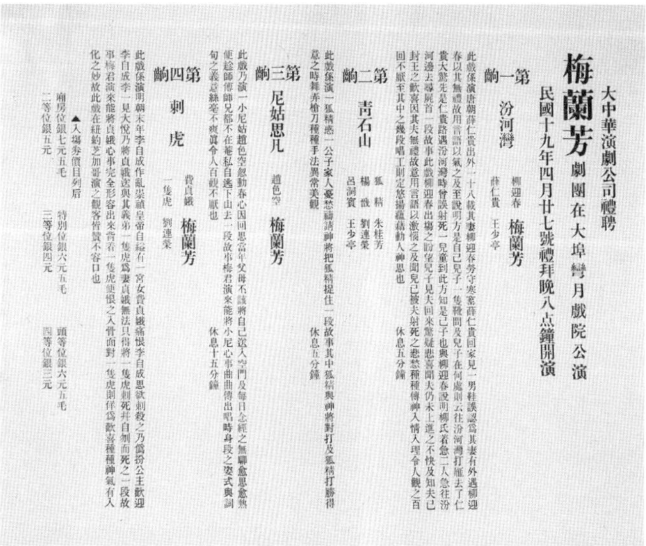

大中華演劇公司禮聘
梅蘭芳劇團在大埠彎月戲院公演
民國十九年四月廿七號禮拜晚八点鐘開演

第一齣 汾河灣 柳迎春 梅蘭芳 薛仁貴 王少亭

此戲係演唐朝薛仁貴出外一十八載其妻柳迎春勞守寒窰薛仁貴回家見一男鞋誤認爲其妻有外遇柳迎春以其無禮故用言語以氣之及至說明方是自己兒子一隻鞋問及兒子在何處則云往汾河灣打雁去了仁貴大驚先是仁貴路遇汾河灣時曾誤射死一兒童到此方知是己子也與柳迎春說明柳氏着急二人急往汾河邊去尋屍首一段故事此戲柳迎春出塲之盼望兒子見夫回來驚疑悲喜聞夫仍未上進之不快及知夫已封王之歡喜因其夫無禮故意用言語以激惱之及聞兒已被夫射死之悲愁種種傳神入情入理令人觀之百回不厭至其中之幾段唱工則定慇揚蘊藉動人神思也 休息五分鐘

第二齣 青石山 狐精 朱桂芳 楊戩 劉連榮 呂洞賓 王少亭

此戲係演一狐精惑一公子家人憂愁薦請神將把狐精捉住一段故事其中狐精與神將對打及狐精打勝得意之時舞弄槍刀種種手法異常美觀 休息五分鐘

第三齣 尼姑思凡 趙色空 梅蘭芳

此戲乃演一小尼姑趙色空忽動春心因回思當年父毋不該將自己送入空門及每日念經之無聊愈思愈煩便趁師傅師兄都不在菴私自逃下山去一段故事梅君演來能將小尼心事曲曲傳出唱時身段之姿式與詞句之義意絲毫不爽眞令人百觀不厭也 休息十五分鐘

第四齣 刺虎 費貞娥 梅蘭芳 一隻虎 劉連榮

此戲係演明朝末年李自成作亂崇禎皇帝自縊有一宮女費貞娥痛恨李自成思欲刺殺之乃僞扮公主歡迎李自成李一見大悅乃將貞娥送與其義弟一隻虎爲妻貞娥無法只得將一隻虎刺死并自刎而死之一段故事梅君演來能將貞娥心事完全形容出來看着一隻虎更恨之入骨面對一隻虎則佯爲歡喜種種神氣有入化之妙故此戲在紐約芝加哥演之觀客皆讚不容口也

▲入塲券價目列后
廂房位銀七元五毛 特別位銀六元五毛 頭等位銀六元五毛
二等位銀五元 三等位銀四元 四等位銀三元

梅兰芳在旧金山演出时的戏单

4月28日 大埠弯月戏院演出剧目为：梅兰芳、姚玉芙、李斐叔《黛玉葬花》，朱桂芳、刘连荣《青石山》，梅兰芳、王少亭《四郎探母》。

5月1日 《洛杉矶审查报》发表了一篇题为《中国早在几百年前就已听见“旁白”》的文章。文章说：“两年以前，即1928年，尤金·奥涅尔在《奇妙的插曲》里运用了‘旁白’这一新颖手法，在当代戏剧中掀起一阵争先仿效的时髦的狂热。中国伟大的演员梅兰芳解释道，这种阐明情节的手法，作为京剧的主要组成要素之一，早已存在几百年的历史了。”

5月3日 晚，赴美国司丹特大学校长罗伯特博士的宴会。

5月7日至9日 在旧金山的最后三天是在喀皮他尔戏院（Capital Theater）演出，演出节目变更为：《霸王别姬》、《嫦娥奔月》、《汾河湾》、《青石山》。

5月12日 抵达洛杉矶，有华侨及各国领事到站欢迎。比利时的领事代表团献花。美国著名女影星玛丽·璧克馥派代表二人到站迎迓，并派摄影队在站内拍摄有声新闻电影。梅兰芳在《我的电影生活》一书中自述：“有我国华侨及各国领事到站欢迎，比利时的领事代表领事团向我们献花，玛丽·璧克馥派代表二人到站迎接，并派摄影队在站内为我们拍摄新闻电影。随即乘玛丽·璧克馥所备的汽车出站。城市政府特遣卫车数辆鸣笛开道，绕道而行，两旁人行道上观看的人，密密层层。”[1] 玛丽·璧克馥热情接待，为了使梅兰芳像回到家里一样，将全座别墅交给梅兰芳和齐如山使用，自己则暂时迁到另一所住宅去了。

当晚，在好莱坞电影界欢迎宴会上见到了世界著名喜剧大师卓别林。梅绍武在《我的父亲梅兰芳》一书中写道：“父亲抵达洛杉矶的当晚，应剧场经理邀请出席酒会，那里聚集着许多文艺界人士，父亲一到场便受到热烈欢迎。刚刚坐下，迎面走来一位神采奕奕的壮年人。父亲觉得似曾相识，正在思索之中，经理站起来介绍道：

[1] 梅兰芳著：《我的电影生活》，中国电影出版社1984年2月版，第33页。

‘这位是卓别林先生。’卓别林说：‘我早听到你的名字，今可称幸会，啊！想不到你这么年轻。’梅兰芳说：‘十几年前，我就在银幕上看见过你，你的手杖、礼帽、大皮鞋、小胡子真有意思。刚才看到你，我简直认不出来，因为你的翩翩风度和银幕幽默滑稽的样子，判若两人了。’卓别林说：‘我还没有看过你的戏，但明天就可以在舞台上看到最能代表中国戏剧、享有世界声誉的天才演员的演出了。’”[1]

[1] [2]梅绍武著：《我的父亲梅兰芳》，百花文艺出版社1999年版，第108页。

5月13日 去电影厂拜访玛丽·璧克馥，并由她陪同参观了电影棚。

从本日起在洛杉矶联音戏院（Philhar monic Auditorium）演出十二天。

5月27日 前任总统威尔逊的女婿、曾任财政总长的麦克杜（W.G.Macdoo）会见梅兰芳，并将一套美国各届总统的铜制纪念章共二十四枚赠给梅兰芳以作纪念。

5月28日 洛杉矶市波摩拿学院（Pomona College）院长晏文士（Charles K.Edmunds）博士召集全校教授开会，一致通过决定28日提前给梅兰芳文学博士荣衔。这在该校历史上是破例之举。当时，国内的报刊评论说：“这枚荣誉章，不仅象征梅兰芳艺术上的高度造诣，更重要的是要通过他的卓越表演，使祖国的戏曲艺术在国际艺坛上取得了应有的地位，放出东方民族独特的艺术光彩。”[2]

6月7日 南加利福尼亚大学（Southem California University）建校五十周年纪念。南加利福尼亚大学授予梅兰芳荣誉文学博士学位。同时获得博士学位的另有五六十位，毕业生百余人也同时接受毕业证书。仪式非常隆重，参观的来宾有三千多位。

6月18日 由北美抵檀香山。檀香山市市长、警察厅厅长、商会会长、太平洋议会会长及本地华侨数十人前来迎接。随即拜访总督（Covernor Lawrence Juud）。入住夏威夷旅馆（Royal Hawaiian Hotel）。晚，华侨五十余人宴请梅兰芳。

6月19日 下午4时，赴檀香山总督的茶会。参加茶会的多为学界及戏界

University of Southern California
To all to whom these Letters shall come Greeting
The Trustees of the University on the recommendation of the President and by virtue of the Authority in Them vested have conferred on
Mei Lan-Fang
In recognition of distinguished achievement in the drama the degree of
Doctor of Humane Letters
with all the Rights Privileges and Honors thereunto appertaining
Given at Los Angeles in the State of California on the seventh day of June in the Year of our Lord One Thousand Nine Hundred and Thirty
President of the University
Secretary of the Board of Trustees

美国南加利福尼亚大学授予梅兰芳的荣誉文学博士证书

人，还有陆军要塞总司令、市长、各国领事、税关监督、商会会长、各学校长以及各机关团体的主要人物，其中包括前任总督三人、各大资本家等二百余人。晚，中华总商会开欢迎会，到者近千人。

6月20日 在檀香山的演出前三日票已售尽。此次演出票价五元，为本地若干年来所未有的票价，购票仍踊跃。

6月底 在檀香山美术戏院（Art Theater）演出十二天。

7月3日 赴美访问演出结束，由檀香山乘浅间丸号轮船回国。在美先后访问了西雅图、纽约、芝加哥、华盛顿、旧金山、洛杉矶、檀香山等城市，演出七十二天。在美演出场场客满，按理说应足够应付一切开销，可是因为会计失职，结账时发现反而亏损了8万美元。“后来回上海天蟾舞台唱了一个月的戏，再加上灌制唱片，才把这笔账还清。”可是“一点也没有因此而气馁，对那次访美演出成功一直心情愉快”。[1]

7月19日 上海各界人士为梅兰芳率团访美归来在大华饭店举行欢迎会。

7月25日 登门拜访胡适，对胡适一贯的帮助表示感激。胡适本日日记中写道：“梅兰芳先生来谈到在美洲的情形，并谈到欧洲去的计划。我劝他请张彭春先生顺路往欧洲走一趟，作一个通盘计划，然后决定。”[2]

8月24日 胡适在日记中写道：“见着吴经熊，他新从哈佛回来，说，美国只知道中国有三个人，蒋介石、宋子文、胡适之是也。我笑说：‘还有一个，梅兰芳。’”[3]

本月 夫人福芝芳生女葆玥。

[1] 梅绍武著：《我的父亲梅兰芳》，百花文艺出版社1999年版，第78页。

[2] 《胡适日记全编》（五），安徽教育出版社2001年10月版，第738页。

[3] 同上书，第766页。

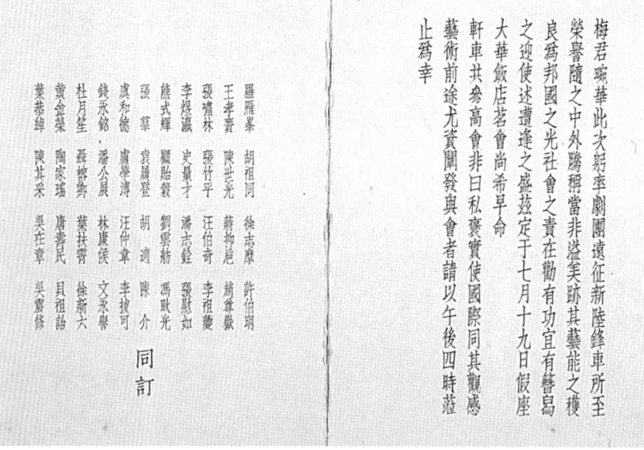
梅君畹華此次躬率劇團遠征新陸鋒車所至
榮譽隨之中外騰稱當非溢美跡其藝能之獲
良爲邦國之光社會之責在勸有功宜有讌舄
之迎使述遭逢之盛茲定于七月十九日假座
大華飯店茗會尚希早命
軒車共參高會非曰私褒實使國際同其觀感
藝術前途尤資闡發與會者請以午後四時蒞
止爲幸

羅雁峯 胡祖同 徐志摩 許伯明
王孝賚 陳世光 蔣抑卮 趙尊嶽
張嘯林 張竹平 汪伯奇 李祖夔
李煜瀛 史量才 潘志銓 張慰如
熊式輝 顧貽穀 劉雲舫 馮耿光
張　羣 袁履登 胡　適 陳　介
虞和德 盧學溥 汪仲韋 李拔可
錢永銘、潘公展 林康侯 文永譽
杜月笙 聶榕卿 葉扶霄 徐新六
黃金榮 陶家瑤 唐壽民 貝祖詒
葉恭綽 陳其采 吳在章 吳震修
同訂

1930年7月19日，上海各界人士为梅兰芳率团访美归来举行欢迎会的请帖

9月14日 为改建北京哈尔飞戏院（1949年后改名为西单剧场）落成剪彩，与诸茹香演出《贵妃醉酒》。

《舞台生活四十年》中记载：“1931年北京西单旧刑部街奉天会馆改建为剧院，名哈尔飞戏院，在开幕那天，由梅先生剪彩演出。因1930年回国后在上海耽搁一个时期，这次在哈尔飞是回北京第一次演出，观众的情绪觉得是久别重逢，休息十分钟的时候，好像已经急不可待，不知不觉就鼓起掌来，越来越多，全场掌声如雷。”[1]

[1]《舞台生活四十年》，中国戏剧出版社1987年版，第715页。

10月下旬 应邀赴天津明星大戏院演出。

10月22日 演出剧目为：梅兰芳、王凤卿《御碑亭》。

10月23日 演出剧目为：梅兰芳、程继先《奇双会》。

10月24日 演出剧目为：梅兰芳、王凤卿《美人计》。

10月25日 演出剧目为：梅兰芳、刘连荣《贞娥刺虎》。

11月2日至4日 为天津辽宁水灾赈灾连续三天在天津明星大戏院演出义务戏。

11月2日 演出剧目为：梅兰芳、杨小楼、王凤卿《美人计》，杨小楼《殷家堡》，萧长华《请医》，全班合演《战太平》。

11月3日 演出剧目为：梅兰芳、杨小楼《长坂坡》，梅兰芳、王凤卿《汾河湾》，程继先《岳家庄》，全班合演《大赐福》。

11月4日 演出剧目为：梅兰芳、杨小楼《霸王别姬》，程继先、萧长华《连升三级》，刘砚亭《取洛阳》，全班合演《大回朝》。

11月底 赴上海演出。

11月26日 杜府堂会演出剧目为：梅兰芳、张春彦、萧长华《玉堂春》，王凤卿《取城都》，谭富英《定军山》，麒麟童《开山王府》，雪艳琴《苏三起解》，盖叫天《十字坡》，董舒良《打鼓骂曹》，吕慧君二本《虹霓关》。

哈尔飞戏院演出戏单

据梅兰芳纪念馆藏上海荣记大舞台戏单所载：

12月4日 演出剧目为：梅兰芳、萧长华《苏三起解》，王凤卿《文昭关》，谭富英《打鼓骂曹》，姜妙香《岳家庄》，朱桂芳《取金陵》，金少山《探阴山》，诸茹香《胭脂虎》，林树森《白马坡》，吕慧君《拾玉镯》，开场《战樊城》。

12月5日 演出剧目为：梅兰芳、萧长华、姜妙香全本《四郎探母》，谭富英《定军山》，朱桂芳《无底洞》，金少山《万花亭》，高雪樵《四杰村》，林树森《坐楼杀惜》，张少泉《钓金龟》，开场《山海关》。

12月6日 演出剧目为：梅兰芳、萧长华、姜妙香《廉锦枫》，王凤卿《鱼藏剑》，谭富英《珠帘寨》，高雪樵、林树森《李元霸》，吕慧君《浣花溪》，开场《大回朝》。

12月7日 日场演出剧目为：梅兰芳、王凤卿、萧长华、金少山全本《法门寺》，谭富英《连营寨》，姜妙香《未央宫》，朱桂芳《盗仙草》，林树森《游龙戏凤》，开场《观花灯》。夜场演出剧目为：梅兰芳、刘连荣、姚玉芙《刺虎》，王凤卿《群英会》，谭富英《琼林宴》，朱桂芳《百草山》，林树森《武昭关》，高雪樵《螺狮峪》，开场《百寿图》。

12月8日 演出剧目为：梅兰芳、姜妙香、姚玉芙《洛神》，王凤卿《樊城长亭》，谭富英《失空斩》，萧长华《连升店》，诸茹香《得意缘》，高雪樵《孙伯符》，开场《李密投唐》。

12月9日 演出剧目为：梅兰芳、王凤卿、萧长华全部《宇宙锋》，谭富英《黄金台》，高雪樵、林树森《大八蜡庙》，吕慧君《贺后骂殿》，开场《祥梅寺》。

12月11日 演出剧目为：梅兰芳、王凤卿、萧长华、谭富英全部《红鬃烈马》，谢德声《贾家楼》，开场《御林郡》。

12月12日 演出剧目为：梅兰芳、姜妙香、姚玉芙《俊袭人》，王凤卿《取城都》，谭富英《南天门》，金少山《李七长亭》，高雪樵、林树森《白马坡》，萧长华《入侯府》，朱桂芳《演火棍》，开场《龙虎斗》。

12月13日 演出剧目为：梅兰芳、姜妙香、姚玉芙、王凤卿前部《西施》，谭富英《捉放曹》，高雪樵《四杰村》，林树森《坐楼杀惜》，朱桂芳《取金陵》，开场《义释友亮》。

12月14日 日场演出剧目为：梅兰芳、王凤卿《汾河湾》，谭富英《失空斩》，高雪樵、林树森三本《铁公鸡》，萧长华、姜妙香《鸿鸾禧》，朱桂芳《蟠桃会》，刘连荣《下河东》，诸茹香《玉玲珑》，开场《观花灯》。夜场演出剧目为：梅兰芳、王凤卿、萧长华、姜妙香后部《西施》，谭富英《洪洋洞》，高雪樵、林树森《关公走麦城》，吕慧君《拾玉镯》，开场《金水桥》。

12月15日 演出剧目为：梅兰芳、王凤卿、萧长华、姜妙香全部《姻缘错》（又名《春灯谜》），谭富英《定军山》，金少山《探阴山》，高雪樵《秦环玉》，林树森《武昭关》，朱桂芳《无底洞》。

12月16日 演出剧目为：梅兰芳、王凤卿、金少山、萧长华、姜妙香《霸王别姬》。

12月17日 演出剧目为：梅兰芳、王凤卿、萧长华、姜妙香头本《杨贵妃》，谭富英《奇冤报》，金少山《刺王僚》，高雪樵《新长坂坡》，林树森《游龙戏凤》，开场《得胜回朝》。

12月18日 演出剧目为：梅兰芳、王凤卿、萧长华、姜妙香二本《杨贵妃》，谭富英《搜孤救孤》，金少山《万花亭》，高雪樵、林树森《孙伯符》，吕慧君二本《虹霓关》，开场《渭水河》。

12月19日 演出剧目为：梅兰芳、刘连荣、姚玉芙《刺虎》，梅兰芳、王凤卿《枪挑穆天王》，谭富英《捉放曹》，高雪樵《大四杰村》，林树森《徐策跑城》，朱桂芳《聚宝盆》，吕慧君《投军别窑》，开场《江东桥》。

12月20日 演出剧目为：梅兰芳、孙甫亭《六月雪》，王凤卿《关公取长沙》，谭富英《珠帘寨》，姜妙香《岳家庄》，朱桂芳《蟠桃会》，林树森《扫松下书》，高雪樵《螺狮峪》，吕慧君《浣花溪》，开场《观花灯》。

12月21日 日场演出剧目为：梅兰芳、王凤卿《宝莲灯》，谭富英《打渔杀家》，姜妙香《辕门射戟》，朱桂芳《取金陵》，林树森、高雪樵三本《铁公鸡》，诸茹香《胭脂虎》，开场《百寿图》。夜场演出剧目为：梅兰芳、王凤卿、金少山《霸王别姬》，谭富英《当锏卖马》，林树森、高雪樵《白马坡》，吕慧君《卖雄鸡》，朱桂芳《虹桥赠珠》，开场《龙虎头》。

本日 黄府堂会第一天演出剧目为：梅兰芳、陈月梅、王荣森、孙甫亭、孙庆芬、毕春芳《麻姑献寿》，马连良《甘露寺》，王凤卿《行善得子》，谭富英《老将得胜》，吕慧君《汾河湾》，杜夫人《张义得宝》。

12月22日 演出剧目为：梅兰芳、王凤卿、萧长华三本《杨贵妃》（《太真外传》），谭富英《阳平关》，吕慧君《贺后骂殿》，林树森《古城相会》，朱桂芳《百草山》，诸茹香《双沙河》，开场《山海关》。

本日 黄府堂会第二天演出剧目为：梅兰芳、姚玉芙、杜月笙、洪雁宾《大登殿》，马连良《三家店》，杜夫人《喜封侯》，金少山、马连良《取荥阳》，王凤卿《举鼎观画》，谭小培《摘缨会》，谭富英《当锏卖马》。

12月23日 演出剧目为：梅兰芳、王凤卿、萧长华四本《杨贵妃》（《太真外传》），谭富英《南天门》，金少山《牧虎关》，林树森、高雪樵《关公走麦城》，开场《祥梅寺》。

12月24日 演出剧目为：梅兰芳、谭富英《四郎探母》，王凤卿《伐东吴》，金少山《探阴山》，高雪樵《四杰村》，林树森《坐楼杀惜》，朱桂芳《盗仙草》，开场《大回朝》。

12月25日 演出剧目为：梅兰芳、谭富英、王凤卿全本《美人计》，金少山《刺王僚》，高雪樵《广泰庄》，吕慧君《百花亭》，朱桂芳《无底洞》，开场《大回朝》。

12月26日 演出剧目为：梅兰芳、王凤卿《武昭关》，梅兰芳、姜妙香《乔醋》，谭富英、金少山《失空斩》，高雪樵、林树森三本《铁公鸡》，萧长华《入侯府》，朱桂芳《摇钱树》，吕慧君二本《虹霓关》，开场《鱼藏剑》。

12月27日 演出剧目为：梅兰芳、王凤卿《霸王别姬》，谭富英《首阳山》，高雪樵、林树森《神亭岭》，吕慧君《双潘金莲》，朱桂芳《大八蜡庙》，开场《战樊城》。

12月28日 日场演出剧目为：梅兰芳、姜妙香《奇双会》，王凤卿《取帅印》，谭富英《琼林宴》，金少山《打龙袍》，高雪樵《新长坂坡》，林树森《游龙戏凤》，朱桂芳《泗州城》，开场《南北斗》。夜场演出剧目为：梅兰芳、王凤卿、萧长华、姜妙香《凤还巢》，谭富英、金少山《洪洋洞》，高雪樵、林树森《新白马坡》，诸茹香《樊江关》，开场《观花灯》。

12月29日 演出剧目为：梅兰芳、萧长华、姜妙香《黛玉葬花》，王凤卿《取城都》，谭富英《击鼓骂曹》，金少山《李七长亭》，朱桂芳《取金陵》，吕慧君《春香闹学》，高雪樵《大闹嘉兴府》，开场《三贵借兵》。

12月30日 演出剧目为：梅兰芳、王凤卿、萧长华、姜妙香《御碑亭》，梅兰芳

《思凡》，谭富英《托兆碰碑》，高雪樵《伐子都》，吕慧君《拾玉镯》，朱桂芳《蟠桃会》，开场《祥梅寺》。

12月31日 演出剧目为：梅兰芳、王凤卿、萧长华、姜妙香全本《宇宙锋》，谭富英、金少山《黄金台》，高雪樵《螺狮峪》，朱桂芳《打瓜园》，吕慧君头本《虹霓关》，开场《渭水河》。

38岁

1931年

民国二十年

辛未

1月　继续在上海荣记大舞台演出。

1月1日　日场演出剧目为：梅兰芳、刘连荣《红线盗盒》，王凤卿《鱼藏剑》，谭富英《定军山》，高雪樵《大四杰村》，姜妙香、萧长华《鸿鸾禧》，开场《江东桥》。夜场演出剧目为：梅兰芳、王凤卿、姜妙香、朱桂芳、萧长华、张春彦前部《西施》。

1月2日　演出剧目为：梅兰芳、王凤卿、姜妙香、朱桂芳、萧长华、张春彦后部《西施》。

1月3日　演出剧目为：梅兰芳、萧长华《霸王别姬》，谭富英《战太平》，高雪樵《挑滑车》，吕慧君《穆柯寨》，朱桂芳《红桃山》，开场《御林郡》。

1月4日　日场演出剧目为：梅兰芳、萧长华、姜妙香前部《春秋配》，王凤卿《取长沙》，谭富英《珠帘寨》，高雪樵《四杰村》，朱桂芳《演火棍》，开场《满堂红》。夜场演出剧目为：梅兰芳、姜妙香《洛神》，王凤卿、谭富英《赤壁鏖兵》，金少山《锁五龙》，高雪樵三本《铁公鸡》，萧长华《下河东》，吕慧君《游龙戏凤》，开场《骂杨广》。

1月5日　演出剧目为：梅兰芳、王凤卿头本《杨贵妃》，谭富英《审头刺汤》，金少山《探阴山》，高雪樵《白马坡》，刘连荣《闹江州》，开场《五雷阵》。

1月6日 演出剧目为：梅兰芳、王凤卿、姜妙香、萧长华二本《太真外传》，谭富英《牧羊卷》，金少山《草桥关》，高雪樵《关公走麦城》，韩金奎《十八扯》，开场《报花灯》。

1月7日 日场演出剧目为：梅兰芳、萧长华、谭富英全本《法门寺》，王凤卿《硃砂痣》，高雪樵三本《铁公鸡》，姜妙香《借赵云》，朱桂芳《取金陵》，开场《访子胥》。夜场演出剧目为：梅兰芳、王凤卿、姜妙香、萧长华三本《太真外传》，谭富英《打严嵩》，金少山《刺王僚》，高雪樵《李元霸》，吕慧君《拾玉镯》，朱桂芳《摇钱树》，开场《战樊城》。

1月9日 演出剧目为：梅兰芳、萧长华、姜妙香《霸王别姬》，谭富英《南天门》，高雪樵《越虎城》，林树森《扫松下书》，朱桂芳《无底洞》，刘连荣《穆柯寨》，开场《南北斗》。

1月10日 演出剧目为：梅兰芳、萧长华、姜妙香《霸王别姬》，谭富英《当锏卖马》，高雪樵《孙伯符》，朱桂芳《打瓜园》，吕慧君《双潘金莲》，开场《满堂红》。

1月11日 演出剧目为：梅兰芳、王凤卿、侯喜瑞《宝莲灯》，王凤卿《凤凰山》，杨瑞亭《徐母骂曹》，开场《长亭会》。夜场演出剧目为：梅兰芳、王凤卿、萧长华、姜妙香《凤还巢》，谭富英《洪洋洞》，高雪樵《广泰庄》，诸茹香《樊江关》，林树森《斩华雄》，于莲仙《胭脂虎》，开场《八百年》。

1月12日 演出剧目为：梅兰芳、姜妙香《俊袭人》，梅兰芳、谭富英《打渔杀家》，王凤卿《文昭关》，金少山《锁五龙》，高雪樵三本《铁公鸡》，萧长华《请医》，朱桂芳《金山寺》，吕慧君二本《虹霓关》，开场《遇龙封官》。

1月14日 演出剧目为：梅兰芳、王凤卿、萧长华《玉堂春》，谭富英《失空斩》，高雪樵《四杰村》，林树森《坐楼杀惜》，朱桂芳《聚宝盆》，诸茹香《浣花溪》，开场《风云会》。

1月16日 演出剧目为：梅兰芳、萧长华、姜妙香《霸王别姬》，谭富英《捉放曹》，高雪樵《艳阳楼》，林树森《梅龙镇》，朱桂芳《雄黄阵》，诸茹香《玉玲珑》，开场《吞六国》。

1月17日 演出剧目为：梅兰芳、萧长华、姜妙香《新八蜡庙》，梅兰芳、谭富英《御碑亭》，王凤卿《取城都》，高雪樵《战宛城》，韩金奎《拾黄金》，开场《乾坤带》。

1月19日 在上海夏令配克戏院夜场演出剧目为：梅兰芳《贵妃醉酒》、《剑舞》、《刺虎》。

1月20日 在上海夏令配克戏院夜场演出剧目为：梅兰芳《汾河湾》、《袖舞》、《霸王别姬》。

1月21日 梅兰芳、马连良在上海百代公司灌录唱片两张，计有《打渔杀家》一张，《宝莲灯》、《四郎探母》共一张，由赵桂元京胡、乔玉泉司鼓。

上海演出结束后回到北京。

2月4日 美国好莱坞电影明星道格拉斯·范朋克来华访问，梅兰芳到车站迎接。梅兰芳在《我的电影生活》里自叙："1931年2月4日黄昏时分，我到前门车站去欢迎范朋克。只见从秦皇岛开来北京的火车缓缓进站，范朋克笑容满面走下火车，和欢迎的人一一招呼，然后，我和他同乘汽车，开抵大方家胡同李宅。""……还向朋友借了一位专做福建菜的大师傅，每天给范朋克做中国菜。"[1]

[1][2][3] 梅兰芳著：《我的电影生活》，中国电影出版社1984年2月版，第40页。

2月5日 在住宅举行茶会，欢迎范朋克。出席做陪的有杨小楼、余叔岩、程艳秋、尚小云、荀慧生等当代著名京剧演员。在《我的电影生活》里自述："第二天（5日）下午，我在无量大人胡同住宅举行了一个茶会欢迎范朋克。邀请的客人以文艺界为主，大家按时而来，都怀着好奇心要看一看这位银幕上的'外国武生'。""那天我分三处招待客人，一处是东面的客厅'缀玉轩'，一处是北面的'宝岳楼'，还有是南面的'阿兰那室'。"[2]

梅兰芳与美国影星范朋克在北京合影

2月6日 在开明戏院演出《刺虎》招待范朋克。《我的电影生活》里自述："6日，我在开明戏院（在珠市口，现改名民主剧场）演出《刺虎》，请范朋克看戏。剧终，他在台上和观众见面，还讲了话。大意是说，这次到中国来旅行，认识了中国的高尚文化，今天又看到梅先生的名剧，感到非常满意。"[3]

2月7日 与范朋克合拍电影。在《我的电影生活》里自述："7日下午，我到大方家胡同去看望他，我提议拍一段有声电影，范朋克兴奋地表示同意。"第一组镜头是两人相见的情景，梅兰芳用英语说了几句欢迎词，范朋克用刚学会的汉语说："梅先生，北京很好，我们明年还要来。"第二组镜头是范朋克扮成《蜈蚣岭》里的行者武松的几个身段动作和亮相姿势。[1]晚，在大方家胡同设宴为范朋克饯行。

2月8日　范朋克离开北京。行前，梅兰芳向范朋克赠送了一些中国特产及武松的全套行头，以作纪念。还送给他妻子玛丽·璧克馥两套中国旦角戏装，希望她有机会也试扮一个中国古典美人。

2月27日　开明戏院演出剧目为：梅兰芳、王凤卿、刘连荣、萧长华、张春彦、诸茹香、李寿山、王蕙芳《法门寺带大审》，尚和玉《四平山》，朱桂芳《泗州城》，程继先《借赵云》。

3月3日　开明戏院演出剧目为：梅兰芳、王凤卿、王琴侬、诸茹香、姜妙香、朱桂芳《上元夫人》，尚和玉《铁笼山》，程继先《状元谱》，刘连荣《下河东》。

4月16日至19日　赴天津明星影院演出。

4月下旬　应邀赴广州演出。

4月25日　梅兰芳剧团部分成员经上海抵广州。

梅兰芳剧团在海珠戏院公演的票价为：夜戏海珠包厢六元，散厢三元，嘉和二元，共和七毫；日戏海珠包厢四元，散厢二元，嘉和一元，共和五毫。

4月28日　演出头本《西施》。

4月29日　演出《凤还巢》。

4月30日　演出《霸王别姬》。

5月1日　演出头本《太真外传》。

5月2日　演出二本《西施》。

5月3日　日场演出《穆柯寨》。夜场演出《霸王别姬》。

5月13日　演出《霸王别姬》。

5月14日　演出《洛神》。

5月15日　演出《唐明皇游月宫》。

5月18日　演出《霸王别姬》。

5月19日　演出《仙山楼阁》。

5月20日　演出《樊江关》、《刺虎》。

5月21日　演出《霸王别姬》。

广州演出结束后赴上海。

[1] 梅兰芳著：《我的电影生活》，中国电影出版社1984年2月版，第42页。

6月9日至11日 为上海杜月笙的杜氏祠堂落成演出三天。

6月9日 下午3时，演出剧目为：梅兰芳、杨小楼、马连良、高庆奎、谭小培、谭富英、龚云甫、金少山、萧长华、姜妙香、曹毛宝《龙凤呈祥》，雪艳琴《百花亭》，张藻辰、尚小云《汾河湾》，华慧麟、萧长华、马富禄《打花鼓》，李吉瑞《落马湖》，程艳秋、王少楼《芦花荡》。

6月10日 演出剧目为：梅兰芳、谭富英、言菊朋《武家坡》，梅兰芳、荀慧生、马连良、龚云甫《大登殿》，徐碧云《彩楼配》，尚小云、贯大元《三击掌》，麒麟童、王芸芳《别窑》，程艳秋、龚云甫《探寒窑》，郭仲衡、芙蓉草《赶三关》，谭小培、雪艳琴《算粮》，谭小培、荀慧生、姜妙香《银空山》。

6月11日 演出剧目为：梅兰芳、程艳秋、尚小云、荀慧生、高庆奎、金少山《五花洞》，梅兰芳、谭小培、金少山《二进宫》，杨小楼、马连良《八大锤》，程艳秋、谭富英、王少楼《忠义节》，尚小云、贯大元、龚云甫《马蹄金》，刘宗杨《挑滑车》，李万春《林冲夜奔》，雪艳琴、姜妙香、雪艳舫《弓砚缘》，李吉瑞《卧虎沟》，麒麟童、王英武《庆贺黄马褂》。

6月30日至7月1日 上海筹募江西急赈会，在荣记大舞台特请平津名优义务演出两天。梅兰芳、高庆奎、言菊朋等出演。

7月 回到北京。

7月27日 应李释戡的宴请。胡适在本日日记中写道："李释戡邀吃饭，有梅兰芳及上沅、佛西诸人。大家谈戏剧。"[1]

7月31日 堂会演出剧目为：梅兰芳、刘连荣《红线盗盒》，传世兰《游园惊梦》，马连良《失街亭》，雪艳琴《玉堂春》，韩盛信《恶虎村》。

9月11日 北平梨园总会十六省水灾急赈第一舞台义务戏演出剧目为：梅兰芳、余叔岩《游龙戏凤》，杨小楼、郝寿臣《战宛城》，程艳秋、王少楼《贺后骂殿》，尚小云、侯喜瑞《穆柯寨》，谭富英《定军山》，朱桂芳、周瑞安《青石山》。

9月12日 北平梨园总会十六省水灾急赈第一舞台义务戏演出剧目为：梅兰芳、杨小楼、王凤卿《霸王别姬》，尚小云、程艳秋、王少楼《探母回令》，筱翠花《马思远》，谭富英《乌龙院》，尚和玉《艳阳楼》。

9月13日 北平梨园总会十六省水灾急赈第一舞台义务戏演出剧目为：梅兰芳、余叔岩《打渔杀家》，梅兰芳、杨小楼《美人计》，龚云甫《回荆州》，程艳秋《甘

[1]《胡适日记全编》（六），安徽教育出版社2001年10月版，第136页。

露寺》，尚小云《娘子军》，言菊朋《击鼓骂曹》。

9月18日 在中和戏院演出《宇宙锋》。

12月21日 由梅兰芳、余叔岩、齐如山、张伯驹等人创办的国剧学会在北平虎坊桥45号（现晋阳饭店原址）正式成立，并召开第一次会议，宴请李石曾、于学忠、胡适之、袁守和等人。为祝贺学会成立，当天有一场别开生面的演出。剧目为《庆顶珠》、《捉放曹》等，大轴戏为《八蜡庙》，梅兰芳反串武老生褚彪，张伯驹饰黄天霸，武旦朱桂芳反串费得功。

本年 《戏剧月刊》发表观众对"四大名旦"评分结果：梅兰芳以总分565分（扮相90分，嗓音95分，表情100分，身段95分，唱工90分，新戏95分）位居第一；程艳秋总分540分（扮相80分，嗓音85分，表情90分，身段85分，唱工100分，新戏100分）名列第二；荀慧生总分530分（扮相85分，嗓音80分，表情90分，身段90分，唱工85分，新戏100分）名列第三；尚小云总分505分（扮相80分，嗓音90分，表情80分，身段80分，唱工90分，新戏85分）名列第四。

本年 长城唱片公司特邀梅兰芳与杨小楼合作录制了唱片《霸王别姬》。这次录制，精选了"项羽兴兵"、"虞姬解劝"、"风折纛旗"三个片段和"被困别姬"全场，共计六张十二面，基本概括了全戏的风貌。这套唱片留下了极为珍贵的艺术资料，永传后世。

39岁

1932年

民国二十一年

壬申

1月12日 长城唱片公司请梅兰芳、尚小云、程艳秋、荀慧生四人，合灌唱片《四五花洞》一张，由徐兰沅伴奏京胡、王少卿伴奏京二胡、何斌奎伴奏司鼓，成为稀世绝品，并使“四大名旦”的称谓更深入人心。

1月28日 日本飞机轰炸上海，存放在商务印书馆的《春香闹学》、《天女散花》两部影片被毁。“1932年‘一·二八’中日战争中，商务印书馆印刷所被日本飞机投弹炸为平地，库存影片全部被毁，我最早所拍的两部影片也同归于尽。”[1]

1月29日 晚7时，国剧学会召开第二次会议，到会者有溥西园、刘半农、郑颖孙、余仲荪、刘天华、梁思成、焦菊隐、王泊生、吴瑞燕、陈振先、傅佩青、王梦白、管翼贤、陈墨香、徐凌霄、徐汉生等三十余人。席间讨论戏剧学会附设国剧传习所，筹备戏剧图书馆编订戏剧大词典，整理旧剧等事。

2月7日 承华社在北京中和戏院夜场演出剧目为：梅兰芳、王瑶卿全部《御碑亭》，尚和玉、朱桂芳《蟠桃会》，程继先《鸿鸾禧》，刘连荣《英雄义》。

2月20日 皕忍堂堂会演出剧目为：梅兰芳、姜妙香、程继先《奇双会》，杨小楼、余叔岩《朱仙镇》，荀慧生《元宵谜》，李万春《古城会》，高庆奎《定军山》，杨宝森《游龙戏凤》，筱翠花《得意缘》，朱桂芳《蟠桃会》。

3月 为淞沪抗战受伤战士筹集医药费，在北平义演了三天。

[1] 梅兰芳著：《我的电影生活》，中国电影出版社1984年2月版，第12页。

春 国民党政府与日本帝国主义侵略者签订《塘沽协定》，华北局势危急。梅兰芳举家南迁上海。面对日寇的侵华，国民党政府的不抵抗政策，他忧国忧民，决意排演新戏，以抒爱国深情，鼓舞人民斗志。梅兰芳的好友叶恭绰提出以梁红玉战金山的故事编演新戏，正可体现奋起抗敌的激情，以适当时全国高呼抗日之大势，剧名可直称《抗金兵》。这一提议提醒梅兰芳想起传统老戏《娘子军》，是一出艺术精湛的刀马旦戏，完全可以扩充增编，赋予新意。于是共同创作编排抗敌新戏《抗金兵》。

5月 国剧学会附设国剧传习所成立，招考业余学员。学会下设教导组、编辑组、审查组、总务组四个组。梅兰芳和余叔岩负责主持教学工作。传习所培育出刘仲秋、郭建英、高维康等七十五名学生。

梅兰芳在国剧传习所成立时演讲

5月12日 梅兰芳在国剧传习所新学员开学典礼上讲话，他说："我认为戏剧要接近人民，接近大众，研究艺术是从事人类精神生产的活动，所以要站在时代前面一点一点地做下去。"还鼓励学员"一要敬业乐群、二要活泼严肃、三要勇猛精进"。这番举措，无疑是梅兰芳访美演出归国后，与余叔岩、齐如山等人合作，为宏扬京剧艺术而设计的一项系统工程。

10月28日至31日 应邀赴天津春和戏院，演出《春秋配》、《牢狱鸳鸯》、《凤还巢》、四本《太真外传》。

11月29日 携夫人福芝芳抵达苏州，逗留五天，遍游城内外古迹名胜，并与契集曲社及京剧票友相互探讨观摩京昆艺术。

12月3日 晚，离开苏州返回上海。夫人福芝芳次日返回北平，把儿子葆琛、葆珍、女儿葆玥接到上海。

冬 日本帝国主义在东北阴谋筹建傀儡满洲国，派清朝遗老来邀梅兰芳前去演出，以示庆祝，遭到严正拒绝。来人说："你们梅家三辈受过清朝恩典，樊樊山先生且有'天子亲呼胖巧玲'这样的诗句，而今大清国再次复兴，你理应前去庆祝一番，况且这跟演一次堂会戏又有何区别？我真纳闷你为何不能前去？"梅兰芳斥责说："现在他受到日本人的操纵，要另外成立一个伪政府，同我们处于敌对地位，我怎能去给他演戏，而让天下人耻笑我呢？"[1]

冬 迁入马斯南路121号（今思南路87号）定居，书房新取斋名"梅华诗屋"。并在上海演出。此后以较多的时间和俞振飞、许伯明等共同钻研昆山腔水磨调和橄榄腔的唱法。这是梅兰芳接触俞派唱法的开始。

本年 夫人福芝芳生女，未起名即夭。

梅兰芳书房"梅花诗屋"

[1]梅绍武著：《我的父亲梅兰芳》，百花文艺出版社1999年版，第177页。

40岁

1933年

民国二十二年

癸酉

1月1日至6日 梅兰芳、马连良等在天蟾舞台演出，收入全部赈济豫皖鄂灾区和东北受难同胞。

1月12日至14日 应苏州各界联名邀请，赴苏州演义务戏三日，以答谢上年11月底由南京抵苏州时地方各界盛情招待之意。此次随团的演员有马连良、金少山、萧长华、姚玉芙等全班人马，还有名票友孙兰亭等。演出地点是东方大戏院。票价分别为十元、五元、三元和二元四种。

1月12日 梅兰芳、萧长华演出《苏三起解》，梅兰芳、金少山、马连良、萧长华、马福禄、于莲仙演出全本《法门寺》。

1月13日 梅兰芳、金少山合演《霸王别姬》，梅兰芳、马连良演出《甘露寺》。

1月14日 东吴大学校长、旅苏美侨联、东吴大学同学会联合举行欢迎梅兰芳博士茶话会，参加的中外宾客计百余人。晚，梅兰芳、马连良、刘连荣、萧长华演出《宝莲灯》。

2月17日 英国著名戏剧家、世界反帝大同盟名誉主席肖伯纳，以七十七岁高龄周游世界抵沪，在宋庆龄盛情邀请下，上岸短暂逗留一天即前往北平。是日下午2时30分，肖伯纳至世界学社出席中国笔会的欢迎会。中方参加人员有蔡元培、鲁迅、杨杏佛、叶恭绰、林语堂、邵洵美、张韵梅、唐瑛等。梅兰芳本非笔会的会员，但因肖伯纳提出见梅兰芳的要求，故梅兰芳也应邀出席了。当翻译介绍到梅兰芳时，肖翁与其言谈良久，并问道："英国戏剧上演时没有锣鼓等声音，因为演戏时，一有杂音就会损害观众的注意力，而中国京剧演出时，颇觉过闹，锣鼓声甚为喧嚣，不知何故？"梅兰芳答道："这是因为京剧来自民间，以往在乡间旷野演出，必先敲锣打鼓以招引观众看戏，后来，京剧虽移至城内剧场演出，这锣鼓喧天的传统仍保留下来。但中国古典戏剧也有不喧闹的，如昆曲就是一种。"[1] 临别时，梅兰芳向肖翁赠送了一套京剧脸谱和一件戏装。

[1] 梅绍武著：《我的父亲梅兰芳》百花文艺出版社1984年版，第120-121页。

5月 应邀赴上海天蟾舞台演出。据梅兰芳纪念馆藏天蟾舞台戏单所载：

5月26日 夜场演出剧目为：梅兰芳、萧长华《苏三起解》，高庆奎《失空斩》，高雪樵《铁公鸡》，姜妙香《岳家庄》，林秋雯《人面桃花》，朱桂芳《取金陵》。

5月27日 夜场演出剧目为：梅兰芳、姜妙香、姚玉芙《洛神》，高庆奎《逍遥津》，金少山《审李七》，高雪樵《大四杰村》，林秋雯《鸿鸾禧》，刘连荣《李逵扮女》，开场《得胜回朝》。

5月28日 日场演出剧目为：梅兰芳、高庆奎、金少山全本《法门寺》，高雪樵、粉菊花、朱桂芳全部《雷峰塔》。夜场演出剧目为：梅兰芳、高庆奎全部《四郎探母》，金少山《李七长亭》，高雪樵《挑滑车》，刘连荣《丁甲山》，朱桂芳、粉菊花《白蛇传》。

5月29日 夜场演出剧目为：梅兰芳、金少山《霸王别姬》，高庆奎《琼林宴》，高雪樵《两将军》，粉菊花《瓦岗寨》，朱桂芳《蟠桃会》。

5月30日 夜场演出剧目为：梅兰芳、姜妙香、刘连荣前部《西施》，高庆奎全本《应天球》，高雪樵《百凉楼》，粉菊花《阴阳河》，王富英《八蜡庙》。

5月31日 夜场演出剧目为：梅兰芳、姜妙香、刘连荣后部《西施》，高庆奎《上天台》，高雪樵《新长坂坡》，粉菊花《探亲相骂》，王富英《大闹嘉兴府》。

6月1日 夜场演出剧目为：梅兰芳、姜妙香、萧长华《奇双会》，梅兰芳、高庆奎《打渔杀家》，金少山《黑风怕》，高雪樵《广泰庄》，粉菊花《演火棍》，王富英《史文恭》。

6月2日 夜场演出剧目为：梅兰芳、姜妙香、萧长华《凤还巢》，高庆奎《割麦装神》，高雪樵《艳阳楼》，粉菊花《七星庙》，王富英《伐子都》。

6月3日 夜场演出剧目为：梅兰芳、金少山《霸王别姬》，高庆奎《捉放曹》，高雪樵《螺狮峪》，粉菊花《查头关》，朱桂芳《大泗州城》。

6月4日 日场演出剧目为：梅兰芳、高庆奎全部《大甘露寺》，朱桂芳《取金陵》，粉菊花《阴阳河》，林秋雯《牡丹亭》。夜场演出剧目为：梅兰芳、高庆奎《煤山恨》，高雪樵《大四杰村》，林秋雯《孟姜女》，王富英《金雁桥》，小小活猴《怕婆顶灯》，董舒良《赶三关》。

6月5日 夜场演出剧目为：梅兰芳、高庆奎《煤山恨》，高雪樵《驱车战将》，粉菊花《拾玉镯》，王富英《大闹嘉兴府》，董舒良《硃砂痣》，小小活猴《四国进宝》。

6月6日 夜场演出剧目为：梅兰芳、高庆奎《汾河湾》，梅兰芳《思凡》，高庆奎《托兆碰碑》，李慧琴《虹霓关》，高雪樵《霞明关》，粉菊花《翠屏山》。

6月7日 夜场演出剧目为：梅兰芳、朱桂芳、萧长华《廉锦枫》，高庆奎《重耳走国》，金少山《李七长亭》，高雪樵《挑滑车》，粉菊花《乌龙院》，刘连荣《取洛阳》。

6月8日 夜场演出剧目为：梅兰芳、高庆奎全部《四郎探母》，李慧琴《苏三起解》，金少山《刺王僚》，高雪樵《收姜维》，粉菊花头本《虹霓关》，朱桂芳《聚宝盆》，刘连荣《下河东》。

6月9日 夜场演出剧目为：梅兰芳、姜妙香、姚玉芙《霸王别姬》，高庆奎全本《金光阵》，高雪樵《越虎城》，粉菊花《探亲相骂》，朱桂芳《雄黄阵》，刘连荣《双李逵》。

6月10日 夜场演出剧目为：梅兰芳、王少亭、姜妙香三本《太真外传》，高庆奎《连营寨》，李慧琴《鸿鸾禧》，金少山《普天同庆》，粉菊花《演火棍》，朱桂芳《蟠桃会》。

6月11日 日场演出剧目为：梅兰芳、林树森、姜妙香《奇双会》，高庆奎《阳平关》，李慧琴《梅龙镇》，王富英《铁公鸡》，粉菊花《七窍》，朱桂芳《大泗州城》。夜场演出剧目为：梅兰芳、姜妙香、姚玉芙四本《太真外传》，高庆奎《南天门》，金少山《审李七》，高雪樵、粉菊花《大四杰村》。

6月12日 夜场演出剧目为：梅兰芳、姜妙香、萧长华《凤还巢》，高庆奎《琼林宴》，李慧琴《尚香别宫》，金少山《草桥关》，高雪樵《艳阳楼》，粉菊花《红梅阁》。

6月13日 夜场演出剧目为：梅兰芳、高庆奎、姜妙香《牢狱鸳鸯》，高庆奎《定军山》，李慧琴《彩楼配》，高雪樵、金少山《高冲挑车》，粉菊花《新安驿》，朱桂芳《金山寺》，开场《战樊城》。

6月14日 夜场演出剧目为：梅兰芳、姜妙香、姚玉芙《俊袭人》，高庆奎全部《浔阳楼》，朱桂芳《取金陵》，粉菊花《佘塘关》。

6月15日 夜场演出剧目为：梅兰芳、林树森、姜妙香全部《宇宙锋》，高庆奎《桑园寄子》，林树森《古城会》，高雪樵、粉菊花《大八蜡庙》。

6月16日 在上海天蟾舞台首演新编戏全部《抗金兵》，梅兰芳饰梁红玉，林树森饰韩世忠，朱桂芳饰韩尚德，高雪樵饰韩彦直，王少亭饰岳飞，金少山饰牛皋，姜妙香饰周邦彦，刘连荣饰金兀术，萧长华饰朱贵。

梅兰芳在《抗金兵》中饰梁红玉

《抗金兵》的演出，使观众群情激荡，震动申江，给当时上海如火如荼的抗敌戏剧运动，增添了一笔浓浓的重彩。《抗金兵》的创作和演出，标志着梅兰芳已经站在了挽救民族存亡的斗争前线，直接参加到反日本帝国主义侵略的行列中来。他早期所追求的提高京剧社会作用的理想，得到了较好的体现。

6月17日 夜场演出剧目为：梅兰芳、林树森、高雪樵、姜妙香、姚玉芙全部《抗金兵》，高庆奎《逍遥津》，李慧琴《宝莲灯》，粉菊花《大泗州城》。

6月18日 日场演出剧目为：梅兰芳、高庆奎、金少山《煤山恨》，林树森《过五关》，高雪樵《铁公鸡》，粉菊花头本《虹霓关》。夜场演出剧目为：梅兰芳、金少山《霸王别姬》，高庆奎《胭粉计》，高雪樵《斩颜良》，粉菊花《鸿鸾禧》，朱桂芳《摇钱树》。

6月19日 夜场演出剧目为：梅兰芳、高庆奎全本《法门寺》，梅兰芳、姜妙香、姚玉芙《游园惊梦》，高庆奎《战长沙》，高雪樵《越虎城》，粉菊花《阴阳河》，朱桂芳《金山寺》。

6月20日 夜场演出剧目为：梅兰芳、姚玉芙《天女散花》，高庆奎全本《三国志》，高雪樵《广泰庄》，粉菊花《宋江闹院》，朱桂芳《雄黄阵》。

6月21日 夜场演出剧目为：梅兰芳、姜妙香、金少山、林树森全部《抗金兵》，高庆奎《奇冤报》，粉菊花《新安驿》，李鑫培《落马湖》。

6月22日 夜场演出剧目为：梅兰芳、姜妙香、姚玉芙二本《太真外传》，高庆奎《珠帘寨》，金少山《古城会》，粉菊花《石十回》。

6月23日 夜场演出剧目为：梅兰芳、姜妙香、王少亭三本《太真外传》，高庆奎《击鼓骂曹》，林树森《武昭关》，金少山《黑风怕》，粉菊花《探亲相骂》。

6月24日 夜场演出剧目为：梅兰芳、王少亭《辕门射戟》，梅兰芳、姜妙香《春秋配》，高庆奎《首阳山》，高庆奎《翠屏山》，李慧琴《宝莲灯》，高雪樵《英雄义》。

6月25日 日场演出剧目为：梅兰芳、姜妙香、姚玉芙三本《太真外传》，高庆奎《胭粉计》，李慧琴《鸿鸾禧》，金少山《风云际会》，高雪樵《拿高登》，粉菊花《刺惜姣》。夜场演出剧目为：梅兰芳、姜妙香、姚玉芙四本《太真外传》，高庆奎全部《哭秦庭》，金少山《普天同庆》，粉菊花《阴阳河》。

6月26日 夜场演出剧目为：梅兰芳、姜妙香、萧长华《凤还巢》，高庆奎《连营寨》，林树森《回龙阁》，金少山《刺王僚》，粉菊花《查头关》，李鑫培《杀女报恩》。

6月27日 夜场演出剧目为：梅兰芳、金少山《霸王别姬》，高庆奎《逍遥津》，林树森《游龙戏凤》，高雪樵《伐子都》，粉菊花《拾玉镯》，开场《清河桥》。

6月28日 夜场演出剧目为：梅兰芳、高庆奎全部《四郎探母》，李慧琴《浣花溪》，林树森《太行山》，高雪樵《战马超》，董舒良《天堂州》，朱桂芳《盗仙草》。

6月29日 夜场演出剧目为：梅兰芳、姜妙香二本《太真外传》，高庆奎《珠帘寨》，林树森《古城会》，高雪樵《越虎城》，粉菊花《乌龙院》。

6月30日 夜场演出剧目为：梅兰芳、金少山《霸王别姬》，高庆奎《琼林宴》，李慧琴《女起解》，林树森《徐策跑城》，高雪樵《少年立志》，粉菊花《阴阳河》。

7月1日 夜场演出剧目为：梅兰芳、姜妙香《玉堂春》，高庆奎全部《哭秦庭》，金少山《草桥关》，粉菊花头本《虹霓关》。

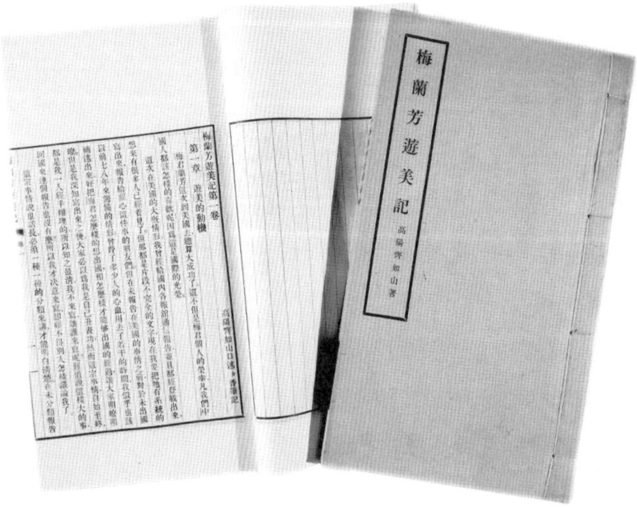

齐如山著《梅兰芳游美记》，珍重阁1933年11月初版

7月2日　日场演出剧目为：梅兰芳、金少山《霸王别姬》，高庆奎《定军山》，林树森《大登殿》，高雪樵《铁公鸡》，粉菊花《石十回》，开场《御林郡》。夜场演出剧目为：梅兰芳、金少山全部《抗金兵》，高庆奎《失空斩》，李慧琴二本《虹霓关》，粉菊花《乌龙院》。

7月3日　夜场演出剧目为：梅兰芳、金少山《霸王别姬》，高庆奎《琼林宴》，林树森《武昭关》，高雪樵《艳阳楼》，粉菊花《宋江刺惜》。

7月4日　夜场演出剧目为：梅兰芳、高庆奎、金少山《煤山恨》，林树森、高雪樵《白马坡》，粉菊花《阴阳河》。

11月　齐如山著《梅兰芳游美记》由珍重阁初版发行，文中关于梅兰芳何时产生赴美念头，如何准备，以及美国戏剧艺术界对中国京剧的推崇与赞美，群众的热烈欢迎在书中作了详细、具体、真实的记载。

梅兰芳访美归来后，深感对了解外国文艺或与国外同行交往，不懂外语有很多不便，故从本年起，生活上做如下安排：每周一、三下午两点，请一位英国老太太来教两个小时英语口语和文法，四点钟后，俞振飞、许伯遒带笛来拍曲、度曲；每周二、四、六，又请画家汤定之教其画松梅。

41岁

1934年

民国二十三年

甲戌

年初 苏联对外文化协会发起邀请梅兰芳访苏演出，并委托著名新闻工作者戈公振协助联系。

年初 在上海黄金大舞台演出。据梅兰芳纪念馆藏上海黄金大舞台戏单所载：

1月29日 夜场演出剧目为：梅兰芳、谭富英、姜妙香、姚玉芙《四郎探母》，李少春《安天会》，朱桂芳《雄黄阵》。

2月2日 夜场演出剧目为：梅兰芳、小姜妙香全本《宇宙锋》，谭富英《琼林宴》，朱桂芳《演火棍》。

2月4日 日场演出剧目为：梅兰芳、姜妙香、谭富英《美人计》，李少春《水帘洞》，梅春奎《行善得子》。夜场演出剧目为：梅兰芳、姜妙香、姚玉芙《洛神》，谭富英《捉放曹》，李少春《武文华》。

2月5日 夜场演出剧目为：梅兰芳、谭富英、金少山《法门寺》，姜妙香《岳家庄》，朱桂芳《取金陵》，李茂芝《战樊城》。

2月6日 夜场演出剧目为：梅兰芳、姜妙香、金少山《霸王别姬》，朱桂芳《泗州城》，谭富英《盗宗卷》。

2月19日至21日 为黄河水灾农赈筹款在励志社礼堂演出义务戏。

梅兰芳在《生死恨》中饰韩玉娘

2月19日 演出剧目：梅兰芳、萧长华、刘连荣《宇宙锋》，金少山《空城计》，朱桂芳《泗州城》。

2月20日 演出剧目为：梅兰芳、刘连荣《贞娥刺虎》，梅兰芳、萧长华《苏三起解》，金少山《捉放曹》。

2月21日 演出剧目为：梅兰芳、金少山《霸王别姬》，褚民谊《独木关》，朱桂芳《演火棍》。

2月26日 在上海天蟾舞台首演新编戏《生死恨》。梅兰芳饰韩玉娘，姜妙香饰程鹏举，刘连荣饰张万户。

《生死恨》的初稿是齐如山根据明代董应翰所写《易鞋记》传奇改编的，表述北宋末年，战乱之中青年男女程鹏举、韩玉娘沦落金邦，偶成夫妻，又坎坷离散饱受流离之苦的故事。齐如山以其所具异邦入侵，百姓遭难的现实意义而改编为同名京剧。梅兰芳深感此戏恰从另一角度表现了抗敌救亡之声，积极进行排练。他为增强戏的感染力，提出突破原有的团圆结局，改为一生一死的悲剧为终，以更能激起观众的共鸣。许姬传根据这一设想，重新改写了剧本，姚玉芙为其改定剧名《生死恨》。梅兰芳与徐兰沅、王少卿共同创制了扣人心弦的新腔，又运用声情交融的唱工塑造出韩玉娘这一悲剧人物形象，具有很强的表现力。

该剧上演后反响强烈，因而激怒了当时上海社会局日本顾问黑木，他通过社会局局长出面交涉，以非常时期，剧目未经批准等为借口，通知不准上演，而梅兰芳以观众要求为理由，严正拒绝，照演不误。

2月29日　《生死恨》在上海演出三天后，又转到南京大华戏院连演三天，排队购票的观众把票房门窗都挤坏了。

3月2日　戈公振在筹备徐悲鸿到莫斯科举办“中国绘画展览”事宜时，苏联有关方面请戈公振从中联系梅兰芳。是日，戈以私人名义，发电征求梅兰芳意见。不日，梅复电云：“庶联之文化艺术，久所佩羡，欧洲之游，如能成行，定必前往，请先代谢文化协会之厚意，并盼赐教。”[1]

3月　梅兰芳应章遏云之邀第二次赴汉口，演出于大舞台，随行演员有谭鑫培的孙子谭富英、花脸金少山等。

3月3日　梅兰芳、谭富英、姜妙香、刘连荣、萧长华、金少山演出《女起解》。演出时已卖了许多加座，门外观众仍旧吵闹不依，只好又卖许多站票。剧场内挤得水泄不通。票价最高为四元六角，站票卖到了一元二角，这在武汉是空前的。演了一个星期后，为了剧场秩序和观众舒适，取消了站票。

3月4日　日场演出《法门寺》。夜场演出《洛神》。

3月5日　夜场演出《四郎探母》。

3月12日　梅兰芳在武汉演出期满，又续五天，外加给剧院帮忙一天，到3月18日止，正式演出十六天，全部客满。本期演出，除过去的老戏、古装戏以外，还有《霸王别姬》、《西施》、《太真外传》等未在汉口演过的戏。

3月20日至22日　为湖北省赈济水灾义演三天。后应新市场大舞台请求演出

[1] 戈公振著：《从东北到庶联》，湖南人民出版社1984年8月版，第213页。

三天后，又受央恳再演三天才结束在汉口的演出。

在汉口演出期间，有一家戏园失火，该戏园班底同行的生活及演出均面临严重困难，梅兰芳知道后，立即解囊资助。

本月 夫人福芝芳生子葆玖。

4月 从汉口返沪，途经南京时，南京中国银行经理吴震修将外交部转给梅兰芳的电函给他，大意是：苏联对外文化协会闻梅兰芳赴欧表演消息，极盼顺道过苏一游，并表示“梅君在苏境内食宿招待，可由苏方承担”。

到沪后，又接戈公振从莫斯科发来电报：“苏联热烈欢迎梅兰芳，请将表演节目、酬劳及其他一切条件详细函告。”[1]

期间，又收到南京外交部转来戈公振的复电，大意为：苏联以国宾身份邀请梅兰芳和他的剧团赴苏演出。随后，即与冯幼伟、吴震修研究决定：放弃赴欧演出计划，复电接受苏联邀请。

4月中旬 在上海演出。据梅兰芳纪念馆藏戏单所载：

4月13日 日场演出剧目为：梅兰芳、姜妙香、王少亭《生死恨》，王又宸《黄金台》，朱桂芳《雄黄阵》。夜场演出剧目为：梅兰芳、姜妙香、刘连荣《春秋配》，王又宸《空城计》，朱桂芳《取金陵》，王少亭《搜孤救孤》。

4月14日 夜场演出剧目为：梅兰芳、姜妙香、王少亭、王又宸《四郎探母》，朱桂芳《泗州城》，刘连荣《取洛阳》。

4月15日 日场演出剧目为：梅兰芳、王少亭、刘连荣《红线盗盒》，王又宸《打棍出箱》，朱桂芳《百草山》，姜妙香《岳家庄》。夜场演出剧目为：梅兰芳《奇双会》，王又宸《捉放曹》，朱桂芳《攻潼关》。

4月21日 夜场演出剧目为：梅兰芳、王又宸《汾河湾》，梅兰芳、姜妙香、刘连荣《穆柯寨》，朱桂芳《无底洞》。

4月28日 夜场演出剧目为：梅兰芳、姜妙香、王少亭《宇宙锋》，王又宸《搜孤救孤》，朱桂芳《男三战》。

4月29日 日场演出剧目为：梅兰芳、姜妙香、姚玉芙《牢狱鸳鸯》，王又宸《打鼓骂曹》，朱桂芳《蟠桃会》。夜场演出剧目为：梅兰芳、姜妙香、姚玉芙、王少亭后部《西施》，王又宸《打棍出箱》，袁小楼《罗通扫北》。

5月4日 夜场演出剧目为：梅兰芳、王又宸、王少亭、刘连荣《打渔杀家》，梅

[1] 梅兰芳述、许姬传记：《我的电影生活》，中国电影出版社1984年2月版，第46页。

兰芳、王又宸《战蒲关》，朱桂芳《盗仙草》，姜妙香《辕门射戟》。

5月5日 夜场演出剧目为：梅兰芳、王又宸、姜妙香、姚玉芙《御碑亭》，朱桂芳《摇钱树》。

5月6日 日场演出剧目为：梅兰芳、姚玉芙、王少亭《木兰从军》，王又宸《断臂说书》，朱桂芳《打焦赞》。夜场演出剧目为：梅兰芳、姜妙香、王又宸《四郎探母》，朱桂芳、刘连荣《取金陵》。

5月11日 夜场演出剧目为：梅兰芳、姜妙香、王少亭全本《生死恨》，王又宸《鱼藏剑》，朱桂芳《无底洞》。

5月12日 夜场演出剧目为：梅兰芳、姜妙香、王少亭、朱桂芳《金山寺》，梅兰芳《女起解》，王又宸《托兆碰碑》，姜妙香《白门楼》。

5月18日 夜场演出剧目为：梅兰芳、姜妙香、刘连荣《枪挑穆天王》，朱桂芳《取金陵》。

5月19日 夜场演出剧目为：梅兰芳、姜妙香、姚玉芙、王少亭《太真外传》，王又宸《失街亭》，陆树田《扫松下书》。

5月20日 日场演出剧目为：梅兰芳、姜妙香、姚玉芙《洛神》，王又宸《打棍出箱》，刘连荣《丁甲山》，王少亭《南阳关》。夜场演出剧目为：梅兰芳、朱桂芳、姜妙香、刘连荣《凤还巢》，王又宸《捉放曹》。

5月25日 夜场演出剧目为：梅兰芳、姜妙香、王少亭《宇宙锋》，王又宸《盗魂令》，朱桂芳《演火棍》。

5月26日 夜场演出剧目为：梅兰芳、姜妙香、王少亭《玉堂春》，王又宸《打鼓骂曹》，朱桂芳《攻潼关》。

5月27日 夜场演出剧目为：梅兰芳、王又宸、姜妙香、王少亭《四郎探母》，朱桂芳《无底洞》，刘连荣《双李逵》。

6月1日 夜场演出剧目为：梅兰芳、姜妙香、萧长华、王少亭《太真外传》，王又宸《捉放曹》，朱桂芳《百草山》，常德顺《美良川》。

6月2日 夜场演出剧目为：梅兰芳、姜妙香、刘连荣、王少亭《生死恨》，王又宸《空城计》，朱桂芳《红桃山》，谢彬甫《战樊城》。

6月3日 夜场演出剧目为：梅兰芳、王又宸《宝莲灯》，姜妙香《辕门射戟》，朱桂芳《盗仙草》，李茂芝《伍申会》。

6月8日 夜场演出剧目为：梅兰芳、姜妙香、姚玉芙四本《太真外传》，王又宸《打棍出箱》，王荣森《子胥投吴》。

6月10日 夜场演出剧目为：梅兰芳、姜妙香、刘连荣全本《生死恨》，王又宸《当锏卖马》，朱桂芳《聚宝盆》。

仲夏 河南发生水灾。河南受灾后，当时担任河南省政府秘书长的郑剑西受河南省赈灾委员会总务主任赵维诚之托，向梅兰芳发出了赈灾邀请。梅兰芳获知，决定来开封举行赈灾义演。

6月21日 梅兰芳应河南省政府邀请于开封举行赈灾义演。随梅兰芳一同到开封的演员有王又宸、姜妙香、姚玉芙、刘连荣、朱桂芳、魏莲芳、陈月梅等人。下午，河南党政军联欢社为梅兰芳召开了记者招待会，河南赈灾委员会主任杜扶东首先向记者们报告了邀请梅兰芳来豫义演的经过，再由河南民报社长刘伯伦致答谢词。梅兰芳介绍了他赴美演出的情况后，做了《戏剧与中州之关系》的专题发言。最后，他表示此次演出"愿尽义务，不支包银"。

6月23日 梅兰芳在开封人民会场做首场赈灾演出，因此次是义演，票价较高，五等票分别是一等票五元、二等票四元、三等票三元、四等票二元、五等票一元五角。

义演原本计划三日，后因观众的强烈要求增加了八场。演出剧目有《宇宙锋》、《贵妃醉酒》、《霸王别姬》、《梁红玉》、《西施》、《洛神》、《凤还巢》等。为期十一天的义演结束后，河南报纸盛赞"梅君为报答各界雅意，不辞艰辛特别卖力"。当时省府官员也纷纷摘下免票徽章，自动购票入场。梅兰芳将所得收入全部捐献给河南省赈灾委员会，最后一场收入捐赠给当地贫苦演员。河南赈灾委员会为表彰梅兰芳的义举，特别赠送了一方高三尺、宽二余丈的锻匾，横书"灾民受福，德音孔昭"。

9月 在上海荣记大舞台演出。据梅兰芳纪念馆藏荣记大舞台戏单所载：

9月9日 夜场演出剧目为：梅兰芳、马连良全本《龙凤呈祥》，朱桂芳《取金陵》。

9月10日 夜场演出剧目为：梅兰芳、程继先《贩马记》，马连良《借东风》，高雪樵《四杰村》，韩金奎《扫松下书》，朱桂芳《攻潼关》，开场《得胜回朝》。

9月11日 夜场演出剧目为：梅兰芳、马连良、萧长华全本《一捧雪》，朱桂芳

《盗仙草》。

9月12日 夜场演出剧目为：梅兰芳、刘连荣、朱桂芳前部《西施》，马连良《八大锤》。

9月13日 夜场演出剧目为：梅兰芳、程继先、刘连荣后部《西施》，马连良《白蟒台》。

9月14日 参加中国戏曲协进社第二次董事会议。参加会议的人员有史量才、钱新之、杜月笙、张啸林、冯幼伟。

夜场演出剧目为：梅兰芳、萧长华、王少亭《霸王别姬》，马连良《状元谱》。

9月15日 夜场演出剧目为：梅兰芳、程继先、刘连荣《凤还巢》，马连良《楚晋争》。

9月16日 夜场演出剧目为：梅兰芳、萧长华《六月雪》，金少山《刺王僚》。

9月17日 夜场演出剧目为：梅兰芳、马连良《宝莲灯》、《穆柯寨》，马连良、叶胜兰《借赵云》。

9月19日 夜场演出剧目为：梅兰芳、程继先全部《宇宙锋》，马连良《秦琼发配》，金少山《打龙袍》，高雪樵《少年立志》，朱桂芳《演火棍》，粉菊花《乌龙院》，开场《战樊城》。

9月20日 夜场演出剧目为：梅兰芳、金少山《霸王别姬》，马连良《九更天》。

9月21日 夜场演出剧目为：梅兰芳、马连良、萧长华、刘连荣全本《新三娘教子》，朱桂芳《无底洞》。

9月22日 梅兰芳、马连良、王少亭《一捧雪》、《春香闹学》，金少山《探阴山》。

9月23日 日场演出剧目为：梅兰芳、程继先全部《龙凤呈祥》，朱桂芳《取金陵》，董志扬《投军别窑》，粉菊花《四杰村》，开场《大回朝》。

9月24日 夜场演出剧目为：梅兰芳、萧长华、刘连荣全本《生死恨》，朱桂芳《泗州城》。

9月26日 夜场演出剧目为：梅兰芳、金少山全本《霸王别姬》，马连良《打棍出箱》，高雪樵《贤孝子》，粉菊花《刺惜姣》，朱桂芳《摇钱树》，开场《清河桥》。

9月27日 夜场演出剧目为：梅兰芳、马连良全部《抗金兵》。

9月28日 夜场演出剧目为：梅兰芳、马连良《汾河湾》，朱桂芳《金山寺》。

9月29日 夜场演出剧目为：梅兰芳、萧长华《苏三起解》，马连良、金少山全本《借东风》，高雪樵《艳阳楼》，粉菊花《查头关》，朱桂芳《夺太仓》，开场《战樊城》。

9月30日 日场演出剧目为：梅兰芳、马连良全本《法门寺》，高雪樵三本《铁公鸡》，程继先《岳家庄》，朱桂芳《大泗州城》，粉菊花二本《铁公鸡》。夜场演出剧目为：梅兰芳、金少山《霸王别姬》，马连良《夜审潘洪》，高雪樵《大四杰村》，朱桂芳《打焦赞》。

10月1日 夜场演出剧目为：梅兰芳、程继先、萧长华三本《太真外传》，马连良《青风亭》。

10月2日 夜场演出剧目为：梅兰芳、马连良《新三娘教子》，金少山《盗御马》，高雪樵《三义绝交》，粉菊花《阴阳河》，朱桂芳《攻潼关》。

10月3日 夜场演出剧目为：梅兰芳、程继先全本《凤还巢》，马连良《盗宗卷》，金少山《打龙袍》，高雪樵《水帘洞》，开场《大回朝》。

10月4日 夜场演出剧目为：梅兰芳、程继先《洛神》，马连良《打棍出箱》，金少山《李七长亭》，粉菊花《八姐闯幽州》。

10月5日 夜场演出剧目为：梅兰芳、程继先、萧长华、王少亭《生死恨》，马连良《十道本》。

10月6日 夜场演出剧目为：梅兰芳、金少山、程继先《霸王别姬》，马连良《三顾茅庐》。

10月7日 夜场演出剧目为：梅兰芳、程继先全部《宇宙锋》，金少山《赵州桥》。

10月8日 夜场演出剧目为：梅兰芳、马连良《贵妃醉酒》，金少山《草桥关》。

10月9日 夜场演出剧目为：梅兰芳、马连良、萧长华全本《新三娘教子》，金少山《锁五龙》。

10月10日 日场演出剧目为：梅兰芳、程继先《廉锦枫》，马连良全本《九更天》，金少山《父子相会》，高雪樵三本《铁公鸡》，粉菊花《查头关》。夜场演出剧目为：梅兰芳、金少山《霸王别姬》，马连良《借东风》。

10月11日 夜场演出剧目为：梅兰芳、马连良《打渔杀家》，金少山《盗御马》。

10月12日 夜场演出剧目为：梅兰芳、金少山《霸王别姬》，马连良《十道本》。

10月13日 夜场演出剧目为：梅兰芳、程继先《玉堂春》，马连良《夜审潘洪》。

10月14日 夜场演出剧目为：梅兰芳、马连良全部《抗金兵》，高雪樵《状元印》，粉菊花《石十回》。

10月22日 夜场演出剧目为：梅兰芳、萧长华全本《四郎探母》，金少山《连环套》，谢葆生《黄鹤楼》，孙兰亭《拾黄金》，粉菊花《红梅阁》，开场《太平城》。

10月25日 中苏双方就梅兰芳演出事宜商定正式条件后，组织一个梅兰芳招待委员会。委员会主席为苏联对外文化协会会长阿洛舍夫，苏方委员有斯坦尼斯拉夫斯基、聂米洛维奇·丹钦科、梅耶荷德、塔依罗夫、爱森斯坦、韩赖支基、鲍雅尔斯基、特杰亚考夫、鲍乐卫等著名戏剧、电影、文学界人士；中方则有吴南如（驻苏代办）及戈公振两人，时适颜惠庆大使准备回任，亦被邀为主席。

12月28日 接到苏联对外文化协会代理会长库里雅科的正式邀请书。原函为英文，意译如下："梅兰芳先生：阁下优美之艺术，已超越国界，遐尔知名，而为庶联人士所钦仰。兹特敦请阁下莅临莫斯科表演，以求广为绍介于庶联民众之前。所有戈公振先生开示各节，遵当接受，惟盼阁下能于明年三月十五日前莅临。敝会自当竭诚招待，以谋阁下旅途之安适。并深信阁下此次莅临敝国，将使中苏两国文化之关系，益臻亲密也，专此帅颂时绥。庶联对外文化协会代理会长库里雅科。"[1]

年底 与苏联驻华大使鲍格莫洛夫及文化参赞鄂山荫会晤，决定行期及旅途安排。由于梅兰芳不愿乘火车通过伪满洲国前去苏联，苏方决定派轮船至上海迎接。

戈公振著《从东北到庶联》

[1] 戈公振著：《从东北到庶联》，湖南人民出版社1984年8月版，第217页。

42岁

1935年

民国二十四年

乙亥

1月6日 《新闻报》刊登了苏俄正式电邀梅兰芳赴苏演剧的消息。

1月20日 《新闻报》刊登梅兰芳赴苏的相关消息：梅兰芳赴俄表演，中央资助五万元，已由国府令财政部拨发。

1月下旬 在上海演出期间，观看了范朋克主演的《美人心》。《我的电影生活》中自叙："我最后一次看范朋克的片子，是1935年1月下旬，正是我访问苏联出国前……在上海南京大戏院看到范朋克主演的《美人心》，这是伦敦影片公司摄制的有声片。"[1]

1月23日 《大美晚报》刊登《赴俄期中的梅兰芳》一文。

1月28日 复函苏方如下："大函拜悉，殊感盛情，庶联戏剧之优越，久为予所歆羡，倘因予个人之亲近扩，而能增进两国之文化关系有如阁下所言者，则未免过誉。予乐于接受阁下之美意，并预谢贵国所兴之种便利。"[2] 到此，梅剧团访苏接洽工作告一段落。

本月 与张彭春、余上沅、谢寿康、欧阳予倩、徐悲鸿、田汉等研究赴苏演出剧目。

2月8日 《申报》刊登《梅兰芳谈赴俄行程》一文。

2月15日 《申报》刊登题为《苏联迎梅专轮西佛号到沪》的文章。摘录如下：

[1] 梅兰芳著：《我的电影生活》，中国电影出版社1984年2月版，第46页。

[2] 戈公振著：《从东北到庶联》，湖南人民出版社1984年8月版，第218页。

"苏联政府特派专轮来沪迎接梅兰芳等赴俄，先派之希腊船因客位不佳乃改调苏俄商船队之西佛号轮来华，西佛号轮（S.S Sever）为苏联商船队中客位最佳之邮船，原在本国航行欧洲，此次奉本国政府之命，调派来华，以供梅兰芳等一行人之乘坐，关于一切船内之接待布置事，统归该国驻沪之协助社办理一切，昨日船到上海后，协助社已派员上船与船主接洽一切，须三日后方可开行。"[1]

[1] 梅兰芳纪念馆馆藏《梅兰芳游俄记》手稿。

2月17日　苏俄总领事馆代办司比而文那克为梅兰芳饯行。到席者有颜惠庆大使、吴铁城市长、杜月笙、陈任光、徐新也、陈光甫以及部派考察文化教育的张彭春、余上沅等人，由苏领事馆全体人员及《塔斯社》、《真理报》驻沪记者做陪。

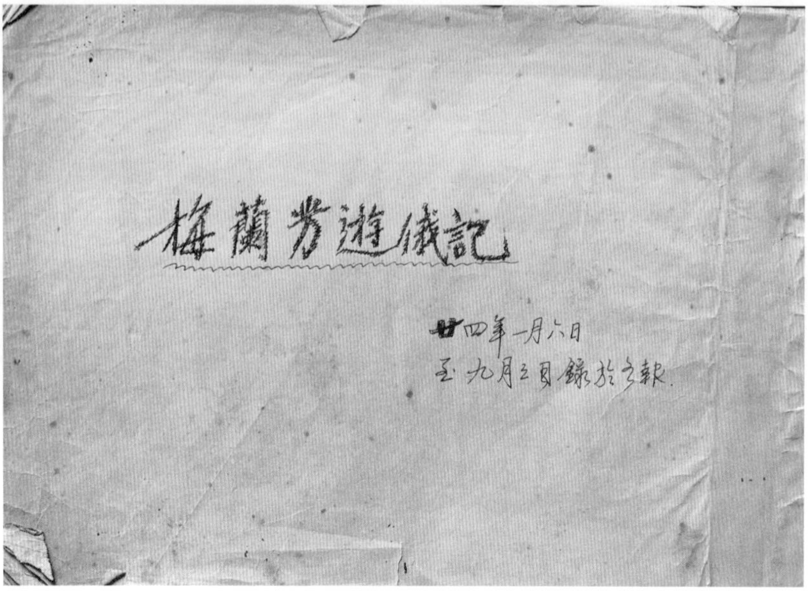

《梅兰芳游俄记》详细记录了梅兰芳访俄演出的全过程

2月18日　下午，孔祥熙、吴铁城、蔡元培、李石曾、褚民谊、顾维钧、杜月笙、于右任、虞和德、陈光甫、钱新之、张公权等四十余人在国际饭店为梅兰芳举行欢送茶会。请贴写道："梅兰芳君，宣扬艺术，名越国界，累游海外，所至蜚声。此次苏俄国际文化协会为研究东方剧艺起见，自去春以来，再再向我外交当局表示，拟邀请梅君组织剧团赴莫斯科列宁格勒两处表演，俾资借镜，我政府以此举足以沟通两国间之文化，并增进两国间之友谊……"到会中俄宾客计三百余人。吴铁城市长致辞。[2]

[2] 梅兰芳纪念馆馆藏资料。

2月21日 梅兰芳率剧团由上海登上苏联派来的北方号专轮，作首次赴苏访问演出。梅剧团请张彭春教授再任总指导，戏剧专家余上沅为副指导，翟关亮、吴邦本（吴震修之子）任翻译和庶务，此外配角及乐师共十九人，为旦角姚玉芙、李斐叔、郭建英，老生王少亭，小生杨盛春，花脸刘连荣，武旦朱桂芳，武生吴玉玲，胡琴徐兰沅，弦子霍文元，吹笛马宝明，大锣罗文田，小锣唐锡光，吹笙崔永奎，打鼓何增福，月琴孙慧亭，管理服装及道具雷俊、韩佩亭及刘钧等。同行的还有返任的中国驻苏联大使颜惠庆博士，赴苏参加国际电影节的明星影片公司经理周剑云、电影明星胡蝶、《大公报》驻苏记者戈宝权等。在《梅兰芳戏剧散论》中自述："1935年春天，我接受了苏联对外文化协会的邀请，要我带剧团到苏联作访问演出。出国前，我曾表示不愿意经过日本帝国主义者侵占下的中国土地。苏联政府特地派了'北方号'专轮来接我们，经过海参威换乘火车直达莫斯科。"[1]《我的电影生活》中自述："我们梅剧团到苏联访问演出，与前几次赴日、美旅行的性质是不同的。苏联人民和政府，以欢迎文化代表团的热情来接待我们。虽然当时苏联人民节衣缩食，为提早完成第二个五年计划，但对我们这批远客的款待是十分丰盛的。"[2]

[1]《梅兰芳戏剧散论》，中国戏剧出版社1959年5月版，第194页。

[2] 梅兰芳著：《我的电影生活》，中国电影出版社1984年2月版，第46页。

2月25日 《时事新报》刊登了《苏联戏剧家对梅兰芳之感想》一文。其中有苏联著名导演爱森斯坦对记者的两段谈话，爱森斯坦说："四百年来中国戏剧的现实主义，比日本歌舞伎旧剧较为纯粹些，所以它影响苏俄现代戏剧的潜能性很大，不过很明显的我们并不期待要模仿梅兰芳氏的风格。"

2月27日 晨，北方号专轮抵海参威。苏联国家乐剧协会所特派专员罗加支基来码头迎接。在海参威因候车的关系，共停留四日。

3月2日 换乘西伯利亚火车由海参威西行。

3月12日 上午8时，抵达莫斯科。下火车后，立即受到苏联对外文化协会、苏联外交人民委员会、苏联戏剧家协会代表数十人的欢迎。下榻都城饭店。梅剧团抵达及招待情形，由协作电影公司摄成影片。下午，中国使馆设茶会为梅剧团接风。晚，赴苏联驻华大使鲍格莫洛夫的晚宴。

在《我的电影生活》中自述梅剧团抵莫斯科时受到热烈欢迎的情形："月台上站满了前来欢迎我们的苏联朋友，苏联对外文化协会的代表都涌上来把鲜花塞到我们的怀里，霎时炭精灯的强烈光芒直照到我们的脸上来，摄影师忙碌地摇动他们的摄影机拍摄新闻片。"接着举行欢迎大会。苏联对外文化协会主席致欢迎词，颜惠庆先生讲话，梅兰芳致答谢词。爱森斯坦作了热情洋溢的发言："……以梅兰芳为代表的中国戏剧艺术，可供苏联电影借鉴；希望彼此为戏剧、电影的艺术质量而奋斗。联合苏中两国民族的力量，定能制造出一种新人类的艺术来。"[1]

3月13日　在莫斯科给许姬传的亲笔信中写道："……昨晨八时到达莫斯科，在站迎接着约四五十人，拍电影与照相者应接不暇。……此间规定二十三号开演，二十八号演毕，休息一二日即往列宁格勒。苏联戏剧界于澜开演时，每每派重要演员暨专家二十人轮流参观，并将举行讨论会。"[2]

3月14日　苏联对外文化协会招待午餐。参加的有苏联驻华大使鲍格莫洛夫、外交人民委员会东方司司长、情报司司长及欢迎梅兰芳委员会的全体委员。戏剧方面有著名的戏剧家斯坦尼斯拉夫斯基、聂米洛维奇·丹钦科、梅耶荷德、塔依罗夫、特烈杰亚柯夫。电影方面有著名导演爱森斯坦等人。

3月19日　中国驻苏大使馆招待茶会。应邀参加的有外交人民委员会委员长李维诺夫夫妇，副委员长克莱丁斯基，苏联政府各部要人，各国大使公使及代表，苏联文化艺术界以及旅俄华侨及中外记者等。当日，在使馆会客厅中，搭了一座戏台，杨盛春先表演《盗丹》一剧，梅兰芳则与刘连荣合演《刺虎》。

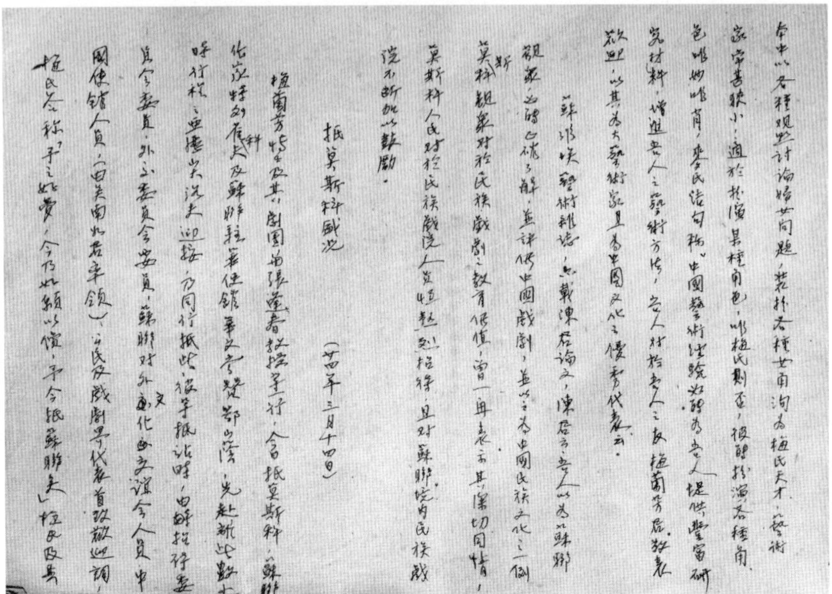
本中以各种观点讨论妇女问题，并于各种女角洵为梅氏天才，艺术家常苦狭小，适于扮演某种角色，非梅氏则否，彼能扮演各种角色，唯妙唯肖，本氏结句称"中国艺术经验可为吾人提供丰富研究材料，增进吾人之艺术方法，吾人对于吾人之友梅兰芳君，敬表欢迎，以其为大艺术家且为中国文化之优秀代表云。

苏联艺术杂志亦载陈君论文，陈君云：吾人以为苏联观众必能了解，并评价中国戏剧，并以之为中国民族文化之一個……莫斯科观众对于民族戏剧之教育价值，曾一再表示其深切同情，莫斯科人民对于民族戏院人员恒热烈招待，且对苏联境内民族戏院不断加以鼓励。

抵莫斯科盛况

（廿四年三月十四日）

梅兰芳博士及其剧团偕张彭春教授等一行，今抵莫斯科，苏联作家[illegible]先赴郊外数十哩之某站迎接，方同行抵此，彼等抵站时，由欢迎委员会委员，外交委员会要员，苏联对外文化协会人员，中国使馆人员（由吴南如君率领），及民众戏剧界代表首致欢迎词，梅氏答称，予之此来，今乃如愿以偿，予今抵苏联矣，梅氏及其

《梅兰芳游俄记》手搞

[1] 梅兰芳著：《我的电影生活》，中国电影出版社1984年2月版，第47页。

[2] 许姬传、许源来著：《忆艺术大师梅兰芳》，中国戏剧出版社1986年6月版，第37页。

梅兰芳在苏联拍摄《虹霓关》电影片断，导演为爱森斯坦（中）

3月20日 参加苏联文艺界在演员俱乐部举行的联欢会，到会的有戏剧、电影、文学、绘画、音乐、雕刻、建筑等各界名流四百余人。会上，梅兰芳对中国剧的特点作了概括性介绍。

3月21日 苏联驻华大使鲍格莫洛夫在外交人民委员会迎宾楼设宴招待梅兰芳。

梅兰芳到了莫斯科后，《真理报》、《新闻报》、《莫斯科晚报》，英文《莫斯科日报》及法文《莫斯科日报》等大报，皆继续不断地登载关于梅兰芳的新闻和照片，以及关于介绍中国戏剧的文章等。

3月22日 下午，在高尔基大音乐厅试演了《汾河湾》、《嫁妹》、《剑舞》、《青石山》及《刺虎》等。

3月23日 晚8时，在莫斯科歌舞大戏院正式公演，演出剧目为：梅兰芳、王少亭《汾河湾》，刘连荣、杨盛春、吴玉玲、郭建英《嫁妹》，梅兰芳《剑舞》，朱桂芳、吴玉珍、王少亭《青石山》，梅兰芳、刘连荣《刺虎》。在开演之前，苏联对外文化协会会长阿洛舍夫先演说梅兰芳来苏联演出对于沟通两国间文化交流的重要意义。颜大使也发表演说。张彭春则代表梅兰芳致谢辞。这次访苏演出，吸引了许多世界著名艺术家，他们均闻讯赶抵苏联观戏。当时流亡在苏联的世界三大艺术表演体系之一的代表人物德国戏剧家布莱希特，看了梅兰芳的表演艺术后深深地着了迷，他在《论中国戏曲与间离效果》的文章中盛赞了梅兰芳和中国的戏曲艺术，兴奋地指出他多年来所朦胧追求而尚没达到的，在梅兰芳却已经发展到极高的艺术境界。

3月29日 苏联著名导演爱森斯坦看完梅兰芳在莫斯科音乐厅演出的六场戏之后，决定选拍《虹霓关》里“对枪”舞蹈的那场戏。晚9时，在莫斯科电影制片厂正式开拍，梅兰芳饰东方氏，朱桂芳饰王伯党。由于爱森斯坦要求严格，仅一场“对枪”十几分钟的戏，拍拍停停，不理想就重来，一直拍到深夜3点才结束。爱氏诙谐而歉意地对梅兰芳说："我相信在这几小时内，梅剧团的艺术家们都一定在骂我了。……在这短短一天的合作中，我已经感到您是一位谦逊的、善纳忠言的演员，您如投身电影界，也必定是一位出色的演员。"[1]

临别前爱森斯坦将他的美学著作《电影造型的原则》赠给梅兰芳留念，并在扉页上赠词："谨将我论述造型这一问题的文章赠给最伟大的造型大师梅兰芳博士。"[2]

3月30日 下午，拜访斯坦尼斯拉夫斯基，赠送了中国戏和脸谱的书籍、泥人张捏的戏像。畅谈中，斯坦尼斯拉夫斯基说："中国戏剧所包含的现实主义的成分，与苏联戏剧现实主义表演体系是有不少息息相通的地方。"梅兰芳就中国戏的表演程式方面的问题请教了斯坦尼斯拉夫斯基。斯坦尼斯拉夫斯基认为："中国戏的歌唱、念白、舞蹈动作，都有时间和空间的统一性，使三者打成一片。"他还提到"中国戏的复杂多样的程式、手势、步法、器物及各种舞蹈都包含着曲线的美，而这些程式不是呆板的"。会谈后合影留念。

3月31日 苏联《真理报》称梅兰芳的表演为"剧界之欢乐节，为欢迎此伟大的艺术家梅兰芳之文化欢乐节，梅氏当然已列入全世界最伟大的艺术之林"。

4月1日 清晨，抵达列宁格勒。住宿于欧罗巴旅馆。当晚在列宁格勒文艺界欢迎宴会上，结识了著名作家迪霍诺夫、托尔斯泰、费丁及东方学研究所希巴次基研究员、汉学家华希礼教授等人。欢迎会上首先是苏凯维契致词，接着托尔斯泰讲话。

4月2日至9日 在列宁格勒维保区文化宫戏院演出八天，演前均由东方学研究所教授华希礼或由契尔略夫斯基演说。文化宫戏院可容纳数千人，戏票均先期售出，每次不等开幕，演员原装出场，观众向演员投鲜花，有时梅兰芳演毕，叫廉最多达二十多次。

4月2日 演出剧目为：《汾河湾》、《嫁妹》、《剑舞》、《虹霓关》。

梅兰芳与斯坦尼斯拉夫斯基合影

[1] 梅兰芳著：《我的电影生活》，中国电影出版社1984年2月版，第53页。

[2] 梅兰芳纪念馆馆藏资料。

4月3日 演出剧目为：《打渔杀家》、《盗丹》、《袖舞》、《青石山》、《刺虎》。

4月4日 演出剧目为：《宇宙锋》、《盗丹》、《剑舞》、《虹霓关》。

4月5日 演出剧目为：《汾河湾》、《嫁妹》、《梁红玉》、《青石山》、《刺虎》。

4月6日 演出剧目为：《打渔杀家》、《盗丹》、《剑舞》、《虹霓关》。

4月7日 演出剧目为：《宇宙锋》、《盗丹》、《梁红玉》、《虹霓关》。

4月8日 演出剧目为：《汾河湾》、《嫁妹》、《木兰从军》、《盗仙草》、《刺虎》。

4月9日 演出剧目为：《打渔杀家》、《夜奔》、《思凡》、《虹霓关》。

随着演出的进行，苏联的剧评家们也发表了许多文章，对演出进行了细致而具体的评论，高度评价了梅兰芳多方面的艺术才能，强调了他对中国戏剧艺术的发展所做出的巨大贡献，称他为"中国京剧的改革者"，"永远是勇敢的、真正的革新者，而同时又继承了过去伟大的传统"等等。《工人与戏剧》杂志发表文章，认为"梅兰芳在莫斯科和列宁格勒的演出，应被视为苏中两国人民文化交流的新里程碑"。

苏联各界也对梅兰芳的演出和中国剧反响强烈，评论观点归纳有三：第一，戏剧表演动作象征性很强。《打渔杀家》这出戏就是最好、最受欢迎的戏，思想内容富有革命精神。同时能以极少的物质（道具）、极少的时间，能表现很多动作和种种感情；第二，异性串演并不违背艺术原则；第三，歌、白、舞具有时间和空间性，就是说唱的音调、念的语气能和动的姿态打成一片。

4月13日 对外文化协会又续请梅兰芳表演一次，作为临别纪念。演出破例在莫斯科大剧院（即苏联国家剧院，中央三面包厢，原规定只准演歌剧和芭蕾）举行，以表示对梅兰芳的尊敬。演出之前，契尔略夫斯基演说，张彭春致谢词。当晚所演的三出戏，是从梅剧团这一次在苏联表演最成功的几出戏中选出来的，为梅兰芳与王少亭合演的《打渔杀家》、杨盛春主演的《盗丹》、梅兰芳与朱桂芳合演的《虹霓关》。这次告别演出，盛况空前，包括高尔基在内的苏联文艺界知名人士，还有政治局大多数委员都到场观看。

4月14日 下午5时，在文化协会所召开座谈会，听取苏联文艺界的意见。在

《我的电影生活》里自述："4月14日，离开莫斯科的前一天，我们假座苏联对外文化协会，邀请苏联文艺界开了一次座谈会，请他们提出对中国戏剧的看法与批评。座谈会由苏联戏剧艺术大师聂米洛维奇·丹钦科主持。他先讲了一些简短的感想，然后要求参加座谈会的同志踊跃发言。许多文学家、戏剧家、音乐家都先后热烈地讲了话。" 斯坦尼斯拉夫斯基赞扬："中国剧的表演，是一种有规则的自由动作。"梅耶荷德看过梅兰芳运用手的姿势进行表演后，深有感慨地说："看过梅兰芳博士的一次表演，再到我们那些剧院里转一圈，你们就会同意我的说法，那就是该把我们所有的演员的手都砍掉，因为那些手对他们来说毫无用场！"丹钦科提出："凡是关心艺术向前发展的戏剧界人士，都可以从他那儿在演技、节奏和创造象征诸方面学到东西。"爱森斯坦谈到了梅兰芳的表演中程式和个性的完美统一："梅兰芳却在用对人物性格的生动而出色的展示来丰富和充实着这些传统。因此，梅兰芳博士给我们的最重要的启示之一，就是这种对形象和性格的令人惊异的掌握。"布莱希特则从观摩梅兰芳的表演中受到启发而提出了"间离效果"的表演理论。

本日 在莫斯科大都会饭店举行告别宴会，梅兰芳致辞感谢苏联各界盛意接待。苏联对外文化协会会长阿洛舍夫致辞说："梅博士这一次到苏联演剧，留给苏联戏剧界一个很深的印象。希望梅博士能在莫斯科多住几日，除去各大戏院看戏之外，更可一睹苏联其他许多新事业和新建设。"[1]

[1] 梅兰芳著：《我的电影生活》，中国电影出版社1984年2月版，第55页。

4月15日 梅兰芳和余上沅教授留在莫斯科考察戏剧。梅剧团全体人员本日离开莫斯科，由张彭春率领取原道回国。

在苏联逗留的一个半月里，除了演戏之外，梅兰芳还游览参观了工厂、学校以及一些名胜古迹，并观摩了许多苏联著名戏剧、歌剧以及芭蕾舞的演出。他曾在莫斯科大剧院看过歌剧《叶甫盖尼·奥涅金》、乌兰诺娃演出的芭蕾舞剧《天鹅湖》以及欧郎斯基芭蕾舞剧《三个胖人》；在斯坦尼斯拉夫斯基剧院观看穆索尔斯基的歌剧《鲍里斯·戈东诺夫》；在丹钦科歌剧院观看威尔第的歌剧《茶花女》；在第一艺术剧院观看契诃夫的话剧《樱桃园》以及其他剧作家的《恐惧》和《杜尔宾的时代》；在第二艺术剧院观看话剧《钟表匠和鸡》；在梅耶荷德剧院观看小仲马的话剧《茶花女》；在卡美丽剧院观看话剧《埃及之夜》和《乔弗莱—乔弗拉》；在列宁格勒大歌剧院观看柴可夫斯基的《胡桃夹子》；在小歌剧院观看肖斯塔科维奇的《姆钦斯克县的麦克佩斯夫人》；在话剧剧院观看莎士比亚的《理查三世》；在小话剧剧院观看《为生命祈祷者》以及儿童剧院的木偶戏等。

4月20日 结束了访苏的演出和参观活动，梅兰芳和余上沅教授赴波兰、德国、法国、比利时、意大利、英国等地进行戏剧考察。中午，颜惠庆大使设宴为梅兰芳饯行。晚，赴车站送行的有阿洛舍夫、脱里亚谷夫、爱森斯坦及中国大使馆高级官员等。

4月22日 梅兰芳在苏联边境的尼古赖诺雅车站，给苏联对外文化协会会长阿洛舍夫发了一封电报。电文如下："今天离开了贵国的边境，回想起我个人和剧团在旅居上所感到的快乐，环绕着我们的热情和殷勤的款待，以及能和如此聪慧的观众——他们能明了和欣赏这似乎是相去很远的戏剧艺术——相接触，自引以为非常荣幸。我在此，特对贵国政府，贵会，国家乐剧协会以及所有的苏联社会人士的爱护，掬敬致谢意。"[1]

[1] 戈公振著：《从东北到庶联》。湖南人民出版社1984年8月版，第211页。

4月25日 到达华沙，停留三日。中国使馆设宴为梅兰芳洗尘。由余上沅陪同参观各戏院、市街及古迹，并由中国驻波兰公使张歆海介绍，与波兰艺术界前辈晤会。

4月28日 晚7时40分，柏林无线电台播出对梅兰芳的采访录音。

在德期间，梅兰芳与德国外交委员会主任会晤，对方表达了盼望梅兰芳偕剧团来德表演的愿望。并到国立歌剧院观看《茶花女》。

4月30日 晚，与远东协会会长林德博士前往国家剧院观看话剧《一杯水》。

5月1日 梅兰芳在柏林与我国驻德国使馆人员参加劳动节盛典，到场有三百五十万人之多，希特勒发表了演说。午后，梅兰芳与谋洛博士游览汉堡，并应国立歌剧院院长之请，至该院观剧。晚，远东协会举行欢迎宴会，到会的有各界名流及戏剧家四十余人，席中畅谈中德戏剧的异同，收获颇丰。

5月2日 谋洛博士陪同游览全城。午间拜访汉堡市市长，市长陪同参观市政府。随后赴中国领事馆应张总领事的欢迎宴会，宴会结束后返回柏林。下午5时，应邀赴我国驻德公使刘崇杰在大使馆所设欢迎茶会。来宾多为文艺界人士，席间商榷梅兰芳再度游欧表演事宜。

5月3日 应邀赴我国留学生举办的欢迎茶会。晚，应德国名演员Grundgeuz之约，观看莎士比亚名剧《错中错》。

5月4日 上午，我国驻德公使刘崇杰举行饯别午餐，餐后游万岁湖。晚9时40

分离开柏林。

5月6日 上午11时，抵达巴黎，下榻于Grend Hotel。此处邻近各大剧场，观剧颇为便利。午后，拜访驻法使馆代办萧亮功、谢东发。萧亮功陪同梅兰芳到郊外游览。晚，萧亮功设宴招待，席间畅谈在俄表演经过。

5月7日 由大使馆人员陪同参观埃菲尔铁塔、蜡人馆。晚，观看小歌剧。

5月8日 中午，总领事林季良宴请。下午，参观大教堂。下午5时，拜访国家歌剧院秘书赖雅鲁，畅谈约两小时。赖雅鲁说："法国人民久闻梅氏之大名，极盼梅氏到法国表演，希望此次游法之便，作一详确商洽，以便于最短期内，梅氏能偕其剧团来法国表演。"[1]

5月9日 萧亮功代办正式设宴欢迎梅兰芳，做陪的有法国外交部东亚司司长、东方语言学校校长、国立音乐院院长等人。东亚司司长致辞："法国政府甚盼梅氏到法表演，尤希望能在一二年内，见诸事实，俟国立院院长返城时，当再进一步之讨论。"[2] 晚，观看小歌剧。

5月10日 下午，参观故宫博物院。随后应邀赴国立音乐院院长与议员合请的茶会。晚，赖鲁雅陪同到国立歌剧院观看歌剧。

5月11日 应邀赴张法尧（张啸林之子）的午餐。午后，游凡尔赛宫。晚，观看歌剧舞杂剧。

5月12日 中午，应邀赴唐仲揆将军的午宴。下午，游览枫丹白露行宫。晚，萧亮功陪同到国立话剧院观话剧。

5月13日 午后，参观国立歌剧院后台情形及其附设的歌舞学校。晚，在该院观舞剧。

5月14日 游拿破仑墓，并参观武器博物馆。晚在剧院观话剧，并至后台参观。

5月15日 上午，参观国立戏剧音乐院及其博物馆。下午，应邀赴东方语言学校校长的茶会。晚，观武剧。

5月17日 参观歌剧院的舞蹈学校。晚，由该院秘书长陪同观看歌剧。晚，《王宝钏》剧作者熊式一从伦敦来法，邀请梅兰芳一同出席于西班牙举行的万国笔会年会。

5月18日 下午，赴国立歌剧院秘书长的茶会，该院院长Pau he与梅兰芳商谈

[1][2] 梅兰芳纪念馆馆藏资料。

来法表演计划。晚，到巴黎晚报电影部观时事新闻。

5月19日 参观茶花女之墓、圣心教堂。午后，萧亮功陪同观看茶舞。晚，萧亮功为梅兰芳饯行。

5月20日 晚7时，启程赴日内瓦。

5月21日 晨，抵达日内瓦。由日内瓦国际联盟秘书郑彦芬陪同参观国联及国际图书馆。晚，驻瑞公使胡世泽设宴欢迎。

5月22日 上午，接见各报记者，有画家数人特来旅馆为梅兰芳画像。中午，应李平衡之宴。下午，到国际学校探视许俊人先生之孙女公子及程砚秋之子。晚，赴拉西曼博士之宴。

5月25日 下午，赴各地游览。

5月26日 与熊式一同抵达伦敦。

6月 在英国伦敦考察戏剧，先后结识了戏剧界的肖伯纳（George Bernard Shaw）、威廉·萨姆塞特·毛姆（W.Somerset Maugham）、杰·马·贝蕾（J·M·Barrie）、罗纳德·高(Ronald Gow)和丹尼斯·约翰斯通(Denis Johnston)等剧作家。他们均有剧作集相赠，即《毛姆戏剧全集》六卷本（伦敦海内曼出版社，1928年）、《贝蕾戏剧集》（霍德尔与斯图顿出版社，1928年）、高的《施舍的爱情》（乔纳森·凯普出版社，1935年）和约翰斯通的《风暴之歌与独角兽的新娘》（乔纳森·凯普出版社，1935年）。在伦敦期间恰逢美国黑人低音歌唱家保罗·罗伯逊（Paul Robeson）在伦敦演出，梅兰芳怀着极大的兴趣观看罗伯逊主演的《码头工人》一剧。两者交流表演心得和歌唱经验，并互赠照片纪念。

6月1日 戈公振、戈宝权先生合写的《梅兰芳在庶联》一文，发表于天津《国闻周报》。该报“编者按语”云：“梅兰芳赴苏俄的纪事，各报记载，多为片断消息。本期所载戈氏一文是原原本本的一篇总报告。戈公振先生是邀请梅先生赴俄的发起人之一。”

在英国期间，在伦敦教学的熊式一教授接待了梅、余二人，并赠《肖伯纳戏剧全集》给梅兰芳，扉页题词为：“畹华兄虚心不耻下问，对于泰西戏剧孜孜攻之，常百观不厌，在英下榻我处，每晚必同至一剧院参观新剧，固不致有所遗漏，旧剧则难图晤对，今赠此册，暇中故可开卷揣摩也。”[1] 另外，肖伯纳又将本人出版的《肖氏戏剧集》精装十三册赠与梅兰芳。

[1] 梅绍武著：《我的父亲梅兰芳》，百花文艺出版社1984年6月版，第116页。

7月 经大西洋入地中海，穿苏伊士运河到红海过印度洋回沪。途中还在埃及和印度、新加坡停留。

8月3日 下午，梅兰芳乘坐的康特凡第号抵达上海招商局北栈码头，前往迎接的除梅兰芳亲友外，还有吴铁城市长代表李大超，外交部驻沪办事处处长余铭的代表赵钺章及钱新之等百余人。梅兰芳对记者发表书面讲话："余等此行游俄，极蒙苏联方面之热忱招待。……此行代表与俄方接洽者，始终为戈公振先生。戈先生久居苏联，与苏联文化界方面极为融洽，故一切布置益见周到，令人心感。抵欧之后，复承我国驻欧各国使馆，予以指导，得以各国戏剧家研讨，并得参观各国剧事与组织，归国时舟过新加坡承刁领事及中华商会会长予以盛大欢迎，并同登岸游，过港时，又蒙何东先生及各知友盛加款待，凡此均鄙人心中所铭感勿忘者也。"[1]

[1] 梅兰芳纪念馆馆藏《梅兰芳游俄记》手稿。

8月5日 晚7时，出席由李石曾、褚民谊、杜月笙等十六人召集的欢迎宴会。宴会在福开森洛世界学会花园举行。到场的还有钱新之、虞洽德、王晓籁、张公权、陈光甫、戴策、余上沅、刘海粟夫妇、周剑云夫妇、胡蝶等四十余人。席间讨论关于慈善团体请梅兰芳演剧助赈问题。晚宴后观看苏联影片《儿童之光》。

8月15日 下午4时，上海各界名流于国际大饭店二楼举行茶会，欢迎游欧载誉归来的梅兰芳。吴铁城市长、俄大使、王晓籁、胡蝶等均有演说，梅兰芳报告此次欧行表演经过。

9月2日 晚9时，国立戏剧音乐院筹委会在首都饭店举行茶会，欢迎梅兰芳及余上沅，并邀各团体代表、各国领事及新闻界参加。

9月中旬 应邀赴杭州参加由杭州商会会长兼中国银行行长金润泉发起的"支援华北赈灾义演"活动，在延令路(今延安路)大光明戏院赈灾义演。大光明戏院是当时杭州面积最大、条件最好的戏院，舞台可以旋转，二楼设有包厢。义演的门票分十元、五元两个档次，这在当时可称得上是价格不菲了，但剧院门前人们排起长龙，争相购票。每晚剧场内外都是人山人海，盛况空前。

9月21日 大光明戏院演出剧目为：梅兰芳、萧长华《女起解》，杜夫人《刀劈三关》，张慰如《梅龙镇》，郭絛絛《跑皇城》，章耀泉《挑滑车》，俞云谷《九更天》。

9月24日 大光明戏院演出剧目为：梅兰芳、萧长华全本《甘露寺》，杜夫人、孙兰亭《骂阎罗》，张啸林《连环套》，章耀泉《花蝴蝶》。

9月27日 大光明戏院演出剧目为：梅兰芳、金少山《霸王别姬》，杜夫人《钓金龟》，杜月笙、张啸林《落马湖》，俞云谷《坐楼杀惜》。

下半年 百代唱片公司特邀梅兰芳录制了《玉堂春》全戏唱段的唱片，共计三张六面。《玉堂春》是梅兰芳的成名作、代表作，更是其初试新腔大获成功，从而奠定他的唱腔基础而使之广为流传之作。此时，梅兰芳的演唱艺术已入化境，故这套《玉堂春》唱片可以说是炉火纯青之绝唱，堪称稀世珍品。

冬 画家汤定之作八尺匹的古松大横幅画相赠，画面苍虬老干，气势纵横，题款："四时各有趣，万木非其俦。乙亥冬雨窗为畹华仁弟补壁，双于道人定之汤涤写。"这段题字意味深长，汤先生用这幅画鼓励梅兰芳如古松般经霜不凋，抵抗外来的侵略，不与敌寇妥协。

43岁

1936年

民国二十五年

丙子

1月18日 王晓籁五十寿堂会，演出剧目为：梅兰芳、马连良《御碑亭》，梅兰芳《风筝误》，周信芳《萧何月下追韩信》，尤菊荪《独木关》，徐碧玉《贺后骂殿》。

2月9日 美国电影大师卓别林携新婚夫人蜜月旅行至上海，梅兰芳热情接待，并陪同观看了马连良演出的《法门寺》。梅兰芳回忆他们在国际饭店见面时的情形："我们一见面，他就用双手按着我的两肩说：'你看！现在我的头发大半都已白了，而您呢，却还找不出一根白头发，这不是太不公道了吗？'他说这话时虽然面带笑容，但从他感慨的神情中，可以想到他近年的境遇并不十分顺利。我紧紧握住他的手说：'您比我辛苦，每部影片都是自编、自导、自演、自己亲手制作，太费脑筋了，我希望您保重身体。'接着，卓别林介绍了宝莲·高黛（Paulette Goddard）女士和她的母亲与我见面。高黛女士是卓别林的影片《摩登时代》的女主角。"[1]

初夏 挚友冯幼伟的夫人施碧颀过四十岁生日，梅兰芳特画一幅仕女图为她祝寿。此画神韵淡雅，笔墨简炼，为梅兰芳中年时期的代表之作。

5月28日 梅兰芳赴武汉，在汉口光明大戏院演出。这次同去的演员除老班底外，尚有第一次与梅兰芳合作的老生演员奚啸伯。期间，正在天声舞台演出的毛剑秋拜梅兰芳为师。

7月14日 胡适赴美出席太平洋国际学术会议，梅兰芳特地从北京赶来送行。

[1] 梅兰芳著：《我的电影生活》，中国电影出版社1984年2月版，第57页。

胡适在日记中写道："今晨两点上船。送行者梅畹华特别赶来，最可感谢。"[1]

[1]《胡适日记全编》（六）安徽教育出版社2001年10月版，第599页。

9月2日 由沪乘机赴京，参加第一舞台梨园公会为救济贫苦同业筹款义务戏。中午11时50分，抵达北京南苑机场。前来迎接的有程砚秋、尚小云、马连良、李万春等梨园公会全体成员外，还有其他各界人士共约二百余人。梅兰芳答谢说："今天承大家欢迎，实在不敢当。因我生在北京、长在北京，同时先人也在北京，离平四年中，虽身在南方，而无时不心在北京。这次公会改组不胜欣慰，兰芳被选为董事，实在抱歉，至参加演戏，乃应尽之责，将来兰芳离平后，会中如有事物，何时吩咐，一定来平尽力协助。"[2]

[2] 梅兰芳纪念馆馆藏资料。

9月4日 国剧学会为梅兰芳设宴洗尘，席间由齐如山提议，李世芳与毛世来共同拜梅兰芳为师。

9月5日 中午，参观国剧陈列馆，陈半丁前来一同参观。下午5时，北平梨园公会举行欢迎梅兰芳大会，出席的有北平戏界名伶共一百五十余人。

9月6日至10月14日 在北京第一舞台演出。这是梅兰芳迁居上海四年后，第一次回北京演出。据梅兰芳纪念馆藏北京第一舞台戏单所载：

9月6日 梅兰芳、杨小楼、马连良、王凤卿《龙凤呈祥》。

9月11日 梅兰芳、王凤卿、萧长华《宝莲灯》，杨盛春《战濮阳》，王少亭《状元谱》，姜妙香《马上缘》，开场朱桂芳《攻潼关》。

9月12日 梅兰芳、姜妙香《奇双会》，王凤卿《战长沙》，萧长华《请医》，杨盛春《挑滑车》，于莲仙《双摇会》，朱桂芳《泗州城》，开场《摘缨会》。

9月13日 梅兰芳、姜妙香、萧长华全部《宇宙锋》，王凤卿《文昭关》，杨盛春《武文华》，程继先《岳家庄》，朱桂芳《无底洞》，开场《探阴山》。

9月14日 梅兰芳、王凤卿《汾河湾》，杨盛春《安天会》，萧长华《连升店》，刘连荣《普球山》，开场姜妙香《借赵云》。

梅兰芳在沪花园中教弟子李世芳舞剑

9月15日 梅兰芳、萧长华《凤还巢》，王凤卿、杨盛春《平阳关》，贯盛习《下河东》，于莲仙《顶花砖》，开场《收关胜》。

9月16日 梅兰芳、姜妙香《洛神》，王凤卿《群英会》，杨盛春《艳阳楼》，诸茹香《背板橙》，王少亭《南阳关》，开场《金沙滩》。

9月21日 梅兰芳、王凤卿《御碑亭》，杨盛春《两将军》，萧长华《绒花计》，开场朱桂芳《蔡家庄》。

9月22日 梅兰芳、王凤卿、萧长华前部《西施》，杨盛春《赵家楼》，王少亭《黄鹤楼》，开场诸茹香《一匹布》。

9月23日 梅兰芳、王凤卿、萧长华后部《西施》，杨盛春《英雄义》，王少亭《临江会》，于莲仙《双羊计》，王泉奎《铡美案》，开场杨春龙《采石矶》。

9月24日 梅兰芳、姚玉芙《贞娥刺虎》，梅兰芳、萧长华《女起解》，王凤卿《华容道》，杨盛春《恶虎村》，于莲仙《贪欢报》，王少亭《双狮图》，开场杨春龙《双龙会》。

9月25日 梅兰芳、王凤卿、萧长华全部《三娘教子》，杨盛春《金锁国阵》，姜妙香《雅观楼》，朱桂芳《百草山》，诸茹香《乌龙院》，开场王泉奎《白龙关》。

9月28日 梅兰芳、王凤卿、萧长华《穆柯寨》，杨盛春《摩天岭》，王少亭《徐州解围》，于莲仙《卖饽饽》，开场朱桂芳《无底洞》。

9月29日 梅兰芳、王凤卿全部《春秋配》，杨盛春《罗四虎》，萧长华《请医》，王少亭《打侄上坟》，朱桂芳《打金陵》，开场王泉奎《锁五龙》。

9月30日 梅兰芳、王凤卿、杨盛春全部《王宝钏》，姜妙香《未央宫》，开场全班合演《吉祥新戏》。

10月1日 梅兰芳、王凤卿、萧长华三本《太真外传》，杨盛春《白水滩》，王少亭《胭脂虎》，开场杨春龙《斩颜良》。

10月2日 梅兰芳、王凤卿、萧长华三本《太真外传》，杨盛春《连环阵》，王少亭《盗宗卷》，程继先《鸿鸾禧》，开场朱桂芳《摇钱树》。

10月3日 梅兰芳、余叔岩《庆顶珠》，梅兰芳《宇宙锋》，杨小楼、郝寿臣《连环套》，姜妙香《辕门射戟》，萧长华、诸茹香《双羊计》，李世芳、毛世来《剑侠传》，黄元庆《丁甲山》，李世芳《武家坡》。

10月5日 梅兰芳、萧长华全部《生死恨》，王凤卿《东吴赴宴》，杨盛春《林冲夜奔》，诸茹香《入侯府》，朱桂芳《夺太仓》，开场《功臣宴》。

10月6日 梅兰芳、王凤卿、萧长华四本《太真外传》，杨盛春《水帘洞》，王泉奎《刺王僚》，王少亭《鱼藏剑》，程继先《岳家庄》，开场杨春龙《收关胜》。

10月7日 梅兰芳、姜妙香、萧长华全部《生死恨》，王凤卿《镇潭州》，杨盛春《殷家堡》，开场慈瑞泉《送亲演礼》。

10月8日 梅兰芳、王凤卿、姚玉芙四本《太真外传》，杨盛春《状元印》，于莲仙、程继先《破洪州》，慈瑞泉、诸茹香《打皂王》，王少亭《开山府》。

10月9日 梅兰芳、姜妙香、萧长华全部《生死恨》，王凤卿《战太平》，杨盛春《天霸招亲》，程继先《临江会》，诸茹香《双羊计》，开场《青风寨》。

10月10日 应宋哲元之邀，在怀仁堂演出《霸王别姬》、《打渔杀家》。

10月11日 梅兰芳、姜妙香、萧长华全部《廉锦枫》，梅兰芳《乔醋》，王凤卿、杨盛春《阳平关》，程继先《连升三级》，刘连荣《丁甲山》，开场诸茹香《双摇会》。

10月14日 梅兰芳、杨小楼《霸王别姬》，尚小云《梅玉配》，荀慧生、谭富英《乌龙院》，郝寿臣《普球山》，孙毓堃《黄龙基》，李洪春《镇坛州》，于莲仙《打皂王》，王永昌《草桥关》，王叔奎《下河东》，开场合演《渭水河》。

10月15日 梅兰芳应邀率刘连荣、姜妙香、萧长华等离开北京赴天津演出，还同杨小楼、马连良、筱翠花联袂演出了两场大义务戏。据梅兰芳纪念馆藏天津中国大戏院戏单所载：

10月17日 梅兰芳、刘连荣、姜妙香、萧长华、王少亭、于莲仙、贯盛习《宇宙锋》，朱桂芳、吴玉玲《摇钱树》，慈瑞荃《送亲演礼》，杨盛春、张连廷、韩盛信《挑滑车》，奚啸伯、王泉奎演《捉放曹》。

10月18日 梅兰芳、姜妙香、王少亭、萧长华、韩金福、罗文奎《奇双会》。

10月19日 梅兰芳、奚啸伯《探母回令》，杨盛春《战濮阳》，朱桂芳《取金陵》，慈瑞泉《打城隍》。

10月20日 梅兰芳、姜妙香、萧长华前部《西施》，奚啸伯《白蟒台》，杨盛春《武文华》，贯盛习《战太平》。

10月21日 梅兰芳、姜妙香、萧长华后部《西施》，奚啸伯《贺后骂曹》，杨盛春《英雄义》，于莲仙《下河东》。

10月22日 梅兰芳、姜妙香、萧长华《凤还巢》，奚啸伯《上天台》，杨盛春《连环阵》，于莲仙《打扣子》。

10月23日 梅兰芳、姚玉芙《贞娥刺虎》，梅兰芳、奚啸伯《汾河湾》，杨盛春《战滁州》，萧长华《连升三级》，王少亭《黄鹤楼》，于莲仙《背板凳》。

10月24日 梅兰芳、奚啸伯全本《三娘教子》，杨盛春《两将军》，姜妙香《岳家庄》，朱桂芳《百草山》，王泉奎《父子会》。

10月26日 梅兰芳、姜妙香、萧长华三本《太真外传》，奚啸伯、杨盛春《八大锤》，朱桂芳《无底洞》，贯盛习《九更天》。

10月27日 梅兰芳、姜妙香、王少亭四本《太真外传》，奚啸伯《洪洋洞》，杨盛春《水帘洞》，杨四立《探亲家》。

10月28日 梅兰芳、奚啸伯全部《王宝钏》，杨盛春《金雁桥》，刘连荣《取洛阳》，朱桂芳《泗州城》。

本日 参加联青社在银行俱乐部的聚会，梅兰芳在会上作了讲话。

10月29日 梅兰芳、姜妙香、萧长华《生死恨》，奚啸伯《托兆碰碑》，杨盛春《林冲夜奔》，朱桂芳《攻潼关》。

10月30日 梅兰芳、姜妙香、萧长华《生死恨》，奚啸伯《十道本》，杨盛春《铁笼山》，罗文元《请医》，朱桂芳《红桃山》，王泉奎《铡美案》。

10月31日 梅兰芳、姜妙香、萧长华《霸王别姬》，奚啸伯《清官册》，杨盛春《摩天岭》，于莲仙《一匹布》，朱桂芳《盗仙草》。

11月1日 梅兰芳、奚啸伯全部《龙凤呈祥》，梅兰芳《女起解》，杨盛春《安天会》，于莲仙《打面缸》，朱桂芳《夺太仓》。

11月2日 梅兰芳、姜妙香、朱桂芳《凤还巢》，奚啸伯《法场换子》，杨盛春《艳阳楼》，于莲仙《查头关》，贯盛习《白龙关》，方连元《取金陵》。

11月3日 梅兰芳、姜妙香、朱桂芳《金山寺》，梅兰芳《春秋配》，奚啸伯《打棍出箱》，贯盛习《白马坡》，杨盛春《状元印》。

11月4日 梅兰芳、姜妙香、萧长华《宇宙锋》，奚啸伯、杨盛春《连营寨》，慈瑞泉《双怕婆》，朱桂芳《无底洞》，王泉奎《锁五龙》。

11月5日 梅兰芳、姜妙香《黛玉葬花》，梅兰芳《法门寺》，杨盛春《白水滩》，朱桂芳《娘子军》，赵碧云《顶金砖》，贯盛习《战太平》。

11月6日 梅兰芳、姜妙香《洛神》，奚啸伯《奇冤报》，杨盛春《战冀州》，慈瑞泉《定计化缘》，刘连荣《丁甲山》，王少亭《盗宗卷》。

11月7日 梅兰芳、姜妙香《生死恨》，奚啸伯《捉放曹》，杨盛春《赵家楼》，慈瑞泉《探亲家》，朱桂芳《取金陵》。

11月8日 梅兰芳、姜妙香《玉堂春》，奚啸伯《失街亭》，杨盛春《恶虎村》，慈瑞泉《双羊记》，朱桂芳《演火棍》。

11月11日至13日 为天津市慈善联合会冬赈义务演出三天。

11月11日 梅兰芳、马连良、杨小楼《长坂坡》，梅兰芳、马连良《汾河湾》，筱翠花《双钉记》，小杨月楼《奇冤报》，叶盛兰《探庄》，赵碧云《胭脂虎》，方连元《取金陵》，全班合演《赐福》。

11月12日 梅兰芳、杨小楼《霸王别姬》，梅兰芳、筱翠花《樊江关》，马连良《坐楼杀惜》，叶盛兰《雅观楼》，筱翠花《双钉记》，侯喜瑞《丁甲山》，方连元《盗仙草》，李克昌《探阴山》，全班合演《大赐福》。

11月13日 梅兰芳、马连良合演《宝莲灯》（《二堂舍子》）与《打渔杀家》。

在天津演出期间，天津顾曲家李典臣用小型拍摄机在天津中国大戏院的演出现场拍下了梅兰芳四出名剧的片段，计有：与杨小楼的《长坂坡》，与马连良的《汾河湾》，与筱翠花的《樊江关》，与朱桂芳的《西施》。影片取名为《梅剧留真》。

11月中旬 从天津回北平后不久，又应山东济南方面之邀，首次赴山东济南演出。公演于进德会，随行演员有杨宝森、贯盛习、王少亭、姜妙香、姚玉芙等。梅兰芳在济南共演出十五天。据梅兰芳纪念馆藏山东进德会戏单所载：

11月20日 梅兰芳、姜妙香、萧长华《宇宙锋》，杨宝森《定军山》，杨盛春《武文华》，朱桂芳《娘子军》，慈瑞泉《演礼》。

11月21日 下午，进德会常务委员张鸿烈、林济青等在该会宴会厅宴请梅兰芳。

夜场演出剧目为：梅兰芳、姜妙香、萧长华前部《西施》，杨宝森《捉放曹》，杨盛春《挑滑车》。

11月23日 梅兰芳、姜妙香、萧长华《凤还巢》，杨宝森《乌龙院》，杨盛春《两将军》，王泉奎《战太平》。

11月24日 梅兰芳、朱桂芳《贞娥刺虎》，梅兰芳、姜妙香、姚玉芙《黛玉葬花》，杨宝森、杨盛春《连营寨》，萧长华《请医》，王少亭《状元谱》，王泉奎《下河东》。

11月25日　梅兰芳、姜妙香、萧长华全部《生死恨》，杨宝森《托兆碰碑》，慈瑞泉《打城隍》，朱桂芳《取金陵》，杨盛春《艳阳楼》。

11月26日　梅兰芳、姜妙香、萧长华《廉锦枫》、《枪挑穆天王》，杨宝森《搜孤救孤》，慈瑞泉《背板凳》，杨盛春《连环阵》。

11月27日　梅兰芳、姜妙香《洛神》，杨宝森、杨盛春《八大锤》，萧长华《连升店》，刘连荣《青风寨》，王少亭《盗宗卷》。

11月28日　梅兰芳、金少山《霸王别姬》，杨宝森、刘连荣《座账斩谡》。

11月30日　梅兰芳、金少山、贯盛习、王少亭、姜妙香、萧长华、谭永奎《霸王别姬》，杨宝森、刘连荣、王泉奎《洪洋洞》，慈瑞泉、于莲仙《入侯府》，杨盛春、朱桂芳、吴玉玲、张连亭、韩盛信《白水滩》。

12月1日　梅兰芳三本《太真外传》，金少山《盗御马》，杨宝森《奇冤报》。

12月2日　梅兰芳、金少山《霸王别姬》，杨宝森《闹府出箱》，杨盛春《恶虎村》，于莲仙《下河南》。

12月5日　梅兰芳、刘连荣、萧长华全本《木兰从军》，金少山《刺王僚》，杨宝森《鱼藏剑》，杨盛春《摩天岭》，姜妙香《岳家庄》，朱桂芳《攻潼关》。

12月6日　梅兰芳、姜妙香、萧长华《牢狱鸳鸯》，金少山《连环套》，杨宝森、杨盛春《阳平关》，刘连荣《开山府》，朱桂芳《无底洞》。

44岁

1937年

民国二十六年

丁丑

1月4日 为欢迎熊式一归国举行宴会。

2月初 应邀赴南京大华大戏院演出。据梅兰芳纪念馆藏南京大华大戏院戏单所载：

2月7日 梅兰芳全部《凤还巢》，奚啸伯《洪洋洞》，杨盛春《战冀北》。

2月16日 梅兰芳、奚啸伯、杨盛春、吕慧君全部《王宝钏》。

2月17日 梅兰芳《苏三起解》、《贞娥刺虎》。

2月19日 梅兰芳、姜妙香、刘连荣《宇宙锋》，奚啸伯《捉放宿店》，杨盛春《白水滩》。

2月20日 梅兰芳前部《西施》，奚啸伯《白蟒台》，杨盛春《挑滑车》。

2月21日 日场演出剧目为：梅兰芳《木兰从军》，奚啸伯《托兆碰碑》，杨盛春《恶虎村》。夜场演出剧目为：梅兰芳后部《西施》，奚啸伯《击鼓骂曹》，杨盛春《英雄义》。

2月22日 梅兰芳、奚啸伯、王少亭、姜妙香、萧长华、于莲仙、李庆山《探母回令》，刘连荣、王泉奎《真假李逵》，杨盛春、韩盛信、张连亭、李庆山《两将军》。

2月23日 梅兰芳《霸王别姬》。

2月24日 梅兰芳《女起解》、《刺虎》。

2月25日 梅兰芳、刘连荣《霸王别姬》，奚啸伯《搜孤救孤》，杨盛春《摩天岭》。

2月26日 梅兰芳、姜妙香、韦三奎、贾松龄、刘连荣、王少亭、于莲仙、李春林、李庆山全部《生死恨》。

2月27日 梅兰芳全部《凤还巢》，奚啸伯《洪洋洞》，杨盛春《战冀北》。

2月28日 日场演出剧目为：梅兰芳、刘连荣《霸王别姬》，奚啸伯《黄金台》，杨盛春《殷家堡》。夜场演出剧目为：梅兰芳全本《生死恨》，奚啸伯《打棍出箱》，杨盛春《战滁州》。

3月2日 梅兰芳全部《生死恨》，奚啸伯、杨盛春《八大锤》。

3月3日 首都各界冬赈联合会为二十六年冬赈赈灾在中正路大华大戏院义演，日场演出剧目为：梅兰芳、姜妙香《奇双会》，奚啸伯《失街亭》，杨盛春《武文华》。夜场演出剧目为：梅兰芳、奚啸伯、于莲仙、萧长华《王宝钏》，沈元豫《长生殿》，杨盛春《八蜡庙》，刘连荣《取洛阳》。

3月15日 首次去长沙演出。

4月7日 湖南各慈善团体挽请梅兰芳表演义务戏两天。长沙大戏院演出剧目为：梅兰芳、朱桂芳、萧长华、王少亭《天女散花》，梅兰芳、萧长华、于莲仙《樊江关》，奚啸伯、姜妙香、刘连荣《群英会》，杨盛春《独虎营》，王泉奎《草桥关》。

4月8日 梅兰芳《贵妃醉酒》、《红线盗盒》。

4月中旬 第四次赴汉口，演出于大舞台。此次同去的主要演员有萧长华、奚啸伯、王少亭、刘连荣、王泉奎、朱桂芳等。期间与话剧界前辈刘艺洲相见，切磋艺术，并摄影留念。据梅兰芳纪念馆藏汉口公记大舞台戏单所载：

4月17日 梅兰芳、姜妙香、萧长华、刘连荣、王少亭全部《凤还巢》，奚啸伯、王泉奎《托兆碰碑》，杨盛春《英雄义》

4月18日 日场演出剧目为：梅兰芳、姜妙香、萧长华、王少亭《牢狱鸳鸯》，奚啸伯、杨盛春《火烧连营寨》，刘连荣、王泉奎《双李逵》，朱桂芳《百草山》。夜场演出剧目为：梅兰芳、姜妙香、萧长华、刘连荣、王少亭《霸王别姬》，奚啸伯《沙陀国》，杨盛春、朱桂芳《泗州城》，王泉奎《探阴山》。

4月19日 梅兰芳、奚啸伯《汾河湾》，梅兰芳、萧长华《女起解》，杨盛春《林冲夜奔》，朱桂芳、刘连荣《取金陵》，王少亭《胭脂虎》，王泉奎《铡美案》。

4月20日 梅兰芳、姜妙香、萧长华、刘连荣、王少亭全部《生死恨》，奚啸伯、王泉奎《上天台》，杨盛春《两将军》，朱桂芳《红桃山》。

4月21日 梅兰芳、姜妙香、萧长华、刘连荣、王少亭四本《太真外传》，奚啸伯、王泉奎《清官册》，杨盛春《铁笼山》。

4月22日 梅兰芳、奚啸伯、萧长华、刘连荣、王少亭《三娘教子》，杨盛春、朱桂芳《水帘洞》，姜妙香《岳家庄》，王泉奎《父子会》。

4月23日 梅兰芳、奚啸伯、杨盛春、姜妙香、萧长华、刘连荣、王少亭全部《王宝钏》，王泉奎《大回朝》。

4月24日 梅兰芳、姜妙香全部《洛神》，奚啸伯、王泉奎《洪洋洞》，萧长华《请医》，杨盛春《冀州城》，王少亭《状元谱》。

4月25日 日场演出剧目为：梅兰芳、姜妙香全部《甘露寺》，朱桂芳《无底洞》，于莲仙《一匹布》，白玉楼《摩天岭》。夜场演出剧目为：梅兰芳、姜妙香、刘连荣、萧长华、王少亭《霸王别姬》，奚啸伯《奇冤报》，杨盛春、朱桂芳《白水滩》。

4月26日 梅兰芳、杨盛春《金山寺》，梅兰芳、萧长华《黛玉葬花》，奚啸伯《十道本》，杨盛春《火烧濮阳城》，王泉奎《锁五龙》。

4月27日 梅兰芳、姜妙香、萧长华、王少亭《玉堂春》，奚啸伯、王泉奎《失街亭》，杨盛春《武文华》，于莲仙《查头关》，朱桂芳《夺太仓》。

4月28日 梅兰芳、姜妙香、萧长华、王少亭全部《凤还巢》，奚啸伯、于莲仙《坐楼杀惜》，杨盛春《挑滑车》。

4月底 在汉口为体育会募捐演出。

5月5日 看望到上海的胡适。胡适日记写道："早7点到上海，住国际饭店908，……梅畹华来谈……"[1]

9月24日 上海戏剧界、电影界、联合国难后援会为募集救国公债及慰劳前方将士举行平剧大会串播音。梅兰芳、周信芳等参加演出。

11月 上海遭日军攻占沦陷后，青帮头目张啸林派人向梅兰芳提出"日方"要求，希望他能在电台播一次音，借以收买人心、点缀升平。梅兰芳借口将赴香港和内地演出，断然拒绝。这是抗日战争后，梅兰芳第一次对敌斗争。此时，挚友冯幼伟在香港公干，梅兰芳托其安排赴香港的计划，意图跳出樊笼。

[1]《胡适日记全编》（六），安徽教育出版社2001年10月版，第683页。

45岁

1938年

民国二十七年

戊寅

4月 在上海天蟾舞台演出。据梅兰芳纪念馆藏天蟾舞台戏单所载：

4月1日 梅兰芳、奚啸伯《三娘教子》，杨盛春《立志少年》，姜妙香《岳家庄》，朱桂芳《蟠桃会》。

4月2日 梅兰芳、奚啸伯全部《御碑亭》，梅兰芳《枪挑穆天王》，杨盛春《林冲夜奔》，朱桂芳《取金陵》。

4月3日 日场演出剧目为：梅兰芳、刘连荣、王少亭《红线盗盒》，奚啸伯全部《群英会》，杨盛春《青石山》。夜场演出剧目为：梅兰芳、姜妙香全部《宇宙锋》，奚啸伯《捉放曹》，杨盛春《武文华》。

4月4日 梅兰芳、刘连荣《霸王别姬》，奚啸伯、杨盛春《八大锤》，朱桂芳《打焦赞》。

4月5日 梅兰芳、奚啸伯《四郎探母》，杨盛春《挑滑车》，朱桂芳《攻潼关》。

4月6日 梅兰芳、刘连荣、奚啸伯、杨盛春、姜妙香全部《王宝钏》。

4月7日 梅兰芳、姜妙香、刘连荣《凤还巢》，奚啸伯《击鼓骂曹》，杨盛春《连环套》。

4月9日 梅兰芳、姜妙香、刘连荣《生死恨》，奚啸伯《连营寨》，朱桂芳《大泗州城》。

4月10日 日场演出剧目为：梅兰芳、姜妙香、刘连荣前部《西施》，奚啸伯《沙陀国》，杨盛春《铁笼山》，孙庆春《双李逵》。夜场演出剧目为：梅兰芳、姜妙香、刘连荣《霸王别姬》，奚啸伯《失街亭》，杨盛春《薛家窝》。

4月11日 梅兰芳、奚啸伯、杨盛春全本《甘露寺》，梅兰芳、姜妙香《黛玉葬花》，朱桂芳《赤福寿》。

4月12日 梅兰芳、姜妙香、刘连荣三本《杨贵妃》，奚啸伯《托兆碰碑》，杨盛春《恶虎村》，朱桂芳《红桃山》。

4月13日 梅兰芳、姜妙香、刘连荣《洛神》，梅兰芳、奚啸伯《法门寺》，奚啸伯《法场换子》，杨盛春《殷家堡》。

4月14日 梅兰芳、姜妙香、刘连荣全本《春灯谜》，奚啸伯《白蟒台》，杨盛春《冀州城》。

4月15日 梅兰芳、奚啸伯全部《四郎探母》，杨盛春、刘连荣《安天会》，朱桂芳《百草山》。

4月16日 梅兰芳、姜妙香、刘连荣全部《春灯谜》，奚啸伯《捉放曹》，杨盛春《白水滩》。

4月17日 日场演出剧目为：梅兰芳、姜妙香、刘连荣、奚啸伯、杨盛春、吕慧君、王少亭、朱桂芳全部《王宝钏》。夜场演出剧目为：梅兰芳、刘连荣《霸王别姬》，奚啸伯《洪洋洞》，杨盛春《摇钱树》，于莲仙《双怕妻》。

4月18日 梅兰芳、姜妙香全部《宇宙锋》，奚啸伯《击鼓骂曹》，杨盛春《水帘洞》。

4月19日 梅兰芳、奚啸伯全部《三娘教子》，杨盛春《英雄义》，朱桂芳《夺太仓》，倪金利《真假李逵》。

4月20日 梅兰芳、朱桂芳《天女散花》，奚啸伯《借东风》，杨盛春《武文华》。

4月21日 梅兰芳、姜妙香、刘连荣《生死恨》，奚啸伯《十道本》，杨盛春《状元印》，朱桂芳《盗仙草》。

4月22日 梅兰芳、姜妙香、刘连荣全部《春灯谜》，奚啸伯、杨盛春《连营寨》，朱桂芳《大泗州城》。

香港利舞台梅兰芳剧团演出戏单

4月23日　梅兰芳、姜妙香、王少亭《玉堂春》，奚啸伯、刘连荣《失空斩》，杨盛春《艳阳楼》，朱桂芳《无底洞》。

4月24日　日场演出剧目为：梅兰芳、刘连荣《霸王别姬》，奚啸伯《奇冤报》，杨盛春《恶虎村》。夜场演出剧目为：梅兰芳、刘连荣、王少亭《木兰从军》，奚啸伯《捉放曹》，杨盛春《战滁洲》，姜妙香《岳家庄》。

本月底　携家眷和梅剧团演职人员，乘上海邮轮第四次赴香港演出。琴师徐兰沅因病未去，改由王少卿担任主胡。剧团在香港利舞台演出二十天。据梅兰芳纪念馆藏香港利舞台戏单所载：

5月11日　梅兰芳《西施》，奚啸伯《骂曹》，杨盛春《武文华》，朱桂芳《蟠桃会》。

5月12日　梅兰芳、王少亭、姜妙香《奇双会》，杨盛春《泗州城》，奚啸伯《空城计》。

5月13日　梅兰芳、奚啸伯、杨盛春、吕慧君全部《王宝钏》。

5月14日　梅兰芳、奚啸伯、姜妙香《宇宙锋》，奚啸伯《王佐断臂》，朱桂芳《摇钱树》。

5月15日　日场演出剧目为：梅兰芳《回荆州》，于莲仙《荷珠配》，朱桂芳、杨盛春《取金陵》。夜场演出剧目为：梅兰芳《霸王别姬》，朱桂芳《盗仙草》，奚啸伯《梅龙镇》，杨盛春《恶虎村》。

5月16日　梅兰芳、刘连荣、姜妙香《生死恨》，奚啸伯《十道本》，杨盛春《夜战马超》，朱桂芳《红桃山》。

5月17日　梅兰芳、姚玉芙、刘连荣《汾河湾》，梅兰芳、奚啸伯《贞娥刺虎》，杨盛春《水帘洞》，姜妙香《借赵云》，于莲仙《一匹布》。

5月18日　梅兰芳、杨盛春、姚玉芙《抗金兵》，奚啸伯《捉放曹》，于莲仙《双怕婆》。

5月19日　梅兰芳、姜妙香、朱桂芳、刘连荣《虹霓关》，奚啸伯《托兆碰碑》，杨盛春《白水滩》。

5月20日 梅兰芳、刘连荣《凤还巢》，奚啸伯《乌龙院》，杨盛春《挑滑车》。

5月21日 梅兰芳、姚玉芙《天女散花》，奚啸伯《三国志》，杨盛春《长坂坡》，朱桂芳《百草山》。

5月24日 梅兰芳、奚啸伯《四郎探母》，朱桂芳《夺太仓》，杨盛春《安天会》。

5月25日 梅兰芳、刘连荣、姜妙香《太真外传》，奚啸伯《琼林宴》，杨盛春、朱桂芳《青石山》。

春末 在港演出结束之后，将剧团全部人员送回大陆。梅兰芳则租住半山斡道八号（干德路）一所公寓，平时深居简出，只和少数几位熟悉要好朋友往来。当时有人曾劝他："您曾经两次赴日，日本人对您向来友好，何必一定要迁居呢？"梅兰芳说："日本人民对我是友好的，可是他们的军阀政府对我们的国家则是太可恨了。我有什么理由只管自己，不顾国家呢？"他毅然决定息影舞台，暂居香港，不再返回当时已经沦陷的上海。

本年 日寇侵占香港之后，梅兰芳杜门谢客。当时几家戏院老板相继请他出来演戏，他都一一婉言谢绝。一些日、伪分子和地痞流氓多次上门纠缠干扰，并以金钱引诱称："只要梅老板肯出来，金条马上送到府上。"梅兰芳一笑置之。

46岁

1939年

民国二十八年

己卯

春 周翕园赴香港看望梅兰芳。据周翕园回忆："那是1939年春，梅先生避居香港。我当时曾由上海取道越南去重庆。抵港之日就去拜望梅先生，他的住处是山上一所公寓的两间屋子，生活极为清简。叙谈间，他丝毫不以生活为念，而对国难极为忧虑。我到重庆后，便和周恩来同志谈起梅先生的情况。周恩来同志对我说，日寇早晚总要侵夺香港的，梅兰芳留在那里有危险，最好早日来到后方。"

暑寒假期间，梅夫人带孩子们到香港度假。

梅兰芳虽客居花花世界的香港，却谢绝应酬，平时主要消遣办法，一是绘画，二是看电影。不管中国片还是外国片他都看，并和一些电影界的朋友接触，经常在一起研究如何将古典戏曲搬上银幕的问题。他对朋友说："天总是要亮的，到时候我一定要拍一部古典戏曲的片子。我有这个信心！"[1]

12月15日 美国著名电影演员范朋克病逝。听到这个消息，梅兰芳甚表惋惜，还发去了唁电。梅兰芳说："从那时起到1939年12月15日范朋克逝世为止（当时我在香港听到这个不幸的消息），我没有再看到他的片子。"

[1] 许姬传、刘松岩、董元申著：《梅兰芳》，湖南文艺出版社1987年版，第68页。

47岁

1940年

民国二十九年

庚辰

梅兰芳息影舞台，闲居香港，心情虽然郁悒，但他对抗战胜利充满了信心，坚信总有一天他会重登舞台，仍然把生活安排得极有条理。每天起床洗漱后，先看报纸，了解国际局势，然后打太极拳，锻炼身体。上午绘画，有时间还为朋友照片着色上彩；下午在家学习英语或钻研古典文学；晚上一般阅读一些文学艺术方面的书籍。有时独自拉二胡复习和研究自己的唱腔，或是请许源来吹笛，复习几段昆曲，但总是把门紧闭，窗帘拉下，以免引起外人注意。因为他对外声称自己的嗓子退化不能再登台了。为防止身体发胖会影响将来的演出，每周末与音乐舞蹈教师陈方能去九龙打几个小时羽毛球。同时还经常看看电影，从中汲取艺术养分。他在公开场合又主动避开观众。梅绍武回忆道："父亲1940年在香港带我们去看电影，甚至选定夜间九点一刻一场，掐准时间离家，正好赶上场内灯光渐暗时入场，而且把礼帽戴得很低，以免引起观众的注意。"

48岁

1941年

民国三十年

辛巳

春 卓别林编、导、演的著名影片《大独裁者》首次在香港放映。这部影片是由梅兰芳为利舞台经理致函卓别林方获得首演权的。梅兰芳连看七次并自叙："《大独裁者》这部影片，我在香港连看七次，看一次有一次体会，它的思想和艺术的深度，不是一下子就能探索到底的。卓别林在影片里兼演两个角色，既饰演大独裁者希特勒（化名兴格尔），又饰演善良的小人物理发师夏尔格。卓别林用他那喜剧的风格和深刻的表演，尽情地讽刺了好战的独裁者们之终必然失败。"[1]

[1] 梅兰芳著：《我的电影生活》，中国电影出版社1984年2月版，第58页。

夏 暑假开始，夫人福芝芳又带四个子女赴港。假期结束时，决定让葆琛、葆珍留港就学，夫人福芝芳带葆玥、葆玖回上海生活。

9月 葆琛、葆珍在九龙考进岭南大学附中，寄宿在校，每逢周末才渡海回到父亲身边。

11月 重庆中国银行总经理徐广迟赴香港开会，由于患病未能返渝，梅兰芳冒着风险将他藏在家里养病，直到他病愈离开香港。

秋 杜月笙突然从重庆飞抵香港，邀请梅兰芳到渝演出。梅兰芳托词班底演员不在香港，予以拒绝。

12月8日 听到日本偷袭珍珠港成功、日军向香港展开全面进攻、太平洋战争爆发的消息，对时局深感忧虑，从此蓄起了唇髭。他曾说："别小瞧这一小撮胡子，

梅兰芳在香港时，夫人福芝芳携子女由沪来港全家合影

不久的将来，可能会有用处。日本人假定蛮不讲理，硬要我出来唱戏，那末，坐牢、杀头，也只好由他。如果他们还懂一点礼貌，这块挡箭牌，就多少能起点作用。”[1]

12月9日 由于战局发生重大变化，香港形势动荡，葆琛、葆珍由学校护送渡海回到父亲身边。

12月10日 （香港沦陷的第三天）驻港日军司令酒井打听到梅兰芳在香港，派车把梅兰芳接到设在九龙半岛饭店的酒井司令部。酒井见了梅兰芳惊讶地说：“您怎么留须了？像您这样一位大艺术家，怎好退出了舞台？”梅兰芳平静地说：“我是个唱旦角的，年纪老了，扮相不好看了，嗓子也坏了，已经失去了舞台条件，唱了快四十年的戏，本来也应该退休了。”[2]

[1] 许姬传、许源来著：《忆艺术大师梅兰芳》，中国戏剧出版社1986年版，第151页。

[2] 同上书，第153页。

49岁

1942年

民国三十一年

壬午

年初 经冯幼伟介绍，梅兰芳毅然接受留港的重庆中国银行总经理徐广迟来家养病，以逃避日军搜捕。同时，由于日军进攻南洋，兵力不足，经常在港拉年轻人当兵，梅兰芳也不断思考留港的两个孩子的去向安排问题。

3月5日 梅兰芳趁老友顾兰荪、钟可成去重庆之机，决定先让葆琛随同去大后方求学，就读于重庆广益中学。

春 驻港日军为了开一个占领香港的“庆祝会”，函请梅兰芳表演一出京戏，梅兰芳以牙疼的理由婉言拒绝。没过多久，日本军部又派人来请梅先生出来演出，梅兰芳又一次拒演。酒井无奈，只得作罢。

春 南京汪精卫伪政权以庆祝“还都”为借口，派特务机关专人专机接梅兰芳前往南京演出。面对百般纠缠，梅兰芳声明自己患有严重的心脏病，平生从不乘坐飞机，从而坚决地拒绝了演出。

春末 梅兰芳又托中国银行董事汪楞伯带葆珍（怕日寇阻拦，按照小名“小五”谐音给他改名为绍武）由港转穗赴贵阳花溪清华中学读书。

夏 由于侵港日军不断纠缠，决定返沪，与家人团聚。

7月27日 梅兰芳取道广州回上海。回沪后，闭门谢客，靠典卖度日。坚持不为日伪演出。

11月 汪伪政府“外交部长”褚民谊邀请梅兰芳担任团长，率剧团赴南京、长春和日本东京等地演出，以庆祝所谓“大东亚战争胜利”一周年。梅兰芳指着自己的唇髭说：“我已经上了年纪，嗓子坏了，早已退出舞台！”褚民谊阴险地笑道：“胡子可以剃掉嘛，嗓子吊吊也能恢复！”梅兰芳坚决拒绝。随后不久日本华北驻屯军报道部部长山家少佐又派人胁迫，勒令梅兰芳参加纪念演出，并威胁说，倘若违抗，便以军法从事。梅兰芳在无可奈何之际，连打三针伤寒预防针，使体温高达39度，再次抵制了敌伪的威胁。

辍演以后，梅兰芳的经济情况日趋窘迫。不断有日伪军、商人一再以重聘相撺掇，但梅兰芳坚决拒演，毫不动摇。曾在梅兰芳身上赚过大钱的一个商人对他说：“只要梅先生来演一场，要多少钱给多少钱。”有的人还说：“演几场普通的营业戏和政治毫无关系，只要梅老板出来，一百根金条马上送到府上。”可是，梅兰芳绝不上他们花言巧语的当，也不为窘困的经济生活所屈服。当时除了他自己有一家人要吃饭外，还要照顾梨园界同行、亲戚朋友等。为了缓解经济上的压力，梅兰芳变卖了家藏的书画、古玩、古墨、瓷器、古扇，甚至把北京无量大人胡同的房子也卖了。即便在这种状况下，也绝不为日伪演出，表现了中华民族的铮铮骨气。

本年 在上海收李玉茹为徒。李玉茹在《学习梅兰芳的革新精神》中回忆道：“我从梅师学艺是在1942年夏天，那时，上海处在日本侵略者的统治之下，梅先生为了表现中国人民的气节，蓄须明志，谢绝舞台，闲居在家。我每天下午都到马斯南路先生的寓所，请先生教戏。”[1]

本年 收言慧珠为艺徒，言慧珠后来成为梅派的优秀传人。

[1] 原载1981年8月6日《人民日报》。

50岁

1943年

民国三十二年

癸未

10月3日（中秋） 甲午同庚千龄会（为知名文化界人士在上海成立的一个抗日救亡组织）同仁在上海榕园举办千龄宴。千龄会同仁有：梅兰芳、蔡声白、陈少

1943年10月3日，甲午同庚千龄会同仁在上海榕园合影

荪、秦清曾、张君谋、孙伯绳、周信芳、陆兆麟、席鸣九、张旭人、徐光济、李祖虁、吴湖帆、范烟桥、杨清磬、汪亚尘、陆铭盛、郑午昌、章君畴、汪飏长。

本年 闲居上海，继续杜门谢客，绘画自赏，常与书画家老友吴湖帆、叶恭绰、张大千等交往。以卖画维持生活。

本年 接收汉剧著名演员陈伯华和任颖华为弟子。

本年 请王幼卿来上海，为葆玖开蒙。

51岁

1944年

民国三十三年

甲申

夏　梅兰芳应苦干剧团费穆和黄佐临之邀，作为该剧团排演吴祖光的剧本《牛郎织女》的指导，为饰演织女的沈敏编排了许多优美的舞姿，使该剧生辉不少。梅兰芳在酷暑下，多次参加排练，且不取分文报酬，使该团演员深受感动。

6月25日（端阳节）　画师、画友汤定之、吴湖帆、李拔可、叶恭绰、陶道遗等聚会梅宅“梅花诗屋”，观画时怂恿梅兰芳办一个画展。梅兰芳提出办展览要一两百幅作品，而自己现在的作品数量不足的问题。吴湖帆建议，让叶恭绰与梅兰芳合办，众画师、画友都愿为展览效劳出力。梅兰芳接受朋友们的建议，此后八九个月中，梅兰芳大都在半夜以后作画，兴到时直画到天明。

10月27日　携子女参加冯幼伟寿宴，饭后先由小九(葆玖)唱《金锁计》一段，继由小七(葆玥)唱《乌盆计》一段，操琴者为王凤卿之子王幼卿。

梅兰芳绘《松柏》

梅兰芳绘《春消息》

冬 他画了一张松树斗方，上题刘桢诗句：“岂不罹霜雪，松柏有本性。”这正是他不畏强暴、气节凛然的真实写照。他还在一幅设色牵牛花上这样题道：“曩在旧京，庭中多植盆景牵牛，绚烂可观，他日漫卷诗书归去，重睹此花，快何如之。”梅兰芳威武不屈、贫贱不移的精神面貌，在他的画作中得到了充分的体现。

冬 梅兰芳从收音机内听到日本又吃了一个败仗的消息后，立即手绘寒梅寄意，题名为《春消息》，以预示胜利的快要到来。

本年 在上海接受梁小鸾、顾正秋为艺徒。

52岁

1945年

民国三十四年

乙酉

春　摹姚茫父的《达摩面壁图》，还题了双关的跋语：“穴居面壁，不畏魍魉，壁破飞去，一苇横江。”以此表达自己在生活困境中的乐观情绪以及对抗战必胜的信念（此画于1959年10月赠给钱杏邨）。

4月15日　梅兰芳与叶恭绰合办的画展在上海福州路的都城饭店开幕。此次展览展出约一百七十余件作品，包括佛像、仕女、花卉、翎毛、松树、梅花及部分与叶恭绰合作的梅竹，和吴湖帆、叶恭绰合作的《岁寒三友图》，还有一些临摹画。这次展览共售出百分之七八十以上的作品。

8月15日　日寇宣布无条件投降，梅兰芳当即剃掉唇髭，笑着对大家说：“今天听了日本投降的消息后，我首先剃干净胡子，从头到脚换上了八年来没有穿过的新衣新鞋，我今天比小孩子过新年还要高兴。”[1] 几天后请王幼卿给他吊吊嗓子，唱的是《女起解》中的【散板】和一段【反二黄】。

本月　子葆琛高中毕业由贵阳返回上海。

10月1日　贵阳《新民晚报》刊登一篇题为《守口八年，杜门谢客，人间艳曲，应许再闻》的文章，说梅兰芳将在上海

中華民國三十四年十月一日

守口八年　杜門謝客
人間艷曲　應許再聞

贵阳《新民晚报》刊登文章
《守口八年，杜门谢客，人间艳曲，应许再闻》

[1] 许姬传、刘松岩、董元申著：《梅兰芳》，湖南文艺出版社1987年版，第80页。

登台演出。

10月10日 参加了抗日胜利的庆祝会，在息影了八年后复出，在上海兰心剧场重新登上舞台，义务演出《刺虎》。

本日 梅兰芳撰写的文章《登台杂感》在《文汇报》的新闻版里发表，表达了他对重返舞台的渴望及喜悦心情。文中写道："沉默了八年之后，如今又要登台了。诸君也许想象得到，对于一个演戏的人，尤其像我这样年龄的人，八年的空白在生命史上是一宗怎样大的损失，这损失是永远无法补偿的。在过去这一段漫长的岁月中，我心如止水。留上胡子，咬紧牙关，平静而沉闷地生活着。""我自己有一个决定：胜利以前我决不唱戏。胜利以后，我又有一个新的决定，必须把第一次登台的义务献给祖国。现在我把这点热诚献给上海了。为了庆祝这都市的新生，我同样以无限的愉快去完成我的心愿。""我对于政治问题向来没有什么心得。出于爱国心，我想每一个人都是有的吧？……社会人士对我的奖饰，实在超过了我所可能承受的限度。《自由西报》的记者先生说我'一直实行着个人的抗战'，使我感激而且惭愧。"

本月 在上海美琪大戏院正式公演，与俞振飞合作演出了昆曲《断桥》、《游园惊梦》、《奇双会》等剧目，同台演出的演员大部分是仙霓社传字辈的昆曲艺人。梅兰芳原担心怕票卖不出去，但演出海报一上墙，三天票便被抢购一空。观众说："只要看一看八年不唱戏刚剃了胡子的梅兰芳。"首次演出结束，观众蜂拥至台口，向梅兰芳鼓掌致意。退场时，观众纷纷议论："梅先生五十多岁的人了，八年没有演出，今天重新登台，功夫不减当年，真了不起！"

53岁

1946年

民国三十五年

丙戌

2月15日 国民政府慰问“盟军”游艺会在美琪大戏院举行，梅兰芳、俞振飞等演出了京、昆剧片断，蒋介石、宋美龄出席观看。

3月 梅兰芳重新组班，在上海南京大戏院演出。据梅兰芳纪念馆藏南京大戏院戏单所载：

3月22日 梅兰芳、刘连荣《宇宙锋》，奚啸伯《捉放宿店》，杨盛春《白水滩》。

3月23日 梅兰芳、姜妙香前部《西施》，奚啸伯《白蟒台》，杨盛春《挑滑车》。

3月24日 日场演出剧目为：梅兰芳、萧长华《木兰从军》，奚啸伯《托兆碰碑》，杨盛春《恶虎村》，姜妙香《未央闯宫》。夜场演出剧目为：梅兰芳、姜妙香后部《西施》，奚啸伯《击鼓骂曹》，杨盛春《英雄义》。

3月25日 梅兰芳、奚啸伯《探母回令》，杨盛春《两将军》，刘连荣《真假李逵》。

3月28日 梅兰芳、刘连荣《霸王别姬》，奚啸伯《搜孤救孤》，杨盛春《摩天岭》，于莲仙《胭脂虎》。

3月30日 梅兰芳、姜妙香全部《凤还巢》，奚啸伯《洪洋洞》，杨盛春《战冀北》。

3月31日 日场演出剧目为：梅兰芳、姜妙香、朱桂芳《金山寺》，梅兰芳《春秋配》，奚啸伯《打棍出箱》，贯盛习《白马坡》，杨盛春《状元印》。夜场演出剧目为：梅兰芳、姜妙香全本《生死恨》，奚啸伯《上天台》，杨盛春《艳阳楼》，朱桂芳《打焦赞》。

4月2日 梅兰芳、姜妙香全本《生死恨》，奚啸伯《打棍出箱》，杨盛春《战滁州》。

4月3日 梅兰芳、姜妙香全本《生死恨》，奚啸伯、杨盛春《八大锤》，萧长华《老黄请医》。

南京大戏院演出结束后，又移至西藏路皇后大戏院继续演出，与王琴生第一次合作。戏院门口人山人海，票很难买到。

5月18日至19日 梅兰芳、王琴生全本《四郎探母》，李凤翔《金雁桥》，开场班串《加官进爵》。

5月20日至21日 梅兰芳、姜妙香《宇宙锋》，王琴生全本《洪洋洞》，李凤翔《小商河》，开场班串《加官进爵》。

5月25日 梅兰芳、王琴生《汾河湾》，姜妙香、郭元汾《飞虎山》，李凤翔《两威将军》，开场班串《加官进爵》。

5月26日 梅兰芳、王琴生《汾河湾》，俞振飞、李凤翔《黄鹤楼》，郭元汾《草桥关》，开场班串《加官进爵》。

5月27日 梅兰芳、俞振飞《春秋配》，王琴生《奇冤报》，李凤翔《大白水滩》，开场班串《加官进爵》。

5月28日 梅兰芳、俞振飞《春秋配》，王琴生《捉放曹》，李凤翔《英雄义》，开场班串《加官进爵》。

5月29日 梅兰芳、俞振飞头、二本《虹霓关》，王琴生《李陵碑》，李凤翔《金锁阵》，开场班串《加官进爵》。

5月30日 梅兰芳、俞振飞头、二本《虹霓关》，王琴生《鱼藏剑》，李凤翔《挑滑车》，开场班串《加官进爵》。

5月31日 梅兰芳、俞振飞头、二本《虹霓关》，王琴生《搜孤救孤》，李凤翔《挑滑车》，开场班串《加官进爵》。

6月1日至6日 梅兰芳、程砚秋、马连良等参加中国福利基金会在中国大戏院举办平剧义演。宋庆龄发表书面讲话《平剧义演的意义》。5日至6日，义演两场，梅兰芳、姜妙香、刘连荣《霸王别姬》。在各方恳请下，梅、程合作并各带一位弟子（梅兰芳带杨畹农，程砚秋带赵荣琛）合作演出一次，演出的剧目是《四五花洞》（这也是梅兰芳演出的最后一场《五花洞》）。同时还拟定了为上海妇女工作会冬令赈灾的义演剧目《法门寺》、《龙凤呈祥》。

6月1日 梅兰芳、王琴生全本《四郎探母》，李凤翔《金雁桥》，开场班串《加官进爵》。

6月2日 梅兰芳、王琴生全本《四郎探母》，李凤翔《艳阳楼》，开场班串《加官进爵》。

6月3日 梅兰芳、王琴生《王宝钏》，李凤翔《恶虎村》，开场班串《加官进爵》。

6月7日 梅兰芳、王琴生《打渔杀家》，梅兰芳、姜妙香《枪挑穆天王》，李凤翔《铁笼山》，开场班串《加官进爵》。

夏 梅兰芳观看了以康巴尔罕为首的新疆歌舞团在上海的演出，并资助了他们返回的旅费。

8月 子葆珍（绍武）高中毕业，由贵阳返回上海，先入杭州三江大学机械工程系，后转入北京燕京大学外文系学习。

9月 梅剧团再次在南京大戏院演出，其原班底人马大多从北平被邀请到沪。其中有：萧长华、姜妙香、刘连荣、王少亭、姚玉芙以及琴师徐兰沅、王少卿等人。

10月31日 由上海戏剧联合会主办，在上海天蟾舞台举行庆祝蒋介石六秩华诞国剧大公演。梅兰芳、李少春、谭富英、周信芳、韩金奎、李盛泉、林树森、刘连荣、孙兰亭、李世霖、赵如泉、叶盛兰演出《龙凤呈祥》。

11月起 在上海中国大戏院演出。杨宝森首次搭班梅剧团。据梅兰芳纪念馆藏上海中国大戏院戏单所载：

11月2日 梅兰芳、萧长华《苏三起解》，杨宝森《失空斩》，杨盛春《白水滩》，姜妙香《岳家庄》，韩云峰《长坂坡》，全班合演《天官赐福》，开场全班合演《财神进宝》。

11月3日 梅兰芳、萧长华《苏三起解》，杨宝森《捉放曹》，杨盛春《英雄义》，俞振飞《九笼山》，韩云峰《界碑关》，王福卿《天官赐福》，开场全班合演《财神进宝》。

11月4日 梅兰芳、杨宝森《四郎探母》，杨盛春《武文华》，俞振飞《黄鹤楼》，韩云峰《挑滑车》，开场全班合演《天官赐福》。

11月5日 梅兰芳、萧长华、俞振飞全部《宇宙锋》，杨宝森《打鼓骂曹》，杨盛春《恶虎村》，韩金奎《双拾黄金》，张镜铭《摩天岭》，开场全班合演《天官赐福》。

11月6日 梅兰芳、萧长华、俞振飞全部《宇宙锋》，杨宝森《打鼓骂曹》，杨盛春《林冲夜奔》，韩金奎《双拾黄金》，张镜铭《杀四门》，开场全班合演《天官赐福》。

11月7日 梅兰芳、萧长华、俞振飞全部《宇宙锋》，杨宝森《打鼓骂曹》，杨盛春《恶虎村》，韩金奎《双拾黄金》，张镜铭《摩天岭》，开场全班合演《天官赐福》。

11月8日 梅兰芳、杨宝森《四郎探母》，杨盛春《武文华》，俞振飞《黄鹤楼》，韩云峰《挑滑车》，开场全班合演《天官赐福》。

11月9日 梅兰芳、刘连荣、俞振飞《春秋配》，杨宝森《奇冤报》，姜妙香《借赵云》，杨盛春《战滁州》，马九如《得胜回朝》，开场全班合演《天官赐福》。

11月10日 梅兰芳、刘连荣、俞振飞《春秋配》，杨宝森《洪洋洞》，杨盛春《战滁州》，姜妙香《借赵云》，韩云峰《群贤毕至》，开场全班合演《天官赐福》。

11月16日 梅兰芳、刘连荣、萧长华、姜妙香全部《霸王别姬》，杨宝森《状元谱》，杨盛春《安天会》，班世超《打焦赞》，付祥麟《打严嵩》，开场全班合演《天官赐福》。

11月19日 梅兰芳、杨宝森《四郎探母》，王泉奎、俞振飞《飞虎山》，杨盛春《大泗州城》，刘连荣《双李逵》，张镜铭《摩天岭》，开场全班合演《天官赐福》。

11月20日 梅兰芳、萧长华、姜妙香《贵妃醉酒》，杨宝森《失空斩》，杨盛春《刺巴杰》，韩云峰《周瑜归天》，马九如《万花亭》，开场全班合演《天官赐福》。

11月22日 梅兰芳、刘连荣、萧长华、姜妙香全部《霸王别姬》，杨宝森《坐楼杀惜》，杨盛春《挑滑车》，班世超《盗仙草》，马九如《黑风怕》，开场全班合演《天官赐福》。

11月23日　梅兰芳、刘连荣、萧长华、姜妙香全部《霸王别姬》，杨宝森《洪洋洞》，杨盛春《铁笼山》，韩金奎《双拾黄金》，付祥麟《徐策跑城》，开场全班合演《天官赐福》。

11月25日　梅兰芳、萧长华、姜妙香《贩马记》，杨宝森《托兆碰碑》，杨盛春《大青石山》，盖三省《送亲演礼》，开场全班合演《天官赐福》。

11月26日　梅兰芳、杨宝森《四郎探母》，杨盛春《三义口》，俞振飞、刘连荣《临江会》，王泉奎《锁五龙》，孙勇刚《大兴梁山》，开场全班合演《天官赐福》。

11月27日　梅兰芳、萧长华、姜妙香《廉锦枫》，杨宝森《奇冤报》，杨盛春《战濮阳》，韩金奎《丑表功》，张镜铭《越虎城》，马九如《叹皇陵》，开场全班合演《天官赐福》。

11月28日　梅兰芳、萧长华、姜妙香《廉锦枫》，杨宝森《捉放宿店》，杨盛春《大白水滩》，刘连荣《青风寨》，张镜铭《夜战马超》，马九如《五台山》，开场全班合演《天官赐福》。

11月29日　梅兰芳、萧长华、姜妙香全部《宇宙锋》，杨宝森《连营寨》，王泉奎《父子会》，班世超《摇钱树》，张镜铭《百寿图》，开场全班合演《天官赐福》。

11月30日　梅兰芳、萧长华《苏三起解》，杨宝森《失空斩》，杨盛春《大青石山》，姜妙香《岳家庄》，张英武《九江口》，开场全班合演《天官赐福》。

12月1日　日场演出剧目为：梅兰芳、杨宝森《御碑亭》，杨盛春《挑滑车》，王泉奎《探阴山》，韩云峰《大泗州城》，韩金奎《双拾黄金》，付祥麟《立志投军》，张镜铭《神亭岭》，马九如《万花亭》，开场全班合演《天官赐福》。夜场演出剧目为：梅兰芳、刘连荣、萧长华、姜妙香《霸王别姬》，杨宝森《打渔杀家》，杨盛春《天霸招亲》，盖三省《探亲相骂》，孙勇刚《大收关胜》，开场全班合演《天官赐福》。

12月3日　梅兰芳、姜妙香《黛玉葬花》，杨宝森《打鼓骂曹》，萧长华《瞎子逛灯》，杨盛春《铁笼山》，班世超《打焦赞》，付祥麟《开山府》，开场全班合演《天官赐福》。

12月4日　梅兰芳、杨宝森《四郎探母》，刘连荣、俞振飞《白门楼》，杨盛春《三义口》，王少亭《铡美案》，韩云峰《挑滑车》，马九如《大回朝》，开场全班合演《天官赐福》。

12月5日 梅兰芳、姜妙香、萧长华前部《西施》，杨宝森《状元谱》，杨盛春《安天会》，班世超《取金陵》，马九如《五台山》，开场全班合演《天官赐福》。

12月7日 梅兰芳、姜妙香、萧长华《贵妃醉酒》，杨宝森《失空斩》，杨盛春《大白水滩》，王少亭《浣花溪》，班世超《百草山》，马九如《五台会兄》，开场全班合演《天官赐福》。

12月8日 日场演出剧目为：梅兰芳、萧长华《苏三起解》，杨宝森《八大锤》，姜妙香《飞虎山》，韩云峰《大泗州城》，韩金奎《双拾黄金》，付祥麟《斩经堂》，张镜铭《杀四门》，开场全班合演《天官赐福》。夜场演出剧目为：梅兰芳、萧长华、刘连荣全部《霸王别姬》，杨宝森《捉放宿店》，杨盛春《林冲夜奔》，班世超《摇钱树》，盖三省《送亲演礼》，开场全班合演《天官赐福》。

12月9日 梅兰芳、萧长华、刘连荣全部《霸王别姬》，杨宝森《闹府出箱》，杨盛春《状元印》，班世超《蟠桃会》，韩金奎《丑表功》，韩云峰《大闹嘉兴府》，马九如《五台山》，开场全班合演《天官赐福》。

12月12日 梅兰芳、杨宝森《王宝钏》，杨盛春《战濮阳》，王泉奎《锁五龙》，韩云峰《大泗州城》，盖三省《探亲家》，开场全班合演《天官赐福》。

12月13日 梅兰芳、杨宝森《王宝钏》，杨盛春《大青石山》，王泉奎《铡美案》，付祥麟《跑皇城》，张镜铭《送状元》，开场全班合演《天官赐福》。

12月14日 梅兰芳、姜妙香《贵妃醉酒》，杨宝森《失空斩》，杨盛春《恶虎村》，班世超《杨排风》，张镜铭、马九如《杀四门》，开场全班合演《天官赐福》。

12月15日 日场演出剧目为：梅兰芳、杨宝森《法门寺》，杨盛春《大白水滩》，姜妙香、王泉奎《飞虎山》，韩云峰、班世超《大泗州城》，朱斌仙《查头关》，付祥麟《追韩信》，马九如《五台山》，开场全班合演《天官赐福》。夜场演出剧目为：梅兰芳、俞振飞、李世芳《金山寺》。

梅兰芳在上海中国大戏院演出期间，李世芳也来沪演出，适逢上海市面萧条，票卖不出，困于上海。梅兰芳为给予支持帮助，决定与爱徒世芳合作演出《金山寺》，梅兰芳饰白娘子，李世芳饰小青，俞振飞饰许仙。这是梅兰芳第一次将《金山寺》与《断桥》两折戏一场连演，又是“四大名旦”与“四小名旦”两位首席的师徒同台，大震申江，演后欲罢不能，连演两场，座无虚席。

上海中国大戏院演出戏单

12月16日 梅兰芳、俞振飞、李世芳《金山寺》，杨宝森《洪洋洞》，姜妙香、刘连荣《临江会》，韩云峰《金钱豹》，开场全班合演《天官赐福》。

12月17日 梅兰芳、姜妙香全部《四郎探母》，杨盛春《挑滑车》，班世超《盗仙草》，王泉奎《威镇草桥》，开场全班合演《天官赐福》。

12月19日 梅兰芳、姜妙香、萧长华全部《凤还巢》，杨宝森《托兆碰碑》，杨盛春《两威将军》，班世超《摇钱树》，盖三省《送亲演礼》，开场全班合演《天官赐福》。

12月20日 梅兰芳、姜妙香、萧长华全部《凤还巢》，杨宝森《捉放宿店》，杨盛春《艳阳楼》，班世超《百草山》，汪志奎《黑风怕》，开场全班合演《天官赐福》。

12月23日 梅兰芳、姜妙香、萧长华全部《凤还巢》，杨宝森《打鼓骂曹》，杨盛春《战滁州》，班世超《杨排风》，汪志奎《开山府》，马九如《大回朝》，开场全班合演《天官赐福》。

12月24日至28日 梅兰芳赴京演出。

12月31日 继续在中国大戏院演出。梅兰芳、杨宝森《探母回令》，杨盛春《铁笼山》，王少亭《铡美案》，班世超《取金陵》，付祥麟《跑皇城》，马九如《五台山》，开场全班合演《天官赐福》。

本年 梅兰芳有幸会见了周恩来。这次会见是在周恩来的天津南开中学同班同学余贺家中进行的。周恩来热情而诚恳地对梅兰芳说："希望你不要随国民党撤退而离开上海，希望你留在上海，我们欢迎你。"梅兰芳深表同意。

54岁

1947年

民国三十六年

丁亥

1月 继续在中国大戏院演出。

1月3日 梅兰芳、萧长华、俞振飞《生死恨》，杨宝森《打鼓骂曹》，杨盛春《武文华》，班世超《青龙棍》，张镜铭《杀四门》，开场全班合演《天官赐福》。

1月5日 日场演出剧目为：梅兰芳、杨宝森《汾河湾》，姜妙香、萧长华《连升三级》，杨盛春《大青石山》，王泉奎《白良关》，韩云峰三本《铁公鸡》，张铭华《战樊城》，开场全班合演《天官赐福》。

本日 李世芳从上海乘飞机返回北平，途经青岛时，飞机失事罹难。梅闻讯后非常伤心。为了怀念自己心爱的弟子，特义演六场，筹款六千万元抚恤金，慰问他的家属。

1月6日 《新民报》登载了一篇题为《有所不为》的短文，谈到内战爆发期间梅兰芳曾多次拒绝当局以各种名义发出的演出邀请。文中说："梅兰芳拒绝去日本为招待麦克阿瑟演出……最近梅君赴京演剧，当局为了要招待马歇尔元帅，特别挽留他多演一天戏。有人认为这也是一种莫大的荣誉，在常人是求也求不到的。但是他也拒绝了。"[1]

1月8日 梅兰芳、程砚秋、李玉茹、王吟秋、杨宝森、谭富英、周信芳、李万春演出全部《红鬃烈马》。

[1]《梅兰芳艺术评论集》，中国戏剧出版社1990年10月版，第385页。

1月10日 为上海妇女工作委员会、冬令救济委员会赈灾义演。梅兰芳、程砚秋、赵荣琛、谭富英全部《龙凤呈祥》，萧长华、袁世海、杨宝森《拾玉镯》，阎世善《蟠桃会》，全班合演《天官赐福》。

1月13日 梅兰芳、杨宝森、姜妙香、萧长华、芙蓉草在上海天蟾舞台义务演出《御碑亭》。

2月14日 第四届戏剧节在上海天蟾舞台举行观摩公演，梅兰芳、周信芳合作演出《打渔杀家》。

2月15日 上海戏剧界人士在黄金大戏院举行第四届戏剧节纪念大会，梅兰芳与顾一樵、田汉、洪深、周信芳等数百人出席。顾一樵、田汉、梅兰芳等在会上讲话，就如何对待传统文化艺术遗产、戏剧改革的途径等问题发表意见。最后，会议通过了戏剧界呼吁停止内战的宣言。

3月1日 为给难民难童收容所募款，梅兰芳、周信芳在上海市市长吴铁城的陪同下参观了上海漕河泾难民难童收容所。

本日 在"梅华诗屋"接待了来访的画家丰子恺。丰子恺先生谈起自己在重庆陋室中只挂了一张梅兰芳蓄须照片，以作为自励，对梅兰芳坚决不与敌伪合作深感敬佩。

3月2日 《申报》副刊《自由谈》对梅兰芳与丰子恺的会面作了报道，并刊出了他们的合影。

3月13日 下午，梅兰芳参加戏剧界进步人士田汉五十寿辰活动。这是一次左翼文化界以祝寿为名向国民党当局示威的带有明显政治色彩的活动。梅兰芳、周信芳、熊佛西等在会上发言。

9月3日 假陕西水灾义演暨贺自己六十岁生日之名，杜月笙在上海中国大戏院举办了七场赈灾义演、三场生日堂会。这次义演和堂会，大牌名角云集一堂，如北方筱翠花、马富禄、张君秋、芙蓉草、刘斌昆、谭富英、李多奎、阎世善、李少春、马盛龙等一概到齐，加上原在南方的梅兰芳、马连良、周信芳、章遏云、裘盛戎、叶盛兰、叶盛长、姜妙香、杨宝森、马四立、盖三省、魏连芳等，阵营空前。演出历时十天。梅兰芳在十日之内连唱三出堂会大轴、五出义演大轴。

10月 梅剧团在上海天蟾舞台演出，杨宝森第二次参加梅剧团。其他主要演员还有萧长华、姜妙香、俞振飞、钱宝森、魏莲芳、杨盛春、王泉奎、哈宝山、李多

梅兰芳拍摄我国第一部
彩色戏曲电影《生死恨》

奎、吴富琴、李盛泉、茹富蕙等。演出自10月2日起至12月4日止，期间10月28日至30日因梅兰芳患感冒，停演三天。

10月3日 演出剧目为：梅兰芳、萧长华、俞振飞、姜妙香全本《贩马记》，萧长华、杨宝森全本《奇冤报》，李多奎《滑油山》，开场《盗仙草》。

10月4日 演出剧目为：梅兰芳、杨宝森全部《红鬃烈马》，钱宝森《芦花荡》，张美娟《大战赤福寿》，开场全班合演《天官赐福》。

10月5日 日场演出剧目为：梅兰芳、杨宝森、萧长华、王泉奎、吴富琴、哈宝山、李盛泉全本《法门寺》。

10月6日 演出剧目为：梅兰芳、杨宝森、俞振飞、魏莲芳全部《红鬃烈马》。

10月17日 演出剧目为：梅兰芳、杨宝森、姜妙香、魏莲芳全部《红鬃烈马》。

10月19日 日场演出剧目为：梅兰芳、杨宝森《汾河湾》。

10月21日 演出剧目为：梅兰芳、杨宝森、萧长华《审头刺汤》。

10月22日 演出剧目为：梅兰芳、杨宝森、俞振飞、魏莲芳全部《红鬃烈马》。

11月5日 演出剧目为：梅兰芳、杨宝森、姜妙香、魏莲芳全部《红鬃烈马》。

11月12日 演出剧目为：梅兰芳、杨宝森、姜妙香、魏莲芳全部《红鬃烈马》。

11月16日 日场演出剧目为：梅兰芳、杨宝森、萧长华、王泉奎、吴富琴、哈宝山、李盛泉全本《法门寺》。

冬 电影导演费穆约吴性裁、颜鹤鸣与梅兰芳几番协商，决定成立一个以摄制彩色舞台艺术片为主的华艺公司。资金由吴性裁筹措。梅兰芳主演《生死恨》，费穆任导演，颜鹤鸣负责彩色冲洗和录音的技术问题，黄绍芬任摄影导演。

本年 接受童芷苓为弟子。

55岁

1948年

民国三十七年

戊子

2月14日 接受陈正薇为弟子。陈正薇自述："那年我年仅十四岁，还是一个不太懂事的小女孩，为何破格收我呢？这是梅先生怀念故友，怜悯孤儿，特意向我伸出了温暖的手。……先生说：'我童年就失去双亲，饱受人间辛酸，对没有父母的孩子，是有痛切的了解的。想当初，你父亲和我交往甚厚，可惜他过早地去世了。孩子，好好学吧，把你父亲的事业继承下来。'"[1]

[1]《梅兰芳艺术评论集》，中国戏剧出版社1990年10月版，第489页。

清明节前后丰子恺携带两个戏迷女儿，到梅宅再度拜会梅兰芳。临别，丰子恺赠送了一把手绘扇子给梅兰芳。不久，丰子恺撰写了一篇《再访梅兰芳》，说："（梅兰芳）对于这种广大普通的艺术富有这样丰富的才华，又在抗战时表示这样高尚的人格，故我对他真心的敬爱。"

4月 梅剧团在上海天蟾舞台演出，杨宝森第三次参加梅剧团。据梅兰芳纪念馆藏上海天蟾舞台戏单所载：

4月9日 梅兰芳、杨宝森、魏莲芳、姜妙香、哈宝山《四郎探母》。

4月18日 梅兰芳、杨宝森、魏莲芳、陈永玲、李金泉《红鬃烈马》。

4月22日 梅兰芳、刘连荣《霸王别姬》，杨宝森《乌龙院》，杨盛春《状元谱》，班世超《盗仙草》，开场全班合演《天官赐福》。

5月23日至24日 在上海天蟾舞台，为上海伶界联合会和北平国剧公会筹款义

丰子恺绘赠梅兰芳扇面

演两天，随后将义演所得款项汇北平三亿七千万元，并请萧长华主持办理。

5月27日　国际戏剧协会中国分会选出梅兰芳、熊佛西、余上沅等三十一人为执委。

6月3日　在给萧长华的信中写道："兰芳此次天蟾出演，嗓音似比去年好一点，上座也好。五月二十三、四两日在天蟾为上海伶联会和北平国剧公会义演两日，每会应得二亿九千六百八十九万六千元。此款已于前日由新华银行汇平，暂存曹经理处，并加升水七千四百二十二万四千元，共计三亿七千一百一十一万二千元整。尚有娱乐捐一亿六千二百一十三万七千元，此款因财政局免捐事迄未批准，候财局批准后领回，此款当即汇平，所有清账候春林回平带上。已汇北平之三亿七千万款项，应如何支配，请先生费神，到会召集主持诸位商量，兰芳对此并无意见……"[1]

[1]《梅兰芳艺术评论集》，中国戏剧出版社1990年10月版，第421页。

6月27日　由梅兰芳主演、费穆执导、黄绍芬为摄影指导的中国第一部彩色影片《生死恨》在上海徐家汇原联华三厂的第二号摄影棚内正式开拍。棚内搭了"洞房"、"夜遁"、"磨房"三堂景，梅兰芳饰韩玉娘、李春林饰瞿士锡、姜妙香饰程鹏举、王福庆饰老尼，乐队由王少卿（胡琴）、王燮元（打鼓）、倪秋萍（二胡）等人组成。颜鹤鸣录音。

当时彩色影片在国产片中刚刚起步，《生死恨》是我国自拍第一部彩色影片，作为京剧艺术片更是前所未有。过去银幕上的京剧影片，包括梅兰芳在国外所拍摄的影片基本上都属于舞台演出的记录，没有同电影艺术真正结合起来。梅兰芳深感费穆的创作设想很有意义，更觉拍一完整的影片也可弥补他限于多种原因不能亲到更多地方演出之不足，便欣然接受。

梅兰芳的表演根据电影镜头剧本的变动和导演的艺术构思，对身段使用、唱念处理或进行调整，或重新设计，又是一番新的创造。影片中的韩玉娘形象更显深沉，更富意境。

夏　长子葆琛考入上海复旦大学土木工程系。葆玖决定跟父亲从事戏剧艺术工作，葆玥也请陈秀华老师教导老生唱段。

11月　彩色影片《生死恨》拍摄完毕，这部用十六厘米胶片拍摄的样片在愚园路吴性栽家中草坪上放映，梅兰芳看后认为色彩方面可以。不过，影片使用美国一家洗印公司制作的拷贝（当时国内还不具备制作彩色影片拷贝的条件），在上海卡尔登影院放映时，色彩不正，浓淡不均，使影片的效果大大受损，在万般无奈的情况下，彩色京剧艺术片《生死恨》只得带着严重的缺陷和观众见面，梅兰芳为此万分遗憾。

本年　因徐兰沅年事已高，旅行不便，梅剧团操琴由王少卿接替，二胡伴奏由上海倪秋萍担任。

本年　接受杨荣环和顾景梅为弟子。

56岁

1949年

己丑

春 上海解放前夕，夏衍受中国共产党组织委托，与熊佛西一起赴马斯南路梅宅，动员梅兰芳留在上海迎接新中国的诞生，梅兰芳欣然同意。

5月27日 清晨，梅兰芳高兴地和上海人民一道上街欢迎解放军。他走到建国东路亲眼看到不少解放军战士虽然露宿街头但纪律严明，由衷地敬佩和爱戴。回家后对家人说："共产党的军队确实解放了上海，纪律好极了！"[1]

5月31日 梅剧团在上海南京大戏院连续演出三天，热情慰问解放上海的中国人民解放军指战员。第一天演出结束，夏衍陪同陈毅市长到后台向梅兰芳致以亲切的谢意。

6月4日 梅兰芳应陈毅市长的邀请，到中国青年会参加上海各界知名人士座谈会。

6月24日 梅兰芳作为上海文化界的代表离沪北上，参加全国第一次文学艺术工作者代表大会。据许姬传回忆："梅氏夫妇带了葆玥、葆玖，化妆师顾宝森，管箱郭岐山，演员王少亭等从上海乘专车北上。离沪前熊佛西先生对我说：'周而复同志托我转告梅先生要带行头，准备在大会招待演出。'所以我们一行有六十多人。"[2]

路过南京，当地的军政首长在原国民党的励志社旧址设宴招待。刘伯承将军对

[1] 许姬传、许源来著：《忆艺术大师梅兰芳》，中国戏剧出版社1986年6月版，第1页。

[2] 同上书，第169页。

全体代表——作家、诗人、戏剧和电影演员、导演、书画家、雕刻家等致欢迎词。

6月26日 晚，火车到达北京，梅兰芳、周信芳等受到尚小云、荀慧生、谭富英、萧长华、姜妙香等北平京剧名家们的热烈欢迎。

7月2日至19日 全国第一次文学艺术工作者代表大会在北平召开。梅兰芳在会上见到毛泽东、朱德、周恩来等领导人。当梅兰芳第一次与毛主席握手时，毛主席风趣地提及北平人对梅兰芳的欢迎程度，不亚于解放军进北平时的情形。他幽默地对梅兰芳说："你的名气比我大。"

第一次文代会上，梅兰芳做了发言。大会闭幕时，周恩来副主席专程看望了梅兰芳，表示希望梅兰芳到北平工作，并嘱有关方面尽力促成此事。周恩来副主席对梅兰芳说："我希望你们到北京来主持即将成立的中国戏曲研究院，你可以住到旧居无量大人胡同。"

许姬传在《许姬传艺坛漫录》中回忆道："那天，梅先生和我商量说：'此房在解放前卖给柯家（名字记不得了），现在如果住进去，人家会怀疑我倚靠政府力量强占此屋，你把这层意思告诉阿英同志，请他向周副主席代达我的苦衷。'我在北京饭店找到阿英，把经过告诉他。他很表同情，并答应当天晚上就转告周副主席。过了几天，国务院派申伯纯同志陪同梅先生选定护国寺街甲一号（现为九号）为住宅……"[1]

[1]《许姬传艺坛漫录》，中华书局1994年版，第148页。

文代会期间，大会组织了演出委员会，由欧阳予倩、田汉、洪深、马彦祥、阿英五人组成。参加演出的有三十五个文艺团体，时间从6月28日至7月28日。梅兰芳演出了《霸王别姬》。谢幕时，毛主席和大家一同起立鼓掌。梅兰芳回家后对家人说："我一出场就见到了毛主席，坐在楼下第五排中间。他穿的是短袖白衬衫，神采奕奕地观看了演出。这个戏，我演了一千多场，都没有今天这样淋漓酣畅。"[2]

[2]福芝芳著：《回忆党教育下的梅兰芳》，原载1978年8月8日《人民日报》。

在此期间，梅兰芳在开明剧场首次观看了延安平剧院演出的《中山狼》、《进长安》和现代平剧《四劝》，并会见戏剧家杨绍萱同志。

7月18日 中央成立中华全国戏曲改革委员会筹备委员会，欧阳予倩任主任委员，马少波任秘书长，梅兰芳当选为委员。

7月底 为了筹款济同业之急，梅兰芳与周信芳留在北平，在长安剧场演出了几场义务戏。

8月8日 上午，梅兰芳由北平启程返沪。到车站送行的有田汉、洪深、周扬、阿英、欧阳予倩、马彦祥、马少波等。火车抵达天津时，天津京剧公会代表到站欢送。

8月中旬 从北平回上海寓所后，《文汇报》编辑部约请梅兰芳撰写舞台生活经验的文章，经过与文汇报代表的数度磋商、研究，梅兰芳最后确定了由他自己口述，秘书许姬传执笔，最后由许源来润色并补充整理的写作方式，这样既不妨碍梅兰芳的其他正常活动，又能保证内容真实且具一定的文学性。

9月4日 梅兰芳接全国政协筹备会开会通知，动身离沪。随行的有夫人福芝芳、儿子绍武（赴北平入学）、秘书许姬传及王佩瑜四人。

9月中旬 向政协会议报到后，住六国饭店政协招待所。正式会议前先参加了几天的预备会。

9月21日 出席中国人民政治协商会议开幕式。会议期间，梅兰芳作了大会发言。他在发言中说道："我在旧社会是没有地位的，今天能在国家最高权力机关讨论国家大事，又做了中央机构的领导人，这是我们戏曲界空前未有的事情，也是我祖先们和我自己梦想不到的事情。""（我）看到蒋介石政权的贪污黑暗日甚一日，认为这个集团必定要倒台。""我看清楚了，解救中国的真正力量是共产党领导的人民革命。"并在专场文艺晚会上演出《宇宙锋》。

9月28日 与夫人福芝芳赶往王瑶卿家中，祝贺他六十九岁寿辰。

"四大名旦"合影。从左至右：尚小云、梅兰芳、荀慧生、程砚秋（坐）

梅兰芳在天安门城楼上参加开国典礼

9月30日 政协会议闭幕，梅兰芳当选为全国政协常务委员。

本月 “四大名旦”在北京合影。

10月1日 在天安门城楼上参加庆祝中华人民共和国政府成立典礼，并观看了阅兵式。

10月2日 中华全国戏曲改革委员会（后称文化部戏曲改进局）成立。由田汉任主任，杨绍萱、马彦祥任副主任，马少波任秘书长。任命梅兰芳为京剧研究院院长。

本日 在北京出席保卫世界和平、庆祝中央人民政府成立大会。梅兰芳与郭沫若、陆定一、沈雁冰、周扬、萧三、夏衍、沙可夫、冯雪峰、郑振铎、田汉、洪深等一百三十四人被选为全国委员会委员。

本日 晚，应邀与田汉共同主持中华人民共和国成立庆祝晚会，并演出《武家坡》（马彦祥饰薛平贵）、《打渔杀家》（阿甲饰萧恩）、《群英会》（马少波饰鲁肃、李紫贵饰孔明、史若虚饰周瑜、孟继文饰黄盖、黄慕髡饰蒋干、刘乃崇饰太史慈）。

10月上旬 由于长安剧场老板托梅兰芳的表妹夫尚小云恳求帮忙，决定到该剧场演出十天，演员大多为承华社旧人，如俞振飞（从上海来）、萧长华、王少亭、刘连荣、奚啸伯、杨宝森等，上演剧目有《女起解》、《贩马记》、《宇宙锋》、《霸王别姬》、《凤还巢》。

10月21日 长安大戏院演出剧目为：梅兰芳、俞振飞、萧长华全部《宇宙锋》，奚啸伯《白蟒台》，杨盛春《铁笼山》。

本月中下旬 应天津市文化局局长阿英邀请，赴天津演出。梅兰芳率剧团重新登上阔别长达十三年的天津舞台。

11月3日 天津《进步日报》全文刊登了记者张颂甲发表采访梅兰芳的文章《移步不换形——梅兰芳谈旧剧改革》，文中引用梅兰芳的话说：“因为京剧是一种古典艺术，有它千百年的传统，因此我们修改起来就得慎重，改要改得天衣无缝，让大家看不出一点痕迹来，不然的话，就一定会生硬、勉强，这样它所得到的效果也就变小了。俗话说：‘移步换形’，今天的戏剧改革工作却要做到‘移步’而不‘换形’。”[1]

[1]《梅兰芳艺术评论集》，中国戏剧出版社1990年10月版，第290页。

11月6日 中苏友好协会在天津中国大戏院举行苏联十月革命庆祝活动，梅兰芳被推选为中苏友好协会总会理事，并在会上致词祝贺。

11月7日 出席苏联领事馆为庆祝十月革命而举行的鸡尾酒会。

冬 梅兰芳回上海后，在中国大戏院演出一个多月。据梅兰芳纪念馆藏中国大戏院戏单所载：

12月6日 梅兰芳、萧长华《苏三起解》，奚啸伯《失空斩》。

12月7日 梅兰芳、俞振飞《春秋配》，奚啸伯《群英会》。

12月8日 梅兰芳、俞振飞《贩马记》，奚啸伯《击鼓骂曹》。

12月9日 梅兰芳、刘连荣《霸王别姬》，奚啸伯《十道本》。

12月11日至12日 梅兰芳、俞振飞、萧长华《贵妃醉酒》，奚啸伯、刘连荣《失空斩》，杨盛春《连环阵》，开场《杀四门》。

12月13日 梅兰芳、姜妙香、刘连荣、萧长华《霸王别姬》，奚啸伯《群英会》，杨盛春《挑滑车》，开场《双李逵》。

12月15日 梅兰芳、姜妙香、刘连荣、萧长华全本《宇宙锋》，奚啸伯、杨盛春《连营寨》，开场《林冲夜奔》。

12月16日 梅兰芳、刘连荣、奚啸伯、杨盛春全本《甘露寺》，萧长华、姜妙香《连升店》，杨盛春《白水滩》，开场《黑风怕》。

12月17日 梅兰芳、姜妙香、俞振飞、萧长华《贩马记》，奚啸伯《击鼓骂曹》，杨盛春《挑滑车》，开场《摩天岭》。

12月18日 梅兰芳、俞振飞、萧长华《贵妃醉酒》，奚啸伯、刘连荣《失空斩》，杨盛春《连环阵》，开场《杀四门》。

12月19日 梅兰芳、姜妙香、刘连荣、萧长华《霸王别姬》，奚啸伯《十道本》，杨盛春《史文恭》，开场《黑风怕》。

12月20日 梅兰芳、刘连荣《霸王别姬》，奚啸伯《十道本》。

12月22日 梅兰芳、姜妙香、俞振飞、萧长华《贩马记》，奚啸伯《击鼓骂曹》，杨盛春《挑滑车》，开场《摩天岭》。

12月23日 梅兰芳、姜妙香、刘连荣、萧长华《霸王别姬》，奚啸伯《十道本》，杨盛春《史文恭》，开场《黑风怕》。

12月24日 梅兰芳、刘连荣《霸王别姬》，奚啸伯《十道本》。

12月25日 梅兰芳、俞振飞、萧长华《贵妃醉酒》，奚啸伯《失空斩》，杨盛春《状元印》，开场《绑子上殿》。

12月26日 梅兰芳、姜妙香、刘连荣、萧长华全本《宇宙锋》，奚啸伯、杨盛春《连营寨》，开场《林冲夜奔》。

12月27日 梅兰芳、姜妙香、刘连荣、萧长华《霸王别姬》，奚啸伯《夜审潘洪》，杨盛春《武文华》，开场《禅于寺》。

12月28日 梅兰芳、姜妙香、俞振飞、萧长华头、二本《虹霓关》，奚啸伯《捉放曹》，杨盛春《艳阳楼》，开场《万花亭》。

12月29日 梅兰芳、梅葆玖、俞振飞《游园惊梦》，奚啸伯、杨盛春《杨家将》，萧长华《老黄请医》，开场《大三岔口》。

12月30日至31日 梅兰芳、俞振飞、梅葆玖《游园惊梦》，奚啸伯《杨家将》。

本年 新中国的建立，祖国大地的欣欣向荣，激发着梅兰芳艺术创作的冲动，便着手对《贵妃醉酒》进行全面革新，以实现多年的宿愿。《贵妃醉酒》一戏，载歌载舞的艺术结构，四平调唱腔的优美精妙，堪称是京剧传统剧目中的一朵奇葩，但它对杨贵妃酒醉思春的表现，又使这一艺术精品蒙上了一层尘垢，损伤了它应有的光彩。梅兰芳深憾这美玉之瑕疵，多年就想重创出一个保留艺术精髓，升华主题立意的新《贵妃醉酒》，呈现于舞台。因而对《贵妃醉酒》演了几十年，也改了几十年，可是总未达到满意程度。此次革新，他想以表现宫怨为立意，不失原有艺术风采为原则，来重新塑造贵妃形象，请来合作多年的萧长华和姜妙香，共同对全戏的每一句台词、每一个身段、每一个舞台调度进行细致的推敲，审慎地改动和增删，达到了貌仍存、意全新的艺术效果。最绝妙的是煞尾一段，唱词句式辙韵不变，唱腔韵味依旧，只做了十六个字的改动，把“恼恨安禄山”化为“恼恨李三郎（指唐明皇）”，便如画龙点睛般地使宫怨的主题新意跃然而现。

本年 采纳群众意见，把《奇双会》中“李齐跪了一下李桂枝，李桂枝就头痛”这一带有封建主义色彩的细节删去。

57岁

1950年

庚寅

1月　继续在中国大戏院演出。

1月1日　梅兰芳、梅葆玖、俞振飞《游园惊梦》，奚啸伯、杨盛春《杨家将》，萧长华《老黄请医》，开场《大三岔口》。

1月3日　梅兰芳、姜妙香、刘连荣、萧长华《霸王别姬》，奚啸伯、杨盛春《八大锤》，开场《黑风怕》。

1月4日　梅兰芳、俞振飞、萧长华《贵妃醉酒》，奚啸伯、刘连荣《失空斩》，杨盛春《连环阵》，开场《杀四门》。

1月9日　梅兰芳、姜妙香、刘连荣、萧长华《霸王别姬》，奚啸伯、杨盛春《八大锤》，开场《黑风怕》。

1月10日　梅兰芳、姜妙香、刘连荣、萧长华《凤还巢》，奚啸伯《上天台》，杨盛春《战滁州》，开场《武昭关》。

1月11日　梅兰芳、梅葆玖、俞振飞《游园惊梦》，奚啸伯《四进士》，杨盛春《武文华》，开场《文王访贤》。

1月12日　梅兰芳、姜妙香《洛神》，奚啸伯《白蟒台》，杨盛春《连环阵》，开场《大三岔口》。

1月13日　梅兰芳、姜妙香、刘连荣、萧长华《霸王别姬》，奚啸伯、杨盛春《八大锤》，开场《黑风怕》。

1月14日 梅兰芳、姜妙香、刘连荣、萧长华《凤还巢》，奚啸伯《上天台》，杨盛春《战滁州》，开场《武昭关》。

1月15日 梅兰芳、梅葆玖、俞振飞《游园惊梦》，奚啸伯、刘连荣《四进士》，杨盛春《武文华》，开场《文王访贤》。

1月16日 梅兰芳、姜妙香《洛神》，奚啸伯、刘连荣《白蟒台》，杨盛春《连环阵》，开场《大三岔口》。

1月17日 梅兰芳、萧长华、刘连荣《霸王别姬》，奚啸伯《八大锤》，开场《黑风怕》。

1月18日 梅兰芳、梅葆玖、俞振飞《游园惊梦》，奚啸伯《群英会》，杨盛春《挑滑车》，开场《摩天岭》。

1月19日 梅兰芳、萧长华、姜妙香全部《凤还巢》，奚啸伯《上天台》，杨盛春《战滁州》，开场《武昭关》。

1月21日 梅兰芳、萧长华、俞振飞《贵妃醉酒》，奚啸伯、刘连荣《四进士》，杨盛春《两威将军》，开场《风云会》。

1月22日 梅兰芳、梅葆玖、俞振飞《游园惊梦》，奚啸伯《群英会》，杨盛春《挑滑车》，开场《摩天岭》。

1月23日 梅兰芳、姜妙香全部《洛神》，奚啸伯《状元谱》，杨盛春《战濮阳》，开场《单于救主》。

1月24日 梅兰芳、萧长华、姜妙香、刘连荣《霸王别姬》，奚啸伯《清官册》，杨盛春《艳阳楼》，开场李克昌《黑风怕》。

1月25日 梅兰芳、姜妙香、萧长华全部《凤还巢》，奚啸伯《击鼓骂曹》，杨盛春《白水滩》，开场《得胜回朝》。

2月18日 在天津第一工人文化宫演出。梅兰芳、姜妙香、李庆山、贾世珍《贵妃醉酒》，刘连荣、王琴生《空城计》。

2月19日 在天津第一工人文化宫演出。梅兰芳、姜妙香、王少亭《奇双会》，徐元珊、刘连荣《八大锤》。

3月30日至31日 上海京剧界为了支援安徽蚌埠等地区人民抗灾，由盖叫天、梅兰芳、周信芳等发起演义务戏两场。梅兰芳、盖叫天、赵如泉、唐韵笙、周信芳、姜妙香等人合演《龙凤呈祥》。

春末 根据精简节约的原则，减少开支，抑低票价，梅兰芳对自己剧团在制度上作初步改革，即对演职人员薪金，按营业实际收入作机动伸缩。为此，决定演员就地取材，不再从北京约大批人马来沪，以节省开支。在上海大戏院饰演"霸王"的汪志奎第一次与梅兰芳合作。

4月5日 和葆玖初排《金山寺》、《断桥》。《舞台生活四十年》自述："第二天下午4点钟，百福大楼的客厅里挤满了人，在看我、葆玖和俞五爷（振飞）开始排戏。葆玖的《金山寺》是陶玉芝教的，《断桥》是朱传茗教的，跟我的身段小有出入。"[1]

5月26日 为参加庆祝上海解放一周年活动，同时又不影响当天在中国大戏院夜场演业，决定不卸装，坐着汽车两头赶，高兴地向解放军做慰问演出，并说："人是累了点，我应该唱一出，去慰问解放上海而努力战斗的同胞们。"

5月31日 北京市文学艺术工作者代表大会闭幕，正式宣告北京市文学艺术工作者联合会成立。周恩来总理出席了闭幕式。会上，梅兰芳与老舍、王亚平、李伯钊、赵树理、欧阳予倩、连阔茹、张梦庚、凤子、新凤霞等四十五人当选为北京市文学艺术工作者联合会理事。

6月3日 《戏曲报》二卷三期刊登了梅兰芳著的文章《解放一年来的感想》。

6月5日 下午，北京市文学艺术工作者联合会召开第一次理事会，梅兰芳与老舍、李伯钊等出席。会上，推选梅兰芳及老舍、丁里、王亚平、王松声、田间、田汉、老志诚、李伯钊、李广田、余世光、余紫光、周巍峙、祖田工、洪深、胡蛮、马可、连阔如、张梦庚、杨振声、赵树理、凤子、欧阳予倩、卢肃、戴爱莲二十五人为常务理事，老舍为主席，梅兰芳、李伯钊、赵树理为副主席，王亚平为秘书长。会议还修改了北京市文学艺术工作者联合会章程、讨论了如何开展工作等问题。

6月10日 早，老舍与李伯钊宴请梅兰芳。

6月11日 中午，北京市文学艺术工作者联合会宴请梅兰芳、周信芳、巴金、张天翼、徐调孚等。下午，开茶话会欢迎梅兰芳。

7月15日 离开北京，老舍等到车站送行。

7月24日 出席上海市文学艺术界工作者代表大会。

9月上旬 率剧团赴天津演出于中国大戏院。据梅兰芳纪念馆藏天津中国大戏院戏单所载：

[1] 梅兰芳述、许姬传记：《舞台生活四十年》第一集，平明出版社1952年版，第89页。

9月25日 梅兰芳、唐韵笙、姜妙香、俞振飞《苏三起解》。

9月28日 梅兰芳《贵妃醉酒》，刘连荣《古城会》。

10月6日至7日 梅兰芳、唐韵笙、姜妙香、俞振飞《游园惊梦》。

10月8日 日场演出剧目为：梅兰芳、唐韵笙、姜妙香、俞振飞《奇双会》。夜场演出《霸王别姬》。

10月10日 梅兰芳、唐韵笙、姜妙香、俞振飞《宇宙锋》。

10月13日 梅兰芳、唐韵笙、姜妙香、俞振飞头、二本《虹霓关》。

10月16日 梅兰芳自传式回忆录《舞台生活四十年》开始在上海《文汇报》连载，引起全国各界的关注。

夜场演出剧目为：梅兰芳、唐韵笙、姜妙香、俞振飞《奇双会》。

10月17日 梅兰芳、唐韵笙、姜妙香、俞振飞《穆柯寨》。

10月21日 梅兰芳、唐韵笙、姜妙香、俞振飞《洛神》。

10月22日 日场演出剧目为：梅兰芳、唐韵笙、姜妙香、俞振飞《贵妃醉酒》。夜场演出前部《西施》。

10月23日 梅兰芳、唐韵笙、姜妙香、俞振飞后部《西施》。演出结束后，继续与梅葆玖排《金山寺·断桥》。

10月24日 下午，梅兰芳父子及俞振飞在百福大楼继续排演，准备晚间演出。晚，梅兰芳、梅葆玖父子同台首次演出《金山寺·断桥》，分别饰白娘子、小青，俞振飞饰许仙。

自爱徒李世芳1946年飞机失事罹难后，梅兰芳曾停演了《金山寺·断桥》一戏，犹恐触景伤情。直到1950年10月，爱子葆玖学成此戏的青儿，梅兰芳为了助其实践才在天津中国大戏院重演此戏。

10月29日 梅兰芳《霸王别姬》，唐韵笙《逍遥津》。

11月3日 梅兰芳、唐韵笙、姜妙香、俞振飞《霸王别姬》。

11月4日 在天津演出结束，剧团人员回京。

舞台生活四十年
梅蘭芳述 許姬傳記
丹桂第一臺

1950年10月16日起，梅兰芳自传式回忆录《舞台生活四十年》在《文汇报》连载

11月7日 梅兰芳由天津回到北京，寓护国寺街甲一号新居（现梅兰芳纪念馆）。

11月11日 在北京大众剧场义务演出一场，剧目为《霸王别姬》。后因买不到戏票的观众太多，经戏院向梅兰芳反映，决定稍后安排公演。

11月15日 与赵韫如到老舍家做客。

11月17日 老舍来访。

11月27日 中央人民政府文化部在北京召开全国戏曲工作会议，梅兰芳和周信芳等代表上海戏曲工作者出席会议。这次会议讨论了“戏改”工作的方针政策，并就戏曲剧本的创作、修改、审查、交流问题，旧的戏班、行会、师徒制度的改革和加强戏曲艺人的团结教育等进行了研究。梅兰芳在会上发言说：“自我演戏以来，这是第一次看到戏曲工作受到如此的重视，这不止是我一个人，在座的都十分感动。”[1]会议期间，梅兰芳白天参加开会，晚上在大众剧场做观摩演出。梅兰芳演《奇双会》中的《写状》一折，盖叫天演《武松打虎》。

12月11日 为慰问抗美援朝中国人民志愿军部队联合义演，在大众剧场演出剧目为：梅兰芳、刘连荣、姜妙香《霸王别姬》，郭景春《挑滑车》，陈鹤峰《萧何月下追韩信》。

12月13日 中央人民政府文化部主办的京剧招待晚会在长安大戏院演出剧目为：梅兰芳、梅葆玖、姜妙香《游园惊梦》，谭元寿《问樵闹府》，戏曲实验学校学生《金山水斗》。

12月15日至17日 在北京大众剧场公演三天。

12月15日 梅兰芳、萧长华《苏三起解》，王世续、杨盛春《八大锤》，王少亭《胭脂虎》，赵文奎《牧虎关》。

12月16日 梅兰芳、姜妙香《奇双会》，王世续《黄金台》，杨盛春《英雄义》，赵文奎《白良关》。

12月17日 梅兰芳、姜妙香连演《穆柯寨》和《穆天王》，这是梅兰芳的首创，时值大雪，观众仍连夜排队购票。

12月22日 在北京长安大戏院演出剧目为：梅兰芳、姜妙香、萧长华《贵妃醉酒》，刘连荣、胡少亭《洪洋洞》，杨盛春《连环阵》。

12月25日 《文艺报》第三卷第五期刊登了梅兰芳著《全国戏曲工作会议会

[1] 梅兰芳著：《戏曲大发展的十年》，原载1959年第18期《戏剧报》。

后的感想》一文。

12月26日 外交部主办的京剧招待晚会在北京长安大戏院演出剧目为：梅兰芳、姜妙香、萧长华《贵妃醉酒》，袁世海《牛皋招亲》，李少春《三岔口》。

12月27日 在北京长安大戏院演出剧目为：梅兰芳、刘连荣《霸王别姬》。

12月31日 晚，梅兰芳率剧团演职人员赴中南海怀仁堂，梅兰芳父子为中央首长演出《金山寺·断桥》。

本月 接受杜近芳为弟子。杜近芳回忆说："当时，我是个穷学生，可是拜师是需要一定花费的。先生知道我负担不起，所以这次拜师是先生倒贴。为拜师而举办的盛大的鸡尾酒会上，梅先生高兴地将我介绍给京剧界的同行及社会名流们，我感到非常幸福。"[1]

本年 接受一位观众的建议，把《贵妃醉酒》中左、中、右三次卧鱼改为两次，并且加了一些变化。

[1]《梅兰芳艺术评论集》，中国戏剧出版社1990年10月版，第470页。

58岁

1951年

辛卯

1月1日 带葆玖到怀仁堂演出，欢庆新年。周恩来总理在开场前对梅兰芳说：“除夕看老一辈艺术家，春节这天看青年一代。你来看戏，一定很高兴吧。”梅兰芳回家后对夫人说：“今天在休息室里见到毛主席，他含笑对我说：‘昨天看了《金山寺·断桥》，你演的白娘子扮相与众不同，想得很妙，浑身穿白，头顶一个红线球。’”梅兰芳接着说：“毛主席看戏可真仔细！这么多年，从未有人谈过白娘子的扮相。的确，我是费了很多时间来研究，才改成现在这个样子的。”[1]

[1] 福芝芳著：《回忆党教育下的梅兰芳》，1978年8月8日《人民日报》。

1月2日 在北京长安戏院演出剧目为：梅兰芳、萧长华、姜妙香《奇双会》，王世续《鱼藏剑》。

1月3日 在北京长安戏院演出剧目为：梅兰芳、姜妙香、萧长华、刘连荣《枪挑穆天王》、《烧山穆柯寨》，张蝶芬《胭脂虎》，徐元珊《恶虎村》，王世续《搜孤救孤》。

1月4日 在北京长安戏院演出剧目为：梅兰芳、萧长华、姜妙香、王少亭、张蝶芬《霸王别姬》，胡少亭《御果园》，徐元珊《白水滩》，王世续《状元谱》。

1月5日 为招待苏联友人在北京怀仁堂演出剧目为：梅兰芳、姜妙香、萧长华《贵妃醉酒》，张蝶芬、王世续《打渔杀家》，徐元珊《武文华》。

1月6日 在北京长安戏院演出剧目为：梅兰芳、刘连荣《霸王别姬》，张少彦

《两将军》，谭富英《洪洋洞》。

1月7日 在北京长安戏院演出剧目为：梅兰芳、姜妙香、萧长华头、二本《虹霓关》，胡少亭《清官册》，徐元珊《金锁阵》。

1月22日至24日 北京市京剧公会救济同业孤寒在长安戏院义演三天。

1月22日 梅兰芳、梅葆玖、姜妙香、王少亭、张蝶芬《游园惊梦》，郝寿臣《战宛城》，慈瑞泉《状元谱》。

1月23日 梅兰芳、谭富英、萧长华、姜妙香全本《御碑亭》，筱翠花《打钢刀》。

1月24日 梅兰芳、姜妙香、梅葆玖、王少亭、徐元珊《金山寺·断桥》，陈少霖、张春彦《定军山》，郝寿臣、萧长华《普球山》。

1月28日 在吉祥大戏院演出剧目为：梅兰芳、姜妙香、刘连荣、萧长华《霸王别姬》，白庆祥《白水滩》，胡少亭《托兆碰碑》。

1月29日 在吉祥大戏院演出剧目为：梅兰芳、姜妙香、萧长华《奇双会》，胡少亭《南阳关》，徐元珊《挑滑车》。

1月31日 在北京长安戏院演出剧目为：梅兰芳、梅葆玖、姜妙香、萧长华《断桥》，王世续、胡少亭《鱼藏剑》，刘连荣《青风寨》，张蝶芬《背橙》。

2月2日 乘火车离开北京返沪过春节。

2月9日 晚，与吴震修、李释戡、许伯明等在冯幼伟家中聚餐。

2月11日 梅兰芳、周信芳在上海天蟾舞台演出《打渔杀家》。

3月12日 由上海乘火车来京。

3月下旬 在中国戏曲研究院成立前，梅兰芳特别去荣宝斋订裱空白宣纸册页，分送毛主席、周总理和其他中央领导同志请求题词。毛主席送来亲笔题词：“百花齐放，推陈出新”，并题写“中国戏曲研究院”门匾字。周总理送来亲笔题词是“重视与改造，团结与教育，二者均不可缺一”。

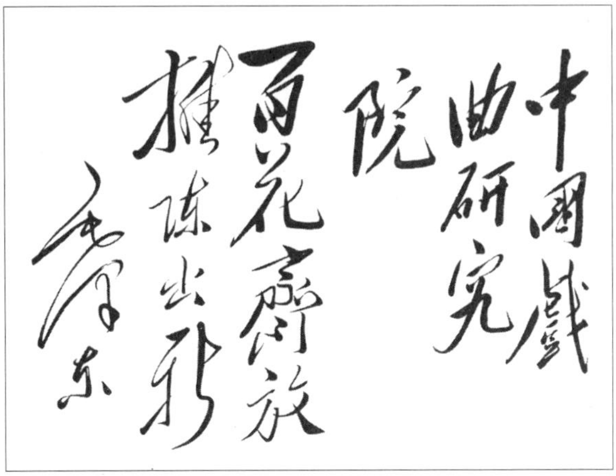

毛泽东为中国戏曲研究院题“百花齐放，推陈出新”

4月2日 北京《新民报》日刊刊登了梅兰

芳著《迎接中国戏曲研究院的成立》一文。

4月3日 经中共中央、政务院批准，中国戏曲研究院成立，梅兰芳被任命为院长。副院长为程砚秋、罗合如、马少波。自述：“1951年4月3日上午9点钟，是中国戏曲研究院在大众剧场正式举行成立典礼的日子。会场布置得庄严朴素，台几一圈摆着各种鲜花，大有百花齐放的气氛。”晚，在大众剧场举办了庆祝晚会，梅兰芳、谭富英、萧长华演出《龙凤呈祥》。

4月15日 在北京长安戏院演出剧目为：梅兰芳、刘连荣、萧长华、王少亭《霸王别姬》。

4月16日 率团南下汉口演出。

4月18日 中午12时，抵达汉口，出席武汉市戏曲改进协会主办的欢迎大会。在欢迎会上，梅兰芳传达了半个月前毛泽东主席为中国戏曲研究院成立的题词：“百花齐放，推陈出新。”梅兰芳听说了武汉解放以来京剧演出的盛况，看了中南京剧工作团的演出剧目和阵容。

4月中旬 由中华全国文学艺术界联合会、中华全国妇女界联合会、中华全国美术工作者联合会和北京市文学艺术工作者联合会四团体以及叶恭绰、徐悲鸿等先生发起，北京市书画界组成了抗美援朝书画义卖会。梅兰芳与叶恭绰、徐悲鸿、老舍、陈半丁、叶浅予、溥雪斋、胡佩衡、汪慎生、王雪涛十人为征集人。

4月20日 在大众剧院观摩楚剧《太平天国》。

4月21日 上海的部分团员乘江轮赶来武汉。当晚举行招待地方首长的晚会，梅兰芳演《贵妃醉酒》，王琴生、梅葆玖合演《武家坡》，魏莲芳、碧秋云演《樊江关》，刘连荣演《清风寨》，当地演员演《伐子都》。

4月22日 湖北人民政府招待梅剧团全体团员。过江后，游览了珞珈山、黄鹤楼等名胜。当晚进行演出招待南洋足球队与各机关中级干部。原定演出《贵妃醉酒》，临时改为《霸王别姬》。

演出结束后，在汉口美成汉剧院观摩汉剧前辈李春林（大和尚）、董瑶阶（牡丹花）演出《打花鼓》，周天栋、徐继声、刘金屏、杨蕙宝合演《未央宫烹蒯彻》，李四立、徐素云、袁双林合演《凤仪亭》。

4月23日 在人民剧院正式对外公演。梅兰芳的三天打炮戏为《女起解》、《龙凤呈祥》、《奇双会》，各演两场，成了六天打炮戏。除头等票外，其余座票一律不预订，在门口临时发售。

4月24日 观众赞同梅先生对《女起解》的部分删改。据梅兰芳回忆："当晚，演完《女起解》，有一位人民剧院的基本演员郭权鹏同志，走进我的扮戏房，说起今天的苏三，删去辞别狱神的形式和台词，他是非常同意的。"[1]

4月27日至28日 梅兰芳、姜妙香、王少亭《贩马记》，王琴生《捉放宿店》，杨盛春《挑滑车》。

5月1日 梅兰芳、萧长华《贵妃醉酒》，王少亭、王琴生《搜孤救孤》。

5月2日至3日 梅兰芳、姜妙香、萧长华《贵妃醉酒》，王琴生《搜孤救孤》，杨盛春《战滁州》，刘炳生《得胜回朝》。

5月4日至5日 梅兰芳、姜妙香、萧长华《霸王别姬》，王琴生《清官册》，杨盛春《蜈蚣岭》，黄鸿甫《长寿星》。

5月6日 梅兰芳、姜妙香、萧长华《霸王别姬》，王琴生《清官册》，杨盛春《蜈蚣岭》。

5月7日 梅兰芳、姜妙香、萧长华《霸王别姬》，王琴生《鱼藏剑》，杨盛春《状元印》。

5月8日 梅兰芳、姜妙香、萧长华全部《宇宙锋》，王琴生《八大锤》。

5月9日 梅兰芳、姜妙香、萧长华《贩马记》，王琴生《辕门斩子》，杨盛春《艳阳楼》。

5月10日 梅兰芳、姜妙香、萧长华头、二本《虹霓关》，王琴生《文昭关》，杨盛春《白水滩》。

5月11日至12日 梅兰芳、姜妙香、萧长华《霸王别姬》，王琴生《鱼藏剑》，杨盛春《状元印》。

5月13日 梅兰芳、姜妙香、萧长华《贩马记》，王琴生《定军山》。

5月14日 梅兰芳、姜妙香、萧长华《凤还巢》，王琴生《连营寨》。

5月15日 梅兰芳、姜妙香、萧长华《贵妃醉酒》，王琴生《失空斩》，杨盛春《武文华》。

5月16日至17日 梅兰芳、姜妙香、萧长华《霸王别姬》，王琴生《捉放宿店》，杨盛春《英雄义》。

5月18日 梅兰芳、姜妙香、萧长华前部《西施》，王琴生《八大锤》。

[1]梅兰芳述、许姬传记：《舞台生活四十年》第二集，平明出版社1954年版，第248页。

5月19日 梅兰芳、姜妙香、萧长华后部《西施》，王琴生《清官册》，杨盛春《神亭岭》。

5月20日 梅兰芳、姜妙香《洛神》，王琴生《黄金台》，杨盛春《挑滑车》。

5月21日 梅兰芳、姜妙香、萧长华、梅葆玖《断桥》，王琴生《辕门斩子》，杨盛春《金雁桥》。

5月22日 梅兰芳、梅葆玖《金山寺·断桥》，王琴生《定军山》。

5月23日 梅兰芳、姜妙香全部《洛神》，王琴生《黄金台》，杨盛春《挑滑车》。

5月24日 梅兰芳、姜妙香、梅葆玖《金山寺·断桥》，王琴生《捉放宿店》，刘连荣《青风寨》。

5月25日 梅兰芳、姜妙香、萧长华前部《西施》，王琴生《八大锤》。

5月26日 梅兰芳、姜妙香、萧长华后部《西施》，王琴生《清官册》，杨盛春《武文华》。

5月27日至28日 梅兰芳、姜妙香、梅葆玖《游园惊梦》，萧长华《老黄请医》，王琴生《失空斩》，杨盛春《战滁州》。

5月29日 梅兰芳、姜妙香、萧长华《霸王别姬》，王琴生《鱼藏剑》，杨盛春《三岔口》。

5月30日 梅兰芳、高盛麟预演新本全部《抗金兵》，王琴生《捉放宿店》（不对外售票）。

5月31日 梅兰芳、高盛麟首演新本全部《抗金兵》，声震江城。梅兰芳继全面革新《贵妃醉酒》之后，又重新排演《抗金兵》。

《抗金兵》的重排，对剧本结构、情节安排、人物塑造、艺术布局等各个方面都进行了重大修改。明场表现了金兵入侵屠城的罪恶，重笔描绘了义民投军抗金的英勇，着力展示了擂鼓水战的气势，精心设计了兀术兵败黄天荡的结尾，使主题更加突出，内容更加丰富，人物更加鲜明。梅兰芳考虑饰演韩世忠的人选，原来的林树森已然谢世，只有当时武汉市京剧团的演员高盛麟最为适合，一个杨派大武生而有嗓能唱，文武又都出色，故而邀高参加。《抗金兵》场面大，人物多，排演时武汉市京剧团还有许多演员也参加进来，形成一台相当强大的阵容：梅兰芳饰梁红玉，高盛麟饰韩世忠，姜妙香饰韩尚德，杨盛春饰韩彦直，萧长华饰朱贵，王少亭饰刘琦，郭元汾饰张俊，刘连荣饰金兀术，董少峰饰黄炳权，韦三奎、高世泰等饰义民，李庆山、张啸庄等饰兵丁。为加强梁红玉水战出征的场面，还特让魏莲芳演摇桨女兵，冀韵兰演擎旗女兵。

6月1日　演出《抗金兵》。

6月2日　演出《奇双会》。

6月5日至6日　为工人在人民剧院表演两场。

6月7日至9日　参加中国人民解放军第四野战军文化部的晚会。

6月7日　演出《宇宙锋》。

6月9日　预定演出《洛神》，改演《奇双会》。

6月10日　参加中南局晚会，预定《廉锦枫》，改演《穆柯寨》，并带演《枪挑穆天王》。

6月14日至15日　为朝鲜战争捐献飞机大炮的义演，在民众乐园与中南京剧团联合演出两场。

6月16日　白天，招待武汉全体戏曲工作者的观摩演出。演出将近两个月，最后几天感冒发烧仍抱病演出，以答谢武汉观众的厚爱。

6月19日　结束了武汉的演出，回到了上海。

6月下旬　由鄂返沪不几日，上海文艺界为朝鲜战争发起了捐献飞机大炮的义演活动，共有四十多人参加并演出全部《龙凤呈祥》，梅兰芳饰孙尚香，将京剧界捐献义演活动推向了高潮。

7月　葆琛大学毕业，由上海分配至北京设计院工作。此时，全家从上海迁回北京，定居护国寺街甲一号。

8月初　为榛苓小学募资义演两场。据梅兰芳回忆："八月初，由大众剧场腾出场子，举行两天的义演捐献。第一天的剧目是王金璐的《铁笼山》、葆玖的《生死恨》。第二天的剧目是刘官扬、高雪樵、鲍毓春、韩雪峰的《四挑滑车》；谭元寿、张冯禄、班世超的《三岔口》；葆玥的《文昭关》；葆玖的《玉堂春》。"[1]

8月13日　在京继续研究讲解关于谭鑫培的演技问题。

8月28日　中央戏剧学院附属歌舞剧院聘请梅兰芳为该院艺术委员会特约

[1] 梅兰芳述、许姬传记：《舞台生活四十年》第二集，平明出版社1954年版，第270页。

委员。

9月2日 下午，参加在中山公园音乐堂举行的首都各界庆祝抗日战争胜利六周年大会。

9月22日 中国戏曲研究院实验学校举行秋季开学典礼，院长梅兰芳与校长王瑶卿、新聘教授姜妙香、郝寿臣等四百余人出席。在典礼仪式上，梅兰芳作了讲话。晚，梅兰芳、姜妙香、萧长华演出《贵妃醉酒》。

9月26日 为全国铁路劳模在长安大戏院与姜妙香演出《奇双会》。

10月2日至3日 为庆祝国庆节，梅兰芳、姜妙香、萧长华演出《白蛇传》，李少春演出《三岔口》。

10月5日至13日 出席在北京举行的中苏友好协会第一次全国代表大会。

10月6日至14日 第一届全国戏曲观摩演出大会在北京举行，期间梅兰芳与姜妙香、萧长华演出了《贵妃醉酒》。

10月24日 出席全国政协一届三次会议。

11月1日 中国人民政治协商会议全国委员会主办晚会演出剧目为：梅兰芳、周信芳《打渔杀家》。

11月2日 中国戏曲研究院捐献义演演出剧目为：梅兰芳、梅葆玖、姜妙香、萧长华《金山寺·断桥亭》，刘秀荣《悦来店》，王荣增《草桥关》。

11月3日 在为抗美援朝捐献飞机大炮活动中，梅兰芳共捐款三千零七十五万三千四百元（旧币）。

11月中旬 应东北人民政府的邀请，梅兰芳率梅剧团来到东北，先后在沈阳、大连、长春、哈尔滨、齐齐哈尔、吉林等八大城市巡回演出，受到观众热烈欢迎。

11月12日 开始在东北京剧院演出。据梅兰芳纪念馆藏东北京剧院戏单所载：

本日 梅兰芳、姜妙香、梅葆玖、徐元珊《金山寺·断桥》，刘连荣、罗荣贵全部《空城计》。

11月13日 梅兰芳、李庆山、姜妙香、张蝶芬《贵妃醉酒》，王琴生、刘连荣、王少亭《空城计》。

11月14日 梅兰芳《奇双会》。

11月15日 梅兰芳、姜妙香、刘连荣《春秋配》，王琴生《定军山》。

11月17日至20日 中华全国文学艺术界联合会第八次常委扩大会议通过决议：展开文艺界的学习运动。为了统一领导北京文艺界的整风学习，决定组成"北京文艺界学习委员会"，丁玲任主任委员，梅兰芳与沈雁冰、周扬、欧阳予倩、阳翰笙、李伯钊、老舍、林默涵、田汉、李广田等二十人为委员。

11月19日至20日 梅兰芳、姜妙香、王少亭前部《西施》，王琴生、罗荣贵《清官册》。

11月21日 梅兰芳、姜妙香、王少亭、刘连荣《宇宙锋》。

11月26日至27日 梅兰芳、姜妙香、王少亭后部《西施》，王琴生、罗荣贵《捉放曹》。

11月28日 梅兰芳、姜妙香、王琴生、刘连荣全部《美人计》，姜妙香《岳家庄》。

11月29日至30日 梅兰芳、姜妙香、刘连荣、李春林《凤还巢》，王琴生、徐元珊《连营寨》。

本月 梅兰芳述、许姬传记的《舞台生活四十年》第一集初稿经马少波阅订，提出修改意见，最后定稿付梓。

12月1日 梅兰芳、刘连荣、姜妙香、王少亭《霸王别姬》。

12月9日 梅兰芳、姜妙香、王少亭、刘连荣全部《宇宙锋》，王琴生《定军山》，徐元珊《武文华》，罗荣贵《草桥关》。

12月11日 梅兰芳、姜妙香、王少亭、刘连荣《霸王别姬》，王琴生《捉放宿店》。

12月13日 梅兰芳、姜妙香《黛玉葬花》，刘连荣《青风寨》，王琴生《定军山》，徐元珊《阳平关》。

12月17日 梅兰芳、姜妙香、梅葆玖《金山寺·断桥亭》，刘连荣《取洛阳》，王琴生《捉放宿店》。

12月19日 梅兰芳、姜妙香、王少亭《洛神》，王琴生《空城计》。

12月22日 梅兰芳、刘连荣、姜妙香、王少亭《霸王别姬》，王琴生《李陵碑》。

12月23日 梅兰芳《抗金兵》。

12月25日 在哈尔滨评剧院演出，剧目有《霸王别姬》、《贵妃醉酒》、《洛神》、《宇宙锋》、《西施》、《奇双会》等。

梅兰芳到哈尔滨的第二天，就到松江省平剧团后楼演员宿舍，探望了京剧老艺人明海山先生，并留下一些钱给予生活上的接济，梅兰芳此举深受京剧同行们的敬佩。在哈期间，梅兰芳还到东北烈士纪念馆拜谒并挥毫题词："烈士们的鲜血洒遍了全东北，艰苦卓绝、英勇斗争的事迹，印入每一个人的脑海。我们要踏着烈士们的血迹，继续为解放事业和保卫世界和平奋斗到底！"

59岁

1952年

壬辰

继续在哈尔滨剧院演出。

1月1日 梅兰芳、姜妙香《贵妃醉酒》，王琴生《失空斩》，徐元珊《英雄义》，耿世华《长寿星》。

1月2日 梅兰芳、姜妙香《奇双会》，王琴生《捉放宿店》，徐元珊《挑滑车》。

1月3日 梅兰芳、姜妙香《霸王别姬》，王琴生《李陵碑》，徐元珊《蜈蚣岭》，罗荣贵《草桥关》。

1月6日 梅兰芳、姜妙香《穆柯寨》，王琴生《文昭关》，徐元珊《白水滩》，耿世华《窦太真》。

1月7日至8日 梅兰芳、姜妙香、刘连荣前、后部《西施》。梅先生演出《西施》时，缺少配角演员，即从哈尔滨市京剧团挑选十四岁的李玉芙当"宫女"。

1月9日至10日 梅兰芳、姜妙香《凤还巢》，王琴生《鱼藏剑》。

1月11日 梅兰芳、刘连荣《霸王别姬》，王琴生《捉放宿店》。

1月12日 梅兰芳在哈尔滨演出结束，本日离哈。

在哈尔滨市演出时，由于群戏多，人员少，曾聘松江省评剧团演员协助演出。参加协助演出的人员认真演戏，受到梅兰芳的赞扬。临别前，将亲自签名的二百张《霸王别姬》戏装照赠送给大家，作为他首次来哈演出的纪念。

1月26日 下午4时30分，抵达大连，旅大市人民政府乔傅珏副市长、文教局卢正义局长及旅大文化艺术界一百五十余人赴车站欢迎。当晚旅大市人民政府设宴招待。

2月 在旅大人民文化俱乐部演出。据梅兰芳纪念馆藏旅大人民文化俱乐部戏单所载：

2月6日 梅兰芳、姜妙香、李庆山《贵妃醉酒》，王琴生、刘连荣、王少亭全部《空城计》，徐元珊、袁世涌《白水滩》。

2月7日 梅兰芳、姜妙香、王少亭《奇双会》，王琴生《八大锤》，罗荣贵《草桥关》。

2月8日 梅兰芳、姜妙香、刘连荣《霸王别姬》，王琴生《李陵碑》，罗荣贵《白良关》。

2月9日 梅兰芳、姜妙香、刘连荣全部《宇宙锋》，王琴生《连营寨》。

2月11日 梅兰芳、姜妙香、刘连荣《凤还巢》，王琴生《捉放宿店》，徐元珊《战滁州》。

2月12日 梅兰芳、姜妙香、梅葆玖《金山寺·断桥亭》，王琴生《一战成功》，刘连荣《青风寨》。

2月21日 梅兰芳、姜妙香、刘连荣《西施》，王琴生《八大锤》，李玉泰《未央宫》。

2月23日 梅兰芳、姜妙香、刘连荣、李春林《凤还巢》，王琴生、罗荣贵《鱼藏剑》，徐元珊《两将军》。

2月24日 梅兰芳、姜妙香、王少亭《洛神》，王琴生《空城计》。

3月底 在黑龙江京剧院演出。据梅兰芳纪念馆藏黑龙江京剧院戏单所载：

3月24日 梅兰芳、姜妙香《贵妃醉酒》，王琴生、刘连荣《空城计》。

3月25日 梅兰芳、姜妙香、王少亭《奇双会》，王琴生《捉放宿店》，刘连荣《挑滑车》。

3月26日 梅兰芳、姜妙香、刘连荣全部《宇宙锋》。

4月7日 梅兰芳、刘连荣、姜妙香、王少亭《霸王别姬》，徐元珊《白水滩》。

4月8日 梅兰芳、姜妙香、刘连荣、李春林《凤还巢》，王琴生、韦三奎《李陵碑》，徐元珊、袁世涌《战滁州》。

4月9日 梅兰芳、姜妙香、王少亭《西施》，徐元珊《武文华》。

4月10日 梅兰芳、姜妙香、韦三奎《洛神》，刘连荣、徐元珊《八大锤》。

4月12日 梅兰芳、刘连荣、王琴生、王少亭《抗金兵》，姜妙香、耿世华《岳家庄》。

4月11日 梅兰芳、姜妙香、梅葆玖《金山寺·断桥亭》，刘连荣《青风寨》。

4月13日 梅兰芳、刘连荣、姜妙香、王少亭后部《西施》，王琴生、耿世华《辕门斩子》。

4月14日 梅兰芳、姜妙香、刘连荣、王少亭《宇宙锋》，徐元珊《金雁桥》，王琴生《南阳关》。

4月15日 梅兰芳、姜妙香、刘连荣、王少亭《霸王别姬》，罗荣贵、王琴生《捉放宿店》，徐元珊《英雄义》。

春 文化部负责同志通知梅兰芳，已决定拍一部彩色舞台艺术纪录片，把他的舞台形象和表演技艺纪录下来，让他事先考虑一下，做一点精神准备。

5月1日 首都五十万群众在天安门广场举行庆祝“五一”国际劳动节游行大会，梅兰芳与首都文艺工作者四千五百人组成文艺大队参加游行。

5月5日 为招待中国人民志愿军归国代表团、朝鲜人民访华代表团，梅兰芳、姜妙香、刘连荣、萧长华演出《霸王别姬》，李少春、侯玉兰演出《打渔杀家》，李元瑞演出《四杰村》。

5月23日 与郭沫若、周扬、丁玲、冯雪峰、曹禺、赵树理等五十余位文艺界代表出席了全国文联为纪念毛泽东主席《在延安文艺座谈会上的讲话》发表十周年举行的座谈会。会上讨论了如何加强文艺工作者思想改造，批判和清除资产阶级思想影响；克服文艺创作上的公式化、概念化的影响，加强作品的思想性和艺术性；以及文学艺术的民族化和大众化等问题。梅兰芳还在报刊上发表了题为《争取戏曲改革事业进一步发展》的文章。

6月8日 中华全国文学艺术界联合会举行庆祝会，庆祝丁玲、周立波、贺敬之和丁毅等荣获斯大林文艺奖金，梅兰芳与郭沫若、周扬、沙可夫、老舍、欧阳予倩、田汉、曹禺、叶圣陶、赵树理等一百多人出席。

6月21日 为庆祝北京苏联红十字医院开幕，梅兰芳、马连良、谭富英演出了《甘露寺》，云燕铭、言慧珠演出了《樊江关》。

6月22日 在长安大戏院演出剧目为：梅兰芳、姜妙香、刘连荣《宇宙锋》，李少春《战太平》。

7月 第一次在北京劳动人民文化宫广场上为工人演出三天。观众多达两千多人，演出时适逢下雨，观众不肯散去，冒雨观剧。这是梅兰芳第一次大规模地为工人演出。

8月12日 中央人民政府委员会办公厅在政务院礼堂举办京剧晚会，演出剧目为：梅兰芳、马连良、谭富英《甘露寺》，云燕铭、言慧珠《樊江关》。

8月中旬 梅兰芳率团到青岛演出。

8月17日 梅剧团的演出海报在《青岛日报》刊出后，坐落在平度路上的永安戏院售票处，立即排起了争购戏票的长队。同去的演员有：王少亭、王琴生、李玉太、李春林、李庆山、袁世涌、姜妙香、徐元珊、韦三奎、耿世华、贾世珍、张蝶芬、刘连荣、薛永德、萧长华、罗荣贵。演出剧目大都是梅剧团几十年反复加工的优秀传统剧目，如《贵妃醉酒》、《奇双会》、《宇宙锋》、《霸王别姬》、《凤还巢》等，还有改编的历史剧，如《抗金兵》、《梁红玉》等，更给人以耳目一新的感觉。

山东大学历史系教授赵俪生，在《青岛日报》撰文发表观后感说："梅兰芳以五十多岁年龄，仍能在舞台上一丝不苟地做出像《醉酒》中杨玉环和《宇宙锋》中赵女的复杂多样的表情；在大段唱工的同时，能以他学'刀马旦'的武功底子，做出许多复杂的舞蹈身段，难能可贵。其同台演出者能通力配合，配角不'自卑'，主角不过于突出，如姜妙香和王琴生等都配合默契，相得益彰。"

梅剧团这次的演出票价分六档，依次为：两万八千元、两万五千元、两万元、一万八千元、一万五千元、八千元（旧币）。

8月18日 开始在青岛永安戏院演出。据梅兰芳纪念馆藏永安戏院戏单所载：

8月18日至19日 梅兰芳、姜妙香、萧长华《贵妃醉酒》，王琴生《失街亭》。

8月21日至22日 梅兰芳、姜妙香、萧长华、刘连荣《霸王别姬》，王琴生《捉放曹》，徐元珊《蜈蚣岭》。

8月23日至24日 梅兰芳、姜妙香、王少亭《奇双会》，徐元珊、刘连荣《八大锤》。

8月26日 梅兰芳、姜妙香、刘连荣后部《西施》，王琴生《清官册》，徐元珊《林冲夜奔》。

8月27日至28日 梅兰芳、姜妙香、萧长华《宇宙锋》，徐元珊《连营寨》。

8月29日至30日 梅兰芳、姜妙香、刘连荣《霸王别姬》，王琴生《鱼藏剑》。

8月31日 梅兰芳、姜妙香、萧长华《玉堂春》，徐元珊、刘连荣《八大锤》。

9月2日至3日 梅兰芳、姜妙香、张蝶芬《洛神》，王琴生、萧长华《阳平关》。

9月4日至5日 梅兰芳、王少亭《抗金兵》，姜妙香《连升三级》。

9月8日至9日 梅兰芳、梅葆玖、萧长华、徐元珊《金山寺·断桥亭》，王琴生《空城计》，刘连荣《斩马谡》。

10月2日至13日 出席在北京举行的世界和平理事会亚洲及太平洋区域和平会议。

10月6日 出席由中央文化部在北京举办的第一届全国戏曲观摩演出大会。赴京参加大会演出的有京剧、评剧、越剧、川剧、豫剧等二十三个剧种的一千六百多个演员，演出了八十二个剧目，包括传统戏六十三个，新编历史剧十一个，现代戏八个。

10月16日 中南海怀仁堂京剧晚会演出剧目为：梅兰芳、姜妙香、萧长华《贵妃醉酒》，吴素秋《红娘》。

11月5日 晚8时，中苏友好协会举行欢迎苏联文学工作者代表团、苏联艺术工作团和苏军红旗歌舞团宴会，朱德、周恩来、宋庆龄、陈云、邓小平、聂荣臻、萧华、吴玉章、郭沫若等出席宴会，梅兰芳与刘宁一、廖承志、茅盾、周扬、老舍、曹禺、周信芳等也出席宴会作陪。

11月7日 下午5时，苏联驻中国大使馆临时代办顾德夫为庆祝苏联十月社会主义革命三十五周年举行招待会，朱德、宋庆龄、周恩来、陈云、郭沫若、邓小平等出席，梅兰芳与吴玉章、陈叔通、廖承志、胡耀邦、吴有训、老舍、周扬等也应邀出席。

11月8日 中央人民政府文化部举行宴会，欢迎各地来京参加第一届全国戏曲观摩演出大会的一千二百多位演员及其他戏曲工作者，梅兰芳与马叙伦、齐燕铭、老舍、余心清、吴晗、阳翰笙、欧阳予倩、艾青、洪深、张庚、周信芳、常香玉等也出席了宴会。

11月14日 梅兰芳、姜妙香、王少亭《奇双会》，王琴生、罗荣贵《捉放宿店》。

本日 第一届全国戏曲观摩演出大会在北京结束，在怀仁堂举行闭幕式，由沈雁冰主持，周恩来总理到会发表了重要讲话，周扬作题为“改革和发展民族戏曲艺术”的总结报告。梅兰芳、周信芳、程砚秋、袁雪芬、常香玉、王瑶卿、盖叫天七人

中央人民政府文化部
獎狀
梅蘭芳在戲曲藝術創造上有卓越貢獻，經第一屆全國戲曲觀摩演出大會評獎委員會評定，並經本部批准，給予榮譽獎。
此狀
部長
副部長
一九
一月
日
中央人民政府文化部印

梅兰芳在第一届全国戏曲观摩演出大会上获荣誉奖

世界人民和平大會
維也納 一九五二·十二
代表證
姓名 Nom, prénom MEI LAN FANG
國家 Pays CHINE
組織委員會 Pour la Commission d'Organisation

梅兰芳参加世界人民和平大会的代表证

同时荣获大会荣誉奖，马彦祥为演员发奖。奖状上这样写道：“梅兰芳在戏曲艺术创造上有卓越贡献，经第一届戏曲观摩演出大会评奖委员会决定，并经本部批准，给予荣誉奖。”

12月上旬 出席中国人民保卫世界和平委员会和全国人民团体联席会议。

12月5日 下午5时，参加以宋庆龄为团长、郭沫若为副团长的中国代表团赴维也纳参加世界人民和平大会途径莫斯科，苏联和平委员会和文艺界代表到机场迎接。梅兰芳在日记上记：“入住苏维埃旅馆，当晚和平委员会主席罗可夫先生设宴招待。”出席宴会的有参加世界人民和平大会的苏联代表。“席间有位苏联代表告知：哈萨克苏维埃社会主义共和国有一个‘梅兰芳集体农庄’。”

12月9日 下午2时，中国代表团抵达奥地利首都维也纳，出席世界人民和平大会。

12月12日 出席世界人民和平大会开幕式。这次会议比前两届保卫世界和平大会的代表性更为广泛，人数更多，仅文化艺术工作者就有三百人，约占大会总人数的五分之一。

12月23日 在郭沫若带领下，随代表团部分成员离开维也纳回国。

12月26日 途经莫斯科时，应苏联对外文化协会的邀请，在苏联停留十二天，先后参观游览了莫斯科滚珠轴承厂、莫斯科大学、莫斯科地下铁道和列宁格勒市容等，同时参加苏联文艺界举行的三次晚会。

12月28日 在苏联与郭沫若等一起接受历史剧《屈原》的俄文翻译者费德林和导演珂米沙日斯基的访问。

12月30日 与宋庆龄、茅盾、白朗、于蓝等应邀出席苏联对外文化协会和全俄罗斯戏剧协会“演员之家”为欢迎梅兰芳、常香玉举行的晚会。梅兰芳在会上表演了《思凡》和《霸王别姬》中的剑舞，常香玉表演了《红娘》和《花木兰》中的片段。苏联著名音乐家巴尔索娃教授致了开幕词和闭幕词，许多人民演员向梅、常献花。

梅兰芳在北京会见苏联舞蹈家乌兰诺娃（左一）时，与田汉、小白玉霜等合影

12月31日 梅兰芳和代表团其他成员在宋庆龄团长率领下，前往红场瞻仰列宁遗容，敬献花圈。晚，代表团应邀到工会大厦参加了盛大的除夕联欢晚会。晚会直到1953年元旦早晨才尽欢而散。

本年 卓别林受到美国当局的迫害，愤然离开美国，定居在瑞士洛桑附近的韦威林。梅兰芳对卓氏遭遇表示愤慨和关心，时常打听他的处境，后来听说他还在继续编演电影，才感到宽慰。但又因没有能看到他后期的几部影片而深感遗憾。

本年 梅兰芳述、许姬传记的《舞台生活四十年》第一集由上海平明出版社首次出版。

本年 苏联著名芭蕾舞大师乌兰诺娃到北京参观访问，专门观看了梅兰芳演出的《贵妃醉酒》。她回国后，在《真理报》撰文记述此事，其中有这样一段话："我应该说，看过这种演出之后，未必再能忘记它——演出者是那样具有天才，那样善于再现，他的手势是无法比拟的，每个手指的动作都体现了美。"[1]进而她记述了对梅兰芳演《贵妃醉酒》的印象："这实在是一种新奇的事，他刚才和我们谈话，还是一位将近六旬高龄的、毫无倦容、毫无忧郁的美男子，忽然一瞬间，我们在舞台上看见一位年轻艳丽的女人，她等候她的主人，感到万分寂寞，以酒浇愁。我们从他的两手动作，从他的眼光，从他的台步，都看出了那种情节。可是主要的还是他的两手，当梅兰芳演完这一场以后，我不住请他把手伸给我看看，想借此获得他那运用两手表情的力量'秘诀'。当然，这是很难看穿的，因为这些微妙的动作和姿势，是高度劳动和创造天才的结晶，也就是民族戏剧遗产的精华的集中表现。"[2]

[1] 梅绍武著：《我的父亲梅兰芳》，百花文艺出版社1984年版，第243页。

[2] 许姬传、许源来著：《忆艺术大师梅兰芳》，中国戏剧出版社1986年6月版，第125页。

60岁

1953年

癸巳

1月1日 应邀赴列宁格勒访问演出。

1月2日 抵达列宁格勒。晚，列宁格勒和平委员会设宴招待。

1月3日 晚，应邀在“演员之家”演出，演出的节目是《思凡》和《霸王别姬》。演毕，由苏联人民演员契尔卡索夫、俄罗斯共和国人民演员哈利列耶娃和马卡罗夫登台献花致谢。

1月5日 上午，返莫斯科。晚，与宋庆龄、郭沫若等出席苏联对外文化协会在大都会饭店为中、朝等国出席世界人民和平大会代表团访苏而举行的招待会，并参加了盛大的音乐会。这里是梅兰芳第一次访苏时曾经住过的豪华旅馆。晚会上他见到许多苏联电影界朋友。

1月6日 晚，在莫斯科“电影之家”专场告别演出。演毕有多人上台献花致词，梅兰芳作答谢。

1月7日 参观了世界著名艺术大师斯坦尼斯拉夫斯基博物馆。自述：“1952年的岁尾，我参加了在维也纳召开的世界人民和平大会，中国代表团在归国途中经过莫斯科，受到苏联对外文化协会热烈亲切的招待。一月七日，我参观了斯坦尼斯拉夫斯基博物馆。在这次到莫斯科的第一天，名导演柯米萨尔热夫斯基告诉我说，斯坦尼斯拉夫斯基生前在导演最后一个戏的时候，还对演员和学生们提起我的名字。”[1]

1月上旬末　回京后收到中央电影局送来拍摄《梅兰芳舞台艺术》彩色戏曲片的方案，这个方案意图通过影片来总结梅兰芳的表演经验及介绍京剧旦角的表演艺术，记录他的歌唱和舞蹈的表演。

1月17日　回国后作《纪念斯坦尼斯拉夫斯基》一文，发表在《人民日报》上。文章着重追忆了1935年访苏时与斯坦尼斯拉夫斯基交往的经过和两人间的真挚友谊。梅兰芳说：“我初次和他见面，就被他的诚恳谦和态度和修养精湛的艺术家的风度所吸引。”

2月4日至7日　出席中国人民政治协商会议第一届全国委员会第四次会议。在闭幕式上，毛泽东主席作指示，要求大家加强抗美援朝的斗争，学习苏联和反对官僚主义。

2月10日　在《人民日报》发表题为《从维也纳世界人民和平大会上归来》的文章，说：“作为一个新中国的文艺工作者，我是热烈爱好和平的。参加这次大会，使我更加感到责任的重大。我今后将更加努力运用戏曲艺术武器，加强对和平事业的宣传。”

2月24日　在天津第一文化宫演出，梅兰芳、姜妙香、刘连荣《宇宙锋》，王琴生《连营寨》。

2月27日　在天津第一文化宫演出，梅兰芳、刘连荣、姜妙香《霸王别姬》，王琴生《清官册》。

在天津演出期间，梅兰芳收评剧演员新凤霞为徒。按照习惯，拜师时都是徒弟请师傅吃敬师酒；这次梅兰芳来个革新，由他请了两桌酒，田汉、张庚、许姬传、姜妙香等应邀参加。改磕头为三鞠躬，照了拜师相。

3月2日　经李释戡先生推荐介绍，上海的沈小梅拜梅兰芳为师。

3月6日至8日　与田汉、欧阳予倩、郑振铎、冯雪峰、程砚秋、吕骥、曹靖华、冯至、周巍峙等文艺界人士前往苏联驻中国大使馆，沉痛哀悼斯大林逝世。

3月15日　《文艺报》第五号刊登了梅兰芳著《痛悼我们的导师——伟大的斯大林同志》一文。

3月中旬　第一次到石家庄在专区礼堂演出二十天，受到当地群众的热烈欢迎。据梅兰芳回忆说：“有一天，他（作者注：指一位农民观众）和我们团员谈起说，

[1] 梅兰芳著：《纪念斯坦尼斯拉夫斯基》，原载于1953年1月17日《人民日报》。

他从几十里以外赶来看梅兰芳的戏，因为排队买票，一连等了四天，还没买到，带来的钱花光了，想要张戏单，带回去纪念……我听了非常感动，马上想法子从朋友处匀了一张戏票送给他。”

本月 梅兰芳述、许姬传记的《舞台生活四十年》，由国风剧艺社出版。

4月4日 在石家庄专区礼堂演出最后一场全部《凤还巢》。

4月至5月 赴上海演出六十余场。剧目有《宇宙锋》、《贵妃醉酒》、《奇双会》、《水斗·断桥》、《游园惊梦》、《霸王别姬》、《洛神》、《西施》、《穆柯寨》、《枪挑穆天王》、《凤还巢》、《抗金兵》等。戏曲片《梅兰芳舞台艺术》的导演吴祖光和有关工作人员把所有的节目全看过，着手制片研究。

5月31日 中华全国戏曲工作者协会在北京召开常委会，推定梅兰芳、田汉、张庚、于伶、欧阳予倩、洪深、丁里、陈白尘、马彦祥等十六人组成代表大会筹备委员会。

6月8日 赴无锡访问演出，游览了太湖。

6月16日至28日 在无锡演出《霸王别姬》、《奇双会》、《西施》、《凤还巢》等名剧，受到无锡各工厂工人们的欢迎。

9月11日 参加为救济水灾募款举行的七天游艺会。

9月13日 在怀仁堂演出剧目为：梅兰芳、姜妙香、刘连荣、徐元珊《抗金兵》。

9月14日 下午3时，去北京医院探望因病住院的著名京剧演员、戏剧教育家王瑶卿先生。

9月23日 上午9时，出席全国第二届文学艺术界代表大会，听取周恩来总理作《为创造更多的优秀文学艺术作品而奋斗》的报告。梅兰芳被选为全国文联副主席。

9月25日 中国文学艺术界工作者第二次代表大会继续举行，梅兰芳与老舍、陈沂、蔡楚生、马思聪、于黑丁等相继在会上发言。

9月28日 参加著名画家、老朋友徐悲鸿的追悼会。

10月1日 《战友报》刊登了梅兰芳著《在捍卫远东和平的前哨上》一文。

10月2日 中印友好协会会长丁西林、副会长陈翰笙举行酒会，欢迎诗人哈德拉纳特·查托巴迪雅亚，梅兰芳与老舍、吴作人、季羡林、刘白羽、邓拓、夏衍等出席酒会作陪。

10月4日 下午，中国人民抗美援朝总会组织的中国人民第三届赴朝慰问团离京赴朝，贺龙任总团长，梅兰芳与邢西萍、章伯钧、蔡廷锴、章乃器等十七人为总团副团长。到车站欢送的有：中国人民抗美援朝总会主席郭沫若、副主席彭真、常务委员会司徒美堂、邵力子、许德珩、梁希、彭泽民等一千多人。

10月6日 全国剧协改组为中国戏剧家协会，推选田汉为主席，梅兰芳、欧阳予倩、洪深为副主席。

10月9日 上午，中华全国文学艺术界联合会第二届全国委员会举行第一次会议。会上，梅兰芳与郭沫若、茅盾、周扬、丁玲、郑振铎、夏衍、巴金、柯仲平、田汉、欧阳予倩、洪深、陈翰笙、蔡楚生、袁牧之、齐白石、江丰、吕骥、马思聪、陈沂等二十一人当选为中华全国文学艺术界联合会第二届全国委员会主席团委员，郭沫若当选为主席团主席，茅盾、周扬当选为主席团副主席。

10月11日 梅兰芳著《欣慰的演出》一文，发表在《北京日报》。

10月19日 中国人民第三届赴朝慰问团总团长贺龙、副团长邢西萍、梅兰芳等前往北陵烈士陵园为志愿军战斗英雄孙占元、黄继光、邱少云等烈士祭扫陵墓。

10月20日 上午7时，随由贺龙总团长率领的中国人民第三届赴朝慰问团离开沈阳，经过安东前往朝鲜进行慰问。下午5时，中国人民第三届赴朝慰问团到达朝鲜新义州，朝鲜迎接委员会在车站举行欢迎大会热烈欢迎慰问团。

10月21日 上午10时，中国人民第三届赴朝慰问团到达朝鲜平壤，受到热烈欢迎。晚，金日成元帅在中央礼堂主持了欢迎慰问团全体成员的招待会并祝酒致辞。

10月22日 下午，平壤市各界人士一千多人在牡丹峰露天电影院举行集会，欢迎以贺龙将军为总团长的中国人民第三届赴朝慰问团，梅兰芳与总团长贺龙、副团长章伯钧、蔡廷锴、章乃器、朱学范、康克清、吴晗等在朝鲜党政军首长和我国驻朝鲜大使代办甘野陶的陪同下登上主席台就座。

10月23日 晚，中国人民第三届赴朝慰问团在平壤市朝鲜劳动党中央本部大礼堂举行慰问大会，慰问朝鲜党政机关首长和人民军将领。朝鲜党政机关首长、朝鲜人民军高级将领及各界人士八百多人出席，梅兰芳与贺龙将军及其他慰问团首长和朝鲜党政军首长在主席台就座。

10月24日 朝鲜人民军最高司令部和中国人民第三届赴朝慰问团联合举行欢迎和慰问大会，当梅兰芳与贺龙将军等慰问团全体人员到达时，受到热烈欢迎。

10月25日 下午，中国人民第三届赴朝慰问团在平壤市朝鲜内阁事务局礼堂举行献礼仪式，向朝鲜人民的伟大领袖金日成元帅及朝鲜最高人民会议常任委员会委员长金科奉献礼。最后，贺龙总团长把梅兰芳等慰问团各副总团长介绍给金日成首相，金日成首相、金科奉委员长与他们一一亲切握手。

10月26日 上午，中国人民第三届赴朝慰问团到达中国人民志愿军领导机关，受到热烈欢迎。

10月27日 为纪念中国人民志愿军抗美援朝三周年，朝鲜民主主义人民共和国最高人民会议常任委员会在中国人民志愿军领导机关驻地举行授勋仪式，梅兰芳与贺龙将军等慰问团全体人员应邀出席。

10月28日 中国人民第三届赴朝慰问团总团在中国人民志愿军领导机关举行慰问大会。

11月3日 与贺龙总团长率领慰问团成员去大同江边，专程慰问在那儿修桥的志愿军工程兵部队。

在朝鲜慰问期间，梅兰芳曾在地下剧场演出了《霸王别姬》中的剑舞，朝鲜党政领导人金日成、崔庸健、洪命熹等观看了演出。结束时，金日成等又上台接见全体团员，和梅兰芳握手时说："我听见你的名字有好多年了，这次才看到你的表演，真想不到你还那么年轻！"[1]

梅兰芳为学习模范李树森佩戴纪念章

在平壤的露天广场，慰问团成员演了一场夜戏。节目有袁金铠的《乾坤圈》，李玉茹的《小放牛》，黄元庆的《狮子楼》，周信芳的《追韩信》，程砚秋的《刺汤》，马连良的《借东风》，最后是梅兰芳演的《贵妃醉酒》。

梅兰芳与周信芳、马连良等艺术家还深入各地慰问中国人民志愿军。有一次，观众多达两万余人。原计划演四出戏，但演到第二出时已下起雨来，战士执意要见梅兰芳，结果梅兰芳冒雨清唱

[1] 梅兰芳著：《我在平壤的时候》，原载1954年第4号《文艺报》。

了《凤还巢》选段，战士们在雨中端坐不动。梅兰芳激动地说："这一次的雨中清唱，在我的数十年的舞台生活中，是没有前例的；也是我赴朝慰问演出最难忘的一件事。"[1]

[1] 梅兰芳著：《雨中清唱》，原载1954年第3期《新观察》。

11月30日 以梅兰芳、周信芳副总团长，程砚秋副总分团长及马连良等为首的中国人民第三届赴朝慰问团京剧团一部分演员，在朝鲜进行了近两个月的慰问演出后，胜利归国到达安东。在安东、沈阳、锦州等地慰问了归国的中国人民志愿军部队。

12月16日 参加了鞍山钢铁公司的七号高炉、无缝钢管厂、大型轧钢厂三大工程的开幕典礼，连夜为工人演出，共演出七场。

12月22日 《在和英雄的朋友和亲人相处的日子里》一文，由新华社播发，主要讲述了第三届慰问团在朝鲜的活动情况及动人情景。

本月 在上海曙光剧院演出《二度梅》、《樊梨花》等戏。此时正逢著名豫剧演员马金凤在沪演出《穆桂英挂帅》，这出戏以其新颖别致的剧情、独具风采的表演轰动了上海。梅兰芳看了此剧，十分赞赏，立即请马金凤到家做客，畅叙体会，交流经验。梅兰芳说："我演了一辈子小穆桂英，我将来还要演！"又说："我看了不少戏，像老穆桂英这个人物，还是在豫剧中发现！"

本年 梅兰芳赴朝慰问演出结束回京后，一次预定在怀仁堂招待晚会上演出《游园惊梦》。演出前三天，毛主席派人到梅兰芳家借汤显祖原著《牡丹亭》。梅兰芳说："《牡丹亭》传奇，经过几百年来艺人和昆曲爱好者的修改剪裁，和汤显祖的原著已有很大的不同。我用的就是流行的《遏云阁曲谱》，没有单本。"那位同志说："请你把《遏云阁曲谱》交我带回，等你唱过了送还。"还说："主席正在看《舞台生活四十年》第一集中《游园惊梦》一节。"[2]

[2] 福芝芳著：《回忆党教育下的梅兰芳》，1978年8月8日《人民日报》。

61岁

1954年

甲午

1月8日 下午，中国人民抗美援朝总会举行常务委员会第十七次会议扩大会议。中国人民第三届赴朝慰问团总团长贺龙将军在会上作了第三届赴朝慰问团的工作报告。到会的有：中国人民抗美援朝总会主席郭沫若，副主席彭真、陈叔通，常务委员司徒美堂、李四光、沈雁冰、邵力子、章乃器、许德珩等。到会的还有中国人民第三届赴朝慰问团总团长贺龙，副总团长邢西萍、章伯钧、蔡廷锴、朱学范、陈沂、吴晗、刘芝明、康克清、梅兰芳、周信芳等。

会议由中国人民抗美援朝总会副主席彭真主持。贺龙总团长在报告中报告了中国人民第三届赴朝慰问团在朝鲜对朝鲜人民军、朝鲜人民和中国人民志愿军的慰问工作，以及给予朝鲜人民和朝、中人民军队的鼓舞。中国人民第三届赴朝慰问团在朝鲜的慰问，进一步巩固和加强了中、朝人民的友谊团结，鼓舞了志愿军保卫祖国、保卫和平的决心。

1月15日 应邀出席天津市第一届戏曲观摩演出大会的开幕式。

1月25日 天津市第一届戏曲观摩演出大会，梅兰芳、姜妙香、刘连荣演出了《宇宙锋》，周啸天演出了《打登州》，徐元珊演出了《林冲夜奔》。

2月5日 中国人民政协全国委员会、中国人民抗美援朝总会常委会推选梅兰芳为全国人民慰问人民解放军代表团副总团长。第一次慰问大会在越秀山运动场举行，会场可容纳五万人。梅兰芳为这些守卫祖国南大门的战士们演出了《贵妃醉酒》。

2月至3月 在广州中山纪念堂演出。据梅兰芳纪念馆藏广州中山纪念堂戏单所载：

2月24日 梅兰芳、姜妙香《贵妃醉酒》，王琴生、梅葆玖《二进宫》，徐元珊《英雄义》，梅葆玥《文昭关》，刘连荣《取洛阳》。

2月25日 梅兰芳、姜妙香《霸王别姬》，王琴生、梅葆玥《辕门斩子》，徐元珊《蜈蚣岭》，杨盛鸣《收关胜》。

2月26日 梅兰芳、姜妙香《奇双会》，王琴生《失空斩》，徐元珊《武文华》，梅葆玥《上天台》。

2月27日 梅兰芳、姜妙香《宇宙锋》，王琴生《连营寨》，孙玉祥《打龙袍》。

2月28日 梅兰芳、姜妙香《霸王别姬》，王琴生、梅葆玥《辕门斩子》，徐元珊《蜈蚣岭》，杨盛鸣《收关胜》。

3月3日 梅兰芳、姜妙香《奇双会》，王琴生《失空斩》，徐元珊《武文华》，梅葆玥《上天台》。

3月4日 梅兰芳、姜妙香《霸王别姬》，梅葆玖《玉堂春》，王琴生《阳平关》。

3月6日 梅兰芳、姜妙香全部《凤还巢》，王琴生《捉放曹》，王正堃《战滁州》。

3月7日 梅兰芳、姜妙香《霸王别姬》，王琴生《搜孤救孤》，徐元珊《林冲夜奔》。

3月8日 梅兰芳、梅葆玖、姜妙香《金山寺》，王琴生《清官册》，刘连荣《青风寨》。

3月9日 梅兰芳、姜妙香《凤还巢》，王琴生《捉放曹》。

3月14日 梅兰芳、姜妙香《贵妃醉酒》，王琴生《失空斩》，徐元珊《英雄义》，孙玉祥《打龙袍》。

3月15日 梅兰芳、姜妙香《奇双会》，王琴生《八大锤》，杨小卿《草桥关》。

3月17日 梅兰芳、姜妙香《贵妃醉酒》，王琴生、梅葆玥《搜孤救孤》，徐元珊《蜈蚣岭》，王正堃《两将军》。

3月18日 梅兰芳、姜妙香全部《宇宙锋》，王琴生、梅葆玥《辕门斩子》，徐元珊《金锁阵》。

3月28日 梅兰芳、姜妙香《贵妃醉酒》，王琴生《失空斩》，王正堃《林冲夜奔》。

3月29日 梅兰芳、姜妙香《霸王别姬》，王琴生《捉放曹》，徐元珊《蜈蚣岭》。

3月30日 梅兰芳、姜妙香《贵妃醉酒》，王琴生《失空斩》，徐元珊《英雄义》，孙玉祥《打龙袍》。

本月 《雨中清唱》一文，在《新观察》发表，记叙了在朝鲜慰问志愿军时雨中清唱的情景。

春 梅兰芳在《文艺报》发表文章《我在平壤的时候》，回忆了参加第三届中国人民赴朝慰问团在平壤十几天的活动情景。

4月初 率梅剧团在南京人民大会堂演出。上演主要节目为梅派名剧《贵妃醉酒》、《霸王别姬》、《宇宙锋》等。恰逢豫剧演员马金凤也在南京演出，梅兰芳对马金凤在化妆上存在的问题耐心指导，有时预先备好票让她看戏，要她提前到后台看化妆，并作示范表演。据梅兰芳纪念馆藏南京人民大会堂戏单所载：

4月6日 梅兰芳、姜妙香、李寿山《贵妃醉酒》，徐元珊《阳平关》，梅葆玥《文昭关》。

4月8日 梅兰芳、姜妙香《贵妃醉酒》，王琴生《清官册》，徐元珊《挑滑车》。

4月9日 梅兰芳、姜妙香《奇双会》，王琴生《阳平关》。

4月10日 梅兰芳、姜妙香《霸王别姬》，王琴生《捉放曹》，徐元珊《英雄义》。

4月11日 梅兰芳、姜妙香《贵妃醉酒》，王琴生《清官册》，徐元珊《挑滑车》。

4月12日 梅兰芳、姜妙香《凤还巢》，王琴生《鱼藏剑》，徐元珊《战滁州》。

4月13日 梅兰芳、姜妙香《霸王别姬》，王琴生《捉放曹》，徐元珊《英雄义》。

4月14日 梅兰芳、姜妙香《奇双会》，王琴生《阳平关》、《青风寨》。

4月15日 梅兰芳、姜妙香《宇宙锋》，王琴生《搜孤救孤》，徐元珊《金锁阵》。

4月16日至17日 梅兰芳、姜妙香《凤还巢》，王琴生《鱼藏剑》，徐元珊《战滁州》。

4月18日 梅兰芳、姜妙香《贵妃醉酒》，王琴生《八大锤》。

4月19日 梅兰芳、梅葆玖、姜妙香《金山寺·断桥》，王琴生《定军山》。

4月20日 梅兰芳、姜妙香前部《西施》，王琴生、梅葆玥《搜孤救孤》，徐元珊《英雄义》。

4月21日 梅兰芳、姜妙香后部《西施》，王琴生、梅葆玥《辕门斩子》，徐元珊《蜈蚣岭》。

4月22日 梅兰芳、姜妙香《宇宙锋》，王琴生、梅葆玥《辕门斩子》。

4月23日 梅兰芳、姜妙香《霸王别姬》，王琴生《捉放曹》，徐元珊《英雄义》。

4月24日 梅兰芳、姜妙香《奇双会》，王琴生《阳平关》、《青风寨》。

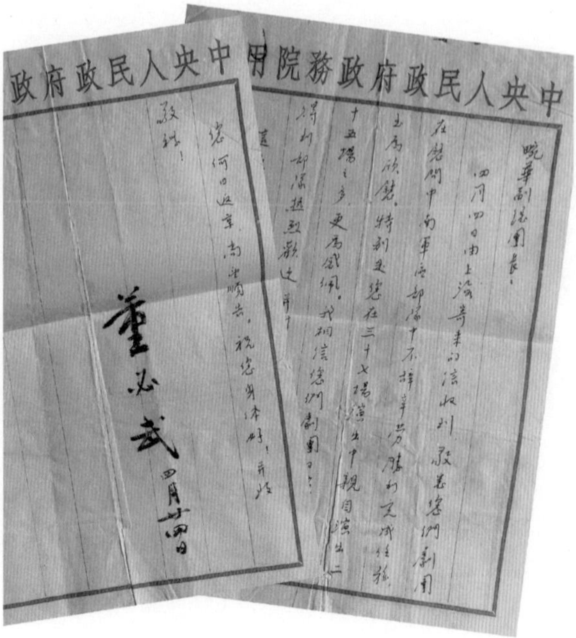

董必武致梅兰芳的信

本日 董必武致梅兰芳先生的信中说："……敬意您们在慰问中南军区部队中不辞辛劳胜利完成任务，至属欣慰。特别是您在三十七场演出中亲自演出二十五场之多，更为钦佩……"[1]

[1] 梅兰芳纪念馆馆藏信件。

4月25日 梅兰芳、姜妙香《宇宙锋》，王琴生《搜孤救孤》，徐元珊《金锁阵》。

4月26日 梅兰芳、姜妙香《贵妃醉酒》，王琴生《捉放曹》，徐元珊《挑滑车》。

4月27日 梅兰芳、姜妙香《凤还巢》，王琴生《清官册》，徐元珊《战滁州》。

4月28日 梅兰芳、姜妙香《霸王别姬》，王琴生、梅葆玖《二进宫》，徐元珊《战马超》。

4月29日 南京市抗美援朝分会、南京市人民政府文化事业管理处、南京市援军优协委员会、南京市工会联合会在长江路人民大会堂主办了梅兰芳剧团慰问南京志愿军、解放军伤病员、南京市工矿企业劳动模范暨先进工作者的演出活动，演出剧目为：梅兰芳、姜妙香、刘连荣《凤还巢》，王琴生、徐元珊《阳平关》，梅葆玥《上天台》。

5月4日 梅兰芳、姜妙香、李寿山《贵妃醉酒》，徐元珊《阳平关》，梅葆玥《文昭关》。

5月29日 作《为工人演出是我最大的光荣》一文，发表在《劳动报》。

6月3日 著名戏剧家、中国戏曲研究院戏曲学校校长王瑶卿逝世，周扬任治丧委员会主任，梅兰芳与老舍、刘芝明、田汉、欧阳予倩、洪深、马彦祥等为委员。

6月16日至25日 出席北京市各区第一届人民代表大会第一次会议。

6月22日 在北京市各区第一届人民代表大会第一次会议上，梅兰芳与彭真、刘仁、老舍、张友渔、刘莱夫、吴晗、钱伟长、华罗庚等五百五十四人当选为北京市人民代表大会代表。

6月25日 在《人民日报》发表《继承着瑶卿先生的精神前进》的怀念文章。在文章中他深情地回忆起王瑶卿对自己的帮助："我在四十多年以前就和王老先生相处在一起，共同过着舞台生活，在戏剧的钻研中得到他的启发和教育，使我的舞台艺术获得逐步提高和发展。我今天能有这一点成就，也是和王老先生对我的帮助分不开的。"

7月 梅兰芳接到电影局第四次修改《梅兰芳舞台艺术》的拍摄方案，决定将原定的七个剧目改为六个剧目，抽去《游园惊梦》，分两部拍摄。上集包括介绍生平部分及《抗金兵》、《霸王别姬·巡营》和《宇宙锋》，下集包括《贵妃醉酒》、《洛神》和《断桥》。

8月12日 在上海电影制片厂的放映室观看了陈伯华演出的汉剧戏曲片《宇宙锋》。

8月21日 在北京市第一届人民代表大会第一次会议上，梅兰芳与张友渔、彭真、老舍、吴晗、林巧稚、梁思成、华罗庚等当选为全国人民代表大会代表。

8月24日 下午，梅兰芳听取桑弧、胡倬之、黄绍芬介绍彩色片《梁山伯与祝英台》的拍摄经过。

9月初 回到北京。与北京电影制片厂导演、美工及美术界张光宇、正宇等同志座谈《梅兰芳舞台艺术》戏曲片的布景问题。

9月3日 中央选举委员会发表公告，公布第一届全国人民代表大会代表名单，共选出代表一千二百二十六人，梅兰芳作为北京市的代表当选。

9月15日 第一届全国人民代表大会第一次会议在北京中南海怀仁堂开幕，

梅兰芳出席了会议。大会期间梅兰芳、姜妙香、萧长华合演《贵妃醉酒》，周信芳演《打严嵩》，程砚秋演《三击掌》，常香玉演《断桥》。

本日 《北京日报》刊登了梅兰芳著《劳动人民使我的艺术创造有了新的生命》文章。

9月17日 下午，第一届全国人民代表大会第一次会议继续举行，讨论《中华人民共和国宪法草案》和刘少奇所作的《关于中华人民共和国宪法草案的报告》。梅兰芳与赛福鼎、许广平、胡耀邦、彭真、老舍、沈钧儒、蔡畅、陈叔通等二十八位代表发言。

9月26日 梅兰芳著《我要更好地为工农兵服务》发表在《光明日报》。

9月30日 北京市文化局将一些知名演员请到中南海，为在怀仁堂举行的中央机关国庆晚会演出。晚会的节目有：梅兰芳《贵妃醉酒》，毛世来《打焦赞》，杜近芳、叶盛兰《柳荫记·十八相送》，曹艺斌《徐策跑城》，杨宝森《击鼓骂曹》，还有侯宝林的相声《空城计》。

本月 连续在《北京日报》和《光明日报》上发表文章，回顾解放五年来的变化。

本月 《戏剧报》刊登了梅兰芳题为《为兵服务——从朝鲜到广州》的文章。

本月底 北京电影制片厂为拍好《梅兰芳舞台艺术》戏曲片，特地请来苏联电影专家雅可夫列夫和录音师戈尔登。

10月初 与北京电影制片厂副导演岑范、美工师韩尚义，中国戏曲研究院美工科的张末元、戏曲史室的傅惜华，以及用糯米粉捏人像的专家“面人汤”和新从上海邀来的美术师胡若思等研究服装、布景等问题。

10月4日 与郭沫若、李济深、田汉、洪深等出席徐悲鸿纪念馆的开馆仪式。

10月5日至7日 出席中国文联第二届全国委员会第二次会议。会议号召开展文学艺术作品的竞赛和自由讨论，梅兰芳在会议上发言。

10月10日 晚，与郭沫若、茅盾、张奚若、老舍、楚图南、丁玲、柯仲平、欧阳予倩、齐白石、李四光、吴玉章、蔡楚生、梁思成等六十五人联名签署的复英国文艺科学界的信由楚图南递交给英国文艺科学界代表团。该信是对英国文艺科学界代表团本年10月3日向我国文艺科技界递交的致意信的复信。信中说：“我们——下面签名的中国文化、科学、艺术界人士，怀着诚挚的心情，谨向我们的英国的同行们，表示感谢并致敬。”“我们怀着热忱，愿尽一切力量，同我们的尊敬的亲爱的英国朋友们合作！”[1]

[1] 原载1954年10月14日《人民日报》。

10月15日 开机试拍《梅兰芳舞台艺术》戏曲片，计划1至2个月的时间拍摄完成。

10月19日 下午，国务院总理周恩来举行酒会，招待应邀来我国访问的印度总理尼赫鲁，陈云、邓小平、邓子恢、贺龙、乌兰夫、李富春、李先念等出席酒会，梅兰芳与郭沫若、吴玉章、老舍、丁西林、楚图南、胡耀邦、华罗庚、钱伟长、郭兰英等出席酒会作陪。

10月26日 苏联莫斯科国立音乐剧院的艺术家们在剧院院长波利雅可夫率领下来到北京，在天桥剧场演出了三个歌剧、三个舞剧。梅兰芳观看了全部的演出并与苏联专家进行了多次座谈。

本日 到北京电影制片厂电影棚看排演《抗金兵》的水战。

10月27日 到录音室试录《抗金兵》的昆曲牌子【上小楼】。

10月28日 北京市文学艺术工作者第二次代表大会闭幕，选举梅兰芳与曹禺、老舍、赵树理、侯宝林、尚小云、马连良、钟敬文、吴组缃、王亚平、王松声、凤子等四十五人为理事，组成新一届北京文学艺术工作者联合会理事会。

10月29日 下午，到北京电影制片厂电影棚试镜头“擂鼓、起霞”。正巧萧三夫妇前来参观相遇并祝贺。

10月30日 下午，到北京电影制片厂电影棚试拍了【上小楼】的舞蹈和水战镜头。

本月 中国戏剧家协会为纪念梅兰芳舞台生活五十年，决定编辑出版《梅兰芳演出剧本选集》。该书由许源来、许姬传、何异旭三人协助整理，梅兰芳亲自校订，田汉同志为该书作序。

11月中旬 到录音室试音，苏联录音专家戈尔登和王绍曾研究和应用了新的录音方法。

12月21日 中国人民政协会议第二届第一次会议在北京召开，梅兰芳当选全国政协常委。

12月27日 政协第二届全国委员会第一次会议闭幕庆祝晚会，梅兰芳、姜妙香、刘连荣演出《宇宙锋》，言慧珠、孙毓堃、张君秋演出《穆柯寨》。

在全国政协二届一次会议期间，与福建省实验闽剧团艺委会主任、被誉为福建“梅兰芳”的郑奕奏相会，并邀请郑奕奏到家做客。畅谈之余，郑奕奏演唱了《谯楼五更鼓》。梅兰芳在郑奕奏的照片上题了一首诗：

> 南北艺人感同深，
> 留得芳名共到今。
> 见晚如逢亲手足，
> 应将肝胆照知心。

梅兰芳还以中国戏曲研究院院长的身份，向郑奕奏提出了“认真总结闽剧的传统艺术，注意培养青年接班人”的希望和要求。

12月29日　中苏友协全国代表大会闭幕，梅兰芳当选为理事会理事。

本月　北京市文化事业管理处主办北京市第一届戏曲观摩演出会。梅兰芳、姜妙香、刘连荣合演《宇宙锋》，北京市京剧一团演出《徐策跑城》，孙毓堃演出《状元印》。

本年　梅兰芳口述、许姬传记录的《舞台生活四十年》第二集由上海平明出版社出版发行。

62岁

1955年

乙未

1月6日 周恩来总理接见梅兰芳、马少波，有周扬、阳翰笙在座。周总理指示：中国京剧院是国家的剧院，在全国要起到示范作用。梅先生和马少波都兼任中国京剧院的领导工作。全国人民都盼望见到你（指梅兰芳）的艺术。目前你的任务有两个：一是成立梅剧团，到各地巡回演出，满足全国人民的欣赏要求，并为青年演员示范；二是整理舞台艺术的经验，著书立说。中国京剧院的日常工作由马少波负责。

1月8日 梅剧团在长安戏院演出剧目为：梅兰芳、姜妙香、李寿山《贵妃醉酒》，刘连荣、徐元珊《八大锤》。

1月10日 中国京剧院在北京成立。文化部决定：中国京剧院是京剧改革的示范性剧院，梅兰芳任院长，马少波任院党委书记兼副院长，阿甲任总导演。

1月14日 在天桥剧场演出剧目为：梅兰芳、姜妙香、刘连荣《宇宙锋》，徐元珊、王世继《阳平关》。

1月18日 在长安戏院演出剧目为：梅兰芳、姜妙香、李庆山《贵妃醉酒》。

1月19日 在长安戏院演出剧目为：梅兰芳、姜妙香、刘连荣全部《宇宙锋》，徐元珊、王世续《阳平关》。

1月26日 在北京吉祥戏院演出剧目为：梅兰芳、姜妙香全部《凤还巢》。

1月27日 在北京吉祥戏院演出剧目为：梅兰芳、刘连荣演出《霸王别姬》。

1月28日 在北京中和戏院演出剧目为：梅兰芳、刘连荣演出《霸王别姬》。

本月 梅兰芳、程砚秋、马连良、谭富英、李少春、裘盛戎、李多奎、叶盛兰、萧长华、郝寿臣在怀仁堂演出《龙凤呈祥》。

本月 为了纪念梅兰芳舞台生活五十年，由中国戏曲家协会编，艺术出版社出版了《梅兰芳演出剧本选集》，本书按照五十年间演出时期的顺序，选入《宇宙锋》、《贵妃醉酒》、《奇双会》、《黛玉葬花》、《霸王别姬》、《洛神》、《凤还巢》、《抗金兵》、《生死恨》等剧本。

2月7日 《梅兰芳舞台艺术》戏曲片摄制组正式成立。

2月8日 下午，到摄影棚参加戏曲片开拍前的便装排戏，与刘连荣、张蝶芬、姜妙香合排《宇宙锋》"修本"一场。

2月12日 晚7时，到北京电影制片厂录音。

2月16日 继续拍《宇宙锋》"修本"一场。

2月17日 上午，首都文学艺术界举行反对使用原子武器签名大会，梅兰芳与茅盾、老舍、丁玲、田汉、齐白石、陈其通、张瑞芳、周巍峙、史东山、吴作人等八百多人出席。

2月25日 俞振飞夫妇从香港返回北京，准备投入戏曲片《断桥》的表演，梅兰芳到火车站迎接。

2月27日 下午，首都文化艺术界人士公祭中国著名电影导演、全国人民代表大会代表、中华全国文学艺术界联合会委员会史东山逝世，梅兰芳与沈雁冰、阳翰笙、田汉、蔡楚生、李维汉、周扬、丁西林、邵力子、叶圣陶、欧阳予倩、洪深等三百多人参加公祭。

3月6日 地质部地质会议大会秘书处主办的晚会，梅兰芳剧团演出剧目为：梅兰芳、姜妙香、刘连荣、李庆山、李春林《凤还巢》，徐元珊、王世续《阳平关》。

本月 应苏联斯坦尼斯拉夫斯基剧院、聂米洛维奇·丹钦科音乐剧院年鉴之约，梅兰芳撰写了《回忆斯坦尼斯拉夫斯基、聂米洛维奇·丹钦科》一文，收入《梅兰芳戏曲散记》。

4月1日 正式开拍《宇宙锋》。

4月11日 中央文化部、中国文联、中国戏剧家协会联合在北京天桥大剧场为梅兰芳和周信芳举办了舞台生活五十年的纪念活动。首都一千四百余位文艺界人士出席了大会。当时在我国的苏联戏剧家列斯里、电影艺术家茹拉无尼约夫等和日本著名演员中村习右卫门以及各国驻我国使馆文化参赞、各国记者应邀参加了纪念会。文化部部长沈雁冰主持并向梅兰芳、周信芳颁发奖状。梅兰芳致题目为《为着人民、为着祖国美好的未来，贡献出我们的一切》的答词，他说："在旧社会里，我辛辛苦苦地演了几十年的戏，虽然在艺术上有过一些成就，但服务的对象究竟是什么，却是模糊的。解放以后，我学习了毛主席《在延安文艺座谈会上的讲话》，才懂得了文艺应该首先为工农兵服务的道理。明确了这个方向，我觉得自己的艺术生命才找到了真正的归宿。从我国大陆解放到今天，虽然只有五个年头，五年多的时间不算长，可是在我六十年的生命史中却是最宝贵的一个阶段。在这个阶段里，无论在政治上、艺术上，我都得到了前所未有的发展……"

4月12日至17日 梅兰芳、周信芳在天桥大剧场举行纪念演出，梅兰芳演出的剧目有《断桥》、《洛神》、《宇宙锋》、《穆柯寨·穆天王》；周信芳演出的剧目有《乌龙院》、《清风亭》、《文天祥》、《扫松》。梅、周还合演了《二堂舍子》，梅兰芳饰王桂英，周信芳饰刘彦昌，梅葆玥、梅葆玖分别配演沉香和秋儿。他们的精彩表演赢得了文艺界和广大观众的热烈赞赏。田汉有感于此次纪念活动，赋诗云：

绝技高风并足传，梅周同日举华筵。
人民隆重尊勋绩，劳动歌场五十年。

4月16日 中国戏剧家协会举办了梅兰芳、周信芳表演艺术座谈会。

4月21日 北京市文化局联合举行梅兰芳、周信芳舞台生活五十周年纪念演出观摩座谈会，首都戏曲界四十余人出席，由老舍、张梦魁、鸿巧兰等发言，

梅兰芳在梅兰芳、周信芳舞台生活五十周年纪念大会上讲话

对梅兰芳的《宇宙锋》、《断桥》、《洛神》、《穆柯寨》，周信芳的《清风亭》、《乌龙院》、《文天祥》等剧目生动的现实主义表演方法，真实地创造了众多人物形象，予以高度赞扬。

本月 《梅兰芳、周信芳唱片选集》出版发行。

5月4日至7日 为庆祝人民剧场开幕演出。

5月4日 演出剧目为：梅兰芳、李进霖、姜妙香《穆柯寨》，张春华《小放牛》，袁世海、李和曾《除三害》。

5月6日 演出剧目为：梅兰芳、俞振飞、王少亭、李庆山《奇双会》，闫世善《白水滩》，李金泉《岳母刺字》。

5月7日 演出剧目为：梅兰芳、姜妙香《贵妃醉酒》。

5月25日 中华全国文学艺术界联合会主席团和中国作家协会主席团举行联席扩大会议，讨论“胡风问题”，梅兰芳与郭沫若、周扬、阳翰笙、欧阳予倩、夏衍、郑振铎、冯雪峰、田汉、洪深、江丰、吕骥、马思聪、戴爱莲、陈白尘、李伯钊等七百多人出席。会议通过决议，开除胡风的中国作家协会会籍，撤销其所担任的中国作家协会理事、《人民文学》编委、中华全国文学艺术界联合会委员等职务。

本月 为特邀来参加“五一”国际劳动节观礼的亚洲各国工会代表团表演《洛神》。

初夏 梅兰芳特约齐白石、陈半丁、汪蔼士三位画家老师，到颐和园畅游叙旧，并摄影留念。

6月初 戏曲片《断桥》在紧张的拍摄中。

6月1日 国务院机关事务管理局主办招待晚会，梅兰芳、姜妙香演出《洛神》。

6月2日 全国文教工作会议主办招待晚会，梅兰芳、俞振飞演出《奇双会》。

6月7日 文化部委托中国戏曲研究院在北京举办第一届戏曲演员讲习会。梅兰芳在会上作了生动而具体的讲演。

6月17日 作《中印两国戏剧艺术密切相通》一文，发表在《人民日报》，评价了印度文化代表团来华演出的成就：“欣赏了印度文化代表团杰出的艺术表演，如果说它的音乐是诗，而舞蹈则是最美丽的花朵。”“那些细致入微的小动作，优美的节奏和诗意的气氛深深感染着观众，特别表演者正反手势的运用，使我联想到我国古典戏剧中的云手。”

6月中旬 戏曲片《断桥》拍摄完毕，俞振飞离京返沪。

8月26日至29日 为首都一万多名工人在劳动剧场连续演出四天《宇宙锋》。

8月29日 著名剧作家、全国剧协副主席洪深逝世。梅兰芳和郭沫若、习仲勋、沈雁冰、周扬、曹禺等组成洪深治丧委员会。

8月下旬 分两场拍摄电影《霸王别姬》中的“九里山会战”、“巡营、舞剑、别姬”。女儿葆玥随中国古典歌剧团赴北欧访问演出。

9月1日 上午9时，洪深追悼会在北京举行，梅兰芳与李维汉、习仲勋、沈雁冰、周扬、钱俊瑞、于毅夫、夏衍、阳翰笙、欧阳予倩、余心清等五百多人参加了追悼会。

9月4日 为南斯拉夫“科罗”民间歌舞团人员演出了《贵妃醉酒》。歌舞团团长斯科夫兰、南斯拉夫驻华大使波波维奇等到后台向梅兰芳致谢。

9月6日 中国古典歌剧团在瑞典斯德歌尔摩皇家剧院举行首场预演招待。国王古斯塔夫六世和王后，在政府各部门主要官员陪同下，亲临观看。国王和王后在王宫热情接见了中国古典剧团正、副团长楚图南、马少波和任虹先生。我国驻瑞典大使耿飙亦在座。国王知道了梅兰芳女儿梅葆玥也随团演出，破格指定她参加接见，和她亲切交谈，问候梅兰芳，并对他早年自己为王储时在北京曾受到过的盛情接待表示感谢。

9月26日 为全国铁路劳动模范代表在北京长安大戏院演出剧目为：梅兰芳、姜妙香、萧长华、王少亭《奇双会》，刘连荣、王世续《失街亭》，杨盛春《武文华》。

10月2日 下午，中国人民对外文化协会举行宴会，欢迎由松尾国三、市川猿之助率领的日本歌舞伎剧团，梅兰芳与阳翰笙、田汉、欧阳予倩、老舍、陈白尘、曹禺、赵树理、谢冰心、戴爱莲、孟波等一百多人出席宴会作陪。梅兰芳与田汉、老舍、欧阳予倩代表文艺界和戏剧界致词欢迎日本歌舞伎剧团。

10月4日 中国古典歌剧团回国后，瑞典《每日新闻》发表文章，介绍中国的京剧艺术：“京剧有着古老的传统，是一种人民的艺术，在中国非常流行。北京有一个京剧剧院，院长就是著名的演员梅兰芳。剧团不仅把中国人民的友谊带给了北欧人民，而且也赢得了北欧各界人士的热烈欢迎。”瑞典乌布萨拉剧院经理哥斯塔·霍尔先生在一次招待会上说："英国诗人吉普林曾说过，东方是东方，西方是西方，东西方永远不会相遇的，而现在东西方却在此相会了。"[1]

10月5日 晚，在北京观看以松尾国三、市川猿之助为首的日本歌舞伎剧团演出的《劝进帐》、《倾城返魂香》、《双蝶道成寺》三出具有代表性的日本古典戏剧。

10月10日 在《人民日报》上发表了题为《看日本歌舞伎剧团的演出》的观后感。

10月14日 晚，出席欢送日本歌舞伎剧团的宴会。

本月 作《日本人民珍贵的艺术结晶——歌舞伎》一文，载第二十期《世界知识》。

11月1日 全国工业、交通运输、基本建设、财贸方面社会主义建设先进集体和先进生产者代表大会主办《京剧·歌舞·曲艺·杂技》晚会，梅兰芳、袁世海演出《霸王别姬》。

11月10日 晚，出席外交学会欢迎日本"拥护宪法国民联合会"文化团招待宴会。出席的还有张奚若、陈云、李济深、沈钧儒、郭沫若、陈叔通、刘宁一、马寅初、齐燕铭等。日方有片山哲、藤田藤太郎、大野幸一、小川幸一等。

11月24日 《中国青年报》刊登了梅兰芳著《朝鲜歌剧艺术家的新成就》一文，记述了看朝鲜青年艺术团演出《孔勇与潘菊》的观后感。

本月 作《再谈日本歌舞伎》一文，刊登在第十一期《戏剧报》上。

[1] 梅绍武著：《我的父亲梅兰芳》，百花文艺出版社1984年版，第47页。

「梅蘭芳的舞台藝術」拍攝完成

吴祖光　1956.1.11 新民晚报

北京电影制片厂的「梅蘭芳的舞台藝術」攝製組，在1955年12月2日完成了全片的拍攝工作。

12月2日那一天，我們的攝影棚里充滿了節日的气氛。最后一个節目「貴妃醉酒」拍攝最后一个鏡头的時候，文化部的夏衍副部長，电影局的王闌西和蔡楚生兩位局長和北京电影制片厂的錢筱璋厂長都到攝影棚里來，向梅蘭芳先生和兩位苏联專家，向全攝制組的工作人員祝賀这部影片的提前完成任务。到傍晚時候拍完了这个鏡头，大家握手致賀，互相感謝这一年來的辛劳。連續工作了八小時的梅蘭芳先生一點也沒有疲倦的样子，他不停地对同志們道着「辛苦！」还殷勤地攙扶比自己更为年長的、扮演高力士和裴力士的蕭長華和姜妙香先

影片中節目之一：「断桥」。中間一人为梅蘭芳。

《新民晚报》刊登报道《梅兰芳的舞台艺术》拍摄完成的消息

12月2日 北京电影制片厂拍摄的《梅兰芳的舞台艺术》完成了全片的拍摄工作。文化部副部长夏衍，电影局局长王兰西、蔡楚生，北京电影制片厂厂长钱筱璋到摄影棚向全体工作人员表示祝贺。

梅兰芳为了使影片拍的理想，进行了大量准备工作，先后五次修订拍片方案。影片内容包括五个剧目：《宇宙锋》的“修本、金殿”、《断桥》、《霸王别姬》的“被困别姬”、《洛神》、《贵妃醉酒》，九个人物的身段镜头：《春香闹学》的春香、《思凡》的色空、《虹霓关》的东方氏、《黛玉葬花》的林黛玉、《天女散花》的天女、《四郎探母》的铁镜公主、《生死恨》的韩玉娘、《抗金兵》的梁红玉、《木兰从军》的花木兰，除去时装戏人物没有选入，基本上都概括了梅兰芳各个时期所塑造的各种类型的人物形象，可以说是梅兰芳舞台艺术的一个全面展现。同时在片头还穿插了梅兰芳作画、练剑、会友等生活镜头，更成为梅兰芳艺术生活的通览。

影片虽属舞台记录形式，但也做了一些适应电影艺术特点的变动，尤其是特写镜头的运用，使人物面部表情得到极为真切的表现；再有，《洛神》一戏以电影特技手法增强了洛神的仙韵，取得了舞台演出难有的艺术效果。

12月19日 中直西苑机关俱乐部演出剧目为：梅兰芳《霸王别姬》，罗荣贵《捉放曹》、李长如、徐元珊《英雄义》。

12月21日 人民剧场演出剧目为：梅兰芳、刘连荣、李庆山《凤还巢》，徐元珊、王世续《阳平关》。

12月23日 人民剧场演出剧目为：梅兰芳、刘连荣、李庆山《凤还巢》，徐元珊、王世续《阳平关》。

12月26日 天桥剧场演出剧目为：梅兰芳、姜妙香、王少亭《奇双会》。

12月27日 天桥剧场演出剧目为：梅兰芳、姜妙香、刘连荣《宇宙锋》。

本月 作《谈谈京剧的艺术》一文，发表在第十二期《人民中国》上，后收入《梅兰芳戏剧散论》。

本年 接受张春秋为弟子。

63岁

1956年

丙申

1月1日 《中国青年报》刊登了梅兰芳著《给青年戏剧工作者们的话》一文。

1月2日至4日 为北京市工人俱乐部开幕演出。

1月2日 梅兰芳、刘连荣《贵妃醉酒》，徐元珊《挑滑车》，罗荣贵《击鼓骂曹》。

1月3日 梅兰芳、姜妙香《贵妃醉酒》，韦三奎、徐元珊《两将军》，刘连荣《开山府》，罗荣贵《双李逵》。

1月4日 梅兰芳、刘连荣《霸王别姬》，徐元珊《英雄义》，罗荣贵《捉放曹》。

1月6日 梅剧团演出剧目为：梅兰芳、刘连荣、姜妙香《霸王别姬》，徐元珊《英雄义》，罗荣贵《捉放曹》。

1月15日 《北京日报》刊登了梅兰芳著《三件大喜事》一文。

1月27日 为北京市教育工会演出剧目为：梅兰芳、姜妙香、刘连荣《凤还巢》，徐元珊《阳平关》。

1月31日 为北京钢铁工业学院演出剧目为：梅兰芳、姜妙香、李寿山《贵妃醉酒》，徐元珊《英雄义》，罗荣贵《打严嵩》。

年初 周恩来总理约梅兰芳谈话，说："这次组织中国访日京剧代表团去日本演出，请你带队辛苦一下。”又说：“我看你心里有疙瘩。当然啦，你是爱国的艺术家，现在到日本演出，送戏上门，可能有点想不通。要知道，当初侵略中国的是一小撮法西斯反动军阀，这些人，大部分已经得到应有的惩罚。我们中国访日代表团到日本旅行演出，是唱给日本人民听的，日本人民和中国人民一样，都是在战争中受害的，我们要对他们表示同情，他们一定也欢迎我们。”“这是政治上的一件大事，也是艺术交流的重大事件，访日代表团所负的责任是打开中日两国人民的友谊大门。文化和经济是两个翅膀，现在文化打先锋开路。这次一定要打胜仗，接着我们的经济团体也将前往。”梅兰芳回答：“我照你的指示去办。”[1]

2月中旬 赴南京，在南京人民大会堂演出。演出期间，亲自打电话到上海，约沈小梅来宁，介绍她到江苏省京剧团工作。

沈小梅在《忆梅兰芳老师》一文中回忆：“梅老师对我的教导，又何止于艺术方面呢！起初，我学会了几出梅派戏，有人劝我到职业剧团去，他不同意，教导我不能追逐名利，而把我介绍到江苏省京剧团来。他的意思是，到国家的剧团来，可以更多地受到党的教育……”[2]

据梅兰芳纪念馆藏南京人民大会堂戏单所载：

2月17日 梅兰芳、姜妙香、刘连荣《凤还巢》，徐斌都《阳平关》。

2月18日 梅兰芳、姜妙香《洛神》，徐元珊《蜈蚣岭》，王琴生《打严嵩》。

2月19日 梅兰芳、姜妙香《霸王别姬》，徐元珊《武文华》，王琴生《清官册》。

2月23日 梅兰芳、姜妙香、刘连荣《凤还巢》，徐元珊《战滁州》，王琴生《鱼藏剑》。

2月24日 梅兰芳、姜妙香、刘连荣《宇宙锋》。

2月25日 梅兰芳、姜妙香、刘连荣前部《西施》，王琴生、徐元珊《八大锤》。

2月26日 梅兰芳、姜妙香、刘连荣后部《西施》，徐元珊《蜈蚣岭》，王琴生《南阳关》。

2月28日 梅兰芳、姜妙香、刘连荣《穆柯寨》，徐元珊《白水滩》，王琴生《文昭关》。

2月29日 梅兰芳、姜妙香《洛神》，徐元珊《蜈蚣岭》，王琴生《打严嵩》。

3月1日 梅兰芳、姜妙香、刘连荣《霸王别姬》，王琴生《卖马》，徐元珊《英雄义》。

[1] 许姬传、许源来著：《忆艺术大师梅兰芳》，中国戏剧出版社1986年版，第4—5页。

[2] 原载1961年8月27日《新华日报》。

3月2日 梅兰芳、姜妙香、刘连荣《宇宙锋》，王琴生、徐元珊《连营寨》。

3月5日 梅兰芳、姜妙香、李庆山《贵妃醉酒》，梅葆玖、王少亭《玉堂春》，王琴生、徐元珊《阳平关》。

3月6日 梅兰芳、姜妙香、刘连荣《凤还巢》，徐元珊、王世续《阳平关》。

3月7日 应故乡泰州市各界人民邀请，从南京到达泰州。这是第一次回故乡访问演出。到车站欢迎的有泰州市当政负责同志、群团组织负责人及各界代表五百余人，同时到车站欢迎的还有梅兰芳的同宗兄长梅秀冬先生，市领导及梅兰芳亲属欢聚一堂。当工作人员将梅兰芳宗族调查报告递给梅兰芳时，他十分激动地说："感谢你们帮我理清了家谱，找到了祖先，实现了我多年的愿望。"[1]

3月8日 上午8时，泰州市领导及各界代表到乔园招待所看望梅兰芳，并设午宴为梅兰芳夫妇和主要演员接风。下午，梅兰芳夫妇及葆玖在族兄梅秀冬陪同下，去东郊十八亩凹子祖茔地祭祖。晚8时，泰州市各界人民近两千人在人民剧场举行"欢迎梅兰芳先生返乡访问大会"。会上，市委书记兼政协主席宗宇致欢迎词，梅兰芳致答词。他说："返乡是我多少年来的愿望，今天居然能达到我的目的。怎能叫我不高兴呢？在这次回来之前，南京市陈副市长对我说，泰州是老解放区，在抗日战争和解放战争中，泰州人民进行了英勇艰苦的斗争，立下了汗马功劳。我听了这些话，感到非常光荣和骄傲，因为我是泰州人。"[2]

[1][2]《梅兰芳艺术评论集》，中国戏剧出版社1990年10月版，第567—568页。

3月9日 上午，到泰州革命烈士祠参观并敬献花圈。晚，在人民剧场向家乡人民献艺，演出《贵妃醉酒》。

3月10日 上午，在王石琴副市长陪同下，参观访问了东郊鲍壩高级合作社。晚，演出《奇双会》。

3月11日 下午，梅葆玖演出《玉堂春》。晚，梅兰芳、刘连荣、姜妙香演出《霸王别姬》，王琴生演出《捉放曹》，徐元珊演出《英雄义》。

3月12日 演出《凤还巢》。

3月13日 演出《宇宙锋》。

本日 《天津日报》刊登了梅兰芳著《拍摄舞台艺术纪录片的一点感想》一文。

3月14日 下午，与参加返乡访问接待的全部工作人员座谈并合影留念。晚，为满足故乡各界人民的要求，主动加演一场《霸王别姬》。演出结束后举行了简单的闭幕式。

3月15日至27日 由泰州到扬州小驻。经过几天休息、参观，从22日起在扬州市工人文化宫演出。在此期间演出了《霸王别姬》、《贵妃醉酒》、《宇宙锋》、《天女散花》、《洛神》、《奇双会》（昆剧）六出戏。观众尚未满足，又由梅葆玖加演日场《玉堂春》。

4月20日至5月10日 中共中央召开了全国先进生产者代表会议。期间，为代表们演出。

4月22日 作《昆苏剧团和〈十五贯〉观后》一文，在《光明日报》上发表，文中赞扬了这出戏的思想艺术成就："这出戏的情节结构和表演都是非常动人的。"接着又作《谈昆剧〈十五贯〉的表演艺术》一文，发表在《戏剧报》第五期上。

5月6日 作《动人的喜剧〈搜书院〉》一文，发表在《北京日报》上。

5月9日 政协礼堂演出剧目为：梅兰芳、姜妙香、孙盛武《贵妃醉酒》，李少春《三岔口》，李和曾、袁世海《将相和》。

初夏 为北京昆剧院成立，与韩世昌合演了昆曲《游园惊梦》。

5月17日 《人民日报》刊登了梅兰芳著《赴日访问》一文，回忆了1919年和1924年两次赴日的经过。

5月26日 应日本朝日新闻社等团体的邀请，在周恩来总理的直接关心和帮助下，组建了阵容最强大的访日京剧代表团，由梅兰芳任团长，欧阳予倩、马少波、刘佳、孙平华任副团长。主要演员有李少春、姜妙香、袁世海、李和曾、梅葆玖、梅葆玥、侯玉兰、江新蓉、孙盛武、谷春章等。乐队有王少卿、白登云、姜凤山等。行前，周恩来总理在中南海紫光阁接见了代表团全体成员。

下午3时45分，访日京剧代表团乘机在日本羽田机场降落。到机场欢迎的有朝日新闻社社论委员白石凡，日中文化交流协会会长片山哲，理事长中岛健藏，日中友好协会会长松本治一郎，艺术界著名人士秋田雨雀、市川猿之助夫人、中村玩右卫门、松山树子、千田是也、木下顺二、松尾国三，日本共产党中央委员冈田文吉，日本国际贸易促进协会常任理事伊藤今朝市，东京华侨总会会长康鸣球等日本各界各团体代表和旅日华侨共约一千人。在梅兰芳的《东游记》里有着这样的记录："1956年5月26日下午，飞机徐徐下降，地面景物渐渐看到一些轮廓，最触目的是'万绿丛中一点红'，当我们坐的飞机掠地而过的时候，我才看清了，原来是地面上很多侨胞

梅兰芳在羽田机场受到日本文化交流协会会长片山哲的欢迎

都拿着中华人民共和国国旗在那里挥舞。……欢迎的人都兴高采烈地唱着《东方红》和《东京——北京》的歌曲。”有关方面在机场举行欢迎大会，日中文化交流协会会长、前首相片山哲致欢迎词。他十分激动地说：“感谢中国人民向日本人民伸出了友谊的手。”梅兰芳团长在答词中恳切地说：“中日两国在文化艺术是有着密切的悠久的历史关系，我们都希望这种关系能够得到不断地加强。”[1]

5月27日　上午，先后会见了山本久三郎、波多野乾一、龙居松之助几位老朋友。梅兰芳在《东游记》里描述这次会见：“波多野乾一是老北京，说得一口流利的北京话，我第一次第二次到日本他都出力帮忙，我带了一本粘贴着前两次东游的图片、文件的资料，请他们指出还有那些人存在，波多野先生一个个地解释给我听，所存的却已经寥若晨星了。”[2]

龙居松之助是日本文学家龙居濑三的儿子。梅兰芳拿出三十多年前龙居濑三写给他的信。龙居松之助感动地说：“您真是珍重友谊，三十多年当中经过许多变乱，还保存得如此完好。”[3] 梅兰芳在三十七年前第一次来到日本演出，正是受了龙居濑三的邀请。

5月27日　下午，梅兰芳应邀去歌舞伎座观看市川猿之助演出的名剧《室町娱

[1][2][3] 梅兰芳著：《东游记》，中国戏剧出版社1957年版，第1–3页。

所》。陪同前往的有欧阳山尊、苏琦和梅葆玥。

5月28日 上午，代表团团长梅兰芳等领导人，拜会了朝日新闻社负责人和日中文化交流协会会长片山哲、日中友好协会会长松本治一郎。下午，京剧代表团在帝都饭店举行了记者招待会，参加招待会的有：《朝日新闻》、《每日新闻》、《读卖新闻》等东京各大报刊的记者和广播电台记者四十多人。会上，梅兰芳与欧阳予倩说明了京剧代表团来日本进行访问演出的意义和目的。

5月29日 上午，代表团领导人及著名演员参加了旅日侨胞举行的“欢迎祖国京剧代表团”大会。会上梅兰芳和欧阳予倩讲话，着重介绍了祖国建设的情况，并号召侨胞加强团结，为增进中日友好一起努力。下午4时，由日本各界著名人士组成的“中国访日京剧代表团欢迎委员会”举行了盛大宴会，欢迎中国京剧团全体人员。日本方面参加宴会的有中国访日京剧代表团欢迎委员会长、日本演剧家协会会长久保田万太郎，日本文艺家协会会长青野季吉，演剧博物馆馆长河竹繁俊，学习院大学校长安倍能成，前东京大学校长南原繁，朝日新闻社代表、日中友好协会副会长内山完造，日本社会党主席铃木茂三郎，自由民主党国会议员须磨弥吉郎，日本共产党中央委员藏原惟人，日中文化交流协会会长片山哲，日本国际贸易促进协会会长村田省藏等各界著名人士约五百人。

5月30日 在东京歌舞伎座举行极为隆重的开幕式，上台献花者络绎不绝。演出前，久保田万太郎、市川猿之助夫妇、白凡石、远山孝、内山完造等日本文艺界知名人士都先后上台，祝贺演出成功。开幕式后，进行了首场演出。第一个节目为袁世海、李和曾《将相和》，第二个节目为江新蓉、江世玉《拾玉镯》，第三个节目为李少春、谷春章《三岔口》，最后一个节目是梅兰芳、姜妙香、孙盛武《贵妃醉酒》。演出非常成功，受到日本各界热烈欢迎。票价为一千八百日元，转让的票达一万日元一张。

5月31日 日场演出剧目为：《寇准罢宴》、《雁荡山》、《人面桃花》。夜场节目同昨日。日本著名戏剧评论家户板康二在当天的《东京新闻》发表观感说：“这次演出的都是精彩的节目。把京剧所有的各种各样的成分巧妙地配合起来的这些节目，已经获得成功了。”

6月1日 日场演出剧目为：《盗草》、《二进宫》、《秋江》、《双射雁》、《闹天宫》。夜场演出剧目：《空城计》、《秋江》、《刺虎》和梅兰芳主演的《霸王别姬》。

当演到霸王与虞姬分别时，有的观众落泪了。市川猿之助先生此晚全家都坐在包厢看戏，最后他亲自登台献花。

6月2日 日场演出剧目为：《辕门会》、《水淹七军》、《水漫金山》、《天女散花》；夜场演出同昨日。不少观众特地从新加坡、香港乘机赶来观看梅兰芳的演出。日本裕仁天皇的弟弟三笠宫崇仁亲王和王妃观看了演出。据梅兰芳在《东游记》中的自述："剧终后他还特意到后台来向我们道辛苦。三笠宫对我说：'看了贵国杰出艺术家的演出，很使我高兴，你们的表演和服饰都很美，你们的艺术是古典的而又有青春气息的，使我非常佩服。'他又说：'我的哥哥——天皇，在宫中看了电视，很钦佩以梅兰芳先生为首的中国京剧代表团的精湛演技。'"[1]

6月3日 下午3时，以梅兰芳为首的代表团全体成员到东京纳波里出席了华侨总会举行的酒会。下午5时，出席市川猿之助举行的晚宴。梅兰芳回忆当时情况说："我们在一阵密雨中到了市川猿之助先生的住宅门口，猿之助先生夫妇以及家族、亲友们都打着雨伞到门口迎接我们。我们依次脱鞋登席，宾主握手寒暄。猿之助先生拉着我和欧阳予倩先生的手进了屋子，猿之助夫人亲切地招待着女客人。"[2] 饭后，猿之助先生表演了日本古典舞"浦岛"。

6月4日 上午，以梅兰芳为首的全体团员，出席日本国会举行的招待茶会，众议院副议长彬山元治郎致欢迎词。他十分幽默地说："日本国会有史以来第一次接待外国的戏剧代表，今天承中国京剧代表团光临，甚感荣幸！东京这些日天气不好，阴雨，国会在吵架，感谢你们给我们带来了晴朗温和的天气。"最后国会议员穗积七郎说："日中两国今日在文化上握手了，相信在不久的将来也能在政治上握手。"

午饭后，梅兰芳一行应邀到早稻田大学的演剧博物馆参观。在一间展室里，梅兰芳看到了自己前两次到日本演出的资料，还有一部分中国戏的"行头"，其中也有梅兰芳当年相赠的。事隔多年，这些"行头"已经陈旧了。因而临走时，梅兰芳挑了一部分绣工细致的戏衣、脸谱等，赠送给了演剧博物馆，作为这次中国京剧代表团访问日本的纪念。晚，应邀到国际剧场看少女歌舞团演出。

6月5日 下午，赴水道桥能乐堂剧场观赏日本能乐专家、八十三岁的老人喜多留平太演出的《羽衣·云居之舞》和野村万岁等演出的狂言《枭山伏》。下午5时，梅兰芳与市川猿之助对话广播。晚间出席朝日新闻社招待酒会。日本方面出席作陪的有自由民主党总务会长石井光次郎、自由民主党团会议员北村德太郎、日本学术会

[1] 梅兰芳著：《东游记》，中国戏剧出版社1957年版，第9页。

[2] 同上书，第10页。

议会长茅诚司、日本演剧协会会长久保田万太郎、日中友好协会副会长内山完造、日中文化交流协会理事长中岛健藏、日本拥护和平委员会总书记平野义太郎，以及日本著名画家、音乐家、作家、演员等各界代表约一百五十人。出席作陪的还有印度、南斯拉夫、瑞士、智利、英国、法国、乌拉圭、奥地利、芬兰、德意志联邦共和国等国驻日本的外交使节等，以及美联社、伦敦《泰晤士报》等外国驻日本的记者共三十多人。

6月6日 晚8时15分，离开东京前往福冈。团里的领导抓紧时间，在车上召开小型总结会，小结在东京演出中的成就和问题。参加会的有梅兰芳、欧阳予倩、马少波、刘佳、孙平化、姜妙香、李少春、袁世海等。

6月7日 上午8时30分，以梅兰芳、欧阳予倩为首的京剧代表团在朝日新闻社企划部部长远山孝陪同下抵福冈（博多）。将在福冈进行四天的演出。

6月8日 下午4时，以梅兰芳为首的京剧团全体成员出席由福冈市知县土屋香鹿和福冈市长小西春雄等各界代表联合举行的酒会。出席欢迎会的还有福冈县议会议长小林喜利、九州大学校长山田穰等一百多人。市长小西春雄说："福冈自古以来就是日中文化交流的大门……""这次中国访日京剧代表团的惠临，是日中两国文化交流史上一件崭新的大事。……这一点使福冈人感到骄傲。"[1] 下午6时，代表团领导及著名演员赴日中友好协会会长松本治一郎的夜宴，席间有日本民间风味的表演节目。

6月9日 在福冈最大的戏院大博剧场举行首次公演，剧目和东京开幕式相同。演出结束时，福冈县、市的议会议长及朝日新闻社和华侨总会代表上台献花。

6月10日 在福冈大博剧场日场演出剧目为：《天女散花》、《秋江》、《刺虎》、《霸王别姬》；夜场演出剧目为《寇准罢宴》、《盗仙草》、《拾玉镯》、《双射雁》。九州长崎、鹿儿岛等地的青年华侨把这天定为观赏京剧日，招待九州各地方的六十岁以上的华侨来看祖国艺术家的演出。

6月11日 在福冈大博剧场夜场演出剧目为：《辕门会》、《雁荡山》、《秋江》、《霸王别姬》。

6月12日 晚，在福冈市的最后一场公演，演出剧目为《三岔口》、《除三害》、《雁荡山》、《秋江》、《贵妃醉酒》。一千八百名观众挤满了只有一千三百个座位的剧场。当天的《每日新闻》说："中国京剧团每一出的舞台形象都很完善，这是在固

[1] 梅兰芳纪念馆馆藏简报。

有的传统艺术上经过时刻不断的训练才创造出来的。日本应该在这一点上向中国学习，这样才能够体现中日文化交流的意义。”

6月13日 下午，乘汽车抵八幡。当晚在八幡制铁体育馆演出《将相和》、《拾玉镯》、《三岔口》、《雁荡山》、《贵妃醉酒》，观众有六千多人。演出结束后，八幡市市长守田道隆、小仓市市长长林信雄、门司市市长柳田桃太郎、若松市市长吉田敬太郎等人的代表和八幡市制铁所工会代表以及和平友好团体的代表纷纷走上舞台，向梅兰芳献花。

6月14日 上午10时20分，乘坐前往大阪的火车，晚8时，抵达大阪车站后入住新大阪饭店。

6月15日 中午，大阪府政府、大阪市政府和朝日新闻社联合举行了欢迎会。大阪府副知事山村庄之助代表大阪府知事在会上致欢迎词说：“中国京剧代表团来到大阪，我们表示衷心的欢迎。你们优秀的艺术，使观众深受感动，并且受到观众热烈的赞扬。”[1] 下午，大阪各界组成的“京剧代表团欢迎委员会”又举行了欢迎酒会。大阪的女诗人港野喜代子在会上向梅兰芳团长献诗。大阪中国戏剧研究会等团体也向梅兰芳团长赠送了纪念品。

6月16日 梅兰芳与远山孝等四五人一同拜访了已故老友、日本最负盛名的歌舞伎演员中村雀右卫门的夫人。她高年七十七岁，相见之时，悲喜交集。临别前，中村夫人把她特地请名家赶制的中村先生时装像赠梅兰芳，梅先生也敬赠他饰白娘子的大幅剧照和几样中国名产给她。然后又到中村先生灵位前悼念。晚，京剧团应大阪歌舞伎座经理松尾国三的邀请观看了前进座中村玩右卫门演出的《俊宽》。

6月17日 下午，在朝日会馆观赏日本传统剧种“狂言”。晚，出席了旅日关西华侨协会举行的欢迎宴会。

6月18日 上午9时，驱车访问奈良。下午，游览奈良市内及东大寺后返回大阪。

6月19日 中午，兵库县政府和神户市政府联合举行了午餐会欢迎中国京剧团，出席欢迎会的有兵库县知事阪本胜、神户市副市长石原次郎、神户市议会议长伊藤利胜等二十多人。下午，神户市的日中友好协会、日本国际贸易促进会和华侨等团体联合举行了共有一千三百多人参加的盛大的欢迎会，欢迎中国京剧团。欢迎会结束后，梅兰芳、欧阳予倩等人参观了纪念孙中山先生的移情阁和三菱重工业公司

[1] 梅兰芳纪念馆馆藏简报。

的造船工厂。

本日 梅兰芳应邀参加大阪中日儿童友好画展开幕式，并为展览剪彩。

6月20日 梅兰芳远游京都，在岚山、天龙寺遇见三十二年前结识的老友今井泰藏（当年为他治病的名医）的女儿京子。当得知老友已在十三年前故世时，连声说："太遗憾了，太遗憾了。"[1]

[1] 梅兰芳著：《东游记》，中国戏剧出版社1957年版，第63页。

6月21日 率团抵达名古屋，并出席名古屋市欢迎委员会和爱知县知事举行的欢迎酒会。

6月22日 下午，到歧阜市参加中国人俘虏殉难者慰灵祭。观看鹈鸟捕鱼。

6月23日 在名古屋公会堂公演，夜场演出剧目为：袁世海《将相和》，侯玉兰《拾玉镯》，李少春《三岔口》，梅兰芳《贵妃醉酒》。名古屋市市长小林橘川和名古屋各界名流观看了演出。

6月24日 名古屋公会堂夜场演出剧目为：《闹天宫》、《秋江》、梅兰芳《霸王别姬》。

6月25日 名古屋公会堂夜场演出剧目为：《天女散花》、《除三害》、《雁荡山》、梅兰芳《贵妃醉酒》。

6月26日 率团抵达京都。晚，京都府知事、市长和朝日新闻社举办了欢迎宴会。席间，片山九郎郑重地将一把扇子赠给梅兰芳，并说："这是我的祖母井上八千代在一百岁表演舞蹈时用过的，是我的传家之宝，今天送给梅先生，留作您第三次访日的纪念。"[2] 宴会后，梅兰芳、欧阳予倩等京剧团领导人员和一部分团员，应邀出席了京都旅日华侨举行的座谈会。

[2] 同上书，第66页。

6月27日 清晨，梅兰芳到今井家中吊祭故人，含泪把从国内带来的一对绿色翡翠袖扣，供在老友今井泰藏先生的灵前。同时又向今井夫人赠中国土产和五幅剧照。

本日 京都南座夜场演出剧目为：袁世海《将相和》，江新蓉《拾玉镯》，李少春《三岔口》，梅兰芳《贵妃醉酒》。

6月28日 京都南座剧场日场演出剧目为：《刺虎》、《拾玉镯》、《双射雁》、《除三害》、《闹天宫》；夜场演出剧目为：《盗仙草》、《秋江》、《雁荡山》、《奇双会》，受到观众热烈欢迎。

6月30日 在大阪歌舞伎座公演，日场演出剧目为：《刺虎》、《小放牛》、《盗仙草》、《秋江》、《双射雁》、《闹天宫》；夜场演出剧目为：《将相和》、《拾玉镯》、《三岔口》、《贵妃醉酒》。冒雨前来看戏的观众达到五千多人。在演出结束时，前进座剧团代表河原崎长十郎、中村玩右卫门、河原崎国太郎等向梅兰芳赠献了歌舞伎中的女人头套。剧评家北岸佑吉说，这次京剧演出极为成功，表现了京剧的高度艺术水平和大众性，梅兰芳的演技精湛而细腻。

本月 《新华半月刊》刊登了梅兰芳著《昆苏剧团的〈十五贯〉观后》一文。

7月1日 在大阪歌舞伎座日场演出剧目为：《辕门会》、《盗仙草》、《拾玉镯》、《双射雁》、《闹天宫》；夜场演出剧目为：李少春《雁荡山》，侯玉兰《秋江》，袁世海《除三害》，梅兰芳《奇双会》。

7月2日 在大阪歌舞伎座夜场演出剧目为：李和曾《二进宫》，李少春《雁荡山》，江新蓉《拾玉镯》，梅兰芳《霸王别姬》。

7月3日 在大阪的最后一天演出。夜场演出剧目为：《三岔口》、《除三害》、《秋江》、《贵妃醉酒》。在大阪共演出四天六场，观众达一万六千多人。

日本著名作家藤泽桓夫，京都大学教授吉川幸次郎、小川环树、贝冢茂树等人分别在《朝日新闻》、《每日新闻》上发表感想，赞扬京剧的高度艺术水平和演员精湛的表演技术、活泼有力的动作。日本歌舞伎著名青年演员大谷友右卫门看过京剧后说："我很惊讶，感动。京剧的丰富内容，极有魄力的表现方法，旦角的优美细腻的姿态等等，影射在我的头脑里。"[1] 大谷说，他也是扮演旦角的男演员，所以对梅兰芳的表演特别注意。当《霸王别姬》中的虞姬在敌人重围的阵地中给霸王舞剑，劝他杀出重围的时候，他感动得流下了眼泪。

7月4日 上午8时45分，正按计划由大阪去箱根前，梅兰芳突然听说东京华侨总会副会长吴普文等五人因反对特务分子宣传车对代表团诅咒，竟被大阪天满警察署非法逮捕的讯息，他斩钉截铁地说："我们不走了，大阪警察局不把这五人放出来，我们就不能离开这里。"[2] 并马上召开新闻记者招待会，在招待会上严正谴责了反华分子的这一阴谋，并对警察局提出了抗议。结果日方被迫释放了这五人。当晚，梅兰芳和欧阳予倩、马少波、孙化平副团长一道接见了爱国侨胞吴普文等，表示亲切慰问。

7月5日 在箱根学习日本古典戏剧舞蹈。

7月7日 下午，京剧团从箱根回到东京。在路过藤泽市时，全体团员到鹄沼海

[1][2] 梅兰芳纪念馆馆藏简报。

梅蘭芳等在日最後演出
廿餘國使節看京劇
鳩山夫人也到場觀看
京劇團在東京等地演出觀衆共七萬

據新華社東京十一日電：中國京劇代表團七月十日晚上在東京「歌舞伎座」劇場舉行閉幕演出，結束了在日本各地五十多天的訪問。

在演出過程中，當每一個節目終了時，把劇場擠得滿滿的二千七百多個觀衆都報以熱烈的掌聲，再三要求演員們出來和他們見面。

京劇代表團在東京、大阪、京都、名古屋、福岡和八幡等地前後共演出了三十場，觀衆共約七萬人。

觀看閉幕演出的有日本首相鳩山一郎夫人鳩山薰，還有蘇聯駐東京代表團團長季契文斯基和英國、印度、巴西、印度尼西亞、墨西哥、奧地利、智利、南斯拉夫等二十幾個國家的駐日大使、公使和外交官員。

演出結束後舉行了閉幕儀式。東京的中國訪日京劇代表團歡迎委員會會長久保田萬太郎代表日本全國的觀衆致詞：中國京劇團這次在日本的訪問演出，毫無疑問地對於增進中日兩國間的文化交流和兩國人民的友誼有了巨大的貢獻，并且給日本的演員、作家、導演家、詩人、畫家等文化界人士以很大的啓發。久保田最後說：日本人民都盼望着你們能在不久的將來再一次來日本訪問。

京劇代表團第一副團長梅蘭芳、歐陽予倩代表京劇代表團全體人員和中國藝術界致答詞。他說，我們從每一個地方都感覺到日本人民對中國人民是友好的，這種深厚真誠的友誼正在迅速地發展。

接着，「朝日新聞」社、日中友好協會、日中文化交流協會、日本舞踊協會、日本演劇協會、「俳優座」劇團等日本各社會團體和東京華僑總會、橫濱華僑總會等華僑團體，向梅蘭芳和京劇代表團全體人員獻花或者贈送紀念品。市川猿之助夫婦和許多日本藝術家都上台和京劇代表團各位領導人員握手祝賀。

閉幕儀式在全體觀衆高呼中日友好萬歲的口號聲和如雷的掌聲中結束。

報载梅兰芳率领的中国京剧代表团在日最后演出消息

滨中国音乐家聂耳墓吊祭。

7月8日 晚，在东京产经会馆剧场开始举行第二次公演。夜场演出剧目为：《小放牛》、《闹天宫》、梅兰芳《奇双会》。

7月9日 在东京产经会馆日场演出剧目为：《盗仙草》、《人面桃花》、《雁荡山》。夜场演出剧目为：《秋江》、《双李逵》、梅兰芳《断桥会》。

7月10日 中国京剧代表团在东京歌舞伎座剧场举行闭幕演出，日场演出剧目为：《水漫金山》、《野猪林》。夜场演出剧目为：《三岔口》、《雁荡山》、《除三害》、梅兰芳《奇双会》。京剧团结束了在日本各地五十多天的访问。

在演出过程中，当每一个节目结束时，把剧场挤得满满的两千七百多位观众都报以热烈的掌声，再三要求演员们出来和他们见面。

观看闭幕演出的有日本首相鸠山一郎夫人鸠山熏，还有英国、印度、巴西、印度尼西亚、墨西哥、奥地利、智利、南斯拉夫等二十多个国家的驻日大使、公使和外交官员。

演出结束后举行了闭幕式，市川猿之助夫妇和许多日本艺术家都上台和京剧代表团各位领导人员握手祝贺。

7月11日 午后，著名戏画家鸟居青言先生到帝都饭店看望梅兰芳。他说："我常听到中村雀右卫门先生谈起梅先生，这次他希望我和您见面，所以我特地从大阪赶到这里。"梅兰芳赠他一本《舞台生活四十年》的书，并指着插图说："内有沈蓉圃画的《虹霓关》，当中饰东方氏的是我的祖父梅巧玲。"[1]下午，在下榻的帝都饭店会见称霸日本的围棋圣手吴清源。

7月12日 中国访日京剧代表团在广岛与朝日新闻社联合举办救济日本广岛原子弹受难者及战争中的孤儿的义演。在日本最大的国际剧场上演，日夜两场，两场观众达一万一千多人，因剧场只有四千多个座位，每场都有一千人买站票，影响很大。日场演出剧目为：梅兰芳、袁世海《霸王别姬》，李少春《闹天宫》，侯玉兰、孙盛武《秋江》。夜场演出剧目为：梅兰芳、姜妙香、孙盛武《贵妃醉酒》，李和曾、袁世

[1] 梅兰芳著：《东游记》，中国戏剧出版社1957年版，第76页。

海《除三害》，李少春、谷春章《三岔口》，江新蓉、江世玉《拾玉镯》，王鸣仲《雁荡山》。演出结束后，梅兰芳在后台会晤了日本国会参议员、日本共产党第一书记野坂参三及其夫人。

7月14日　晚，访日京剧代表团全体团员，应邀出席了日本戏剧界著名人士松尾国三主持的送别游园会。朝日新闻社代表远山孝，中国京剧团欢迎委员会委员长久保田万太郎，日本社会党主席铃木茂三郎，日中友好协会代表能智修弥，市川猿之助夫人，松竹公司董事长大谷竹次郎等出席作陪。

7月15日　由日本国际贸易促进协会、日本国会议员促进日中贸易联盟、日本地方议员促进国际贸易联盟、日中输出入协会、中日贸易会、北京上海日本商品展览会、日中友好协会、日中文化交流协会、恢复日中日苏邦交国民会议、日本亚洲团结委员会、日中渔业协议会，在东京联合举行游园会，热烈欢送中国访日京剧团。

参加游园会的还有日本社会党总书记浅沼稻次郎，日本国会参议员、日本共产党第一书记野坂参三，自由民主党国会议员北村德太郎等政界、经济界、文化界著名人士三百多人。

梅兰芳代表中国京剧团在会上致谢词。他说："中国京剧团来到日本各地举行公演，因为有了广大日本人民的欢迎、帮助和盛情招待才能够圆满地结束公演。一定把日本人民的深厚友情带回转达给中国人民。"[1] 梅兰芳最后祝中日两国人民的友好关系更加巩固。

在欢送会上还表演了日本舞蹈和狮子舞等精彩节目。很多日本团体和个人向中国京剧团赠送了纪念品。

晚，邀请中国京剧团到日本演出的朝日新闻社，举行了宴会欢送中国京剧团。

7月16日　梅兰芳和欧阳予倩在帝国饭店举行了盛大的告别宴会。招待日本各界名流和侨胞共一千多人。日本著名汉学家、与梅兰芳结交三十多年的老朋友盐谷温教授拿着一本诗册，朗诵他赠梅兰芳的一首绝句。

舞台生活四十年，
大器晚成志烈坚。
积善何唯余庆生，
师恩友爱又兼全。

[1] 梅兰芳著：《东游记》，中国戏剧出版社1957年版，第76页。

从5月30日起到7月12日止，代表团在东京、福冈、八幡、名古屋、京都、大阪等城市，前后共演出三十二场，观众达七万多人，日本全国各地通过电视观赏了京剧演出的约有一千万人。

7月17日 率团乘机在九龙机场降落，经香港抵达广州。

7月20日 晚，广东省省长陶铸设宴招待中国访日代表团。团长梅兰芳在宴会上叙述了日本人民对中国古典艺术的热爱，他说："日本人民说，中国古典戏剧虽然是古装的，但却是非常年轻。"[1]

7月27日 下午，中国人民对外文化协会、中国文学艺术界联合会和中国戏剧家协会举行酒会，欢迎访日归国的中国访日京剧代表团。周恩来总理出席了酒会，同梅兰芳、欧阳予倩等在一起进行了长时间的谈话，祝贺他们在访问日本各地演出中获得的成功。

中国人民对外文化协会会长楚图南在酒会上致词说："以梅兰芳先生为首的中国访日京剧代表团在日本访问五十多天，获得了很大的成功和很高的荣誉……"[2]

出席酒会的有茅盾、钱俊瑞、郑振铎、夏衍、陈克寒、阳翰笙、陈沂、李伯钊、田汉、江丰、吕骥等人。

7月28日 出席中国人民对外文化协会、中国文学艺术界联合会、中国作家协会和中国戏剧家协会联合主办的，纪念世界文化名人萧伯纳诞生一百周年和易卜生逝世五十周年纪念会。出席会议的还有茅盾、楚图南、夏衍、阳翰笙、田汉，爱尔兰国家剧院导演列诺克斯·罗宾逊，挪威国家剧院导演盖达琳，英国作家、萧伯纳的好友鲁贝·詹姆斯·米内，挪威舞台和电台导演、挪威戏剧协会代表哈尔德·克努普等。

8月16日 作《中日两国人民的深厚友谊》一文，在《人民日报》发表。

9月2日 新观察杂志社编辑部约请撰写《东游记》，记述访日演出中的见闻和观感。

9月20日 演出《贵妃醉酒》。

9月21日 演出《奇双会》。

9月22日 演出《霸王别姬》。

本日 第九期《旅行家》刊登了梅兰芳著《日本奈良记游》一文。

本月 被选为全国先进工作者，出席了全国群英会，受到表彰。

9月至12月 《新观察》第17、18、19、21、22、23期连载了梅兰芳著《东游

[1][2] 梅兰芳纪念馆馆藏资料。

记》。该文后由中国戏剧出版社出版。不久，冈崎俊夫译成日文出版。

10月4日　晚，出席周恩来总理在北京饭店举行的欢迎印度尼西亚共和国苏加诺总统的宴会。

10月上旬　在上海演出。

10月11日　印度尼西亚总统苏加诺在上海观看了梅兰芳演出的《洛神》，演出结束后登台向梅兰芳致贺。

本日　在《人民日报》上发表了观后感《看日本歌舞伎剧团的演出》，并在十月号的《世界知识》上和第十一期的《戏剧报》上分别发表了题为《日本人民珍贵的艺术结晶——歌舞伎》和《再谈日本歌舞伎》两篇文章。

1956年10月12日《北京日报》刊载苏加诺总统在观看梅兰芳的演出后上台致贺的新闻

10月中旬　梅兰芳应浙江省文化局的邀请，在杭州作短期公演。

10月12日　下午6时，到达杭州。到车站欢迎的有浙江省人民委员会办公室主任闫康候、浙江省文化局副局长王子辉、杭州市文化处副处长张光栋和著名越剧演员、中国戏剧家协会浙江分会姚水娟等人。

10月15日　梅兰芳剧团演出办公室举行宴会，招待梅兰芳。出席作陪的有浙江省省长沙文汉、杭州市市长吴宪、中共浙江省委文教部副部长黄源、浙江省文联主席宋云彬、中国戏剧家协会浙江分会主席盖叫天、浙江省文化局副局长王子辉等人。

10月16日　在杭州人民大会堂梅剧团首次公演，演出《贵妃醉酒》。

10月17日　演出《奇双会》。

10月18日　演出《霸王别姬》。

10月19日　演出《贵妃醉酒》。

10月20日　演出《奇双会》。

10月21日 演出《霸王别姬》。

10月24日 上午，与浙江省一百二十八个剧团的八十多位演员在中国戏剧家协会浙江省分会举行座谈会，他以自己四十多年的舞台经验，向演员们介绍了如何进修，不断提高艺术水平的问题。梅兰芳说："演员应当经常演戏，演得越多，经验就越丰富，艺术上的创造也就越多。还要向老艺人学习，和其他剧种的演员互相学习。在学习中，要注意保持自己剧种、剧团的特色，达到百花齐放。"[1] 著名京剧演员、中国戏剧家协会浙江分会主席盖叫天，也在座谈会上谈了他六十年艺术生活的宝贵经验。下午，拜访当年同台演出的"江南活武松"盖叫天，祝贺他六十年舞台生活的卓越成就和即将来临的七十寿辰。盖老对梅兰芳访日归来不辞辛劳来杭演出表示感谢。

[1] 1956年10月25日《杭州日报》。

本日 《杭州日报》刊登了梅兰芳的题字："二十年后重游西湖，看到了杭州人民辛劳的建设，使西子湖更美丽更年轻了，我很羡慕你们能够幸福地生活在这个山明水秀四时皆宜的乐园里，为建设社会主义事业而努力。"[2]

[2] 梅兰芳纪念馆馆藏简报。

本月 《旅行家》月刊刊登梅兰芳著《奈良续记》一文。

11月2日 江苏省文化局和杭州市文化处为梅兰芳和梅剧团饯行。

11月3日 《浙江日报》刊登了梅兰芳著《殖民者愚蠢的梦想》一文。

11月4日 梅剧团在江苏的最后一天演出，梅兰芳演出《凤还巢》。

11月至12月 赴南昌、长沙等地演出。

11月12日 在南昌剧场正式演出《贵妃醉酒》。

11月19日 在南昌剧场演出《贵妃醉酒》。

11月25日 上午，江西省文联、省文化局在中苏友好馆与梅剧团、江苏省京剧团进行了座谈会。会上，梅兰芳就继承和发展戏曲艺术传统，发扬现实主义的表演艺术方法等问题，发表了讲话。他着重谈道："大家这次观看演出，主要是交流和体会其中的精神，千万不要全盘不动地接受和搬用表演程式于各个不同的剧种，以致改掉各个剧种原有的特色，那就违反了'百花齐放'的方针，而将变成'一花独放'了。"[3]

[3] 1956年11月26日《江西日报》。

11月27日 作《严肃地继承并发扬戏曲传统》（即在省市文艺界座谈会上的讲话）一文，刊载于《江西日报》。

12月1日 《江西日报》刊登了梅兰芳著《我演出牡丹亭——纪念汤显祖先生》一文。

12月3日 在江西的最后一场演出《凤还巢》。

12月4日 下午，在江西饭店出席为招待梅兰芳在江西演出圆满结束而举行的宴会。

12月5日 晚，到达长沙市。到车站欢迎的有副省长张孟旭，省政协副主席谢华，省人民委员会文教办办公室主任华国锋，长沙市市长曹痴，省文化局副局长刘斐章等二百余人。

12月7日 赴湘潭韶山参观毛泽东的故居，对毛主席当时曾经劳动过的地方和使用过的劳动工具，做了仔细的参观和询问。离开时在纪念册上题字："我瞻仰了毛主席的故居，使我知道他在少年时代的劳动生活，我深深体会到伟大的革命事业是从平凡的生活中锻炼出来的。"[1]

12月10日 在湖南剧院演出《贵妃醉酒》。

12月12日 《湖南工人日报》刊登了梅兰芳著《怎样看京戏》一文。

12月13日 上午11时，观看地方戏曲《河北借兵》、《打鸟》、《祭头巾》等。

12月17日 中午，在湖南省新湖南报礼堂与湖南省市戏剧界三百余人进行了座谈。在会上讲了话，对青年演员们提出的关于舞台艺术的问题，作了热情而耐心的解答。

12月20日 《新湖南报》刊登了梅兰芳著《互相学习，不断学习——在湖南戏曲艺术座谈会上的发言》一文。

12月26日 与梅葆玖演出《游园惊梦》。

12月30日 梅兰芳剧团在长沙市的最后一场演出。长沙市两千多名观众在湖南剧院观看了梅兰芳演出的《贵妃醉酒》。

在长沙演出期间，捐出六百元"寒衣款"给湘西苗族自治州的灾区人民，还给该州人民委员会写了一封信，说："我来长沙听见你处受到旱灾的情况，我正在演出期间，不能亲自前来慰问，至深歉疚。特汇奉人民币六百元，请代制寒衣转赠灾区人民，以表我对受灾群众的怀念心情。"

本年 中央戏剧学院聘请梅兰芳为戏曲导演专科筹委会委员。

[1] 1956年12月8日《湖南日报》。

64岁

1957年

丁酉

1月至2月 从长沙赴武汉演出。由于旅途受寒感冒，嗓音发哑。病休期间，武汉市观众的慰问信一封封投向梅兰芳病榻前。病愈后，先后与李春森、李四立合演《白罗衫》中《详状》和《审陶》，并与戏曲界交流切磋技艺。

1月19日 在武汉人民剧院首次公演《贵妃醉酒》。

本月 作《要善于辨别精粗美恶》一文，发表在《戏曲研究》第一期上。梅兰芳说："希望青年艺术家要注意辨别精粗美恶。"又说："我向来觉得这是一个艺术家一生艺术道路的关键。"

2月20日至21日 在武钢工地为建设者们作了两场慰问演出，演出了《贵妃醉酒》。演出结束后，工地建设者们把一面绣有"热心为基建服务"字样的紫红色金丝绒锦旗献给梅兰芳。

2月25日 晚9时，梅兰芳结束浙、赣、湘、鄂巡回演出，携剧团回到北京。

2月27日 下午3时，到中南海怀仁堂参加李富春副总理关于第二个五年计划建议的说明报告会。

本月 作《赣、湘、鄂旅行演出手记》一稿，在《戏曲论丛》第二期发表。稿中着重讲三个问题：一、观摩几个地方戏的优秀表演；二、传统剧目的发表和改编；三、我学戏改戏和表演的经验。

本月 一天，他参加国务会议，毛泽东主席见了老远就问："你几时回来的，这次走了不少地方吧？"[1] 梅兰芳简要汇报了情况，对主席如此关心十分感动。

3月18日 下午，法国著名演员钱拉·菲利浦及其夫人拜访了梅兰芳夫妇。他说，这次在中国看到了许多不同的剧种，都各自有其独特的风格和丰富内容，并表示对脸谱特别感兴趣。梅兰芳把自传《舞台生活四十年》和一尊精致的江西雕瓷、梅氏父子《断桥》的剧照赠送给他作纪念。菲利浦先生也把法国19世纪名画家考尔贝特的六幅复制画和英格尔的素描赠送给梅兰芳。

3月20日 下午3时，在中国文联礼堂参加了中国文联主席团扩大会议，讨论召开中国文联第三次代表大会问题。

本月 作《谈"杜丽娘"》一文，载《戏曲论丛》第三期。

4月10日 出席在文化部礼堂举行的第二次全国戏曲剧目工作会议。

4月18日 苏联最高苏维埃主席团主席伏罗希洛夫由毛泽东主席、朱德副主席、刘少奇委员长、周恩来总理陪同出席了在怀仁堂举行的盛大的京剧晚会。梅兰芳与姜妙香演出了《洛神》。演出结束后，伏罗希洛夫主席献了花篮，并与毛泽东主

[1] 福芝芳著：《回忆党教育下的梅兰芳》，1978年8月8日《人民日报》。

苏联最高苏维埃主席团主席伏罗希洛夫在观看梅兰芳演出后上台致贺

席上台与梅兰芳合影。

4月20日 下午2时，瑞典作家海格尔来访。下午5时30分，出席全国政协招待日本代表酒会。

4月24日 北京市京剧工作者联合会为筹集福利基金在中山音乐堂联合义演，梅兰芳、姜妙香、李庆山演出《贵妃醉酒》。

4月25日 北京市京剧工作者联合会为筹集福利基金在中山音乐堂联合义演，梅兰芳、谭富英、姜妙香、李砚秀联袂演出了梅兰芳多年未演的《御碑亭》，并拍摄了三十五毫米胶片的彩色舞台纪录片。

4月28日 在国务院礼堂观看了安徽省庐剧、泗州剧的汇报演出。

4月29日 晚7时30分，在中国文联礼堂观看了瑞典舞蹈促进协会主席海格尔先生的夫人利拉伐的表演。

5月3日 下午1时30分，在中国文联礼堂观看潮州戏《苏六娘》。

5月4日 中午12时30分，在全聚德欢迎日本戏剧访华团。

5月5日 在长辛店演出《贵妃醉酒》。

5月6日 晚7时30分，在天桥剧场观看泰国访华代表团的演出。

5月9日 在中国政法学院演出《贵妃醉酒》。

5月20日 作《看泰国艺术团的表演》一文，发表在《人民日报》。

5月30日 城市规划管理局在北京政协大礼堂举办京剧晚会，梅剧团全体演员参加演出，梅兰芳、刘连荣、姜妙香合演《霸王别姬》。

6月3日 出席戏曲音乐工作者座谈会开幕式，夏衍、田汉在会上讲话，张庚作报告。晚，在人民剧场演出《贵妃醉酒》。

6月4日 在人民剧场演出《奇双会》。

6月5日 为招待法国总理富尔，在人民剧场演出《贵妃醉酒》。演出结束后，富尔夫妇到后台赠送音乐片。锡兰大学教授工会戏剧教授古纳为卡拉赠送了花篮。

6月6日 国际舞蹈协会委托瑞典舞蹈促进协会主席海格尔在瑞典驻华大使馆授予梅兰芳荣誉奖章。周恩来总理参加了授奖仪式，并同海格尔及瑞典大使在会上讲了话。梅兰芳是获得此项荣誉奖章的第十四位艺术家，也是我国第一位获此荣誉奖章的京剧艺术家。

6月7日 下午5时，出席芬兰大使馆招待比利时代表团酒会。

6月12日 晚8时，录音《女起解》。

6月15日 出席戏曲音乐工作者座谈会闭幕式。晚，研大二院演出《霸王别姬》。

6月16日 在丰泽园收张丽娟为徒。

6月18日至19日 后勤晚会演出《贵妃醉酒》。

6月20日 下午，出席第一届全国人民代表大会第四次会议预备会议。

6月22日 上午9时，出席北方昆曲剧院成立典礼。

6月23日 为庆祝北方昆曲剧院成立，与韩世昌、白云生在北京人民剧场合演了《游园惊梦》，并拍摄了三十五毫米彩色舞台纪录片。事后，梅兰芳观看了影片，对拍摄效果满意，并认为这种忠实的舞台纪录影片很有参考价值，是教学的好资料。

本日 《人民日报》刊登梅兰芳作《欢迎北方昆曲剧院的成立》一文。

6月26日 出席第一届全国人民代表大会第四次会议。

梅兰芳与韩世昌、白云生为北昆建院演出《游园惊梦》后，周总理在舞台上接见

6月29日 上午，第一届全国人民代表大会举行小组讨论会，批判章伯钧、罗隆基等的右派言论。下午，大会听取李先念副总理报告。

本日 《人民日报》刊登了梅兰芳著《谈汉剧“二度梅”》一文。

7月5日 会议休息时，与黄炎培、华罗庚、老舍等亲切交谈并合影。

7月9日 下午，大会听取周恩来总理报告。

7月11日 晚7时30分，出席在北京饭店举行的庆祝蒙古国国庆活动。

7月14日 为招待第一届全国人民代表大会第四次会议全体代表演出昆曲晚会，梅兰芳、韩世昌演出《游园惊梦》，侯永奎演出《单刀会》，李淑君演出《出塞》。

7月20日 晚7时30分，出席在前门饭店举行的欢迎印度乌黛·香卡舞蹈团宴会。

本日 梅兰芳剧团与北方昆曲剧院联合在天桥剧场演出，梅兰芳、韩世昌、白云生演出《游园惊梦》，李淑君演出《昭君出塞》。

7月23日至24日 为工人在劳动剧场演出《霸王别姬》。

7月24日 在《人民日报》第一版上，醒目标题登载《梅兰芳、周信芳、程砚秋、袁雪芬、常香玉、陈书舫、郎咸芬建议戏曲界不演坏戏》的文章。

7月25日 在人民剧场观看了乌黛·香卡舞蹈团的演出。

7月29日 为手工业艺人在政协礼堂演出《游园惊梦》。

本日 作《怎样正确对待戏曲剧目开放》（笔谈），载上海《文汇报》。

8月1日 出席在北京饭店举行的庆祝“八一”建军节三十周年活动。晚，音乐堂演出《贵妃醉酒》。

8月5日 音乐堂演出《贵妃醉酒》。

8月6日 晚8时，录音《游园惊梦》。

8月8日至9日 中国戏剧家协会和中国电影工作者联谊会联合举行“批判吴祖光”座谈会，梅兰芳与老舍、夏衍、钱俊瑞、新凤霞、汪洋、金山、丁里、田庄等出席并发言。

8月10日 为中央民族学院学生毕业典礼演出了《游园惊梦》。

8月15日 晚7时，出席朝鲜大使在北京饭店举行的酒会。

8月16日 梅剧团赴西北演出。下午3时，到达甘肃兰州，除文艺界之外，甘肃省省长邓宝珊，西北军区司令员张达志将军，中共甘肃省委文教部吴文遴、吴坚，省文化局副局长曲子贞等到机场欢迎。第一场是在西北民族学院礼堂演出，招待党、政及文艺界人士，梅兰芳演出了《贵妃醉酒》。

8月17日 下午5时，省长邓宝珊宴请梅兰芳夫妇、梅葆玖、许源来、许姬传。

8月28日 在比炎热的天气更为炎热的“反右派斗争”的“烈火”中，梅兰芳在《甘肃日报》上发表了他那篇著名的文章《谈谈不演坏戏和反右派斗争问题》。这位从来不喜欢参与政治的艺术家，不得不起来捍卫自己的良知和人格了。

在这篇文章中，梅兰芳首先指出，坏戏是不能演的。“人民把今天的演员，称做是‘人类灵魂的工程师’，这个头衔是何等光荣，给我们的任务是何等重大，我们在整理传统剧目的时候，怎么能够不加以选择呢？”接着，他举了一些例子后，将矛头对准了当时盛行于一些领域中的简单化作风。简单化实际上是那些举起帽子往人头上扣，以及抡起棒子打人之流最为普遍的特征，在那样一个非常时期，梅兰芳这样公开地进行反批评，确实需要足够的勇气和胆量。然而，他无所畏惧。作为一位正直的艺术家，梅兰芳不能对这种简单化的批评方法置若罔闻，也不能对持有这种简单化作风的人们置若罔闻。他不客气地对他们进行了反批评。“前几年，有很多位参加戏曲工作的新文艺工作者，对传统剧目不够了解。常常用框框去套具体的作品，套不上就大杀大砍，不仔细地去分析它的具体内容，这样做，就容易产生有害的清规戒律。”

9月至10月 率梅剧团赴西安、洛阳等地继续访问演出。

9月15日 下午到达西安。前往车站欢迎的有中共陕西省委书记赵伯平、省长赵寿山，陕西军区司令员杨嘉瑞、政委牛书申等二百多人。晚7时，应邀出席了省市文化局的招待宴会。

9月16日 中午，西安市戏曲演员代表王天民、苏育民、刘毓中、张敬盟等二十余人拜访了梅兰芳。晚，出席了西安戏曲界组织的欢迎晚会，观看了青年演员演出的《游西湖》中的《鬼怨》、《杀裴生》等戏。

本日 下午，全国人民代表大会代表、中国美术家协会主席、北京市中国画院名誉院长、中央美术学院名誉教授、1955年国际和平奖获得者、人民艺术家齐白石病逝，梅兰芳为治丧委员会委员。

9月17日 游览临潼并观览了华清池。梅兰芳说：“我对贵妃池特别感到兴趣，因为我在《太真外传》里有华清池入浴的场面，今天到了这里，不禁就回忆起当时演戏的台词和身段。”[1]

[1] 许姬传、许源来著：《忆艺术大师梅兰芳》，中国戏剧出版社1986年6月版，第248–249页。

9月18日 参观了陕西兴平境内汉武帝刘彻的“茂陵”。

9月19日 在西安人民大厦礼堂演出了《贵妃醉酒》。

9月24日 与福芝芳、姜妙香夫妇、姚玉芙等一同鉴赏了西安出土的一批唐代文物。

9月30日 下午，应邀出席了陕西省人民委员会在西安人民大厦举行的盛大宴会，庆祝国庆。

10月1日 演出《游园惊梦》。

10月7日 应周恩来总理的邀请来我国访问的印度尼西亚前总统哈达博士和夫人到武汉等地访问时途经西安，观看了梅兰芳表演的《霸王别姬》。演出结束后哈达博士及夫人上台向梅兰芳献花。

10月9日 结束西安的演出，但为了工人、农民、部队的需要，决定在西安续演五场。

10月14日 在易俗社为西安戏曲界七百余人，作了《谈表演艺术》的报告，报告的内容包括看了秦腔几个节目后的观感和梅兰芳自己在表演艺术创造上的经验。晚，出席西安戏曲界的欢送晚会，晚会上省戏曲剧院三团青年演员演出当地戏曲。

10月16日 《西安日报》刊登了梅兰芳著《谈表演艺术》一文。这是梅兰芳在西安戏曲界座谈会上的报告。文中写道：“……一个演员对角色性格有了钻研和体会，应当怎样表达出来呢?这就关系到你的表演艺术是否丰富。前辈老艺人给我们留下了多种多样的传统表演方法，只要我们肯踏踏实实去学，这一座艺术宝库是取之不尽、用之不竭的。但是在运用方面，一定要结合我们的内心活动。……”

本月底 接到出国任务，因而中止了旅行演出计划，立即返京。

10月27日 中苏友好协会总会、中华全国总工会、中国共产主义青年团、中华全国妇女联合会以及中国人民保卫世界和平委员会等有关人民团体决定派出中国劳动人民代表团，赴莫斯科参加苏联十月社会主义革命四十周年庆祝典礼，刘宁一任团长，梅兰芳与钱俊瑞、老舍、许广平、钱三强担任副团长。

11月3日 下午，周恩来总理接见即将赴莫斯科参加苏联十月社会主义革命四十周年国庆典礼的中国劳动人民代表团全体团员。

本日 作《回忆苏联》一文，发表于《人民日报》，主要回顾1935年访苏的情况。

11月4日 上午，随中国人民劳动代表团乘飞机离开北京赴苏联，陈其通及各有关团体的负责人到机场送行。下午3时，抵达依尔库斯克。

11月5日 住在依尔库斯克招待所等飞机。晚8时，游览市容。

11月6日 下午4时，抵达莫斯科。前往机场欢迎代表团的有全苏工会中央理事会书记布涅列夫，全苏工会中央理事会国际部主任基米罗夫，苏联机器制造业工会中央理事会书记兹维列夫，苏联对外文化协会东方部副主任阿尔塔巴耶夫等人，中国驻苏联大使馆一等秘书宫亭也到机场欢迎。代表团当即去列宁运动场体育宫参加苏联最高苏维埃联邦院民族庆祝伟大的十月社会主义革命四十周年的联席会议。

11月7日 上午8时30分，集合向红场出发；10时，鸣礼炮，观礼开始。晚，在柴可夫斯基音乐厅观看音乐歌舞剧。

11月8日 上午，刘晓大使陪同邓小平来看望大家。中午12时，到体育馆参加纪念大会。晚，参加纪念晚会。

11月9日 早，参观克里姆林宫。中午12时，谒列宁、斯大林墓并献花圈。晚，出席全苏总工会中央理事会在圆柱大厅举行的招待会。

11月11日 上午，中国劳动人民代表团分两批参观苏联工业和农业展览会及哈乔夫汽车工厂。晚9时30分，乘火车赴列宁格勒参观访问。

11月12日 上午9时55分，到达列宁格勒。到车站欢迎的有列宁格勒州工会书记等人。下午，游览市容。晚，在列宁格勒歌舞剧院观看《舒拉腊》。

11月13日 上午9时，参观斯莫尼尔宫和列宁曾经生活和工作过的简朴的房间。11时，参观艾尔米塔什美术馆。下午3时，参观有二百五十年历史的阿德米拉杰斯基造船厂。晚，出席列宁格勒工会在高尔基文化宫举行各国劳动人民代表团和列宁格勒工会积极分子会见的友谊晚会并作了表演。

11月14日 上午，参观斯大林金属厂。凌晨1时，乘火车离开列宁格勒回莫斯科。

11月15日 下午2时，抵莫斯科。访问苏联作家协会。晚7时，在莫斯科国立大剧院观看了《天鹅湖》。

11月16日 参观第一颗人造卫星。上午到“和大”访问，献礼。下午3时40分，应苏联对外文化协会和苏中友好协会的邀请去苏联对外文化协会参加酒会。波波娃主席主持酒会。

11月17日 上午10时，梅兰芳、老舍、许广平三位副团长率领部分团员参观苏联国立特列嘉柯夫美术馆。在美术馆的一个大厅里举行了欢迎会，馆长列别捷夫致欢迎词。晚，观看歌剧《西丽娃》。

11月18日 上午，与老舍、巴金、阳翰笙等访问苏联戏剧家协会，受到了俄罗斯戏剧家协会副主席波克罗夫斯基和木偶剧院院长奥布拉兹卓夫等的热情接待。波克罗夫斯基代表俄罗斯戏剧家协会送给梅兰芳一本献词。这本献词封面上写着："献给中国杰出的舞台艺术大师卓越的社会活动家梅兰芳。"下午，乘火车赴基辅参观访问。

11月19日 上午9时30分，抵达乌克兰首都基辅，苏中友好协会副会长苏联元帅崔可夫、乌克兰工会联合会主席莫茨卡列茨、乌克兰团中央书记莫兹格沃依等前来迎接。午饭后游览参观全市。晚，到乌克兰"作家之家"，参加乌克兰对外文化协会组织的招待会。苏方参加者有乌克兰对外文化协会主席里特文、乌克兰文化部部长巴比楚克、乌克兰科学院院长帕拉丁、乌克兰工会联合会书记日丹诺夫、作家考·楚克、华西列夫斯卡娅、雷里斯基等人。代表团在招待会上献礼。

11月20日 上午，拜访了基辅市苏维埃执行委员会主席达维多夫，听取有关市政情况的介绍。随后参观了国立舍甫琴柯大学，接待的有校长史维茨和副校长、主任等。校长介绍了学校情况，代表团参观了动物陈列室，并观看了有关大学生活的电影。下午，应考·楚克和华西列夫斯卡娅的邀请，前往做客。晚，在舍甫琴柯歌舞剧院观看《天鹅湖》。

11月21日 上午9时30分，赴白教堂区、国营农场等地参观。晚6时，出席在布尔什维克工厂文化宫举行的欢迎会。会后观看了歌舞表演。

11月22日 上午，参观高尔基机床制造厂。下午3时，乘火车离开基辅。

11月23日 上午9时20分，返回莫斯科。下午，参观全苏美术展览会。晚，应全苏工会联合会主席格里申的邀请共进晚餐。后观看马戏。

11月24日 上午，参观高尔克村列宁博物馆。下午5时，与老舍等访问奥布拉兹卓夫。晚，到柴柯夫斯基音乐厅听交响乐演奏。

11月25日 上午，到苏联总工会参观访问。12时，与王昆等访问了乌兰诺娃。

11月26日 下午4时，《苏维埃文化报》采访梅兰芳。

11月27日 晚7时，苏工会中央理事会在北京饭店举行送行宴会，出席的苏方代表有总工会理事会副主席索洛维约夫，全苏对外文化协会副主席卡里什扬、苏联妇女委员会书记潘德连柯等。凌晨1时30分，乘飞机回国。

11月28日 下午5时，劳动人民代表团由团长刘宁一，副团长梅兰芳、钱俊瑞、许广平、老舍率领从莫斯科回到北京。到机场欢迎的有中苏友好协会总会、中华全国总工会、中国共产主义青年团、全国妇女联合会、中国人民保卫和平委员会、中国人民对外文化协会以及首都文学、艺术、科学团体的负责人李德全、康克清、赵毅敏、董昕、夏衍等，还有苏联驻华使馆参赞等使馆工作人员。

本月 梅兰芳第一次向中国共产党基层组织提交入党申请书和自传。

12月2日至12日 中华全国总工会第八次全国代表大会在北京召开。期间，为大会代表表演节目。

12月5日 在工人俱乐部演出《贵妃醉酒》。

12月7日 到老舍家中看花。

12月10日 下午6时，出席在丰泽园饭庄举行的欢迎日本戏剧访华代表团宴会。

12月16日 下午3时，出席在和平宾馆举行的与日本演剧协会发表共同声明草案签字仪式的酒会。

12月21日 作《基辅做客》一文，记述随代表团访问的情况，发表在上海《文汇报》。

12月25日 作《和乌兰诺娃的会见》一文，发表在《人民日报》。

12月28日 上午，中国戏曲学校副校长、著名京剧表演艺术家萧长华八十寿辰和从事舞台生涯七十周年庆祝大会在北京举行，梅兰芳与老舍、刘芝明、田汉、姜妙香等首都京剧艺术家、演员及戏曲学校师生一千多人出席。庆祝会上，梅兰芳作了讲话，并与姜妙香演出了《奇双会》。后在《戏剧报》第二十四期上发表《萧长华先生的艺术劳动和道德品质》一文，高度赞扬了他对艺术表演和教学工作的负责精神。

65岁

1958年

戊戌

1月1日 周恩来总理在北京饭店设宴欢迎也门王国副首相兼外交大臣塞弗·伊斯兰·穆罕默德·巴德尔王太子，梅兰芳应邀出席作陪。

1月2日 晚7时30分，参加人大、政协、国务院主办的在怀仁堂举行的新年晚会，演出《奇双会》。

1月4日 晚，出席缅甸大使馆为庆祝缅甸独立十周年宴会。

1月6日 下午，出席文联“就文艺界一部分右派分子的处理交换意见”的座谈会。晚，到森林工业部演出《霸王别姬》。

1月10日 在政协礼堂听周恩来总理作当前文字改革任务的报告。

本日 《光明日报》刊登了梅兰芳著《访问农村》一文。

1月12日 晚，到森林工业部所属547工厂为职工演出《霸王别姬》。

1月15日 上午8时，赴文联与田汉、阳翰笙、马彦祥、

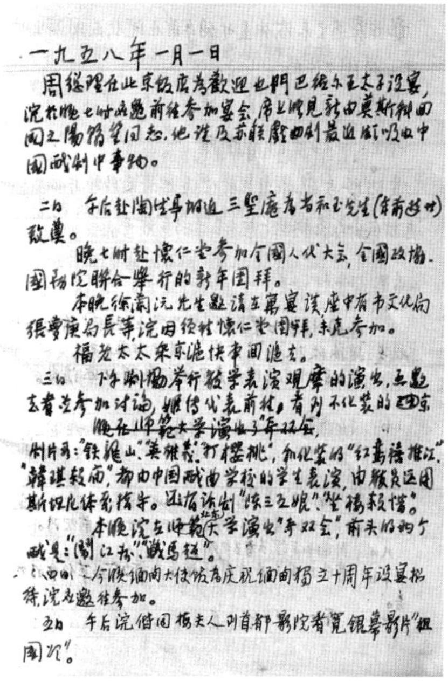
一九五八年一月一日
周總理在北京飯店為歡迎也門巴德尔王太子設宴，浣於晚七时应邀前往参加宴会。席上晤見新由莫斯科回國之陽翰笙同志，他談及苏联觀衆对最近由中國戲劇中事物。
二日 午后赴陶然亭湖边三圣庵为者和玉先生(余前辈)致奠。
晚七时赴懷仁堂参加全國人代大会、全國政協、國務院联合举行的新年团拜。
本晚徐蘭沅先生邀請在寓宴請座中有市文化局張夢庚局長等，浣因须赴懷仁堂团拜，未克参加。
福芝太太乘京滬快車回滬去。
三日 下午剧場举行教学表演观摩的演出，三点去看并参加讨论，...
剧目有：“铁笼山”、“英雄义”、“打樱桃”，和化装的“红鸾禧推江”、“韩琪杀庙”，都由中国戏曲学校的学生表演，由数员运用斯坦尼体系指导。还有评剧“珠三五娘”、“望扬救借”。
本晚浣在北京师范大学演出“奇双会”，前头的两个戏是：“闹江州”、“战马超”。
四日 今晚缅甸大使馆为庆祝缅甸独立十周年设宴招待，浣应邀往参加。
五日 午后浣偕同梅夫人到首都影院看宽银幕影片“祖国河”。

梅兰芳1958年要事记手稿

戴爱莲、李波等赴北京郊区门头沟和城子矿参观访问。联欢会上，为矿工们清唱了《贵妃醉酒》。还为新完成的通车典礼剪彩。

1月18日 晚，在森林工业部547工厂演出《霸王别姬》。

1月21日 梅兰芳著《矿井中的温暖》一文。

1月24日、2月28日 应在京的苏联专家的邀请，在友谊宾馆作了“京剧的舞台艺术”的讲演，向苏联专家们较详尽地介绍了京剧唱腔和音乐、服装和化妆、盔头、靴鞋、胡须、脸谱、道具、布景、表演艺术等中国京剧的表演艺术。

1月25日至31日 出席第一届全国人民代表大会第五次会议预备会。

1月31日 在《北京日报》发表了《矿井中的温暖》，畅谈下井感受。晚，郭沫若设宴欢迎日本西园寺公一夫妇，梅兰芳应邀出席作陪。

2月1日至11日 出席第一届全国人民代表大会第五次会议。

2月11日 晚，在人民剧场演出《贵妃醉酒》。

2月12日 晚，在人民剧场演出《霸王别姬》。

本日 《人民日报》刊登了梅兰芳在全国人大会议上的发言全文。

2月14日 出席中苏友好二月同盟条约签订八周年庆祝会，并作发言。

2月15日 晚，在解放军后勤礼堂演出《霸王别姬》。

2月16日 晚，演出《霸王别姬》。

2月17日 参加京剧联合会同仁在陶然亭举行的杨宝森公祭，并致悼词。

2月18日 参加文化部春节联欢会。

2月20日 晚，赴昌平为当地农民、驻军部队演出《霸王别姬》。

2月23日 晚，在解放军后勤礼堂为近郊农民演出《霸王别姬》。

3月6日 在2731部队大礼堂演出《凤还巢》，王琴生演出《阳平关》。

3月7日 在2731部队大礼堂演出《霸王别姬》。

3月中旬 赴安徽蚌埠、淮南、合肥演出。

3月12日 在淮南演出的第一天。

3月13日 惊闻程砚秋逝世，立即发出悼唁电。

3月14日 在《人民日报》上发表《哭砚秋》一文，追忆了和砚秋共事的友谊，赞扬其高尚气质和对艺术思考的卓见及深入钻研的精神。

3月15日 在淮南演出《霸王别姬》。

3月18日　下午，抵达合肥，省机关首长及文艺戏曲界的团体到站欢迎，由黄梅戏演员严凤英献花。参观了安徽艺术学院地方戏曲系学生的练工练唱。晚，在江淮大戏院观看了徽剧《断桥》、《审乌盆》、《三挡》和黄梅戏《蓝断桥》。

3月22日至23日　演出《贵妃醉酒》。

3月24日至25日　演出《奇双会》。

3月26日至27日　演出《霸王别姬》。

4月7日　下午，在合肥市中苏友谊馆为省、市戏剧界作了关于表演艺术的报告。他首先就在安徽看的各种地方戏发表了感想，作了细致的分析，并给予勉励，接着，根据他从事表演活动五十年来的经验给大家提供了许多有益的启示。

4月至6月　赴石家庄和太原巡回演出。

4月9日　下午，抵达郑州。到车站欢迎的有河南省副省长嵇文甫、郑州市副市长王元亭等百余人。从14日至30日在河南人民剧院演出。

4月11日　《安徽文化报》刊登了梅兰芳著《谈谈我的观感和经验》一文。

4月14日　在郑州演出《贵妃醉酒》。

4月16日　写《怎样保护嗓子》一文，是答《戏剧报》转来一封读者来信而作。文章较详细地介绍保护嗓子的切身体会，发表在1958年第8期《戏剧报》。

4月29日　梅兰芳著《在跃进中看郑州新气象》一文，发表在《郑州日报》。

4月30日　在郑州的演出结束。应农民的要求，加演一天。

5月1日　观看豫剧院二团演出的《借年》、《袁天成革命》。

5月3日　晨，抵达邢台。

5月4日　梅兰芳在邢台最大、设备最新的邢台剧场演出。上演剧目为：第一天《奇双会》，第二天《霸王别姬》，第三天《贵妃醉酒》。

5月12日　晚8时45分，抵达太原，前往车站欢迎的有太原市副市长刘舒侠，省政协副主席张隽轩，省文化局副局长景炎、寒声，太原市文化局局长张雨田、副局长张焕，省、市文联副主席郝汀、唐仁均，太原市晋剧团团长丁果仙及省人民委员会交际处、省戏曲研究室、省晋剧团等戏曲界代表一百五十余人。

5月16日　在太原市长风剧场作首场演出。在太原演出《贵妃醉酒》、《奇双会》、《霸王别姬》等剧共十八场。

5月19日　下午6时，从太原回到北京。晚，出席中苏友好协会欢迎苏联代表团宴会。

5月20日 晚，为欢迎苏维埃、缅甸代表团在政协礼堂与袁世海演出《霸王别姬》。

5月21日 在政协礼堂参加八大会议招待晚会，与袁世海演出《霸王别姬》。

5月底 从北京回到太原继续作巡回演出。

5月24日 观看了太原市戏剧学校学生们的汇报演出，并讲了话，他勉励同学们说："作为演员的条件，第一是政治，第二才是艺术。"[1]

[1] 梅兰芳纪念馆馆藏简报。

5月25日至26日 梅兰芳、王少亭演出《霸王别姬》。

5月28日至29日 在太原工人文化宫演出《贵妃醉酒》和《霸王别姬》。

5月31日至6月2日 在太原工人文化宫演出三场。

6月7日 参加太原市全体文艺界为了宣传党的社会主义总路线组成的文艺大队上街游行，并向文艺大队和街头的群众讲了话。

在山西太原演出时，梅兰芳参加太原市全体文艺界游行队伍上街，宣传党的社会主义总路线。还参观"晋祠三绝"，写下一篇四言韵文《晋祠颂》。其中有这样四句："宋塑群像，体态轻盈，一颦一笑，似拆生平。"

6月11日 下午，抵达石家庄市，到车站欢迎的有石家庄市副市长宋安祥，中共石家庄地委宣传部副部长谷秀波等人。从15日起在石家庄剧场演出，从20日起在专区礼堂演出，共演出十场。

6月12日 观看了石家庄市丝弦剧团演出的《调冠》、《小二姐作梦》，石家庄专区戏剧学校河北梆子队演出的《大登殿》。

6月15日 在石家庄剧场作首场演出，一千六百多名观众欣赏了梅兰芳演出的《贵妃醉酒》。

6月20日 当选为北京市第三届人民代表大会代表。

6月24日 《石家庄日报》刊登了梅兰芳著《最新最美的文字和画图》文章。

6月25日 上午9时，由石家庄回到北京。

6月26日 苏联名导演柯米萨尔热夫斯基来家约请梅兰芳参与摄制反映社会主义各国劳动人民创造许多奇迹的彩色全景电影，片名叫《宝镜》。柯米萨尔热夫斯基是斯坦尼斯拉夫斯基的学生，他送给梅兰芳一张乌兰诺娃在《宝镜》里拍的黑天鹅被王子托举的照片，下角有乌兰诺娃亲笔签名向梅先生问候。《宝镜》将要拍摄两组生活镜头和一组舞台镜头。晚，在人民剧场观看了杜近芳演出的《白毛女》。

6月27日 上午10时，在护国寺街寓所拍摄生活镜头。一组是梅兰芳在庭院指教弟子杜近芳和梅葆玥做趟马的身段练功，一组是梅兰芳在客厅和李少春、袁世海两位后辈名演员交谈。

6月28日 上午9时，到劳动剧场拍摄舞台镜头《霸王别姬》中的“出兵”和“舞剑”。

7月1日 十三陵水库落成，梅兰芳专程去十三陵为劳动模范进行了一场慰问演出。当晚回家后，惊悉琴师王少卿病故，十分感伤，作《怀念王少卿》一文，发表于《人民音乐》第9期。梅兰芳对这位和他合作了将近四十年的老战友被癌症夺去了生命，悲悼万分。

7月2日 在昌平军区工兵礼堂演出《贵妃醉酒》。

7月4日 在中国戏曲学院观看了京剧8年级毕业生表演的《挑滑车》、《玉堂春》、《告刀铡美》三个节目。并作题为《向我们的接班人说几句话》的报告，他提出四条建议：一要加强政治学习，提高思想水平；二要注意健康；三要深入钻研艺术；四要遇事虚心，力戒骄傲。

7月8日 《人民日报》刊登了梅兰芳著《向我们的接班人说几句话》一文。

7月10日 与老舍、孙维世等陪同苏联专家彼德洛夫观看北京人民艺术剧院演出的《茶馆》，并在文艺茶座举行了座谈会，彼得洛夫谈对中国戏剧的观感。

7月20日 下午2时，在京联会排戏。晚7时，出席俄国作曲家、音乐教育家柯萨科夫逝世五十周年纪念会。

7月26日 上午10时30分，与罗马尼亚评论家孟德拉会谈。

8月3日 梅兰芳著《难忘的一天》一文，发表在《文汇报》。

8月12日至22日 出席北京市第三届人民代表大会第一次会议。

8月17日 在上海《文汇报》发表《我与〈霸王别姬〉》一文。

8月22日 北京市第三届人民代表大会第一次会议闭幕，梅兰芳与毛泽东、刘少奇、周恩来、万里、林巧稚、老舍、吴晗、梁思成等二十九人当选为第二届全国人民代表大会代表。晚，为大会代表演出《宇宙锋》。

8月28日 下午5时30分，田汉宴请捷克剧协主席维切斯拉夫·维拉世卡，演员尤莱·帕世卡，梅兰芳应邀出席作陪。

9月9日 下午6时，出席保加利亚驻华大使潘切夫斯基在新侨饭店举行的宴会。晚8时，参加李永镐大使在北京饭店举行的庆祝朝鲜民主主义共和国成立十周年宴会。

本日 《人民日报》刊登了梅兰芳著《反对无理干涉》文章（反美杜勒斯声明）。

9月23日 晚7时30分，到广播电台录音。

9月26日 在音乐堂参加戏剧界义演，演出《汾河湾》。

9月27日 上午，出席原子能研究所举行实验性原子反应堆和回旋加速器移交生产典礼。晚，演出《贵妃醉酒》。

9月30日 上午9时，出席在北京体育馆举行的中阿、中保、中甸、中越、中德、中蒙、中波、中罗、中捷、中朝友好协会成立大会。晚7时，应邀出席周恩来总理在北京饭店招待庆祝国庆节来宾的宴会。

10月1日 上午10时，参加中华人民共和国建国九周年庆祝活动，在天安门观礼。

10月2日 上午8时，出席阿塞拜疆苏维埃社会主义共和国歌舞团音乐会代办安东诺夫在政协礼堂的宴请。

10月3日 出席后勤晚会演出《凤还巢》。

10月7日 出席中直俱乐部晚会演出《贵妃醉酒》。

10月10日 上午9时，出席文艺界福建前线慰问团在文联礼堂召开的大会。晚7时，出席在紫光阁举行的中日友好协会访华代表团、中国对外文化协会、中国人民保卫世界和平委员会、中国红十字会共同声明签字仪式。

10月13日 以田汉为团长、梅兰芳等为副团长的文艺界福建前线慰问团从北京出发，前往福建前线向人民解放军进行为期一个月的慰问演出。

10月17日 中共福建省委、省人民委员会、福建前线部队领导机关联合举行晚会，欢迎文艺界福建前线慰问团的到来。

10月18日 在福州为部队领导机关和三军代表首场演出了《宇宙锋》，受到热烈欢迎，并接受战士代表上台献花。

10月28日 在厦门前沿阵地为战士演出。在没有演出条件的情况下，主动为战士清唱《宇宙锋》片段。

10月 为中国音乐出版社出版的《谭鑫培唱腔集》作序。序中写道："谭鑫培先生是一位承先启后综合各家的京剧艺术大师。……谭先生的全部表演，特别是唱腔，有人把它说得高不可攀，神秘莫测，这是一种错误的看法。其实谭先生的艺术也是通过勤学苦练，不断钻研，才达到独树一帜的高超境地……我和谭先生合演《汾河湾》、《四郎探母》等剧，体会到他的晚期唱腔完全表现了炉火纯青的高度艺术修养，诸如发音的凝练，口齿的犀利以及气口运用的巧妙等等，都是令人敬佩的。"

11月1日 文艺界福建前线慰问团，向前线三军将士和厦门人民慰问，在中山公园灯光球场，举行了近四千人的露天慰问演出大会，梅兰芳演出《宇宙锋》。

11月10日 文艺界福建前线慰问团在福建前线结束慰问活动后，抵达杭州。

11月11日 与浙江省和杭州市文艺界举行了联欢会。团长田汉和副团长梅兰芳分别讲了话。

11月14日 下午6时，回到北京。

11月18日 晚，文联礼堂演出《宇宙锋》。

11月20日 在首都剧场观看朝鲜民主主义人民共和国艺术团的演出。

11月22日 晚7时30分，出席周恩来总理在北京饭店举行的欢迎金日成宴会。

11月24日 晚7时，在文联礼堂观看了陕西剧团三团演出的《梁秋燕》。

11月27日 下午3时，在文联作福建前线慰问团总结报告。

12月1日 在体育馆演出《贵妃醉酒》，观众约七千人。

12月6日 首都戏剧界人士与第二次全国青年社会主义建设积极分子大会的戏剧界代表举行座谈会，梅兰芳与田汉、老舍、李伯钊、张庚、贺敬之、马少波、李少春等出席。

12月7日 晚7时30分，陈毅副总理宴请阿尔及利亚代表团，梅兰芳应邀出席。

本日 梅兰芳著《谈秦腔几个传统节目的表演》一文，在《人民日报》发表。文章赞扬了陕西省戏曲赴京演出团上演的剧目，不仅传统戏给人以难忘的印象，而且现代戏也取得了可喜的成功。

12月10日 梅兰芳著《运用传统技巧刻画现代人物——从〈梁秋燕〉谈到现代戏的表演》一文，发表于《人民日报》，指出《梁秋燕》是一出好的现代戏，主要描写过去农村中婚姻问题上新旧两种思想的斗争。文中写道："《梁秋燕》是陕西戏曲中现代戏的一出好戏，经过不断提高，它将长时期地活在舞台上，成为保留剧目。《梁秋燕》是经过不断修改加工的，我们许多优秀传统剧目也正是经过多少年来的不断锤炼才达到今天的水平。我们对待现代戏一定要从剧本、表演、唱腔、舞台美术等方面，丰富再丰富，加工再加工，才能不断提高，成为现代戏的'传统'剧目。"

12月23日 上午10时，在田汉家与希腊戏剧家姆塞尼蒂斯会谈。

12月29日 出席北京市西城区第三届人民代表大会第二次会议。

本年 作《漫谈运用戏曲资料与培养师资》的专题讲话，认为："培养下一代和培养师资这两项工作，是当前极为迫切的课题。"

本年 接受杨秋玲为弟子。

本年 中国唱片社请梅兰芳录制新型的密纹唱片，商定的剧目是《女起解》和《贵妃醉酒》。密纹唱片容量大，因而梅兰芳决定《女起解》录制全戏，特邀时已八旬高龄的萧长华饰演崇公道，以使极具特色的梅派《女起解》得到完整的保存和流传；《贵妃醉酒》录制全戏的八个四平调唱段，唱段之间运用不同情绪的京剧曲牌相连接，虽然只是一人的独唱，也能构成一部有如"清唱剧"式的完整艺术品，而使《贵妃醉酒》的精妙唱腔完美地保留下来。

66岁

1959年

己亥

1月1日 作《新岁怀亲人》一文，文中主要记述了刚过去的一年，他赴福建前线慰问人民子弟兵的情况。13日发表于上海《文汇报》。

1月9日 下午2时，出席剧协文艺座谈会第二次会议。

1月11日 《文艺报》1959年第一期刊登了梅兰芳著《最崇高的英雄形象》一文。

1月15日 梅兰芳著《传统道德力量闪烁着光辉——评湖南戏曲艺术团的演出》一文，发表在《人民日报》。

1月23日 晚6时，出席在北京饭店举行的欢迎德意志民主共和国政府代表奥托·格罗提渥总理的宴会。

1月26日 下午5时30分至7时，印度大使帕塔萨拉蒂在北京饭店举行了印度共和国成立九周年纪念宴会，梅兰芳应邀出席。

本月 为第一期戏曲音乐作《热望与期待》发刊词。

2月3日 晚7时，出席在北京饭店举行的戏剧界联欢晚会。

2月4日 晚5时30分至7时30分，出席在北京饭店举行的锡兰独立十一周年庆祝会。

2月5日 晚7时30分，出席对外文化联络委员会在和平宾馆举行的联欢晚会。

2月17日 《北京日报》三版刊登了梅兰芳著《春风鼓舞劲头加》一文。

2月23日 出席在北京饭店举行的庆祝黑人学者杜波伊斯博士九十一岁寿辰宴会。

2月28日 上午9时，与陈毅副总理等出席文联的座谈会。

3月4日 晚7时30分，出席在北京饭店举行的苏联人民演员、荣膺斯大林奖金、维也纳国际比赛音乐会获奖人库吉克的音乐会，出席的还有苏联驻华大使尤金等。

3月8日 全国妇女联合会在政协礼堂主办晚会，梅兰芳演出《穆柯寨》。

3月13日 午后，在文艺茶馆座谈纪念程砚秋同志。晚，观看京剧院演出《生死牌》。

3月14日 下午5时，出席在政协礼堂举行的招待日本社会党访华代表团酒会。

3月16日 上午9时，中国戏曲研究院开会研究通过梅兰芳为预备党员。

3月23日 下午6时至7时30分，出席在北京饭店举行的巴基斯坦国庆酒会。

本日 中国戏曲研究院党员全体大会决议通过梅兰芳加入中国共产党。其介绍人是张庚（中国戏曲学院党委书记）和马少波（中国京剧院党委书记）。

入党前夕，周恩来总理曾向马少波提起："1957年程砚秋同志入党，我做了他的介绍人，今年梅兰芳同志入党时，如果他有此要求，我也愿意做他的介绍人。"为此，马少波征求过梅兰芳的意见，梅兰芳恳切地说："总理的关怀，我很感动，他作为砚秋的入党介绍人，我也感到荣幸，但是我想文艺界知名人士入党的很多，如果大家援例要总理作介绍人，总理如何应付得了！我是一个普通人，不应特殊，我希望中国戏曲研究院和中国京剧院的两位党委书记最好找张庚、马少波同志作我的入党介绍人，这样有利于党对我的具体帮助。"随后马少波即将梅兰芳的想法向周总理汇报，总理表示赞许，并说："梅兰芳同志思想境界很高，真是一个好同志。"[1]

[1] 李慧中著：《马少波近作选》，中国戏曲出版社1996年3月版，第557页。

3月26日 上午，北京戏曲界和外地来京的天津市越剧团、河南安阳豫剧团、河北梆子剧团、山西长治红旗剧团和江苏涟水越剧团五剧团举行联欢会，梅兰芳与老舍、马彦祥、张梦庚、萧长华、侯宝林等出席。

本月 在程砚秋逝世一周年之际，在《戏剧报》第五期上发表《追忆砚秋同志的艺术生活》的文章，表达了对故友的思念之情和对艺术后辈的期望与启迪。

本月 为庆祝中华人民共和国成立十周年，决定赶排《穆桂英挂帅》。梅兰芳在《我怎样排演〈穆桂英挂帅〉》中述："为了迎接伟大祖国国庆节日，全国戏曲界……纷纷排演精彩节目，有历史戏，也有现代剧……我也不例外地要为国庆献礼而努力。因此到西南地区作巡回演出的原定计划放弃了，在北京花了两个月的时间，排演一出《穆桂英挂帅》。"[1]

[1]《梅兰芳文集》，中国戏剧出版社1962年第一版，第80页。

4月15日 中国人民对外文化协会理事会改选，梅兰芳当选为协会理事。

4月17日 上午，政协第三届全国委员会第一次全体会议在政协礼堂开幕，梅兰芳出席。

本日 出席第二届全国人民代表大会第一次会议在北京中南海怀仁堂举行的预备会议。

4月18日至28日 出席第二届全国人民代表大会第一次会议。

4月19日 上午，出席首都各界人士在首都剧场集会，庆祝世界和平运动十周年。

4月29日 上午，政协第三届全国委员会第一次全体会议闭幕。下午3时，出席周恩来总理宴请的茶会。

4月30日 出席中国文联第二届全国委员会第三次会议。大会讨论了关于文学艺术创作和贯彻执行"百花齐放、百家争鸣"的方针问题。

5月1日 上午10时，参加庆祝"五一"国际劳动节活动，在天安门观礼。

5月2日 上午9时，出席文联第二届全国委员会第三次扩大会议。下午，出席在政协礼堂举行的中苏友好协会第三次代表会。

5月4日 上午9时，在长安剧院观摩徽剧。晚7时，出席庆祝"五四"青年节四十周年在中山公园举办的游园会。

5月5日 上午，北京市文学艺术工作者联合会和北京市各京剧团、评剧团、曲剧团及杂技团联合举行联欢会，欢迎安徽省戏曲演出团、四川省川剧团、江苏省京剧团和河北省河北梆子青年跃进剧团来京公演，梅兰芳与老舍、荀慧生、马连良、姜妙香、张君秋等出席。联欢会上，梅兰芳和老舍等讲话，欢迎外地兄弟剧团来京公演，为首都戏曲舞台增添光彩。

5月11日 下午3时30分，出席在怀仁堂举行的德国人民议院主席狄克曼的演讲会。

5月25日 在北京人民剧场首次演出创编新戏《穆桂英挂帅》，一连几场，场场爆满，引起强烈反响。北京丽影（现友谊）照相馆孙乔森在人民剧场现场拍摄了《穆桂英挂帅》片断。

这出戏，是梅兰芳根据河南梆子《穆桂英挂帅》改编为京剧的，由作家陆静岩、袁韵宜执笔，郑亦秋导演，李少春、袁世海、李和曾、李金泉、梅葆玥、梅葆玖、夏永泉、杨秋玲参加演出。为了适合京剧艺术风格，改编本在文学语言和唱念安排上作了适当处理。改编的原则，梅兰芳是很明确的，他曾再三强调："要根据京剧的特点和风格来加以变动和修改，决不能不经过自己的融化而生搬硬套地去摹仿。我要尝试用京剧的程式和表演手法来表现穆桂英的这一段动人的故事。我虽然演了几十年的穆桂英，但这是三十年来第一次准备排练的新剧目，我已六十开外，要演好中年穆桂英的英姿，肯定会遇到不少的困难，但是我有信心要移植成功，虚心向豫剧学习。"这个剧本是他在新中国成立以后排演的第一个新节目。梅兰芳以精湛的表演艺术塑造了晚年穆桂英的光辉形象，突出了这一古代英雄人物的爱国主义精神，也显示了他自己的舞台艺术青春。

5月26日 《北京晚报》发表了著名顾曲家景孤血关于《穆桂英挂帅》的观摩文章，题目是《一个人演满台》。写道："这一场戏，假如说梅兰芳是一只凤，他就像给空台上布满了彩云；假如说梅兰芳是一条龙，他就像给空台上激满了海水。而实际上台却还是空台，只凭他那飒飒泱泱的演技，不但是充满了台，而且还使满台欲动。"

5月27日 在北京展览馆剧场演出《穆桂英挂帅》。

本日 北京市文联戏剧组召开京剧《穆桂英挂帅》座谈会。出席者有梅兰芳、罗合如、伊兵、胡丹佛、翁偶虹、景孤血、李刚、鲁煤、安西、姜妙香、许姬传、郑亦秋、袁韵宜等二十余人，一致认为穆桂英的形象鲜明突出，唱腔、做功俱佳，并指出剧本的文学性还应加强。

5月28日 下午5时，出席在罗马尼亚大使馆举行的欢迎罗马尼亚文化代表团酒会。晚，在劳动文化宫演出《穆桂英挂帅》。

本月 《梅兰芳戏剧散论》一书，由中国戏剧出版社出版。该书选编了新中国

梅兰芳宣誓加入中国共产党

成立以来梅兰芳对党的文艺方针和戏曲工作的论述及在国内外戏剧活动中的观感文章计四十八篇，共十七万余字。

6月4日 下午5时，出席外交学会会长张奚若在新侨饭店举行的欢迎秘鲁议员团酒会。

6月14日 在劳动剧场演出《穆桂英挂帅》，一位观众看完后写诗一首：

忘年歌舞勤劳心，炉火纯青造化真；
刻画传神忠与美，豪情倜傥等同生。

6月18日 在音乐堂招待解放军文工团演出《穆桂英挂帅》。

7月1日 中国共产党诞生三十八周年，中国戏曲研究院党支部为梅兰芳举行入党宣誓仪式，会议由院党委书记张庚主持，文化部党委副书记王友唐参加会议并讲了话。梅兰芳在党旗下庄严地宣誓。会上，他说："今天是中国共产党成立纪念日，又是我入党宣誓的日子，也是我一生最感到光荣的日子。……我是一个戏曲演员，过去演了几十年的戏，也曾排演和创作了不少的新剧目，但解放后，没有排演过新戏，怕排了戏演不好，会把我在群众中间的一点点声誉一扫而光。这无疑是个人主义思想在作怪。我最近排演《穆桂英挂帅》的时候，把上面所说的错误思想克服了，用了一个月的时间，把它在舞台上和观众见面了。……如果没有党的领导和编导、剧团同仁以及文艺界朋友们的大力帮助，我想把这个戏搞好是不可能的。"

本日 《人民日报》头版二条，发表题为《新党员在党的教育下进步快——首都和上海上半年有大批优秀分子入党》的专题报道。文中说："在新党员中还有一些科学家、教授和演员。其中有科学院考古研究所所长夏鼐和化学研究所副研究员陶宏、著名京剧演员梅兰芳。”

7月7日 梅兰芳著《和河北跃进剧团学生谈戏》一文，在《人民日报》上发表。梅兰芳看了学生们演出的《杜十娘》、《三岔口》和《穆桂英挂帅》后，认为“演得不错，只要按照这条正确的道路一步步地向前走，是不会不成功的”。

7月9日 晚7时30分，出席中苏友好戏剧家协会在工人俱乐部举办的纪念作家奥斯特洛夫斯基名著《大雷雨》演出一百周年纪念会。

7月10日 在北京音乐堂由北京市京剧评剧曲杂工作者联合会举办的北京市戏曲界第三批单折剧目展演中，梅兰芳、姜妙香、刘连荣、罗小奎演出《宇宙锋》。

7月上旬 毛泽东主席知道梅兰芳入党的消息，非常重视，并打电话作了具体指示，体现了毛主席对梅兰芳的关怀和爱护，也体现了党对待艺术家的政策精神。

7月11日 下午6时，出席蒙古大使沙拉布登夫人在大使馆举行的庆祝蒙古人民革命三十八周年纪念酒会。

7月12日 在政协礼堂演出《穆桂英挂帅》，彭真、陈叔通、李济琛、郭沫若等观看并上台祝贺。

7月14日 下午6时至8时，出席庆祝伊拉克共和国成立一周年纪念招待会。

7月15日 下午3时，出席在政协礼堂举行的庆祝伊拉克成立一周年纪念大会。

7月17日 北京市戏曲学校举行第一届学生毕业典礼，梅兰芳与老舍、王昆仑、欧阳予倩、马少波、荀慧生、萧长华等应邀出席。

本月 《戏剧战线》第十三期刊登了梅兰芳著《和河北省青年跃进剧团学生谈学戏》一文。

8月4日 参加首都人民支持日本人民反对核武器保卫和平大会，会后观看了中国青年艺术剧院演出的日本名剧《岛》。

8月5日 上午9时30分，中国朝鲜友好协会、对外文化联络委员会主办的朝鲜民主主义人民共和国千里马展览会在劳动人民文化宫举行开幕式，梅兰芳应邀出席。

8月11日 晚7时，出席在北京饭店举行的欢迎日本法律界代表团宴会。

8月15日 晚6时30分，朝鲜大使李永锡在北京饭店举行招待会，庆祝朝鲜解放十四周年，梅兰芳应邀出席。

8月17日 周恩来总理邀请梅兰芳等艺术名流，到中南海家中做客并交谈。

8月23日 晚7时，出席查哈勒斯库大使在大使馆举行的罗马尼亚解放十五周年宴会。

8月24日 刘少奇主席召集扩大的第十七次最高国务会议，讨论本年国民经济继续跃进的情况和进一步开展增产节约运动的问题，梅兰芳与老舍作为中华全国文学艺术界联合会主席团委员应邀出席。

8月26日 下午3时，出席在中南海紫光阁举行的第三届全国人民代表大会常务委员会第五次会议扩大会议。

8月28日 北京市文学艺术工作者联合会召开座谈会，学习和讨论中国共产党八届八中全会公报和决议，梅兰芳与老舍、金山、舒绣文、李少春、郭兰英等出席并发言，表达了热烈响应中国共产党的号召开展新的跃进的决心。

8月29日 出席中华全国文学艺术界联合会主席团举行扩大会议，座谈中国共产党八届八中全会公报和决议，参加会议的还有全国文联主席团委员郭沫若、周扬、老舍、田汉、阳翰笙、吕骥等一百多人。

本月 为著名川剧演员阳友鹤写的《川剧旦角表演艺术》一书作序。

9月8日 晚7时，出席阿富汗王国副首相兼外交部长纳伊姆在北京饭店举行的宴会。

9月10日至17日 出席北京市人民代表大会。

9月10日 作《看陇东道情剧〈枫洛池〉》一文（原题为《新放出的花朵》），发表于《人民日报》。

9月15日 为北京市人大代表在人大礼堂演出《穆桂英挂帅》。

9月21日 日本前首相石桥湛三在观看了梅兰芳的演出后上台献人形礼。

9月22日 上午10时，参加中国人民对外文化协会在北京举行日中友好协会副会长内山完造追悼会。下午6时，出席日本前首相石桥湛三在北京饭店举行宴会。

本日 梅兰芳著《重视舞台艺术生活的文字记录工作》一文，发表于上海《文汇报》。文中写道："……我们写到《宇宙锋》的表演部分，是第一次把剧本、唱念、身段和赵女的思想感情、同场人物的思想感情综合起来描写的。初稿写出以后，我们先给不大熟悉戏曲表演的人看，这里面包括高小、初中乃至大学程度的学生。问他们懂不懂？他们说，故事和人物的思想活动，大体上看得懂，对于某些专门术语，还不能完全了解。我们就针对着他们不懂的地方，进行修改，有的换词汇，有的是加注说明，往往数易其稿，才发到报馆里刊登。……"

9月26日 《人民日报》刊登了马少波著《艺术长青——看梅兰芳演"穆桂英挂帅"》。

9月28日 下午3时30分，庆祝中华人民共和国成立十周年大会在人民大会堂举行，毛泽东、刘少奇、朱德、周恩来、邓小平、彭真等陪同五大洲朋友在主席台就座，梅兰芳与许德珩、沈雁冰、老舍、周扬、田汉等各界人士也出席了会议并在主席台就座。

9月29日 观看苏联国家大剧院芭蕾舞团在北京首都剧场的来华首场演出。苏联表演艺术家乌兰诺娃演出了肖邦的名曲《仙女们》和她的名作《天鹅之死》等剧目。

本月 作《戏曲大发展的十年》一文，发表在《戏剧报》第18期。文中写道："……1951年春天，中国戏曲研究院成立的时候，毛主席亲笔写了'百花齐放，推陈出新'八个字送给我们。我拿到毛主席的墨迹一看，真是龙跳虎卧，笔精墨妙，这八个字就是我们的党对戏曲工作的指示。我们遵循着这个指示向前迈进，使我们的戏曲艺术大放异彩，各个剧种一天天充实起来。有些原已濒于失传的古典戏曲，老树开花，新枝添叶，恢复了生命。……很多兄弟民族都有了他们自己民族的戏剧形式。这许许多多艺术品种，争奇斗艳，为中国戏曲史写出了新的一页……"

10月1日 在天安门城楼观看庆祝国庆十周年阅兵式和群众庆祝游行大会。晚，在天安门看焰火。

10月3日 上午9时，出席招待全国参加国庆观礼的文化系统劳动模范和先进工作者茶话会。

10月4日 下午3时，出席中苏友好协会在怀仁堂举行的庆祝大会。晚，在首都剧院观看普利谢茨卡娅演出的《宝石花》。

10月7日 下午6时，出席民主德国驻华大使汪戴尔在北京饭店举行的国庆十周年招待酒会。

10月8日 中午，中共北京市委员会和北京市人民委员会在人民大会堂宴会厅举行宴会，欢迎全国各地和中国人民解放军来首都参加庆祝建国十周年献礼演出的三十多个文艺团体的两千三百多名文艺工作者，彭真、陆定一等出席宴会，梅兰芳与周扬、夏衍、阳翰笙、老舍、田汉、吴作人、蔡若虹等也出席了宴会。

本日 收杨玉娟为徒。

10月10日 下午1时，中华人民共和国文化部和中华全国文学艺术界联合会举行茶会，欢迎苏联艺术使者——国家大剧院芭蕾舞团，梅兰芳与沈雁冰、阳翰笙、夏衍、老舍、林默涵、欧阳予倩等一百二十余人出席。

10月12日 著名演员于莲泉以《老当益壮》为题，发表《穆桂英挂帅》的观感文章。写道："这一出戏是很难演的，要有扮相、有嗓子、有基本功夫，还要有元帅的气度。起先要含蓄，之后要放开，而且还不能离开青衣的范围，要演得既稳重又大气，才合乎中年穆桂英的身份。梅先生的艺术已到炉火纯青的地步，六十多岁的人了，还是嗓子是嗓子，扮相是扮相，腰腿灵活，身上、脸上、一招一式，坦坦然然，水袖清清楚楚，跑起圆场来，脚下轻、稳、快，叫人看了舒服松心，确实难能可贵。"

10月14日 下午3时，在人民大会堂听班禅额尔德尼·确吉坚赞作西藏报告。

10月15日 在人民剧场梅剧团与上海市戏校学生联合演出，梅兰芳、言慧珠、俞振飞演出《游园惊梦》。中午，在丰泽园宴请日本朋友片山哲、白石凡先生。

10月16日 在《文汇报》上发表《浓郁芬香的友谊之花——苏联国家大剧院芭蕾舞团访华演出盛况》一文。

10月17日 文化部举行招待会，慰问在首都参加建国十周年献礼演出的各地各民族著名演员和北京的文化艺术界人士，梅兰芳与沈雁冰、周扬、阳翰笙、夏衍、老舍、林默涵、崔嵬、马师曾、蒋兆和、常香玉等三百多位文化艺术工作者出席。

10月19日 下午2时40分，在怀仁堂听匈牙利道比·伊斯特万主席作报告。

10月21日 下午4时30分，出席在人民大会堂举行的总工会和日本各界庆祝建国十周年代表团举行共同声明签字酒会。下午6时，出席周恩来总理在大会堂欢迎日本自民党顾问松村谦三酒会。

10月23日 中午，文化部在北京饭店举行盛大宴会，招待各省、市、自治区来北京演出的十六个艺术表演团体，周恩来总理及彭真、陈毅、贺龙、李先念等出席宴会并讲话，梅兰芳与茅盾、周扬、田汉、夏衍、老舍、李少春、杜近芳等也参加了宴会。

10月26日 清晨，梅兰芳忽闻王凤卿病逝。后作《悼念汪派传人王凤卿》一文，发表于《戏剧报》。

10月29日 参加王凤卿追悼会。

11月1日 为全国先进工作者代表在人民大会堂演出《霸王别姬》。

11月2日 晚7时30分，出席在政协礼堂举行的庆祝苏联十月社会主义革命四十二周年联欢晚会。

11月3日 上午10时，出席在劳动人民文化宫举行的苏联各民族实用艺术和民间工艺品展览会开幕式。

本日 《游园惊梦》摄制组开始工作。

11月5日 下午3时，出席在首都剧场举行的苏联电影周开幕式。

11月6日 下午3时，出席在怀仁堂举行的首都各界庆祝苏联十月社会主义革命四十二周年活动。

11月7日 上午9时，出席政协第四次扩大会议，听王鹤寿部长关于全国钢铁生产形势的报告。下午6时，出席苏联大使馆为庆祝十月社会主义革命胜利四十二周年在北新侨饭店举行的酒会。

本日 收关肃霜为徒。

梅兰芳拍摄电影《游园惊梦》现场工作情形

11月8日 上午9时，出席欢迎各省戏剧劳动英雄文艺工作者茶话会。

11月9日 12时，周恩来总理在紫光阁宴请日本自民党顾问松村谦三，梅兰芳出席作陪。

11月13日 与俞振飞、言慧珠、朱传茗、姚玉芙、李春林、许姬传、许源来、朱家溍等，到北京电影制片厂参加彩色戏曲片《游园惊梦》摄制组成立会议。会上艺术指导崔嵬介绍了参加工作的人员，导演许柯和大家漫谈了电影分镜头剧本的意图。该剧由梅兰芳饰杜丽娘，著名昆曲表演艺术家俞振飞饰柳梦梅，言慧珠饰春香，华传浩饰杜母。朱传茗、方传芸、郑传鉴为艺术顾问，朱传茗、许伯遒吹笛，上海戏曲学校乐队伴奏。

11月23日 下午2时，到北影看片子。

11月24日 下午2时，到北影第二次试化妆。

11月26日 下午5时30分，出席在大使馆举行的庆祝蒙古人民共和国成立三十五周年国庆宴会。

11月28日 全体演员和乐队人员到演员剧团试排录音。

11月29日 作《东柳垂青》一文，发表于《人民日报》。文中介绍了山东“柳子戏”这一古老剧种在“百花齐放”的鼓舞下的可喜变化。

11月30日 晚，到演员剧团正式录音，与言慧珠同录《游园惊梦》里的“步步娇”。

本月 《梅兰芳演出剧本选集》由中国戏剧出版社出版，田汉作序。

12月1日 到演员剧团，与言慧珠排“步步娇”、“醉扶归”、“皂罗袍”几支曲子的身段。与俞振飞同录“山桃红”。

12月6日 下午6时，出席芬兰大使瓦尔万尼在大使馆举行的庆祝芬兰国庆宴会。

12月7日 《游园惊梦》进入拍摄阶段。梅兰芳付出了极大的心血，与导演精心研讨，对场景设计、色彩构图都严格要求，以不失汤显祖剧作的淡雅情调；同时对表演身段运用、音乐唱腔安排都作了新的创造、新的探索，尽力体现汤显祖剧作的含蓄之美。

12月8日 录音“小桃红”、“山桃红”、“游园尾声”、“惊梦尾”。

12月12日 上午9时，出席在新侨饭店举行的全国文艺工作会议。

本日 紧张拍摄《游园惊梦》过程中，梅兰芳患恶性感冒，高烧达39度以上，因此暂时停机。

12月14日 高烧刚退，梅兰芳考虑到停机时间长了，参加拍摄的上海戏校学员的学业将受影响，于是通知北影厂继续开拍。

12月16日 晚7时30分，到北影厂看样片，并继续拍摄。晚，参加在西郊农场开的联欢会并清唱。

12月20日 晚6时30分，在丰泽园收胡芝凤为徒。

12月22日 收王志怡为徒。

12月26日 下午4时30分，到北影厂开座谈会，讨论分镜头事情。

12月27日 上午9时，出席在怀仁堂举行的全国文化工作会议的报告会。

12月29日 下午5时，出席在国际俱乐部举行的新年联欢会。

67岁

1960年

庚子

1月2日　出席在人民大会堂举行的新年联欢会。

本日　《北京晚报》刊登梅兰芳作五言诗《元旦书红二首》。

1月5日　出席全国文化工作会议。下午，在怀仁堂听周恩来总理报告。

1月24日　《游园惊梦》彩色电影片拍摄完毕。

1月25日　周恩来总理在人民大会堂设宴欢迎缅甸总理奈温，梅兰芳应邀出席。

1月26日　在北影厂标准放映室里，与有关同志看到了全部接好的《游园惊梦》影片，认为在色彩、道具、布景、录音等方面效果较好，有力地显现出古香古色的昆曲艺术幽雅的风韵，弥补了当年拍摄《生死恨》所留下的遗憾，颇感满意、欣慰。

1月27日　下午1时，出席中国戏曲学校建校十周年庆祝会，并在会上作了讲话。

1月29日　参加在人民大会堂举行的由中共北京市委办公厅、北京市人民委员会办公厅、北京军区政治部秘书处主办的春节联欢会。

2月1日　财政部、外贸部、冶金部、煤炭部、纺织部、铁道部、交通部、人民银行总行、国家体委、解放军军人俱乐部联合举办春节大联欢，梅兰芳演出《穆桂英挂帅》。

2月15日 第四次赴苏，在莫斯科工会大厦圆柱大厅，与苏联朋友共庆中苏友好同盟互助条约签订十周年。在访问阿塞拜疆共和国首都巴库时，观赏了国立阿洪多夫歌舞院上演的歌剧《盲人之子》，并与总导演马麦多夫亲切交谈。

2月25日 晚，对外文化联络委员会、全国文学艺术界联合会和中国戏剧家协会在新侨饭店宴会厅联合举行酒会，庆祝日本前进座剧团成立三十周年，梅兰芳与郭沫若、茅盾、阳翰笙、许广平、夏衍、老舍、田汉、欧阳予倩等出席。

2月27日 出席中苏友好协会会议并作发言。

3月7日 在丰泽园收范玉媛为徒。

3月12日 周恩来总理在人民大会堂宴请尼泊尔首相毕·普·柯伊拉腊，梅兰芳应邀出席。

3月15日 中国戏曲"表演艺术研究班"开学典礼，梅兰芳担任班主任，主讲一些重要课程。参加这个研究班的著名演员有红线女、袁雪芬、常香玉等。

3月22日 上海《文汇报》刊登了梅兰芳著《"前进座"带来的四出好戏》一文。

3月23日 出席在北京饭店举行的巴基斯坦国庆酒会。

4月3日 首都各界人士一千多人在政协礼堂举行集会，同在北京的匈牙利朋友一起庆祝匈牙利人民解放十五周年。朱德、董必武、陈毅、沈钧儒、郭沫若等出席集会，梅兰芳与沈雁冰、曾涌泉、萧三、史良、张奚若、老舍等也出席了集会。

4月10日 晚，全国文学艺术联合会举行酒会，欢迎日本考察中国文字改革学术代表团，梅兰芳与胡愈之、老舍、叶圣陶、田汉、欧阳予倩等五十多人出席酒会作陪。

4月11日 全国文学艺术联合会第四次全国委员会举行扩大会议，梅兰芳与郭沫若、茅盾、周扬、夏衍、老舍、阳翰笙、田汉、欧阳予倩、蔡楚生、吕骥等出席。会议通过决定，定于5月间召开全国第三次文学艺术工作者代表大会。

4月15日 北京市人民委员会任命梅兰芳为梅剧团团长。

本日 出席在政协礼堂举行的纪念列宁诞辰九十周年电影晚会。

4月18日 出席在人民大会堂举行的万隆会议五周年纪念会。

4月22日 出席在人民大会堂举行的伟大的无产阶级革命导师列宁诞生九十

周年纪念大会。

4月30日 出席在人民大会堂举行的庆祝“五一”国际劳动节招待会。

5月1日 参加由中国戏曲研究院、中国戏曲学院在中山公园举办的纪念“五一”国际劳动节联欢会。会上与朱德委员长亲切交谈，还为群众清唱了《穆桂英挂帅》。

5月5日 中国戏曲表演艺术研究班的学员，观摩梅兰芳演出的《游园惊梦》。

5月9日 出席在北京饭店举行的捷克斯洛伐克国庆酒会。

5月13日 出席在人民大会堂举行的全国职工文艺汇演开幕式。

5月14日 观看在首都剧场举行的苏联艺术家表演团的访华演出。

5月3日、5日、14日 在中国戏曲学院戏曲表演艺术研究班上作了《关于表演艺术》的讲话。其主要内容是传授自己在表演艺术方面的经验体会。他说：“……谈到化装，我们在舞台上要塑造出各种各样角色的面部形貌，全靠化装的技巧，不但要化得像，而且要美观。化装的妙用，能够改变本来面目。一个人的五官，总不免缺点，通过化装，就可以补救你的缺点。拿旦角说，譬如，脸太大了，嘴太大了，眼睛太小了，都有法子补救。多年以来，常有人问我化装的秘诀。其实，化装并没有什么秘诀，只要认清自己脸上的缺点，对着镜子一再试验，总会找到合适的化法，重要的是依靠自己找，自己试。……”[1] 另外，还谈了戏曲工作是一种综合艺术，以及几种同类型角色的分析与创造。

5月17日 出席在挪威大使馆举行的挪威国庆酒会。

5月20日 下午3时，出席在天安门举行的首都各界人民支持苏联正义立场反对美帝国主义破坏四国首脑会议大会。

5月26日 周恩来总理在人民大会堂宴请英国陆军元帅蒙哥马利，梅兰芳应邀出席。

本月 为昆剧《文成公主》作序。

6月3日 刘少奇主席在人民大会堂宴请阿尔巴尼亚人民议会主席哈奇·列希，梅兰芳应邀出席。

6月7日 下午，中国人民对外文化协会和中国作家协会联合举行集会，欢迎以野间宏为首的日本文学家代表团，梅兰芳与茅盾、楚图南、阳翰笙、老舍、田汉、欧阳予倩、吕骥等四百多人出席。

[1] 许姬传、许源来著：《忆艺术大师梅兰芳》，中国戏剧出版社1986年6月版，第82页。

6月18日 首都文艺界举行反对美帝侵略、坚决解放台湾、保卫世界和平座谈会，梅兰芳与周扬、茅盾、许广平、田汉、老舍、蔡楚生、赵树理、蔡若虹、吴作人等出席。

6月21日 文化部和全国文学艺术界联合会在首都剧场联合举行反对美帝侵略、坚决解放台湾、保卫世界和平宣传周首都艺术演出开幕式，梅兰芳与齐燕铭、茅盾、李德全、包尔汉、楚图南、老舍、阳翰笙、欧阳予倩、吴作人等一千二百多人出席。

7月3日 以野间宏为首的日本文学家代表团乘飞机离京回国，梅兰芳与茅盾、楚图南、廖承志、阳翰笙、老舍、赵树理、谢冰心等二百多人到北京机场送行。

7月14日 收吉林省京剧团小白玉（王风燕）为徒。

7月22日 出席中国文学艺术工作者第三次代表大会。

7月23日 下午，毛泽东、刘少奇、朱德、邓小平、彭真、陆定一、杨尚昆、习仲勋、沈钧儒、郭沫若等党和国家领导人接见出席中国文学艺术工作者第三次代表大会的全体代表，梅兰芳参加了接见。

7月29日 在民族文化宫欢迎中日民间文化交流代表团的中岛健藏。

8月1日 观看广西剧团在民族文化宫演出的《刘三姐》。

8月5日 出席在政协礼堂召开的“首都人民支持第六届禁止原子弹、氢弹和裁军大会”。

本日 吉祥京剧院三团并入梅剧团。

8月8日 出席中国文学艺术工作者第三次代表大会并作大会发言。

8月10日 出席中国文学艺术工作者第三次代表大会主席团会议并作发言。

8月13日 下午，中国文学艺术工作者第三次代表大会闭幕，梅兰芳当选为第三届中国文学艺术界联合会副主席和中国剧协副主席。晚，陈毅副总理在人民大会堂举行宴会，欢迎以吴巴盛为团长的缅甸文化友好艺术团全体成员，梅兰芳与沈雁冰、章汉夫、楚图南、翦伯赞、老舍、田汉等出席宴会作陪。

8月14日 在中山公园音乐堂为文学艺术界代表演出《穆桂英挂帅》。

8月19日 在国务院外国专家局主办的京剧晚会上，梅兰芳、姜妙香演出《贵妃醉酒》。

8月20日 上午，中国亚非团结委员会、中国非洲人民友好协会和中国人民外交学会联合举行集会，欢迎桑给巴尔、塞拉勒窝内、葡属几内亚等国家的非洲朋友，支持非洲人民的正义斗争，梅兰芳与刘宁一、刘长胜、许广平、老舍、包尔汉、胡愈之、达浦生、刘清扬、浦洁修等出席。下午，中国亚非团结委员会、中国非洲人民友好协会和中国人民外交学会在人民大会堂联合举行酒会，招待非洲朋友，梅兰芳与刘宁一、刘长胜、许广平、老舍、包尔汉、胡愈之、达浦生、刘清扬等有关方面的负责人和各界人士出席酒会作陪。

8月22日 为庆祝朝鲜人民解放十五周年，梅兰芳在《文汇报》发表《历史的严正逻辑》一文，歌颂了平壤市建设取得的新进展。

本月 为苏联著名的木偶剧专家谢尔盖·奥布拉兹卓夫所著《中国人民的戏剧》的中文译本作序。

秋 赴山东济南等地演出。梅兰芳对许姬传说："建党四十周年，我还要排一出新戏，向党献礼。"回京后，即与许姬传、许源来按《柳毅传书》原稿九场戏逐场讨论，并精心对龙女的场次进行加工修改。

9月2日 下午2时，参加中国戏剧家协会二届常务理事第一次会议，商讨剧协今后一个时期的工作。

10月3日 出席中国人民保卫世界和平委员会等八个人民团体与应邀访问中国并参加中华人民共和国成立十一周年庆祝典礼的日本各界十二个访华代表团共同声明签字仪式。

10月7日 首都文艺界在新侨饭店举行联欢会，同日本人民的友谊使者——日本话剧团的艺术家们一起联欢，祝贺中日两国艺术家的亲密友谊和坚强团结，祝贺富有革命精神的日本话剧团在北京的演出成功，梅兰芳与郭沫若、许广平、楚图南、阳翰笙、夏衍、老舍、田汉、欧阳予倩、吕骥等出席。

10月中下旬 作古体诗一首赠北京烤肉宛："宛家烤肉早驰名，跃进重教技术精。劳动人民欣果腹，难忘领导党英明。"这是他最后所作的一首诗。

本年 作《可爱的〈夕鹤〉》一文，在日本第18卷13号《演剧界》上发表。《夕鹤》是木下顺三编写的以日本民间故事为题材的名剧。文章主要记述了日本话剧团访华演出《夕鹤》的盛况。

68岁

1961年

辛丑

1月 作《徐小香、康芷林的艺术创造》一文（原题为《新年书红》），在第1、2期《戏剧报》上发表。

2月15日 为纪念中苏友好条约签订十一周年，梅兰芳回顾了与苏联文艺界朋友友谊的往事，撰写了《中苏友谊万年青》一文，发表于《文汇报》。

4月9日 作《漫谈戏曲画》一文，在上海《文汇报》发表。文章主要论述戏曲与绘画这两种艺术形式的表现方法不同，但能互相影响、互相促进。

春 泰戈尔诞辰一百周年纪念时，梅兰芳把珍藏了三十多年的纨扇找出来，请吴晓玲和石真两位教授根据泰戈尔的孟加拉文原作译成白话体诗："亲爱的，你用我不懂的语言的面纱，遮盖着你的容貌，正像那遥望如同一脉缥缈的云霞，被水雾笼罩着的峰峦。"[1]

5月1日 毛泽东主席在上海接见文化、教育、科学界人士说，看过梅兰芳和周信芳合演的《宝莲灯》，他们是艺术上自成一派，有独创精神，以此鼓励大家在艺术上也要百花齐放、百家争鸣。

5月5日 在北京人民剧场演出《穆桂英挂帅》。演出后，未待卸装，欣然接见了一批来自苏联中部的旅行者，并为客人签名留念。

5月6日 收矿工女儿李国粹为徒。

[1] 梅绍武著：《我的父亲梅兰芳》，百花文艺出版社1984年版，第39页。

5月13日 《光明日报》刊登了梅兰芳写的一首题为《追忆印度诗人泰戈尔》的长诗。全文如下：

1924年春泰戈尔先生来游中国，论交于北京，谈艺甚欢。余为之演《洛神》一剧，泰翁观后赋诗相赠，复以中国笔墨书之纨扇。日月不居，忽忽三十余载矣。兹值诗人诞生百年纪念，回忆泰翁热爱中华，往往情见乎词，文采长存，诗以记之。

诗翁昔东来，矍铄霜髯叟。
高誉无娇矜，虚怀广求友。
当日盍簪始，叨承期勖厚。
欢赏我薄艺，赠诗叶琼玖。
影声描绘深，格律谨严守。
紫毫书纨扇，笔势蛟蛇走。
微才何足论，鼓舞乃身受。
百岁逢诞生，人琴怅回首。
纪念谈轶事，肤词埽以帚。
惟君恋震旦，称说不去口。
愿偕中国人，相倚臂连手。
文章与美术，探讨皆不苟。
如忘言语隔，务使菁华剖。
忆听升讲坛，响作龙虎吼。
黑暗必消亡，光明判先后。
反帝兴邦意，忧时见抱负。
环球时代新，孤立果群丑。
惜君难目击，远识诚哉有。
中印金兰谊，绵延千载久。
交流文化勤，义最团结取。
泰翁早烛照，正气堪不朽。
谁与背道驰，路绝知之否。

梅兰芳最后一次在中国科学院演出《穆桂英挂帅》后与院长郭沫若合影

5月31日 率梅剧团到北京西郊中关村为中国科学院科学家们演出了《穆桂英挂帅》一剧。谢幕时，与郭沫若院长合影留念。这是梅兰芳自1914年第一次登台以后，在舞台生活中的最后一次演出。

梅兰芳在总结他几十年舞台实践时曾说过，我在艺术上有三次飞跃。第一次是辛亥革命后，初到上海演出，接受新思想、新事物，随之举起革新大旗，创作排演一批时装戏、古典歌舞戏。第二次是1930年到美国访问演出，面对观众不同，有所思研，有意识地偏生做功，回国后强化做功，注意重新处理。第三次是解放后，从以往演出的三百多出传统戏和新创作三十多出选出二十多出给予加工，尤其注意从地方戏中汲取营养，最后演出了《穆桂英挂帅》一剧。

6月17日 中午，中国人民对外文化协会和中国作家协会联合举行宴会，欢迎以江口涣为团长的日本作家访华团，梅兰芳与茅盾、楚图南、廖承志、阳翰笙、老舍、夏衍、田汉、许广平等出席宴会作陪。

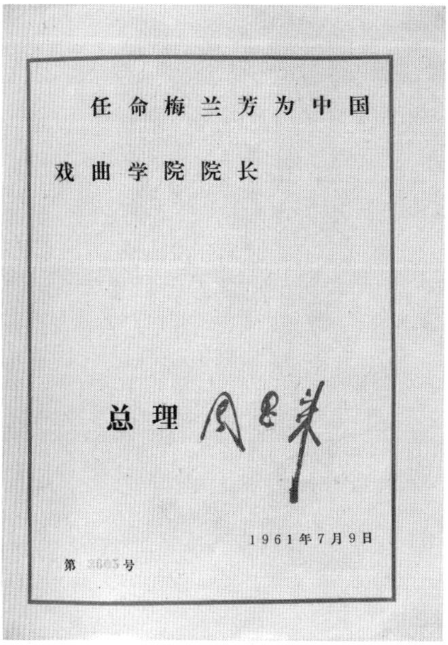
任命梅兰芳为中国戏曲学院院长

总理

1961年7月9日

第 [illegible] 号

梅兰芳任中国戏曲学院院长的任命书

6月24日 作《看同州梆子》一文，发表于《人民日报》。

6月30日 出席在人民大会堂举行的庆祝中国共产党成立四十周年大会。

7月1日 晚，中国人民对外文化协会和中国作家协会联合举行酒会，欢送以江口涣为团长的日本作家访华团，梅兰芳与茅盾、楚图南、廖承志、周扬、阳翰笙、老舍、夏衍、田汉、丁西林、许广平、林默涵等出席宴会作陪。

本时期，与老舍、田汉、周扬、欧阳予倩等观看京剧武生盖叫天来京的演出，并一起合影留念。

7月9日 周恩来总理任命梅兰芳为中国戏曲学院院长。张庚、罗合如、晏甬为副院长。

7月13日 作《理想的范本——〈武松打店〉》一文发表于《光明日报》，赞扬盖叫天演武松的精湛技艺。

7月29日 下午2时，田汉到护国寺寓所探望了卧病的梅兰芳，怕影响病体，稍谈即离去。

7月30日 因胸部疼痛，进北京阜外医院治疗。当即由该院心脏内科主任黄宛教授与协和医院内科主任张孝骞、副主任方圻，北京医院内科主任陶恒等专家会诊，确认患急性冠状动脉梗塞合并急性左心衰竭。

本月 在文艺界的一次座谈会上作《在漫谈运用戏曲资料与培养下一代》的专题发言，认为："戏曲表演艺术的记录材料，对培养下一代和培养师资是有很大作用的。"[1]

8月4日 上午9时，周总理到医院探望。他对梅兰芳说："我在北戴河开会，听说你得了心脏急病，住院治疗，特地赶来看你。"梅兰芳说："这大热天，惊动您，我心里很不安。"接着，总理就坐在病床边，给梅兰芳切脉，并说："我懂一点中医，你

[1]《梅兰芳文集》，中国戏剧出版社1983年8月版，第154页。

的脉象弱一点，要好好静养，好在你会绘画，出院后，可以消遣。”梅兰芳说：“这次新疆有一条铁路落成，约我去参加庆祝通车典礼，火车票都买好了，可是走不成了，真是遗憾。”总理说：“等你病好了，愿意到哪里就到哪里，国内国外都可以去。”总理站起身来，按着梅兰芳的身子说：“心脏病，就要躺在床上静养，不要起来。”随后总理对医生们说：“你们平时就注意我们中央领导同志的健康，像梅院长的病，应当早就发现。这次经过抢救，希望能转危为安，你们要用心护理。”总理临走时又对梅兰芳说：“我明天回北戴河，下次回来再来看你。”[1]

8月8日 凌晨5时，梅兰芳在北京病逝。享年六十八岁。陈毅副总理、马少波同志先后赶到阜外医院并慰问家属，陈毅同志慨然叹道：“梅先生真是一代完人！”

《人民日报》在第一版大篇幅刊登了讣告和以周恩来等六十四人组成的治丧委员会名单，由陈毅任主任委员。治丧委员会名单（以姓氏笔画为序）：

王子成　王昆仑　田汉　老舍　齐燕铭　沈雁冰　言慧珠　李愚如　吕骥　吴荣锃　阳翰笙　周恩来　周扬　周信芳　周巍峙　陆定一　林默涵　尚小云　陈毅　陈叔通　陈克寒　陈其通　陈书舫　陈伯华　欧阳予倩　赵鼎新　姜妙香　姚玉芙　俞振飞　马彦祥　马少波　马师曾　马连良　郝寿臣　晏甬　徐冰　徐平羽　徐兰沅　徐凌云　荀慧生　夏衍　袁雪芬　康生　郭沫若　常香玉　曹禺　盖叫天　张君秋　张庚　张苏　张奚若　冯耿光　彭真　程果素英　焦菊隐　费彝民　蔡若虹　潘世伦　萧长华　戴爱莲　谭富英

8月9日 郭沫若惊闻梅兰芳去世的消息，赶写了《在梅兰芳同志长眠榻畔的一刹那》一文，悼念梅兰芳逝世，他以散文诗的语言赞美他的一生“是艺术活动的一生，是艰苦奋斗的一生，是为人民服务的一生，是美化社会的一生”。他的“美育活动超越了空间，超越了时间，将永远感染着中国人民和中国人民的世世代代”。他告慰这位举国人民爱戴的艺术家：“你虽然长远地休息了，但你的活动是永远不会休息的。”

8月10日 上午，北京各界两千余人在首都剧场隆重举行梅兰芳追悼大会。陈毅副总理主祭并代表中共中央和国务院表示哀悼，对梅兰芳同志的家属表示慰问；文化部副部长齐燕铭致悼词。中央和北京市有关部门负责人周扬、张苏、张奚若、林默涵、陈克寒、王昆仑等参加公祭。参加公祭和向遗体告别的还有苏联等各国驻华使节和外交官以及一些正在北京访问的国际友人。

[1] 福芝芳著：《回忆党教育下的梅兰芳同志》，1978年8月8日《人民日报》。

8月9日至10日 治丧委员会收到来自国内外的唁电共二百八十多件。其中国内唁电二百三十多件，来自各地文化艺术团体、机关、工厂、学校以及梅兰芳的生前好友及弟子。其中有知名人士李维汉、陈叔通、徐冰、金仲华、萧三、费彝民；著名演员周信芳、尚小云、陈伯华、严凤英、王少舫、童芷苓、李玉茹等。另有四十多件唁电来自苏联、越南民主共和国、德意志民主共和国、捷克斯洛伐克、蒙古、缅甸、英国、希腊等国的有关团体、单位、外交官和知名人士。海外华侨、东京华侨总会也发来唁电。

此后一段时间内，全国各大报纸均陆续刊载有关悼念梅兰芳的各种文章。同时，世界许多报纸亦报道了梅兰芳逝世的消息，有的还刊登了他的照片和生平简介，深表怀念。

8月11日 梅兰芳同志的灵柩由北京阜外医院移至灵堂。中共中央宣传部副部长周扬、文化部副部长齐燕铭及梅兰芳同志的家属、生前好友曾在医院亲视含殓。

本日 《人民日报》登载了由新华社发布的“梅兰芳同志小传”。

8月16日 《中国青年报》刊登了马彦祥撰写的《伟大艺术家的光辉永存》一文。

8月21日 香港各界人士在九龙普庆戏院举行悼念梅兰芳先生大会。费彝民、郑铁如、陈丕士、侯宾璋、何贤、高卓雄、陈跃材、吴楚帆、夏梦等一千多人参加追悼会。许多戏曲艺术界人士送了挽联、挽幛。新华社香港分社社长梁威林也参加了追悼会。侯宾璋在会上致悼词说：“梅兰芳先生是一位热爱祖国，在艺术上有卓越成就的杰出艺术家。他的逝世，使海内外凡是接触过梅兰芳艺术的人都感到悲痛。”

8月29日 上午，梅兰芳同志的灵柩被移至北京西山碧云寺北麓万花山安葬。参加葬礼的有林默涵、齐燕铭、徐平羽等五百余人。

主要参考书目

《北洋画报》

《国剧画报》

梅兰芳述，许姬传记：《舞台生活四十年》第一集，平明出版社1952年版。

梅兰芳述，许姬传记：《舞台生活四十年》第二集，平明出版社1954年版。

梅兰芳述，许姬传、朱家溍记：《舞台生活四十年》，中国戏剧出版社1987年版。

许姬传等著：《梅兰芳的舞台艺术》，中国戏剧出版社1959年版。

梅兰芳著：《梅兰芳戏剧散论》，中国戏剧出版社1959年版。

梅兰芳著：《东游记》，中国戏剧出版社1961年版。

梅兰芳著：《我的电影生活》，中国电影出版社1962年版。

梅兰芳著：《梅兰芳文集》，中国戏剧出版社1962年版。

梅绍武著：《我的父亲梅兰芳》，百花文艺出版社1984年版。

戈公振著：《从东北到庶联》，生活书店1984年版。

齐如山著：《梅兰芳游美记》，岳麓书社1985年版。

许姬传著：《许姬传七十年见闻录》，中华书局1985年版。

许姬传、许源来著：《忆艺术大师梅兰芳》，中国戏剧出版社1986年版。

许姬传、刘松岩、董元申著：《梅兰芳》，湖南文艺出版社1987年版。

胡金兆著：《程砚秋》，湖南文艺出版社1987年版。

苏移著：《京剧二百年概观》，北京燕山出版社1989年版。

马少波、章力挥、陶雄、曾白融主编：《中国京剧史》，中国戏剧出版社1990年版。

梅兰芳研究会等编：《梅兰芳艺术评论集》，中国戏剧出版社1990年版。

许姬传著：《许姬传艺坛漫录》，中华书局1994年版。

梅葆琛著：《怀念父亲梅兰芳》，中国社会出版社1994年版。

王长发、刘华编著：《梅兰芳年谱》，河海大学出版社1994年版。

程喻言、刘占文著：《梅兰芳》，河北教育出版社2001年版。

后记

早在几年前，我们对梅兰芳先生生平资料的收集和整理工作就已开始。寒来暑往，历经数载，如今，辛勤劳动的成果终于得以结集成书、出版问世，我们的心情自然颇难平静。

在编撰这部《梅兰芳艺术年谱》的过程中，我们逐卷、逐本、逐页地翻阅，查阅了梅兰芳纪念馆数万件馆藏。对包括各个历史时期的演出戏单、图片、来函、日记、新闻报道等资料，均逐一核对原件，以确保资料的准确性。我们力求每条记录都摘自原始记载，严格尊重历史，原汁原味地展现一个真实完整的梅兰芳。我们将查找到的大量鲜为人知的资料，都整理好，编入了年谱之中，其中的许多资料填补了梅兰芳研究的空白。我们编撰完成这部较为详尽的《梅兰芳艺术年谱》，既作为我们在梅兰芳纪念馆工作的纪念，也为自己日后更深入的研究打好基础，更意在为未来的梅兰芳史料合集的研究与编撰略尽绵薄之力。

梅兰芳先生背倚广阔深厚的中国传统文化，其艺术和人生博大精深，值得后人反复琢磨与回味。尽管我们付出了巨大的努力，力争将本书编撰得资料更详细、准确一些，水平更高一些，但不足之处是在所难免的。特别是有些历史阶段的资料，由于保存条件有限，至今无从查起，只能使人扼腕叹息。我们亦遗憾于自己水平的局限，难以尽述梅兰芳先生的艺术魅力和人品艺德，唯有勉力编撰出其生平年谱，聊慰对先生的缅怀之情。

编撰既毕，心意难平，书此数语，以待读者诸君批评、指正。

图书在版编目（CIP）数据

梅兰芳艺术年谱 / 谢思进，孙利华编著. – 北京：文化艺术出版社，2009.9

ISBN 978-7-5039-3892-4

Ⅰ.梅… Ⅱ.①谢… ②孙… Ⅲ. 梅兰芳（1894～1961）– 年谱 Ⅳ.K825.78

中国版本图书馆CIP数据核字（2009）第162899号

梅兰芳艺术年谱

编　　著　谢思进　孙利华
责任编辑　斯　日
责任校对　方玉菊　张　莉
装帧设计　杨林青　玲　子
出版发行　文化艺术出版社
地　　址　北京市东城区东四八条52号　100700
网　　址　www.whyscbs.com
电子邮箱　whysbooks@263.net
电　　话　（010）64813345　64813346
　　　　　（010）64813384　64813385
经　　销　新华书店
印　　刷　北京图文天地制版有限公司
版　　次　2009年11月第1版第1次印刷
　　　　　2010年4月第2版第1次印刷
开　　本　788×1091毫米　1/16
印　　张　23
字　　数　370千字
书　　号　ISBN　978-7-5039-3892-4
定　　价　60.00 元